U0482313

本书受到中国人民大学 2021 年度“中央高校建设世界一流大学（学科）和特色发展引导专项资金”的支持。

新弗雷格主义的

算术哲学

许涤非 著

Gottlob
Frege

中国社会科学出版社

图书在版编目(CIP)数据

新弗雷格主义的算术哲学 / 许涤非著 . —北京：中国社会科学出版社，2022.5

ISBN 978－7－5203－9770－4

Ⅰ. ①新… Ⅱ. ①许… Ⅲ. ①弗雷格（Frege，Gottlob 1848－1925）—哲学思想—研究 Ⅳ. ①B516.59

中国版本图书馆 CIP 数据核字（2022）第 031067 号

出 版 人 赵剑英
责任编辑 冯春凤
责任校对 韩天炜
责任印制 张雪娇

出 版 中国社会科学出版社
社 址 北京鼓楼西大街甲 158 号
邮 编 100720
网 址 http://www.csspw.cn
发 行 部 010－84083685
门 市 部 010－84029450
经 销 新华书店及其他书店

印 刷 北京君升印刷有限公司
装 订 廊坊市广阳区广增装订厂
版 次 2022 年 5 月第 1 版
印 次 2022 年 5 月第 1 次印刷

开 本 710×1000 1/16
印 张 23.75
插 页 2
字 数 352 千字
定 价 148.00 元

目录

第二部分 新弗雷格主义的本体论

第三部分　新弗雷格主义的认识论

导　论

0.1　核心观点

新弗雷格主义是由克里斯平·莱特（Crispin Wright）和鲍勃·黑尔（Bob Hale）所提倡的一种柏拉图主义的算术哲学立场。柏拉图主义也被称为实在论。“数学对象实在论”“概念实在论”指的是承认数学对象或概念的实体地位的哲学立场，认为它们是客观的，不依赖于我们而存在。实在论或非实在论属于形而上学领域，其核心问题是何物存在。然而本体论和认识论是紧密联系的，数学实在论需要解释我们如何认识独立于我们的数学对象或数学概念。哥德尔也是数学实在论者，他认为数学对象是实在的，并且数学概念也是实在的。哥德尔的数学实在论的认识论的解释诉诸“直观”，在他看来，我们对日常的对象有感知，我们对于数学对象或数学概念也有类似于感知的功能，这种类似感知功能被哥德尔称为“直观”。和哥德尔的数学实在论不同，新弗雷格主义的认识论是从逻辑的角度来解释我们如何理解数学对象或数学概念。他们的理论尽可能地不诉诸“直观”。弗雷格认为“直观”属于个人，它不是公共的东西。而客观的东西，在弗雷格看来，是所有理性主体都能被理解的东西，是可以用语言表达的东西，是服从于规律的东西。无论是数学对象的实在论，还是数学概念的实在论，都与数学真理的实在论联系在一起。新弗雷格主义数学实在论的基础在于数学真理的实在论。我把这种实在论称为“基本实在论的真理观”。

这种实在论真理观的基本内容包括两方面的内容。一方面把人类放在谦卑的位置：世界中的事物是怎样的并不依赖于我们的研究和信念；另一方面也承认我们有认识世界的能力，我们的认知能力使我们可以获得正确的概念来探究大量的真理，并且我们相信我们有足够的理由保证获得真理。基本实在论的谦卑的态度使其和主观唯心主义的立场区分开来。简单地说，主观唯心主义者认为，在本体论上什么东西存在是因为主体的感知体验或认识。主观唯心主义对于世界如何的态度不是谦卑的，世界如何取决于我们的认识。在认识论上看，主观的认识论过于强调判断或理论的主观性而忽视了事实的客观性，这就会阻碍真理的获得。按照主观唯心论，我们很难从主观认识中剔除个人的偏见或集体的偏见，从而追求探寻真理的客观方法。基本实在论者承认世界独立于我们的认识，但是我们通过客观的理性方法，可以认识真理。基本实在论，在认识论上也区别于怀疑论。怀疑论者并不认为我们的理性能够保证我们认识客观的真理。新弗雷格主义者并不是要为基本实在论提供理论支持，相反，基本实在论是他们哲学理论的出发点。他们追求真理的客观的理性方法不是诉诸任何人的个人认知特征，而是更多地诉诸逻辑的分析。在某种程度上，这样的哲学理论也可以被称为方法论的哲学理论。和自然主义的方法论哲学不同，新弗雷格主义的哲学理论并不是把经验理论的方法作为其基本的方法。因为自然主义过多强调的是科学理论方法的经验性，而忽视了某些先天的方法，比如数学或逻辑的方法是先天的，而非经验的。

新弗雷格主义者继承了弗雷格本体论的研究方法，他们区分对象和概念。当问何物存在时，新弗雷格主义者和弗雷格一样，诉诸的是指称理论。指称理论是弗雷格和新弗雷格主义本体论理论的框架。这种指称理论所用的方法是逻辑的分析方法，或者说是客观理性的方法。正如我们上文所说，新弗雷格主义者认为，客观的理性方法是我们通向认识真理之路，它会使我们不带偏见地、中立地看待世界。新弗雷格主义者和弗雷格的指称理论都认为，句子的指称是真值（真、假是句子的语义值，也是句子的指称）。一个句子有指称，当且仅当这个句子中的每一个逻辑表达式都有指称。和弗雷格不同的是，新弗雷格主义者从原子句子的真来回答何物存在。当我们问数是否存在时，我们需要考虑的是某些包含数字的原子句子。比如“2 小于 3”如果是真的，那么“2”和“3”的指称存在。因为 2 和 3 都是数，所以数存在。如果“宙斯生活在奥林匹克山上”是真的，那么“宙斯”的指称存在。但是没有任何包含“宙斯”的原子句子是真的，因此“宙斯”的指称不存在。或许有人会反驳说，一些相信希腊神话的人会认为“宙斯生活在奥林匹克山上”是真的，那么按照指称理论，“宙斯”这个单称词项有指称。确实，按照指称理论，如果一个原子句是真的，那么这个原子句中所出现的单称词项就有指称。然而，我们不能随意指定一个原子句子是真的。真是客观的，我们只有通过理性的方法才能获得真理。相信神话故事并不是探索世界事实的可靠方法，而这个判断的真是依据神话故事，所以我们并不会承认“宙斯生活在奥林匹克山上”是一个真句子。无论是经验科学，还是数学或逻辑学，都需要遵循理性的规范，这种理性的规范是通达真理之路。这是弗雷格和新弗雷格主义者的哲学理论的基本出发点。他们的哲学理论无须解释物理学或化学等具体学科的理性规范是什么，我们需要承认的是理性的规范无关任何个人的认知特征，它并不服从权威或者民主评议或者文化心理等，而是真理的客观要求。

我们的宇宙观是变化的。从亚里士多德、托勒密、哥白尼、开普勒、伽利略、牛顿，再到爱因斯坦、薛定谔等，这些伟大的思想家和科学家的工作使我们关于宇宙的观念发生了很大的变化。今天的物理理论仍然在向前发展，没有任何的理由相信物理理论会停滞不前。我们相信理性探寻的方法可以让我们不断地接近认识的无限性。

> 对于伽利略来说，认识的无限性曾是活生生的和愉快的乐观主义的源泉。他写道，从广博上看即就知识的容量而言，我们已掌握的知识永远无法同我们将要掌握的知识相比，但从精深上看，我们认识的自然界是绝对可靠的。忽视知识精深的可靠性，确实可能引起，并且已经引起了许多人对科学的悲观主义态度，进而否定科学的价值；这也就为以各种方式反对理性和科学敞开了大门……
>
> 在爱因斯坦看来，世界的可知性甚至是一种奇迹；世界不可

> 穷尽，但在每一个给定时刻关于它的知识又是有限的，尽管如此，世界还是可知的。①

那些探寻宇宙奥秘的科学家持有理性的乐观主义，在哲学上他们持有基本实在论的真理观。一方面，他们认为真理独立于我们；另一方面，他们又相信理性会指引我们认识真理。弗雷格或新弗雷格主义者的哲学理论并不是要给出我们发现真理的原则或解释发现真理是如何发生的，他们的认识论关注的是真理之间的证成关系。对于新弗雷格主义者，除了关注真理之间的证成关系，他们还关注定义作为一种客观方法，如何让服从理性的主体理解新概念。关于认识论的问题，我们后文会继续介绍。现在让我们转到本体论的问题上来。

指称理论本身并不告诉我们句子的真假，它实际上是本体论的元理论，其回答的问题是：我们的本体论问题究竟是什么？我们该如何回答本体论的问题？弗雷格和新弗雷格主义者认为，问何物存在，实际上是一个关于语句表达式是否有指称的问题，我们应该从指称的角度回答这个问题。蒯因的本体论的承诺也是一种本体论的元理论。二者不同的地方在于：当问及什么对象存在，指称理论需要从原子句的真来给出回答；蒯因的本体论承诺考虑的问题局限于一个理论承诺什么对象存在，这个理论考虑的是理论一阶化后量词的取值范围。二者并不矛盾。因为从逻辑的推理看，一个原子句的真能够推出一个存在量词语句的真，即 $\phi(t)$ 是一个原子式，其中 t 是一个单称词项，可以推出 $\exists x\phi(x)$。比如从“这朵花是红色的”可以推出“存在一个对象，它是红色的”。新弗雷格主义者关注的不是理论承诺了什么对象的存在，他们阐释的是当人们说某个对象存在时，实际上是某个原子句的单称词项有指称。

弗雷格是从语言的逻辑分析上区分了单称词项和谓词，这样的方法使弗雷格可以区分对象和概念。弗雷格认为对象是单称词项的指称，概念是谓词的指称。因为单称词项不可能是谓词，所以从语言的逻辑形式看，它们是不同类型的逻辑表达式。弗雷格继而提出对象和概念

①[苏] 库兹涅佐夫：《爱因斯坦传》，刘盛际译，商务印书馆 1992 年版，第 398 页。

作为这两种类型的表达式的指称也是两类实体。弗雷格本体论的理论还有许多不完善的地方，比如单称词项如何判定、“马概念悖论”问题的解决，等等。新弗雷格主义者继承了弗雷格探索哲学问题的逻辑分析方式，他们赞赏“对象 + 概念”的思想结构，而非康德式的“直观 + 概念”的思想结构，但是摆在他们面前的问题是，如何改进弗雷格本体论的理论。改进工作包括如何解释单称词项、如何保留对象和概念区分又能够解决“马概念悖论”，等等。

新弗雷格主义者和弗雷格一样，在认识论方面关注的是我们如何证明一个句子的真。一般来说，经验科学的理论需要诉诸我们的经验观察，经验科学的知识是后天的。而算术真理是先天的，因为算术真理的证成不需要经验，只需要逻辑和定义。新弗雷格主义者继承了弗雷格的观点，认为一个公理系统本身并不是系统初始符号的定义。如果我们不知道这些符号的涵义，我们就不会理解公理的涵义，更遑论知道公理的真值了。和弗雷格不同的是，新弗雷格主义者认为抽象原则，比如休谟原则可以作为隐定义来解释“数”的本质。虽然弗雷格在《算术的基本规律》中也有专门对定义的阐述，但是弗雷格和新弗雷格主义者的定义观有明显不同。

新弗雷格主义者继承了弗雷格的涵义与指称理论，他们力图从表达式的涵义上阐释我们如何理解新种类对象。新弗雷格主义者并不认为只有算术的定义才是先天的定义，经验科学理论中的有些定义也是先天定义。先天定义仅以理解语言的方式就可理解被定义项的涵义。我们通过理解语词的涵义，进而理解表达式的指称。黑尔（2013，6.4.1，6.4.2，11.2.1) 认为，定义的目的在于解释事物的本质，同时他也认为，有些定义确实既是语词定义，又是事物定义，比如“正方形是边长相等的四边形”；但并不是所有的定义都是语词定义。比如逻辑联结词“且”的定义就不是一个语词定义，因为我们在给出这个逻辑联结词的定义之前，就理解了这个语词的意义。逻辑联结词“且”的定义实际上是一个真值函数。如果对一个定义的理解仅仅诉诸我们的语言知识，那么这样的定义就是先天定义。逻辑联结词“且”虽然不是语词定义，但是我们可以通过“A 且 B”这个语句的真值条件来理解“且”作为真值函数的涵义。一个表达式的涵义需要放在句子的语境之中考虑。一个表达式 s 在一个句子 ϕ 中出现，它的涵义就是这个句子的真值条件。并非所有的定义都是先天定义，比如“水是 H_2O”就不是一个先天定义，因为从这个定义语句，仅通过语言机制，我们并不能理解这个定义的真值条件，所以这样的定义就是后天定义。“正方形是边长相等的四边形”是一个先天定义，因为这个定义仅诉诸语言机制，就可以理解这个定义的真值条件。简单来说，这个定义可以表述为：$\forall x$(x是正方形，当且仅当x是边长相等的四边形)。我们理解 a 是正方形的真值条件是因为这个句子的真值条件和 a 是边长相等的四边形的真值条件相同。因为我们理解后者的真值条件，因此就能理解 a 是正方形的真值条件。从这个定义，我们就理解了“正方形”这个概念。但是“水是 H_2O”的真值条件实际上无法通过这样的方式获得。进一步，“x 是水”实际上并不是一个一阶逻辑形式上的谓词，因为这里的“x”不能用单称词项填充，从而形成一个合适的句子。我们只能说一些对象的聚合，比如这个容器里的液体是水，而不能说一个对象是水。简单说，如果定义的是概念 P，仅从定义就可以理解 x 是 P 的真值条件，那么我们就可以说这个定义是先天定义。

从先天定义的角度，新弗雷格主义者希望能给出我们认识必然真理的解释途径。弗雷格把必然真理和先天真理的外延看作是同一的；一个判断是先天真理当且仅当这个判断是必然真理。克里普克认为，先天真理和必然真理不同，前者是认识论领域的术语，后者是形而上学领域的术语。新弗雷格主义者认同克里普克的论断，他们承认先天性和必然性是不同的。康德有句名言：从经验我们可以习得什么是实然的，但是不能习得什么是必然的。如何解释算术真理的必然性也是新弗雷格主义者所面对的认识论问题。黑尔认为，一个句子是必然真的是因为一些事物的本质，比如“A 或非 A”（其中 A 是有真值的句子）是一个必然真理，是因为“或”和“非”这些联结词的本质。黑尔想从定义的角度给出我们如何习得必然真理的认识途径，他认为，所有的定义都是解释事物的本质，因此定义提供了我们认识事物本质的途径。而一个句子如果表达的是事物的本质，并且是真的，那么这样的句子就是必然真理。所以新弗雷格主义者认为，从定义的角度，我们可以回答一类必然真理的认识论的问题，即回答如何从先天定义来理解事物的本质，但是这样的回答并不适合后天定义。

表达式的涵义不是神秘之物。新弗雷格主义者是从语言的使用上去解释表达式的涵义的。在什么意义上，可以说我们理解了一个表达式的涵义？这是一个操作性的问题。新弗雷格主义者从操作性的角度，在理论上给出我们理解一个表达式涵义的标准。这样的理论是实践的、开放的。涵义的客观性体现于语言使用的规范性上。他们的理论并不诉诸一个神秘的涵义世界，定义并不是要从这个神秘的涵义世界中找到一个匹配的涵义赋予被定义项。他们的定义理论是要探寻有效力的定义需要满足什么条件。或许这些条件并不是完备的定义条件，甚至我们将来或许发现这些条件并不合适。他们采用的是一种探索式的方式，类似于科学理论的一些预设。但是成功定义的条件是某种先天知识，因为它们并不是来源于感知经验。先天知识并不一定是确定的、不可错的知识。弗雷格认为，公理 V 是先天真理。但是后来发现，这个公理和二阶逻辑不一致。所以公理 V 虽然是先天判断，却是先天错误的判断。

新弗雷格主义者希望从理解一个语句的真值条件（涵义）来解释这个语句中所出现的词项的涵义，他们试图从语句的涵义，通过句子表达式涵义的连接方式，切分出隐定义中被定义项的涵义。新弗雷格主义者必须解释不同的语句具有相同的真值条件的标准是什么。关于如何构建定义理论，新弗雷格主义者除了给出真值条件同一的标准，还需要解决“凯撒问题”。在弗雷格看来，休谟原则之所以不能作为数的定义，是因为从这个定义我们无法得出“3 不等于凯撒”。和弗雷格不同，新弗雷格主义者认为休谟原则可以作为数的隐定义，因此新弗雷格主义者的定义理论需要解决“凯撒问题”。

在技术上，逻辑学家们已经证明从二阶逻辑系统加休谟原则可以推出戴德金—皮阿诺算术公理系统中的公理，这个结论被称为弗雷格定理。这个技术性的结果是否具有新弗雷格主义者宣称的认识论的意义，是我们关注的问题。休谟原则作为隐定义，如何理解新种类对象将是新弗雷格主义定义理论的核心内容。

本书主要阐述的是新弗雷格主义的算术哲学理论。我试图从新弗雷格主义者的诸多论文和著作中重构和解释新弗雷格主义算术哲学理论。在我看来，他们的基本实在论的立场是他们哲学理论的灵魂。一方面，算术真理独立于我们的认识、数是独立持存的、数学概念是客观的，这些构成了新弗雷格主义的柏拉图主义算术哲学观的内容；另一方面，新弗雷格主义者试图解释客观理性的方法是我们认识抽象对象和认识算术真理的途径。他们是理性乐观主义者！在本书中，我重点阐释了新弗雷格主义的客观理性方法：逻辑方法！这里的逻辑方法包括语言的逻辑分析、定义以及演绎的逻辑推理。

从语言的逻辑分析，我们可以区分单称词项和谓词。语义理论如何保证在区分对象和概念的前提下避免“马概念悖论”？作为逻辑方法的定义该满足什么条件？从二阶逻辑和休谟原则如何推出基本的算术规律？诸如这些问题都是有关逻辑学的问题，是客观的问题。本书试图表明，新弗雷格主义的算术哲学在探寻这些问题的答案时注重实践的实用主义精神。他们的哲学理论提出了关于定义的先天知识，但是这并不意味着这些先天知识是不可错的。当我们的认识深入，会发现一些观念性的知识并不合适，甚至可能发现知识体系的不一致。但是和经验理论不同的是，这些观念性知识的修正并不是因为感知经验，认识这些判断的错误并不源自经验。就如同我们在证明一个算术命题时所犯的错误一样，我们给出的错误证明并不是经验判断的错误，而是先天判断的错误。就如同我们说“这是一个蓝色的思想”一样，它是一个先天错误判断。我们完全可能会修正一些观念性的知识。新弗雷格主义者对于他们提出的定义理论采取开放态度，这些理论同所有的理论一样，都会接受理性的检验。唯有理性是我们通达真理之路！

0.2 本书的构架

本书共分为三个部分。第一部分阐述弗雷格的算术哲学的遗产，这是留给新弗雷格主义者的遗产。新弗雷格主义者与弗雷格一样，区分了对象与概念，但是弗雷格的柏拉图主义的算术哲学理论还存在有待完善和发展的地方。比如，如何解释单称词项，以及如何解决马概念悖论等。弗雷格的认识论主要包括定义和普遍的逻辑观，但是定义的先天性中还有许多问题有待新弗雷格主义者回答。

第二部分阐述新弗雷格主义者如何完善弗雷格的本体论。这部分将阐释新弗雷格主义的本体论，新弗雷格主义者如何消解“马概念悖论”，以及他们的基本实在论的立场。虽然“凯撒问题”的解决也和认识论相关，但“凯撒问题”之所以重要是和柏拉图主义的算术观紧密相关，所以在章节安排上我们把它放在了本体论部分。单称词项的判定问题作为资助项目研究内容的阶段性成果已经发表。为了避免重复，单称词项的判定问题没有放入本书。

第三部分阐述新弗雷格主义的认识论。第 8 章给出了弗雷格定理的证明。其基本证明思路来自布鲁斯（Boolos）的工作。[①] 其中有些证明为了叙述的方便，做了简单的修改。第 9 章阐释了休谟原则的认识论意义。这一章主要介绍休谟原则作为隐定义所遭受的质疑，以及新弗雷格主义者如何应对这些质疑。第 10 章阐释了隐定义的理论基础。在这一章，我们将回答不同语句的真值条件的同一性标准究竟是什么。第 11 章解释定义的先天性。在这一章我们将阐释新弗雷格主义者的操作性的定义观，回答成功的定义需要满足的条件，阐释一些经验科学的定义何以也是先天的定义。即使经验科学的理论会变迁，但是经验科学理论中的一些定义却可以保留下来。第 12 章我们将从定义的角度，给出解释事物本质的认识论的途径。如果从经验我们只能获得实然的真理，那么算术真理的必然性该如何解释？新弗雷格主义者认为，一个句子是必然为真的，在于这个句子的真是缘于一些事物的本质。而我们如何理解事物的本质？这一章将会从定义的角度给出理解事物本质的认识论的途径。并不是所有的先天真理都可以从定义的角度获得解释，这里只提供了一些先天必然真理的认识论的解释。第 13 章解释高阶逻辑也是逻辑。这一章主要是针对高阶逻辑不是逻辑的观

[①] “The Standard of Equality of Numbers”, in Boolos, *Logic, Logic and Logic*, Harvatd University Press,1998, pp.202–219.

点，阐释新弗雷格主义者为高阶逻辑的辩护策略。新弗雷格主义者认为概念并不是集合或者类，对于逻辑的语义模型也不必采用今天所流行的集合论模型。

第一部分

弗雷格的算术哲学遗产

第1章 柏拉图主义的算术哲学观

人们普遍认为弗雷格不仅是现代逻辑之父，而且是分析哲学之父，他开启了哲学的语言学转向。《概念文字》的出版被视为现代逻辑的启元。达米特如此评价《概念文字》：

> 它是第一个系统阐述二阶函数演算的著作；在这部著作中，量词和变元第一次出现；第一次用现代方法处理命题联结词；第一次用量词和变元来表述更为复杂的普遍性；第一次建立这样的形式系统，用语法标准就可以确认推理的正确性。[①]

弗雷格关于算术哲学观的阐述集中于他的《算术基础》。他的算术哲学有两个基本的立场：一个是柏拉图的算术哲学观，另一个是逻辑主义的算术哲学观。弗雷格的柏拉图主义算术哲学观的基本内容之一是：自然数是独立持存的对象。他在《算术基础》中坚持概念与对象的区分原则，认为个别的自然数是对象而非概念。弗雷格同时也是概念实在论者，他认为概念是客观的，并不是我们主观的产物。当哲学家还在为共相是否是实在的这个问题争论不休时，弗雷格提出了一个别样的问题：究竟什么是共相？为了区分共相和殊相，弗雷格转向用逻辑的方法区分共相与殊相。但是他使用了不同的术语，他使用的是“概念”与“对象”，而非“共相”与“殊相”。这种通过语言的逻辑分析来回答哲学基本问题的方法，正是我们所谓的哲学的“语言学转向”。弗雷格在《算术基础》中回答了“自然数是什么”的问题。在弗雷格看来，一个个的自然数并不是外部事物的性质，也不是我们心灵的产物，它

[①] Dummett, M., *Frege: Philosophy of Language*, London: Duchworth,1973,pp.xvii–xviii.

们是独立持存的对象。

1.1 关于数的否定性的断言

每一个自然数都是独立持存的对象是弗雷格的柏拉图主义算术观的核心内容。弗雷格在《算术基础》中否定了三种观点：① 自然数是外部事物性质；② 自然数是主观的产物；③ 自然数是集合。

1.1.1 自然数不是外部事物的性质

弗雷格认为自然数不是外部事物的性质；为了对这个否定性的判断给出哲学上的论证，弗雷格的论证策略堪称奇妙。弗雷格借助其他哲学家的论证，虽然这些哲学家和他的观点也不完全一致，但是他们都反对自然数是外部事物的性质。因此弗雷格在这一点上和这些哲学家形成了同盟，并借他们的论证之力来论证这个否定性的断言。

康托、施罗德等人认为数是外部事物的抽象，外部事物通常指的是物理对象。弗雷格借助鲍曼的论证，反驳了数不是对外部事物的抽象的观点。鲍曼认为，外部事物没有呈现出严格的单位，外部事物的数依赖于我们的看法。比如一本《伊利亚特》的书，这里呈现出数 1；但是对这个事物，我们也会说 24 卷或者更多的词句。所以同样的事物也会有不同的数。再比如一棵树有 1000 片树叶，这些树叶是绿色的。绿色是这些树叶所共享的性质，但是 1 或者 1000 片应归属什么事物呢？所以，与颜色不同，我们不能说数是外部事物的抽象。密尔认为数是外部事物的聚合的性质；在弗雷格看来，这个观点仍然站不住脚。弗雷格认为，密尔把数看成事物以一种特有方式的聚合，但是这种特有方式实际上根本不存在。弗雷格举出几个反例来反驳密尔的观点，因为这些反例的思想几乎都是一样的，这里没有必要把弗雷格给出的所有反例列出，我们只说其中几例。如 1000 粒种子，如果你把它们播撒到土壤里，它们的聚合方式发生了变化，但是这些种子仍然是 1000 粒。再比如 100 粒沙子和 100 根稻草的聚合方式不同，但是它们的数却是相同的。弗雷格的这些反例告诉我们，没有事物聚合的任何特殊形式和数有关。弗雷格还进一步提出 0 并不涉及事物的聚合，但是 0 是数。

弗雷格还用莱布尼兹、洛克的观点，来反对数是外部事物的性质。洛克认为，数不仅可以用于存在之物，还可用于任意可想之物。比如三个天使，一个行动，两个思想，等等。莱布尼兹认为数具有最高的普遍性，属于形而上学。弗雷格认同他们的这些观点。弗雷格进一步指出，“三段论的格的数是四”，这里的数“四”并不是通过感官认识的。但是外部事物的性质，比如我们看见一个蓝色表面，我们有唯一的印象使它对应“蓝色”这个词，当我们再次看到一个蓝色表面时，我们会再次确认这个印象。但是我们没有类似的感知印象和数词对应。

综上，弗雷格认为数不是外部事物的性质，也不是外部事物的聚合的性质。

1.1.2　自然数不是主观的产物

弗雷格在反对数不是外部事物的性质时，用到了鲍曼、洛克、莱布尼兹的观点。但是这三位哲学家同时也认为，数是我们主观的产物。弗雷格反对自然数是我们的主观产物。为了反对数是主观的产物这一观点，弗雷格把密尔的观点拿来用，认为两个苹果和三个苹果是不同的；一匹马和两匹马也是不同的。这些外部世界的事实告诉我们，数并不是主观的产物，而是外部事实。我们不能随意说一朵花的花瓣数是多少，或一个人拥有的马的数量，而是需要服从客观的规律。然而因为弗雷格同时也认为数并不是外部事物的性质，为了说明数也不是我们主观的产物，弗雷格需要界定主观和客观。

弗雷格在《算术基础》的第 26 节给出“客观性”的解释：

> 这其中客观的东西是服从规律的东西，是能想象和判断的东西，是用语言表达的东西。而纯直观的东西是不能交流的。[①]

弗雷格认为客观的东西实际上是所有服从理性的认知主体都应该承认的东西。这种对客观性的界定跳出了康德的超验哲学。康德认为

[①] 郝兆宽教授所译的《算术哲学》即将出版。在他译稿完成后，他把译稿寄给我，希望我能为译稿做一些校对工作。我在本书用到的《算术哲学》中的译文，如果没有特殊说明，均出自郝兆宽教授翻译的《算术哲学》。在此对郝兆宽教授表示感谢。

空间属于现象，是由我们心灵的主观认识结构决定的；这就意味着，不同于人的理性认识主体，比如三体，很有可能对空间的认识和我们不一样。我们甚至无法确定不同的人对于空间是否有相同的直观。弗雷格认为这样的哲学观不能把数学建立在客观的基础之上。要区分客观和主观的关键在于理性。理性是可以通达真理的必经之路。

弗雷格探索算术基础的理性之路是一条知识论之路。柏拉图认为“知识是可以证明的真理”，亚里士多德认为德性的知识是可教的。这些论断无不包含理性主义之光。无论是“证明”还是“可教”都意味着服从理性的认知主体对于真理的认识可以达成一致，即作为知识的真理服从理性。作为理性主义者的弗雷格，在探索理性时，他更多探索的是知识的逻辑基础。知识并不是真理的堆积，在知识的探索中我们需要找到真理证成之间的联系。随着探索的深入，我们发现知识大厦的构建是由较少的初始真理通过演绎获得的。弗雷格认为逻辑的演绎推理是客观的，它是理性的一部分。逻辑的客观性是不基于人的心灵结构或者直观；它能保证不同的人，只要他们服从逻辑，他们的知识就可以相互交流。

> 事实上，证明的目的不仅是使一个命题的真免受任何怀疑，还在于使我们能洞察真理之间的相互依赖关系。当我们确认试图移动一块巨石是徒劳的之后，还会追问是什么如此牢固地支撑着它？我们越是将这种探究推向深入，那些能将万事归因于其上的初始真理就越少；而这种简化本身就是一个值得追求的目标。或许我们还可以确信有如下希望：在认识到人类在最简单的情形下以直觉把握到的东西和由此抽象出的普遍有效的东西之后，我们能获得构造概念或原理的普遍方式，且能将之应用于复杂的情形中去。（《算术基础》第 2 节）

算术真理的逻辑基础保证了算术的客观性。弗雷格需要从算术真理中探寻到初始的真理，这些真理包括所需的逻辑真理和推理规则，以及数的定义。在弗雷格看来，定义作为一种理解新符号的方式，也是服从理性的。在逻辑学中，我们应该探寻合适的定义应该满足的条件。

按照理性要求的定义会让服从理性的人理解所定义的新符号的涵义。

无论是演绎推理，还是定义，都是服从理性的东西，都是客观的。由二者所推出的关于数的真理也是客观的。弗雷格关于算术的知识论建立在逻辑之上，而逻辑并不是我们心灵的产物。这正是他在《算术基础》中所强调的一个原则：要区分心理的和逻辑的，要区分主观和客观。

弗雷格的认识论理论与康德的超验哲学划清了界限。同时他的认识论也和蒯因的自然主义认识论不同。蒯因的认识论首先是承认了心理学知识是经验的知识，这些经验知识如同其他经验科学的知识一样，遵循着经验科学的方法。蒯因是要把哲学中的认识论转变为自然科学的一个分支，或者称为认知心理学更为合适。蒯因的认识论是经验科学，而弗雷格的认识论是先验科学。

1.1.3　数不是集合

弗雷格认为数不能被定义为集合，或杂多或众多。弗雷格认为这样的观点有缺陷。

> 这样定义的概念无法涵盖数 0 和 1。另外，这些表述相当含糊不清：它们时而意谓与“堆”或“群”或“聚集”相似的东西，令人想到空间中的并列，时而又与“数”有几乎一样的意谓（指称），只是更为模糊而已。因此在这类定义中找不到对数概念的分析。（《算术基础》第 28 节）

如果数被定义为集合，或者众多，我们就无法给出 0 和 1 的定义。有些数学哲学家为了解释数 1，引入了“单位”这个概念。他们把数看作单位的聚合，数 1 就是单位，大于 1 的数就是多个单位的聚合。比如两张桌子就是把一张桌子看作一个不可分割的单位，两张桌子就是两个这样的单位。弗雷格逐一批评了把数 1 看作是单位的不同哲学家的观点，其中包括施罗德、鲍曼、洛克等人的观点。诉诸单位而对数 1 作出的解释在弗雷格看来有明显的冲突。当我们去数这些单位时，我们一方面忽略了单位的不同，另一方面又看到了单位的相同。所以，把数 1 看作数单位的观点，会承认单位是相同的，又是不同的。这样的矛盾观点令人无法接受。

比如你数桌子的数。你把每一个桌子看作单位，因此你不会在数桌子数时，去数椅子的数或桌子腿的数等。所以，此时把单位看作一个不可分割的东西，并且在你所数的东西中，你看到了共性，即单位。因此单位是相同的。如果你数的桌子数大于 1，比如“两张桌子”，那么你必须看到两个单位。你必须看到这两个单位不同，你才可能数出两张桌子。所以这两个单位一定不同。因此单位既相同又不同。弗雷格非常不满意这样模糊不清的界定。诉诸单位来理解数 1，在弗雷格看来是失败的。

弗雷格希望从这些不成功的分析中找到合理之处，并给出他对数的本质的正面断言。

1.2　数的本质

1.2.1　数和概念（解决单位既相同又不同的矛盾）

弗雷格在《算术基础》的第 54 节解决了单位既是同一的，又是不同的矛盾。弗雷格认为概念和数之间有归属关系。我们可以说一个属于概念的数是什么。比如木星的卫星数是 4，那么“ξ 是木星的卫星”是一个谓词，它指称一个概念。“ξ 是木星的卫星”中的空位 ξ 可以填充“木卫一”，“木卫二”，“木卫三”，“木卫四”，它们是木星卫星的名字。这 4 个卫星的“不可分割”，并不在于有一个所谓的“相同单位”，而是在于这些对象都在“ξ 是木星的卫星”这个概念之下。这 4 个对象又是不同的，并不是因为所谓的“单位”不相同，而是这 4 个对象本身是不同的对象。

在《算术基础》第 53 节，弗雷格阐述了“数”和“存在”的相似性。弗雷格认为存在是概念的性质。我们说“动物存在”，断言的是有对象在概念“动物”之下。“独角兽不存在”实际上是说没有对象在概念“独角兽”之下，也可以说属于独角兽这个概念的数是 0。

1.2.2　数是对象

弗雷格认为，数是自我持存的对象，而不是概念。“木星有四颗卫星”可以表述为“木星的卫星的数 =4”。后一个陈述更能凸显数字是单称词项的逻辑特征。弗雷格并不认为数词是形容词。我们在上文已经阐述了数并不是外部事物的性质，实际上数词并不谓述任何事物的性质。所以数词和形容词不同。弗雷格认为我们的自然语言对于呈现逻辑结构并不完美，而逻辑学的一个重要的内容就是要分析出自然语言中的清晰的逻辑结构。

> 如果我们的语言在逻辑上更加完美，那么我们就不再需要逻辑学，或者我们从语言就可以快速读出它。①

在《算术基础》中，弗雷格区分了对象和概念；认为数是独立持存的对象，而非概念。下面我们就对象与概念的区分，作专门的阐释。

1.3　对象与概念区分

弗雷格在《算术基础》中批评了密尔把数看作外部事物的性质的观点，这种观点实际上把数词看作一个形容词，认为数词放在名词之前，像形容词一样地使用。这种对语言的逻辑用法的错误理解，导致了把数看作外部事物的性质。“红色的花”和“五个苹果”似乎有相同的句法，但是弗雷格认为，这是自然语言在逻辑上的不完美的表现。数词并不是形容词，而是一个单称词项。

为了要说明对象和概念的不同，弗雷格从逻辑上区分了两类不同类型的表达式，即单称词项和谓词。弗雷格把单称词项称为专名，而今天我们所说的专名和弗雷格意义上的专名是不一样的。弗雷格的专名包括今天我们所说的专名和限定性摹状词。

---

① “My Basis Logical Insight”, in Gottlob Frege, *Psothumous Writings*, Edited by Hans Hemes, Friedrich Kambartel, Friedrich and Kaulnach, Basil Blackwell, Oxford, 1979.

1.3.1 单称词项和谓词的区分

语言的逻辑分析是弗雷格逻辑工作的重要部分。在《算术基础》中，弗雷格明确指出，我们不能孤立地寻求语词的意义，而是要把语词放在一个句子中去理解语词的意义。这个研究原则，我们不妨称之为语境原则。弗雷格在语境原则下，分析出单称词项和谓词是不同类型的表达式。他认为单称词项指称的是对象，而谓词指称的是概念。因为单称词项和谓词是两种不同类型的表达式，它们的指称在弗雷格看来也不会存在交集。所以弗雷格得出对象和概念是不同的。因此，他在《算术基础》中强调了研究的另一个原则，那就是区分对象和概念。这个原则实际上是要区分两种类型的表达式，也就是只有在坚持语境原则的基础上，我们才能区分出概念和对象。数字，比如“0”“1”“2”等，在弗雷格看来是单称词项，它们指称的是对象，而不是概念。比如“2”在句子“2 是一个正整数”中是一个单称词项，“是一个正整数”是一个谓词，所以“2”指称一个对象，“是一个正整数”指称一个概念。①但是何为单称词项，何为谓词？弗雷格在《算术基础》《论概念和对象》中并没有给出回答。如果我们没有区分单称词项和谓词的标准，那么我们就无法得出“2”指称的是对象而非概念。因为弗雷格对于概念与对象的区分是建立在语言表达式的逻辑类型的区分之上，如果我们无法区分出单称词项和谓词，我们也就无法区分对象与概念。这样，数是自我持存的对象的断言就失去了理论基础。正如达米特② 所评述的那样，弗雷格对实体对象和概念的分类依赖于语言表达式类型的区分。这就意味着，弗雷格的理论需要提供单称词项和谓词的区分标准。然而弗雷格并未完整地解释谓词与单称词项的区分标准。

在《函数和概念》中，弗雷格首先认为，我们对于句子和单称词项有直观的认识，然后通过句子和单称词项来解释什么是谓词。弗雷格用隐喻的方式来阐释他的观点。

---

① 《弗雷格哲学论著选辑》，王路译，商务印书馆 2006 年版，第 89–90 页。

② “Proper Names”, in Dummett, M., *Frege: Philosophy of Language*, London: Duchworth, 1973, pp.54–80.

> 人们一般也可以将断定句像等式或数学分析的表达式那样分析为两部分来考虑，其中一部分是完整的，另一部分是不饱和的，需要补充的。例如，人们可以将“凯撒征服高卢”这个句子分析为“凯撒”和“征服高卢”。第二部分是不饱和的，它带有一个空位，只有通过用一个专名或一个代表专名的表达式填充这个位置，才出现一个完整的涵义。[①]

在弗雷格看来，我们能够区分一个判断句和单称词项。简单来说，一个判断句，如果去掉其中的单称词项，所剩下的部分就是谓词。弗雷格把判断句和单称词项比喻为“饱和的”语言表达式，而谓词的解释是依赖于这些“饱和的”表达式。正如达米特所说，按照弗雷格的理论，如果我们无法分辨出什么是单称词项，那么我们也无法分辨出什么是谓词，因为谓词的解释依赖于单称词项的解释。达米特并不否认我们对于判断句有直观的认识。确实，如果我们连什么是判断句都无法理解，那么任何哲学的解释都成了不可能。我们的理论必须开始于某处，所以我们不应该期待弗雷格的哲学理论再进一步解释判断句。

弗雷格的一个天才式的想法在于，他把判断句作为语言的单位，而不是把语词作为语言的单位。人们通常认为，语词是组成一个语句的基本单位。如果不理解语词的意义，那么就无法理解由这些语词所构成的句子的意义。弗雷格并不否认语句的意义是由组成这个语句的子表达式的意义构成；但是同时他认为，一个语词的意义只能在句子的语境中被探寻。他在《算术基础》中强调：决不要孤立地探寻语词的意义，而只能在命题中探寻语词的意义。

然而为什么单称词项却应该被理论解释呢？为何它不能像判断句一样，作为初始的理论术语呢？如果单称词项有理由作为初始理论术语，那么谓词也会有同样的理由作为初始术语。这势必会导致单称词项和谓词都需要诉诸直观才能被理解。这就让单称词项和谓词的区分变得神秘莫测。

---

① 《弗雷格哲学论著选辑》，王路译，商务印书馆 2006 年版，第 67 页。

拉姆塞（Ramsy）[①]最先质疑区分单称词项和谓词的根据。在拉姆塞看来，即使一些表达式可以连接成一个有意义的句子，我们也无法知道其中哪个表达式是单称词项。如果你认为句子的所谈论之物就是对象，那么拉姆塞会告诉你这样的理由是不充分的。比如“柏拉图是有智慧的”这个句子可以说是谈论柏拉图，也可以说是谈论智慧这个性质。这个句子是在说智慧这个性质被柏拉图所拥有。所以我们不能从谈论什么来区分单称词项和谓词。人们也不能把一个语句的主词所代表的东西当作我们语句中所讨论的东西。主词和谓词是自然语言的句法上的区分，而不是逻辑句法的区分。比如“布鲁托杀死了凯撒”这个句子中“布鲁托”和“凯撒”都是单称词项。我们不能把主词等同于单称词项的解释。

或许人们会认为，我们谈论的东西一般就是对象，它用单称词项表示。如果我们知道了某个对象，我们就用单称词项来指称它。比如我们知道“柏拉图”指称一个对象，所以“柏拉图”就是一个单称词项。吉奇（Geach）[②]就持这样的观点。他认为，按照弗雷格的理论，我们先理解了一个语言表达式代表某个特定实体，然后通过实体的不同种类来区分表达式的不同类型。达米特批评吉奇所理解的弗雷格是错误的。在这点上，达米特是对的。弗雷格的理论给出了对象和概念的区分，认为这是两种不同的实体。但是作为不是哲学家的大众，抑或是在弗雷格之前，即使哲学家也无法区分何为对象，何为概念。我们知道柏拉图，我们知道柏拉图是有智慧的，但是我们不知道柏拉图是一个对象，而有智慧是一个概念。所以，我们不能先知道实体的分类才知道表达式的分类。弗雷格是从表达式的分类走向对实体的分类。

达米特（1973a）指出单称词项和谓词的区分虽然是弗雷格哲学理论中没有解决的问题，但是这个问题在原则上可以不诉诸直观获得理论上的解释。达米特是第一个致力于解决这个问题的哲学家。他给出

[①]Ramsy, “Universal”, in Ramsy, *The Foundations of Mathematics and Other Logical Essays*, London: Routledge & Kegan Paul, 1931, pp.75–100.

[②]Anscombe, G.E.M. & Geach, P. T., *Three Philosophers*, Oxford: Basil Blackewell, 1961, pp. 127–162.

了这个问题的解决方向，但是具体的细节由黑尔发展和改进。[①]

1.3.2　对象与概念区分的意义

如果单称词项和谓词有清楚的区分方法，那么从弗雷格的指称原则，即不同逻辑类型的表达式指称不同种类的实体，可以得出对象和概念是不同的实体。弗雷格的理论区分对象和概念是不同种类的实体在哲学上有什么重要的意义？这一小节我们将回答这个问题。

弗雷格的抽象对象实在论和概念实在论是其哲学的特征。在《算术基础》的第 27 节的脚注中，弗雷格指出他的哲学理论和康德的哲学理论的显著差别。弗雷格区分了主观的表象和客观的表象。

> 主观意义上的表象与心理学的结合律有关，它是感性的，图式化的。客观意义上的表象属于逻辑，本质上是不可感知的，虽然客观表象这个词所指的东西通常伴随着一个主观表象，而它根本不是它的意谓。主观表象因人而异，这通常可以检验出来，而客观表象则对所有人都是一样的。客观表象可以分为对象和概念，为了避免混淆，我个人只在主观的意义上使用“表象”。通过把两种意义结合到这一个词上，康德给他的理论带来了主观的和唯心主义的色彩，而且使得了解他的真实观点变得非常困难。这种区分与心理学和逻辑学的区分一样合理，但愿它们总是能被严格区分开来！

弗雷格的理论把“对象 + 概念”看作客观的表象，这种表象被寇发（Coffa，1991）解释为客观的语义学。这种客观的语义学区别于康德的“直观 + 概念”的主观语义学。在康德看来，直观和概念构成了我们一切知识的要素。康德强调心灵有两个能力：接受表象的能力（印象的感受性）；通过表象认识对象的能力（概念的自发性）。

[①]Hale, B., *Necessary Beings*, Oxford: Oxford University Press, 2013, pp.40–46.

> 如果我们愿意把我们的心灵在以某种方式受到刺激时接受表象的这种感受性称为感性的话，那么与此相反，自己产生表象的能力，或者知识的自发性，就是知性。我们的本性导致直观永远只能是感性的，也就是说，只包含我们被对象刺激的方式。与此相反，对感性直观的对象进行思维的能力就是知性。这两种属性的任何一种都不应当比另一种更受优待。无感性就不会有对象被给与我们，无知性就不会有对象被思维。思想无内容则空，直观无概念则盲。因此，使其概念成为感性的（即把直观中的对象赋予概念）和使其直观成为知性的（即将它们置于概念之下），是同样必要的。这两种能力或其性能也不能互换其功能。知性不能直观任何东西，而感官则不能思维任何东西。只有从它们的相互结合中才能产生出知识。但人们毕竟不可因此就把二者的职分相互混淆，而是有重要的理由慎重地把每一个与另一个分离和区别开来。因此，我们把一般感性规则的科学即感性论与一般知性规则的科学亦即逻辑区别开来。①

这一段话表达了康德的唯心主义的认识论。我们的心灵具有感受对象的直观。引起心灵的这种刺激的是对象；没有对象，我们就不能有对象的直观。但是仅有直观产生不了知识。心灵的第二个功能就是对直观的对象进行思维，而这需要概念，概念就是心灵的第二个功能。这两个功能各负其责，不能相互混淆。没有直观就无法思维，没有概念也无法思维。康德把直观和概念都规约为心灵的两个能力，但在弗雷格看来，虽然我们的判断带有主体性，但是判断的内容应该是客观的。弗雷格并不是从我们的心灵的功能或认识结构来解释我们的判断，他强调判断内容的客观性，而这种内容的客观性对于服从理性的人都会承认。

弗雷格在《算术基础》中认为客观的东西是对不同认知主体都相同的东西，而主观的东西不能被不同的认知主体所共享。虽然他在写《算术基础》时并没有区分涵义与指称（参看弗雷格《论概念和对象》），

① [德] 康德：《纯粹理性批判》，李秋零译，中国人民大学出版社 2004 年版，第 83–84 页。

但是弗雷格对于概念与对象的区分是建立在一个判断句的内容上，即句子的涵义的基础之上。这种客观性的界定一直贯穿于弗雷格的研究生涯。弗雷格认为一个陈述句的内容是思想或者说是这个句子的真值条件。在弗雷格的理论中，思想（句子的涵义）也是客观的。弗雷格认为思想和主观的表象是不同的，前者并没有一个承载者，而后者只能有一个承载者。在弗雷格看来，每一个表象只有一个承载者，两个人没有同一个表象。[①]

> 如果别人和我一样能够承认我以毕达哥拉斯定理表达的思想是真的，那么他就不属于我的意识的内容，在这种情况下我就不是他的承载者，尽管我可以承认它是真的。但是如果被我和被别人看作是毕达哥拉斯定理的内容根本就不是同一种思想，在这种情况下人们实际上不能说“毕达哥拉斯”定理，而只能说“我的毕达哥拉斯定理”，“他的毕达哥拉斯定理”，这两个定理是不同的。[②]

弗雷格认为相同的思想可以被不同的人所掌握，所以思想是客观的。弗雷格的思想的客观性被当代哲学家理解为思想的主体间性。思想的同一性是思想的主体间性的条件，它和掌握思想的主体的特殊性无关。所以思想和主体的感觉印象不同。一个陈述句的涵义就是这个句子所表达的思想，即这个句子的真值条件。所以一种思想的同一性在于句子的真值条件的同一性。一个句子的真值条件是这个句子为真的条件，句子的真值条件和主体的特殊性没有任何关系。弗雷格认为不同的句子可以表达相同的思想，比如“布鲁托杀死了凯撒”和“凯撒被布鲁托杀死”虽然是两个不同的句子，但是它们表达了相同的思想；再比如“独角兽不存在”和“独角兽的数是 0”是两个不同的句子，但是它们也表达了相同的思想。弗雷格自己并没有阐释两个句子的真值条件是相同的标准，黑尔（1997）给出了句子的真值条件的同一性的判断条件[③]。本书的第三部分“隐定义的理论基础”会对黑尔的解决方

---

① 《弗雷格哲学论著选辑》，王路译，商务印书馆 2006 年版，第 142 页。

② 《弗雷格哲学论著选辑》，王路译，商务印书馆 2006 年版，第 143 页。

③ Hale, B., “Grundlagen §64”, *Proceedings of the Aristotelian Society*, 1997,pp.243–261.

案给出详细的介绍。

弗雷格认为，单称词项和谓词是两种不同类型的表达式。这两种类型的表达式的区分虽然还有待对弗雷格理论的完善，但是我们不难发现，表达式类型的区分和主体的认知特性并不相关，而是所有服从理性的主体都会承认的区分。现在我们假设单称词项和谓词确实是可以区分的两种类型的表达式。那么根据弗雷格的理论，单称词项的指称是对象，而谓词的指称是概念，对象和概念是指称层面的东西。一个句子的指称是真值，其涵义是这个句子的真值条件。一个句子的涵义是由组成这个句子的表达式的涵义组成的。比如“苏格拉底是有智慧的”的涵义就是由“苏格拉底”的涵义和“是有智慧的”的涵义构成。句子的涵义即思想，它具有结构，这种结构性决定了两个表达式的指称“苏格拉底”以及“是有智慧的”放在一起并不能构成一种思想。思想的这种结构性在弗雷格看来就是逻辑的。“涵义 + 指称”模型是弗雷格的意义理论的核心内容。

对象和概念都是从语言表达式的涵义与指称理论上所做的区分。因此对象不是康德所说的那样，通过直观被给予我们，而是通过理解单称词项的涵义所确定的事物。概念也不是康德所谓心灵的第二个功能，而是通过理解谓词表达式的涵义所能确定的指称。如果弗雷格的“涵义 + 指称”的意义模型是属于逻辑的，或者说是客观的，那么弗雷格对于对象和概念的区分的重要意义就在于我们可以从客观的角度来给出对象和概念的解释，而无须诉诸任何心理的或者心灵的任何特征来描述。

弗雷格并不认为概念是先于判断形成的。他这样评价自己的逻辑研究：“我开始于判断和它们的内容，而不是开始于概念……我允许仅凭判断就可以形成概念。”[①]弗雷格认为概念的表征和判断同时出现，他在后来的《论概念与函数》中阐述了他的概念观。

弗雷格发现函数的表达式是含有变元的。比如 x^2+x 表达了一个函数，当我们把变元的值赋予一个数值，就会得到函数值。比如 1^2+1，3^2+3，等等。弗雷格把变元看作空位，是一个不饱和表达式，需要填

[①]Frege, *Posthumous Works*, Hamburg: Meiner Press, 1969, p.17.

充一些合适的表达式才能成为饱和的表达式。比如函数 x^2+x 就可以看作是 $()^2+x$。弗雷格认为谓词同样如此。比如：

苏格拉底是有智慧的。

这个句子去掉"苏格拉底"，就变成了

（）是有智慧的。

这是一个带有空位的表达式。我们也可以把这个空位用变元来表示：

ξ 是有智慧的。

这个带有变元或空位的表达式就是谓词。弗雷格认为谓词就如同函数表达式一样，是不饱和的表达式。我们是在判断中形成了谓词。就如同我们给出一个序列：

1^2+1，2^2+2，3^2+3，4^2+4，

可以分析出函数表达式：x^2+x 一样。

弗雷格认为我们是从判断中分析出谓词的，而不是谓词先于判断就形成了。

在弗雷格的理论中，对象单称词项的指称和概念是谓词的指称。这就是说表达式的逻辑类型决定了它们的指称是什么。正如弗雷格所指出的那样，他的逻辑学的工作很大一部分是对语言的逻辑分析。而语言的逻辑分析并不是心理学的分析，它和每一个认知主体的认知特征没有任何的关系，而是所有具有理性的人都可以理解的。弗雷格并不认为只有对象是外在于我们的东西。在康德的哲学中，对象通过我们的感性直观给予我们，而概念是我们心灵之物，两者形成了判断。弗雷格认为判断的内容本身就是客观的，通过判断的内容，我们理解了判断中所涉及的对象和概念。对象和概念都不是我们的心灵之物。

寇发[①]认为，弗雷格理论中的"对象"也如康德的哲学那般，是直接给予我们的。似乎对象是前理论之物，我们能够理解什么是对象。然后从对象再解释什么是单称词项：指称对象的表达式就是单称词项。这种解释并不对。这种解释和上文中所阐述的吉奇的观点是类似的。正

[①]Coffa, *The Semantic Tradition From Kant to Carnap*, Cambridge University Press, 1991, pp.66–68.

如达米特指出的那样，无论是对象还是概念都不是前理论的术语，它们都是弗雷格的理论术语，是通过弗雷格的理论，我们才知道了对象和概念。弗雷格在《算术基础》中分析，数词并不是形容词，它并不谓述任何外部事物的性质。弗雷格同时还分析了自然数和量词类似，“存在木星的卫星”和“木星的卫星数不等于 0”的内容是一样的。弗雷格正是通过语言的分析，来论述一个个的自然数并不是概念，而是对象，因为数字是单称词项。一个个的自然数并不是外在的物理对象，它们并不是直接给予我们的，我们不能通过感知直观认识它们。在康德的理论中，对象都能被感知，但是弗雷格的理论中不仅有物理对象，还有抽象对象，这些对象并不是通过感知直观直接被给予，而是如概念一样，同时在判断中被给予的。正如弗雷格所说，我们不是在判断之前就有了概念，同样我们也不是在判断之前就有了对象。

但是寇发[①] 精彩地评述了弗雷格的概念观和抽象主义者概念观的不同。寇发认为，在弗雷格的时代，抽象主义的概念理论仍然盛行。抽象主义者认为，我们从特定的材料中通过抽象掉一些东西的过程获得性质或关系（概念）。抽象后的概念用“通名（common nouns）”来表示。胡塞尔的早期哲学对概念就持抽象主义的观点。他认为概念起源于具体表征，这些具体表征都是在这个概念之下。如果将这些具体表征中的特殊性忽略，就可以得到这些具体表征的共性，而这个共性就构成了普遍的概念。一般说来，普遍的概念的外延多于一个，比如在概念“学生”之下会有很多个个体。而个体就一个。所以，在抽象主义者看来，如果把概念之下的事物的差别去掉，就形成了共性，也就构成了概念。所以概念是在具体的个体之后形成的。当有了概念之后，我们才能形成判断。这和弗雷格的概念观相去甚远。弗雷格曾这样批评胡塞尔的算术哲学：

> 分散我们的注意力特别有效。我们较少关注某个性质，它就消失了。当让一个特性接一个特性消失了，我们会得到越来越抽象的概念……不关注是最有效的逻辑功能，这个解释大概适用于

[①] Coffa, *The Semantic Tradition From Kant to Carnap*, Cambridge University Press, 1991, pp.68–69.

> 心不在焉的教授。假设我们面前有一只黑猫和一只白猫相挨地卧着。我们不再注意它们的颜色，它们变得无颜色，但是仍在卧着。我们不再关注它们的姿势，它们不再卧着（尽管没有假设它们的姿势），但是每一只猫还在它们的位置。我们不再关注位置，它们就不再有位置，但是仍然是不同的。以这种方式或许我们从每一只猫获得猫这个普遍概念。通过不断运用这个过程，我们将从每一个对象获得越来越没活力的幻象。①

在弗雷格看来，抽象并不是获得概念的方式。我们只有在判断的内容中理解概念。我们看到某个表面是蓝色的，我们说出“这个表面是蓝色的”。我们有唯一的印象对应“蓝色”这个词。当我们看到另一个蓝色表面时，我们会再次确认这个印象。我们能够理解“x 是蓝色的”所要求的对象的条件是什么。我们可以理解概念，但不是抽象出概念。弗雷格认为：“如果数是从可感知对象中抽象出来的性质，那么把这样的性质用在不可感知的思想、概念或事件上会显得很荒谬，就如同说蓝色的思想，硬的概念一样。”（《算术基础》24 节，郝兆宽译）

弗雷格通过表达式的逻辑类型区分了对象和概念。对象和概念只有在理解判断的内容上才能被理解。弗雷格的哲学并不承认对象通过直观进入我们的心灵，我们的心灵具有概念的功能。弗雷格的哲学是以判断句的内容的客观性为起点，以表达式的逻辑分析为方法，继而解释不同逻辑表达式的指称是不同种类的实体。实际上除了单称词项和谓词，还有其他逻辑类型的表达式，比如量词、逻辑联结词等，它们实际上也有其涵义与指称。弗雷格对对象和概念的区分的意义并不仅仅在于这个结论。

在弗雷格之前，哲学家也谈论殊相和共相，并且就共相是否是实在产生了争论。虽然弗雷格并不用殊相和共相这样的术语，而是使用对象和概念的术语，但是弗雷格的问题仍然是哲学的传统问题：共相和殊相究竟是什么，其区分的标准究竟是什么？我们如何理解殊相和

①“Review: Husserl, Philosophy of Arithmetic”, in Gottlob Frege, *Collected Papers on Mathematics, Logic, and Philosophy*, Edited by Brian McGuinness, Basil Blackwell, 1984, p.226.

共相？在弗雷格之前，哲学家受主谓自然句法结构的影响，认为共相仅是事物的性质。如果按照弗雷格的逻辑句法，我们不仅发现事物的性质是共相，还会发现事物的关系甚至用量词、逻辑联结词形成的谓词所指称的也是共相。我们就如同用一个望远镜看到了先前没有看到的景致，共相的世界更加丰富多彩。索姆斯（Soams，《二十世纪分析哲学史》“导论”）认为，分析哲学的特征在于分析哲学家做哲学的方式，他们追求清晰、系统和严格的论证。我想弗雷格做哲学的方式堪称这一典范。当哲学家在争论共相的实在性的问题时，弗雷格问的是共相是什么？他试图用一种清晰、系统的方法来回答什么是共相。他的研究方法是新颖的。在弗雷格之前，没有哪个哲学家是从语言的逻辑分析上去理解哲学的术语。弗雷格的逻辑研究和致力于发展莱布尼兹通用演算的那些逻辑学家的逻辑研究也是不同的。后者要发展的是一种计算性的逻辑，他们关心的是找到数学算法，来解决什么命题依赖于什么命题可以被推出。弗雷格的逻辑研究包含的内容更广，他的逻辑研究还致力于发展出一个通用的逻辑语言，关注语义学、表达式的涵义和判断句的内容，他希望从中发现有效推理的根本依据。所以，弗雷格的对象与概念的区分的哲学意义不仅在于对象和概念是不同类型表达式的指称，还在于弗雷格的研究方法，把判断的内容看作是客观的，从判断内容的逻辑分析上给出对象与概念的区分依据。继而从这种分析方法得出：概念和对象是在我们做判断时同时被给予我们的，对象和概念都不先于判断，概念不是对外部事物的抽象。

每一个开创性的工作都不会完美无瑕，弗雷格的开创工作留给我们丰富的哲学遗产，其中包括许多有待解决的问题。正如我们上文所说，我们还不能从逻辑的分析上给出单称词项的分辨标准，弗雷格的本体论研究中还有其他问题，其中最为重要的就是马概念悖论的问题。

1.4 马概念悖论

弗雷格的哲学理论中有两个著名的悖论：一个是罗素悖论，另一个就是马概念悖论。罗素悖论是弗雷格所构建的算术演绎推理中所产生的悖论。马概念悖论是弗雷格的本体论研究中所产生的悖论。我们在这部分简单介绍一下马概念悖论以及弗雷格对这个悖论的回应。在本书的第二部分，我们会专门介绍当代哲学家对这个悖论的诊断及他们的解决方案。

弗雷格对马概念悖论的讨论出现于他 1892 年发表的《论概念和对象》中。这篇文章是专门回应本诺 · 克里（Benno Kerry）所提出的悖论，这个悖论今天被人们称为“马概念悖论”。①

正如弗雷格在《论概念和对象》中所指出的那样，“概念”一词的使用是不同的，有时是在心理学意义上使用，有时是在逻辑学意义上的使用，有时甚至对这两种用法不加分别地使用。弗雷格对于“概念”的使用是在逻辑学意义上的使用。正如我们上文所指出的那样，弗雷格的逻辑学包含对判断内容的逻辑分析，这种分析是基于语言的分析。弗雷格认为在语言分析上可以发现单称词项和谓词是两种类型的表达式，继而通过指称原则，即不同类型的表达式表达不同种类的实体，得出对象和概念一定是不同的结论。不可能有东西既是概念，又是对象。

克里悖论的内容可以简述如下：按照弗雷格的理论，概念和对象是两类完全不同的实体。不可能有东西既是对象，又是概念。我们可以说“柏林这个城市是一个城市”，“维苏威火山是一座火山”，自然语言的使用也让我们可以说“马这个概念是一个概念”。但是按照弗雷格的理论，我们会认为在这个句子中，“马这个概念”是一个单称词项，它应该指称对象而不是概念。所以“马这个概念不是一个概念”。因此矛盾！

弗雷格在《论概念和对象》中陈述了他对谓词和单称词项的解释。他认为在句子“马这个概念是一个容易获得的概念”中，“马概念”确实是一个单称词项，它不能指称概念。同样，在“马这个概念是一个

①本诺 · 克里（1858 年 12 月 11 日至 1889 年 5 月 20 日），奥地利哲学家。在去世之前，克里在斯特拉斯堡大学担任哲学的私人讲师。克里曾在维也纳大学受过布伦塔诺的指导，后来他的哲学也深受布尔查诺的影响。克里和布伦塔诺的学生迈农、霍夫勒等人致力于对象与概念的研究。但是正如弗雷格在《论概念和对象》中所指出的那样，弗雷格和克里在“概念”这个术语的使用上是不同的。克里曾经写过 8 篇关于概念的论文，其中有两篇对弗雷格的概念论有过详尽的评述。弗雷格的《论概念和对象》的草稿见《弗雷格遗著》第 87–117 页。这篇草稿和所发表的《论概念和对象》大部分内容相同。

概念”中，“马概念”确实是一个单称词项，它不能指称概念。克里认为是弗雷格的理论出现了问题才导致这个悖论产生。克里认为概念和对象的区别不应该看作是绝对的，有的时候某个对象也会是概念。克里认为“是一个概念”和“是一个对象”，这两种性质相互排斥的结论并不能从概念和对象不可划归得出。克里把概念和对象的不可划归和父与子不可划归做了一个类比。我们不能说因为父子关系不能进一步划归，就得出父亲不能同时是儿子。一个父亲可以是另一个人的儿子，一个儿子也可以是另一个人的父亲。

弗雷格不同意克里的这个论证。弗雷格在《论概念和对象》中认为概念和对象是逻辑的基本概念，在任何一门科学中基本的概念是不能给出定义的，但是我们可以解释它们。弗雷格认为概念是谓词的指称，而对象是单称词项的指称。因为谓词和单称词项是不可能有交集的，并且他同时还隐含地接受了指称原则：不同类型的表达式不能指称相同种类的实体，因此弗雷格得出没有任何东西既是对象，又是概念。弗雷格反驳克里没有正确理解他对对象和概念的区分理由，而是在克里自己所理解的概念上对弗雷格的概念和对象的区分作出了批评。

实际上弗雷格对克里的回应并不成功。如果弗雷格的反驳是成功的，弗雷格应该论证的是他的理论并没有马概念悖论。但是他的理论确实得出“马概念”不是一个概念。但是弗雷格认为这是因为我们语言导致的困境而非他的理论。

> 我承认我的读者在理解上会有相当特殊的障碍。由于语言的某种必然性，我的表达，按照字面理解，会让我的想法有时会遭到误解；当我想意指一个概念时，我谈及的是一个对象。我完全意识到，在这种情况下，我依赖我的读者愿意做些让步，而不是将信将疑。[①]

弗雷格实际上对“马概念悖论”妥协了，认为语言的某种必然性导致了这个悖论，但是没有理由去怀疑他的理论导致了这个悖论。不久

[①] Frege,G., *Collected Papers on Mathemtaics, Logic and Philosophy* , Brian McGuinness ed., Oxford: Blackwell, 1984, p.193.

之后，维特根斯坦就在他的《逻辑哲学论》中对弗雷格这一观点进行继承与发展。他认为所有形式的东西，比如函数、概念等都是只能显示而不能说。这一观点也影响了吉奇以及努南（Noonon）等人的哲学思想（参看吉奇，1976；努南，2006）。

在弗雷格看来，单称词项和谓词是不同类型的表达式，对此没有哲学家会提出反驳意见，虽然关于什么是单称词项或许还需要进一步的回答。但是从这两种不同类型的表达式到它们的指称一定不同，还需要一个指称原则：不同逻辑类型的表达式指称不同的实体。正是这个原则才导致了马概念悖论。弗雷格在《论概念和对象》中谈到在他写《算术基础》时，他还没有区别涵义与指称。

> 在我写《算术基础》的时候，我还没有区别涵义与指称，这样，“可判断的内容”这一表达式概括出我现在以“思想”和“真值”所区别表达的东西。[①]

实际上弗雷格在区分了涵义与指称之后，他应该意识到表达式的逻辑类型的划分引出了“思想有结构”这一观点。只有不同类型的表达式按照某种组合的方式才能形成判断。句子表达思想，其指称只有真值。在弗雷格看来，真值也是对象。实际上指称是没有结构的。只有在涵义的层面上，才涉及结构。句子的结构也是从句子的涵义上才说的。我们很难说一些字符串有什么结构，或者与思想同构，这是很荒谬的。只有把表达式和表达式的涵义联系起来，我们才能有意义地谈论表达式的结构。这就意味着，不同逻辑类型的表达式是在涵义的层面上所做的区分。从涵义层面直接跨到指称层面，认为不同逻辑类型的表达式有不同的指称并无什么根据。新弗雷格主义者认为，对象和概念的区分是基于表达式的逻辑类型。他们并不愿意接受弗雷格的观点，认为是语言的某种必然性导致的马概念悖论。他们认为是弗雷格的理论产生了问题，我们需要对这个理论中的指称原则进行修改。同时他们还要保留对对象和概念的区分，如何在保留对对象和概念区分的前提下修改指称原则，是他们的哲学理论所面临的一个挑战。

[①]《弗雷格哲学论著选辑》，王路译，商务印书馆 2006 年版，第 85 页。

第 2 章　涵义与指称

本章主要阐述弗雷格的涵义与指称的理论。涵义在弗雷格看来，是认识论层面的东西，它是我们理解指称或者思考指称的方式。涵义与指称既和弗雷格的本体论的研究相关，也和弗雷格的逻辑主义相关。所以，我把它作为本章的中间部分。人们一般认为，“晨星 = 晨星”和“晨星 = 昏星”如果都是真句子，那么这两个句子的证明方式是不同的。前者是一个逻辑真理的代入实例，可以依据逻辑就可以证成。后一个句子是一个天文学的结论，它需要依赖天文学的知识才能证明。因此弗雷格认为这两个句子具有不同的认识论的价值，或者说有不同的涵义。这些都是和认识论相关的内容，它主要涉及的是表达式的涵义。涵义与指称理论和本体论相关的内容在于指称。弗雷格认为，如果一个句子有真值，那么这个句子中所出现的单称词项就应该有指称。在这个语义要求下，我们可以更清楚地理解本体论的基本问题：什么对象存在？新弗雷格主义者继承和发展了弗雷格的涵义与指称理论，但是这一理论也面临着哲学界的质疑，本章也会对这些质疑作出回应。

2.1　涵义

弗雷格在 1890 年至 1892 年发表了三篇文章，分别是《函数与概念》《论概念和对象》《论涵义与指称》，其中《论涵义与指称》最为著名。波特评价道，今天哲学系的学生都会读《论涵义与指称》这篇文章，并且会理解涵义与指称的区分。但是很难会有学生把涵义与指称的区分和逻辑联系在一起，他们甚至会忽略在这篇文章中，弗雷格所关注的逻辑问题。[①]

弗雷格在《论涵义与指称》中阐述了思想的结构，他认为不同的实体会以不同的方式给定。在一个句子中，单称词项的指称是一个对象，这个对象在这个句子中所给定的方式就是这个单称词项的涵义，即它为整个句子所表达的思想所贡献的内容。正是因为区分了涵义与指称，才会导致“a = a”和“a = b”所需要的证成方式的区别。“晨星 = 昏星”和“晨星 = 晨星”都是真句子，但是两个句子的涵义却不同，因为“晨星”和“昏星”虽然指称相同，但是涵义却不同。第一个句子表达了一个天文学的事实，是后天的；第二个句子看起来是一个分析真理，是先天的。弗雷格认为逻辑学应该区分这两个句子的不同，二者具有不同的认识价值。弗雷格的这个观点很容易让人们产生这样的想法：“晨星 = 昏星”需要天文学的方法推出，而“晨星 = 晨星”仅仅是一个逻辑真理的代入例。然而这样的想法实际上和弗雷格的观点并不一致。

弗雷格认为，即使“a”和“b”指称的是相同的对象，“a = b”和“a = a”也表达了不同的思想。弗雷格对于语言表达式的意义理论模型不仅有指称还有涵义，我们不妨把这样的模型简称为涵义 + 指称模型。弗雷格认为表达式的涵义就是这个表达式指向其指称的方式。在弗雷格看来，陈述句中的主词和谓词都是有涵义的。比如“开普勒在痛苦中死去”表达了一种思想，即这个句子的涵义。这个句子中的每一个逻辑类型的表达式都有涵义，它们共同组成了句子的涵义。所以“开普勒”这个专名也有涵义。这和克里普克（Kripke）在《命名与必然性》的第一个演讲中的观点并不一样，在克里普克看来，每一个专名的语义特征就是严格指示词，他把专名的涵义和其指称等同[②]。但是在弗雷格的涵义 + 指称模型中，每一个专名不仅有指称也有涵义，专名的指称和专名的涵义是不同的。弗雷格认为涵义也是客观的，这种客观性在于一旦我们的语言规则建立了，那么每一个表达式的涵义就

[①]Potter & Ricketts ed., *Cambridge Companion to Frege*, Cambridge University Press, 2010, p.12.

[②]克里普克在《命名与必然性》的第一个演讲中错误地把弗雷格和罗素的摹状词理论混为一谈。他认为弗雷格像罗素一样，认为专名都是伪名字，它们实际上是摹状词。

确定了。弗雷格认为一个理想的逻辑语言中的每一个逻辑表达式的涵义是确定的，但是在自然语言中，每一个专名的涵义可能并非如此。

实际上按照涵义与指称的区分，我们认为“晨星 = 晨星”和“晨星 = 昏星”这两个句子的涵义不同，这只能说明两个句子的真值条件并不相同。在我看来，按照弗雷格的理论，第一个句子实际上也不是弗雷格式的分析真理。“晨星 = 晨星”的真如果仅从逻辑就可以推出的话，我们也可以说“孙悟空 = 孙悟空”可以从逻辑推出。这样，“孙悟空 = 孙悟空”也是一个逻辑真理的实例，因此是真的。这样，按照弗雷格的指称理论（参见后文），我们将会得出“孙悟空”有指称。这显然是荒谬的。实际上，“晨星 = 晨星”的真依赖于“晨星”的指称存在。我们从逻辑的推理，并不能得出“晨星 = 晨星”。所以在我看来，这个同一性的真理同样不是弗雷格式的分析真理。对“晨星”这个对象的理解应该出现在我们的某个判断中，比如“晨星是出现在早上的一颗星星”。这个判断如果是真的，那么依据弗雷格的指称理论，可以知道“晨星”的指称存在。弗雷格的逻辑推理中的代入规则实际上要求单称词项都有指称。弗雷格认为逻辑是追求真的科学。那些不指称任何东西的表达式应该从科学中排除出去。因此弗雷格实际上并不认可晨星的存在仅由逻辑就可以推出。

和“晨星 = 晨星”不同，数字等式却可以称之为弗雷格式的分析真理。因为数可以被定义，每一个自然数也可以被定义。我们从逻辑真理的代入，可以得出“$0 = 0$”。所以 $0=0$ 是分析真理。晨星是不能定义的。天文学对于晨星的认识需要观测，不是依赖于定义所得。

即使我们承认“晨星 = 晨星”不是仅从逻辑可以推出，我们依然可以认为这个句子和“晨星 = 昏星”有不同的涵义。句子的涵义是句子的真值条件。“晨星 = 晨星”的真值条件仅仅是晨星存在；而“晨星 = 昏星”的真值条件不仅要求晨星存在，还要求两个单称词项的指称相同。如果我们理解了表达式有涵义与指称的区分，我们就会更深入地理解弗雷格为何对句子的证成方式的关注。弗雷格的逻辑主义是一种算术知识的认识论，其目的在于给出算术真理的逻辑基础。我们对于数的表达式的涵义的理解就是对数这一种类对象的认识。

2.2　指称

弗雷格在《论涵义与指称》中阐述了他关于对象存在的本体论的思想。他认为如果句子中的一个表达式的指称不存在，那么整个句子就没有真值。这是弗雷格关于指称的组合思想。

> "奥德赛在沉睡中被放到伊萨卡的岸上"，这个句子显然有涵义，但是无法确定这里出现的名字是否有一个指称。可以肯定的是，所有当真认为这个句子为真或为假的人都承认，"奥德赛"这个名字不仅有涵义，而且有一个指称，因为这里谓词肯定或否定的正是这个名字的指称。

新弗雷主义者继承了弗雷格的涵义与指称理论。黑尔认为，如果一个原子句子真，那么这个句子中所出现的单称词项就有指称。这是句子的真值的要求。当我们问什么对象存在时，我们需要关注的是原子句子。当我们问数是否存在时，我们如果承认"2 小于 3"这个原子句是真的，那么这个句子中的单称词项"2"和"3"就有指称。我们知道 2 和 3 是数，所以数就存在。蒯因的本体论承诺关注的是一阶量词的取值范围：一个理论承诺了什么对象存在，需要关注的是带有量词的句子。这和新弗雷格主义者以及弗雷格的理论并没有冲突。从一个原子句，通过一阶逻辑推理，我们可以得到一个带有存在量词的句子：由 $\Phi(a)$，$\Phi(a) \to \exists x\Phi(x)$，可以推出 $\exists x\Phi(x)$。所以从原子句的真值，我们也可以得出带有量词句子的真值。我们也会得出蒯因关于一个理论所承诺的什么对象是存在的。弗雷格和新弗雷格主义者的理论和蒯因的本体论的承诺的区别在于，弗雷格和新弗雷格主义者不仅会承认对象的存在，还认为概念是客观存在的。但是蒯因并不承认概念的实在论的立场。

> 概念词也必须有涵义，而且为了科学的用法必须有指称。但是它的指称既不是由一个对象，也不是由几个对象形成的，而是由一个概念形成的。当然对于概念，现在又可以问，是一个对象，还是多个对象，还是没有任何对象处于它之下。但是概念词只与

> 概念直接地有关。因此一个概念词逻辑上可以完全没有争议，用不着存在一个对象，概念词也不必通过其涵义和指称（概念本身）与这个对象相联系。①

弗雷格对于概念的存在并不要求一个原子句子是真的，因为概念的客观性并不要求要有对象处于这个概念之下。比如“$x \neq x$”是一个谓词，它指称一个概念，但是却没有任何对象处于这个概念之下。新弗雷格主义者继承了弗雷格的概念实在论。

2.3　涵义与指称理论所面对的质疑

弗雷格和新弗雷格主义者都是从语言的逻辑分析来探讨本体论的问题。这种诉诸语言分析的逻辑方法遭到了哲学家的质疑。埃尔（Heil）和戴克（Dyke）的观点代表了对弗雷格和新弗雷格主义者的本体论的研究方法的质疑。埃尔（2003）认为语言分析的方法预设了语言可以表征实在，然而我们严肃地探索本体论的问题时，我们探索的是独立于我们心灵与语言的性质。但是诉诸于语言分析的性质并不是我们想要探讨的性质。戴克（2007）认为从语言表征实在是表征错误，这样的分析方法并不能真正回答本体论的问题。

无论什么样的哲学问题，我们都需要找到恰当的方法来回答它们。面对本体论的问题，或许不同的哲学立场的哲学家对此问题会采用不同的立场和方法来回答。比如物理主义者仅承认时空中的具体的对象存在，数学实在论不仅承认具体的对象存在而且还承认抽象的数学对象的存在。当我们面对这些分歧时，我们不可避免地要问，我们所谓的“对象”是什么？如果我们不能说清楚什么是对象，这就意味着我们对哲学的分歧都谈不清楚，这显得有点荒谬。我们在争论我们根本不清楚的问题！罗素曾就“殊相”和“共相”给出了一种非弗雷格式的解释：

> 凡是在感觉中给定的东西，或和感觉中给定的东西同性质的

① 《弗雷格哲学论著选辑》，王路译，商务印书馆 2006 年版，第 128 页，译文略有改动。

> 东西，我们说它是一个特殊的东西；与此相反则是那种能为许多特殊的东西所分享的……[①]

罗素的特殊东西的解释实际上是模糊的，他把特殊的东西（对象）解释为感觉中给定的东西，但是什么是感觉中给定的东西？如果我们要解释除了感觉中给定的特殊的东西，还有抽象对象，那么用罗素的话就是“和感觉中给定的东西同性质的东西”，但是我们要理解对象，需要理解“同性质”，但是这实际上对于殊相（特殊的东西）并没有做任何有效力的解释。

如果不诉诸语言的逻辑分析，我们就无法解释何为对象，何为概念。如果仅仅承认可感觉的对象，仅仅诉诸感觉，我们也无法解释何为抽象对象，即使哲学家对抽象对象是否存在这个问题可以有不同的回答，我们仍然需要何为抽象对象的哲学解释。而语言的逻辑分析可以对这个问题给予回答。另一方面，罗素的上述对“共相”只是第一层级的概念。这个概念下的东西是对象。如此解释的“共相”将无法理解更高层次的概念。只有在语言的逻辑分析下，我们才能看到丰富的概念。我们没有任何理由让我们对概念的认识仅停在第一层次上。所以，如果我们需要理解“对象”和“概念”我们需要语言的逻辑分析。

哲学家对语言分析的方法还会有如下担忧：如果对象就是单称词项的指称，概念是谓词的指称，那么这样的结论会依赖于所选择的语言。如果一个语言中有某个单称词项，但是另一个语言没有这个单词词项，那么在后一个语言中就不能谈论这个对象。新弗雷格主义者实际上并不是如此界定对象和概念的。在新弗雷格主义者看来，对象是可能被单称词项指称的东西；概念是可能被谓词指称的东西。这种模态的方式的解释，会消去这种担忧。对象和概念的界定是语言的逻辑分析的产物，是和语言相关的，但是对象并不是现实语言中的单称词项的指称，而是可能被单称词项指称的东西。自然语言本身也是在发展的，很多人造物，比如“洗衣机”、“电脑”这些东西在 19 世纪还没有问世，我们当时的语言不可能指称这些人造物，但是今天我们的语

[①] [英] 罗素：《哲学问题》，何兆武译，商务印书馆 2007 年版，第 75 页。

言可以指称“这台电脑”，“这个洗衣机”等等。对象并不是依赖于我们的语言的存在，但是对象的本质在于它可能被语言的单称词项所指。

解决了这个担忧，或许哲学家仍然有对语言的逻辑分析方法的担忧：一个单称词项如果没有指称，那么这个单称词项所出现的原子句就不会真。比如“2 小于 3”这个句子，如果“2”和“3”没有指称，这个句子就没有真值。这个担忧在于，我们认为这个句子真是因为先预设了这些单称词项的指称。所以我们不能从这个句子的真，得到“2”，“3”有指称；而是反过来，是这些指称必须先存在，这个句子才能真。的确，对象和概念的区分是基于语言的逻辑分析，但是这并不意味着回答关于什么对象存在的问题完全基于语言的逻辑分析上。正如弗雷格所强调的那样，我们还需要陈述句的真。一个句子的真和我们认为这个句子的真是两回事。我们在上文中已经说过，只有某个原子句子是真的，那么这个句子中的单称词项的指称才存在。而句子是否是真的是客观的，它不取决于语言如何。弗雷格和新弗雷格主义者都不认为何种对象的存在完全依赖于语言的逻辑分析。弗雷格认为算术真理是通过逻辑和定义可以证成，这也不意味着算术真理依赖于语言。“2 小于 3”是一个算术真理，我们可以通过逻辑和定义认识这个真理，但是这个真理的真并不依赖于我们的证明。弗雷格式实在论一方面承认真理不依赖于我们的认识，另一方面也承认我们通过理性可以认识真理。我们通过逻辑和定义可以认识这个真理。既然它是一个真理，那么这个句子中的单称词项就一定有所指。这里并不是先认为这些单称词项指称存在，才断言这个句子是真的。同样地，“柏拉图是一个哲学家”这个句子如果是真的，那么“柏拉图”的指称存在。而不是我们先预设“柏拉图”存在，这个句子才是真的。弗雷格和新弗雷格主义者认为，原子句子的真要求这个句子中的单称词项的指称存在。句子的真是独立于语言分析的，弗雷格和新弗雷格主义者的本体论的研究方法虽然是基于语言的逻辑分析，但是关于何物存在的回答还依赖于事实，所以本体论问题并不是完全用语言分析就能够回答的。

第3章　弗雷格的逻辑主义

弗雷格认为算术真理是先天分析真理。弗雷格在《算术基础》中认为一个判断是先天的或后天的，分析的或综合的，和判断的内容无关，而是和判断的证成方式有关。在弗雷格看来，一个判断是先天的，当且仅当它的证明完全可以从普遍规律中得出，这些普遍规律既不需要也不可能证明。所以弗雷格认为算术真理和几何真理都是先天的，因为它们的证明都源自逻辑和一些初始的普遍真理。和康德不同的是，弗雷格认为，算术真理是先天分析真理而不是先天综合真理。弗雷格对于分析真理有其特殊的界定。他认为分析真理的证成可以最终还原为逻辑和定义。在弗雷格看来，定义是一种对概念的先天认识方式，而且定义目的在于解释所定义的概念。在弗雷格看来，一个含有非逻辑公理的公理系统并不是这个系统的初始符号的定义。在这种观点下，弗雷格认为欧式几何的公理系统并不能定义这个系统的初始符号"点""线""面"等初始符号的意义；这些公理是先预设了我们有公理所涉及的概念，而不是解释几何学的基本概念。《算术基础》只是弗雷格阐述其基本的哲学立场的著作，弗雷格希望在其大部头的著作《算术的基本规律》中实现这一宏伟计划。但是众所周知，弗雷格实现其逻辑主义计划的形式系统因为不一致，人们一般认为弗雷格的逻辑主义失败了。导致这个系统失败的原因，是因为公理 V，即外延原则，加在二阶逻辑系统上会导致矛盾。逻辑学家会从技术的手段上修改弗雷格的逻辑系统。布鲁斯[①]证明了，在二阶逻辑系统的基础上增加休谟原

[①]"The Consistency of Frege's Foundation of Arithmetic", first appeared in *On Being and Saying: Essays in Honor of Richard Cartwright*, Judith Jarvis Thomson, ed., Cambridge: The MIT Press, 1987, pp. 3–20. Reprinted in Boolos(1998), pp.183–201.

则[①]是一个相对一致的系统，我们不妨把这个系统称为弗雷格算术系统 FA。FA 和二阶算术在一致性上是等价的，即从 FA 的一致性可以得到二阶算术的一致性，反之亦然。后来逻辑学家们发现，如果把逻辑系统减弱为一种直谓系统，那么即使公理 V 加在这样的逻辑系统上仍然是一致的[②]。修改弗雷格的算术形式系统可以仅从技术的层面考虑，但是哲学家们更多的是希望看到弗雷格的算术哲学究竟能在多大程度上得以被挽救。新弗雷格主义者正是要挽救弗雷格的算术哲学，因此他们需要面对更大的挑战。本章将阐述弗雷格的逻辑主义遗产，并提出这一哲学立场的难题。

3.1 普遍的逻辑观

弗雷格在《算术基础》中认为，算术真理是先天分析真理，这个论断和康德的观点是相悖的。康德认为算术真理是先天综合真理。康德关于分析性有两个解释，一个关于分析命题的解释是：我们思考一个命题的谓词的内容已经包含在思考这个命题的主词之中（A7/B11），比如红色是颜色，物体有广延，等等；另一个关于分析命题的解释是：一个命题可以从含有其主词的前提被逻辑地推出（A151/B191）。康德关于分析命题的两个解释可以统一为：分析命题并不增加新的知识。比如“红色是颜色”，我们关于这个句子的主词“红色”的知识已经包含谓词“颜色”的内容，所以这个命题不会增加我们的新知识。康德同时认为逻辑推理本身也不会增加新的知识。康德所考虑的逻辑推理是三段论推理。在康德看来，知识的增加源于对象，而非概念的重新排列或分类。康德认为数字公式不可证，我们不能证明“5+7 = 12”，这

[①] 休谟原则的内容：属于概念 F 的数 = 属于概念 G 的数，当且仅当 F 下的对象和 G 下的对象之间有一一对应关系。弗雷格的《算术基础》给出休谟原则的内容，却没有为这个原则命名。布鲁斯（Boolos，1987）为这个原则命名。之所以命名为休谟原则是因为在《算术基础》中，弗雷格说这个数相等的原则是出自休谟的《人性论》。参见《人性论》I，第 5 段。帕森斯（Parsons，1965）发现，弗雷格引入公理 V 是为了证明休谟原则（帕森斯把这个原则称之为 A 原则），一旦证出休谟原则，弗雷格就不再使用公理 V 了。帕森斯推测，在二阶算术的基础上增加休谟原则并不会导致矛盾。霍奇（Hodge，1984）认为，休谟原则是可满足的，但是也未给出证明。伯杰斯（Burgess，1984）给出了弗雷格算术系统的集合模型。由此证明休谟原则是可满足的。如果我们接受标准的集合论，我们可以证明二阶逻辑系统增加休谟原则所得到的系统是可满足的。莱特（Wright，1983）更多的是从哲学的角度阐释罗素悖论所产生的原因，并且论证休谟原则不会导致悖论。

[②] Heck R., *Frege's Theorem*, Oxford Clarendon Press 2011, pp.267–297.

个真理来源于我们的直观。

弗雷格反对康德的观点。他首先认为“5+7=12”是可证的，并且他认为算术真理的证明可以仅依赖于逻辑和数的定义。弗雷格在《算术基础》第 3 节给出分析性的定义。他认为一个命题如果仅从逻辑和定义就可以证明的话，那么这个命题就是分析的。弗雷格这里的“逻辑”主要关注的是逻辑的演绎证明，它包含逻辑公理和推理规则。弗雷格认为算术真理可以从定义，经过逻辑公理和推理规则，一步步地证出来，其中每一步到下一步不跳跃，不诉诸我们的直观。这种严格证明的原则，也要求弗雷格给出所需的逻辑公理和推理规则。弗雷格不可能把所有的算术真理都给出证明，但是他在《算术基础》、《概念文字》以及《算术的基本规律》中给出了戴德金—皮阿诺算术系统中的公理的证明或证明思路。弗雷格或许只是要说明，算术真理原则上可以从数的定义和逻辑就能被证明。弗雷格证明算术真理的逻辑是一个形式系统吗？

从现代逻辑的角度看，一个形式系统包括两个部分：形式语言和系统。形式语言是用归纳的方式给出如何从语言的初始符号经过递归的过程建立合适的公式。系统可以是公理系统也可以是非公理的系统。公理系统是包含公理和推理规则的系统，而非公理系统是仅有推理规则的系统。无论形式系统的语言的初始符号如何选择，一个公式都是有穷的符号序列，每一个公式都是从初识符号所形成的原子公式经过有穷次使用某些运算形成的。显然这样的公式的归纳定义实际上需要诉诸“有穷”这个概念。同样地，一个形式系统的推出概念也是归纳定义，它也需要“有穷”概念。比如要定义公理化的形式系统的“推出”，我们首先需要公理；其次，一个公式可以由这个公理系统推出，当且仅当存在着一个有穷的公式序列，这个序列中的每一个公式或者是公理，或者是由前面的公式经过推理规则得到。所以，一个形式系统如果作为我们的研究对象，那么我们的研究方法中将不可避免地会使用“有穷”概念，或者自然数的概念。

这样的结论被庞加莱注意到。逻辑主义的计划是把自然数的规律还原为逻辑，庞加莱认为这样的计划注定失败，因为他们的逻辑系统已经预设了自然数的性质。戈德法布（Goldfarb）认为，庞加莱的批评对于弗雷格的逻辑主义计划是不适用的。弗雷格的算术哲学确实是要给出算术真理的逻辑证明，但是戈德法布认为，弗雷格的逻辑证明并不是相对于某个形式系统的证明。

> 给出算术陈述句的证明就是给出这个陈述句的基础。我们不是要断言这个陈述句可证，而是要给出它的证明。当然现在人们也许实际上想要的是，在形式系统中给出这个陈述句的证明。这样的证明按照句法的方式进行，而且确实预设了所给定的系统。这样的验证本身并不构成这个论证是一个证明，它仅仅是一个方法，从这个方法，我们确定它是一个证明。为了让我们在心理上确定我们给出的是证明，我们不得不利用形式系统的知识，即那些本质上是归纳的元理论的知识。但是这和这个陈述句的证明实际上不一样。①

戈德法布认为，给出一个算术陈述句是一个形式系统可证式的证明，并不是弗雷格意义上的这个算术陈述句本身的证明。弗雷格的“普遍的逻辑观（universal conception of logic）”与塔斯基—蒯因式的“模式的逻辑观（schematic conception of logic）”不同。普遍的逻辑观认为逻辑规律是有内容的，它们是普遍的真理，可被广泛应用。逻辑的应用都是逻辑规律的一个实例代入。模式的逻辑观认为逻辑研究的仅仅是形式，没有内容。一个逻辑形式需要给出解释，它才有内容。我们可以举例来说明二者的区别。

$p \wedge q \to p$ 是一个逻辑规律。在弗雷格看来，这个逻辑规律是有内容的。他把这个规律中的“p”，“q”看作是命题变元，而非有待解释命题的符号。弗雷格把这个规律表述如下：

$\forall p \forall q(p \wedge q \to p)$。

弗雷格认为对于所有有真值的句子，这个规律都适用。我们可以把“张三在中国人民大学哲学院就读”，“张三是个男孩儿”分别代入

①Goldfarb,“Frege’s Conception of Logic”, in *Gottlob Frege Critical Assesments of Leading Philosophers* Vol.II, edited by Michael Beany and Eric H. Heck, Routledge, London and Newyork,pp.29–50.

这个普遍规律，得到的仍然是一个真理，它是这个规律的应用。“如果张三在中国人民大学就读并且张三是个男孩儿，那么张三在中国人民大学就读”。

按照模式的逻辑观，$p \wedge q \to p$ 是一个没有内容的逻辑形式。我们需要给出“p”，“q”的解释，这个逻辑形式才有内容，这个逻辑形式才会成为一个句子，才有真值。在模式逻辑观下，一个逻辑形式是有效的当且仅当在每一个解释下这个逻辑形式都是真的。

从上述例子不难看出，弗雷格认为逻辑真理并不依赖于它的应用，而是因为它是普遍的真理，所以才会有普遍的应用。但是模式的逻辑观认为逻辑真理是一种形式，它之所以有效在于它的真在所有的解释下都能被保证。正如戈德法布所说，这两种平行的逻辑观是不同的逻辑观，它会造成哲学观的不同。弗雷格认为逻辑是普遍的真理，它是客观的。罗素也曾持普遍的逻辑观，他曾说：“逻辑关注的是真实的世界，就像动物园一样的真实，尽管关注的是更为抽象、更为一般的特征。”[①]然而在《逻辑哲学论》中，维特根斯坦却发展出他独有的逻辑观。他认为命题逻辑的规律，即重言式的内容是空的，它对世界无所说。维特根斯坦和达米特的逻辑观或多或少都反映了模式的逻辑观在其哲学理论上的应用。维特根斯坦认为，关于形式语言我们是不能说的，所以我们不能在一个形式语言中说，任何命题，任何对象这样的话，因为它们是这个形式语言的形式，它们无法在形式语言中表达。我们在上文中说过，弗雷格区分了概念和对象，但是他的理论中存在“马概念悖论”。维特根斯坦认为，这样的悖论正是因为说了不能说的东西才导致的悖论。所以他认为逻辑规律实际上也是不能说，只能显示的，即使你说出了逻辑规律，这些规律也不是关于世界的，因为关于世界的东西都可说。

让我们回到弗雷格的形式语言。正如我们上文所说，一个形式系统包含形式语言。弗雷格的《概念文字》是要建立一个形式语言吗？这个问题过于模糊。如果形式语言就是我们上文中在现代逻辑观下归纳的定义，那么弗雷格并不是要构建一个这样的归纳定义。他并不探索

[①]Russell, *Introduction to Mathematical Philosophy* ,London: Allen & Unwin, 1919, p.169.

这个形式语言下的初始符号是什么，哪些符号串构成原子公式，继而给出形式公式的归纳定义。他根本不关注什么符号是形式语言的初始符号，他也不关注所谓的公式的归纳定义。因为在弗雷格的逻辑观中，他只需要分析出不同逻辑类型的表达式，如单称词项、概念、逻辑联结词、量词等。他的逻辑规律应该是带有量词的语句。所以他的形式语言是一个开放的语言，而不是递归封闭的表达式的集合。从这个意义上说，庞加莱的批评也不适用于对弗雷格的形式语言的批评。弗雷格的形式语言并不预设“有穷”的概念。

按照沙利文（Sullivan）的观点[①]，弗雷格的开放的语言正是服务于他的普遍的逻辑观。逻辑的普遍性在于其应用的广泛性。对每一个带有量词的逻辑真理做合适的代入，就可以得到这个逻辑真理的实例，它仍然是真理。蒯因曾主张用不含任何非逻辑符号的逻辑语言建立纯逻辑系统，但是这样的观点并不是弗雷格的逻辑观。弗雷格并不是要建立一个形式系统，然后从某个形式系统的可证来论证一个句子的可证。弗雷格的语言和逻辑系统都具有开放性，形式语言的开放性在于逻辑规律的应用性，每一个特殊科学的概念和科学对象都可以作为带有量词的逻辑规律的代入例，逻辑真理的普遍性可以保证这些代入例的真。为了逻辑的应用，弗雷格的逻辑语言不可能是纯逻辑的语言，否则我们无法对这些逻辑规律做代入。逻辑规律也不可能是一个封闭的逻辑系统。弗雷格认为算术真理可以从逻辑和定义证出，并不是要求它们可以从一个系统中可证。正如我们在上文所说，一个公式在一个形式系统中可证，这是一个系统的性质，而弗雷格并不认为算术真理的分析性应建立在某个系统的性质上。对于系统的认识一定会涉及有穷或者自然数的概念，这就会导致循环。

然而我们在本书中会给出弗雷格定理的证明，这个定理的证明是一个系统的证明，即在二阶逻辑的标准系统中增加休谟原则可以证出这个戴德金—皮阿诺算术公理系统中的公理。但是这个定理的证明本身并不和弗雷格的普遍的逻辑观冲突。从这个系统可以证明弗雷格定

[①]Sullivan, P., “Frege’s Logic”, in D. M. Gsbbay and J. Woods(eds), *Handbook of the History of Logic*, vol.III, Amsterdam: North–Holland, 2004, pp. 659–750.

理，因为这个系统中的公理和推理规则都是逻辑公理和逻辑的推理规则。但是反过来不成立，我们不能认为某个公式能够从逻辑和某个前提证明，就断言这个公式可以从某个形式系统中证明。这是因为有可能某个逻辑规则或逻辑公理可能并不在这个系统中。我们没有足够的理由认为一个形式系统可以囊括所有的逻辑规律。二阶算术系统仍然是不完备的系统，有些算术真理在这个系统之外，而且我们关于二阶算术的一致性也无法由这个系统证出。这是由哥德尔不完全性定理决定的。面对不完备的算术系统，弗雷格的逻辑主义计划是否注定失败？辛迪卡（Hintikka）提出了这样一个问题：哥德尔不完全性定理告诉我们，所有的算术真理不能被一个形式系统所证出，这是因为我们的逻辑不完备，还是因为我们的算术真理的前提不完备？如果是前提的问题，那么我们可以不断地增加前提，使得系统的可证性较强，但是我们仍然无法让一个递归公理化的系统完备。现代逻辑告诉我们：算术真理集不是一个递归可枚举集，它不可能被一个形式系统所刻画。另一方面，即使 ZFC 可以推出所有的算术真理，这个系统还可以推出其他非算术的公理，所以也不能说 ZFC 恰好能够推出所有的算术真理。更为重要的是，哲学家也不会把 ZFC 这样的集合论公理系统看作纯逻辑系统。辛迪卡的问题还有一种解答，那就是我们的逻辑可能是不完备的。我们可以增强我们的逻辑。但是我们并不指望一个纯逻辑系统可以完全涵盖我们所有的逻辑规律。按照普遍的逻辑观，一门特殊的科学理论必不可少地有其特有的概念和对象，逻辑的应用必须考虑这些特有的概念和对象。如果这门特殊的科学理论的概念不足够丰富，那么这门科学理论也会有不能解释的现象。普遍的逻辑观对于语言的开放性正是期待每一门特殊的科学理论的概念不断丰富和严格。弗雷格对于形式语言的开放性，注定了他不会建立一个封闭的形式系统。一方面，我们没有任何理由认为我们可以找到所有的逻辑规律；另一方面，逻辑的代入规则断言的是对所有的代入例都正确，但是因为语言的开放性，某个系统不能包括所有代入例。

从普遍的逻辑观看，逻辑规律的有效性无须元逻辑的方法来保证。实际上元逻辑是相对一个逻辑系统而言的，指的是把某个形式系统作为研究的对象，对这个系统的研究方法以及描述这个系统的语言都超越了形式系统的方法和语言。因为弗雷格的逻辑观不是模式的逻辑观，他并不需要从系统外考察这些逻辑公理是否有效或推理规则是否保持有效性。实际上按照塔斯基—蒯因的模式逻辑观，一个系统的可靠性也非是在证明逻辑的正确性。因此，就如同在用逻辑证明逻辑的正确性。比如一个系统中会有分离规则，你在证明这个系统的可靠性时需要在元逻辑的层次上使用分离规则，这并不能说明分离规则是正确的。一个形式系统的狭义的可靠性无非是在说，这个形式系统的句法推出概念“$\vdash$”和形式语义系统的逻辑后承的概念“$\vDash$”之间有这样的关系：如果 $\vdash \alpha$，那么 $\vDash \alpha$。这个定理本身并不能让我们对形式系统的逻辑规律有更强的信心，除非你在心理上认为语义系统比形式系统更令人信赖。但是这除了心理上的原因，我们无法提供逻辑上的理由，认为形式语义要比形式的推出更让人信赖。

为了说明弗雷格的普遍的逻辑观和塔斯基—蒯因的模式的逻辑观不同，下面我们用一个推理的例子来比较二者的不同。这个例子是由戈德法布（2001）提供的。

我们有两个前提：

1. 所有的鲸鱼都是哺乳动物。

2. 所有的哺乳动物都是脊椎动物。

我们现在从弗雷格的普遍逻辑观，看这两个前提怎样得出结论“所有的鲸鱼都是脊椎动物”。

从弗雷格的逻辑公理和推理规则，我们可以得出下面的逻辑规律：

3. $\forall F\forall G\forall H(\forall x(Fx \to Gx) \to (\forall x(Gx \to Hx) \to \forall x(Fx \to Hx)))$

经过代入，我们可以得到下面的句子：

4. $\forall x(x$是鲸鱼 $\to x$是哺乳动物$) \to (\forall x(x$是哺乳动物 $\to x$is a 脊椎动物$) \to \forall x(x$是鲸鱼 $\to x$是哺乳动物$))$

第 4 个句子写成中文的自然语句，如下：

如果所有的鲸鱼是哺乳动物，那么如果所有的哺乳动物是脊椎动物，则所有的鲸鱼是脊椎动物。

由 1 和 4，经过分离规则，得到

5. 如果所有的哺乳动物是脊椎动物，则所有的鲸鱼是脊椎动物。

由 2 和 5，经分离规则，得到

6. 所有的鲸鱼是脊椎动物。

可以看出，在弗雷格的普遍逻辑中，推理中的每一个句子都有内容。

下面让我们从模式逻辑观下看前提 1 和前提 2 怎样推出“所有的鲸鱼都是脊椎动物”。

两个前提：

1. 所有的鲸鱼都是哺乳动物

2. 所有的哺乳动物都是脊椎动物

以及

3. 根据某个逻辑系统的语义，存在一个解释，把 $\forall x(Fx \to Gx)$，$\forall x(Gx \to Hx)$，$\forall x(Fx \to Hx)$ 分别解释为“所有的鲸鱼都是哺乳动物”，“所有的哺乳动物都是脊椎动物”，“所有的鲸鱼都是脊椎动物”。

我们通过数学证明，得到：

4. 任给一个解释，如果在这个解释下 $\forall x(Fx \to Gx)$，$\forall x(Gx \to Hx)$ 都是真的，那么 $\forall x(Fx \to Hx)$ 也是真的。

由 3 和 4，可得

5. 如果“所有的鲸鱼都是哺乳动物”和“所有的哺乳动物都是脊椎动物”都是真的，则“所有的鲸鱼都是脊椎动物”是真的。

6. “所有的鲸鱼都是哺乳动物”是真的，当且仅当所有的鲸鱼都是哺乳动物。

7. “所有的哺乳动物都是脊椎动物”是真的，当且仅当所有的哺乳动物都是脊椎动物。

由 1，2，5，6，7，以及真值函数的规律，我们可以得到：

8. “所有的鲸鱼都是脊椎动物”是真的。

最终我们得到

9. 所有的鲸鱼都是脊椎动物。

戈德法布 (2001) 首先阐释了模式的逻辑观的推理存在的问题。他认为上述模式观推理中的 3 和 4 仍然有待证明。模式的逻辑观认为逻辑推理的证明依赖其可靠性。当然这里的可靠性是系统的可靠性。要给出这个系统的可靠性，我们需要把对象理论的论域扩大。也就是说证明系统性质的元逻辑中的量词的取值范围要比对象理论的论域大。比如我们通常证明系统的可靠性的方式是：系统的逻辑真理在所有的模型中都真（有效），并且系统的推理规则保持着有效性，即前提公式如果在所有的模型上都真（有效），那么由推理规则所得到的结论也在所有的模型上都真（有效）。因为通常模型的论域是集合，所以，我们考察系统的可靠性时，所讨论的所有模型，实际上已经超出了集合，我们所考虑的所有模型，其论域不再是集合而只能是类。因此证明系统可靠性的元逻辑的变元的取值范围不是一个集合而是一个类。证明系统的可靠性的元逻辑要强于对象逻辑。但是这个元逻辑是否是可靠的呢？于是我们又会给出这里的元逻辑的逻辑推理规则的可靠性，这样就会陷入无穷倒退境地。为了获得更充分的论证，我们需要转向越来越大的论域。结果就是在任何一个阶段，我们都不能断言量词实际上可以取遍所有的东西。

然而戈德法布（2001）仍然认为，模式的逻辑观纵然有这样的问题，但是仍然比弗雷格的普遍的逻辑观更为自然，虽然他并没有论证为何模式的逻辑观更为自然。我想他可能认为今天数理逻辑所取得的成就是在模式的逻辑观下取得的成果。只有模式的逻辑观才会提出一些在普遍逻辑观下提不出的问题，并且有元理论可以回答这样的问题。对这些问题的回答促成了现代数理逻辑的发展。模式的逻辑观的中心问题是在什么基础上可以推出什么。这个问题只有把逻辑系统看作一个递归系统时，我们才能探索。当我们有了一些推理模式，一个自然的问题就是问这些推理模式推不出什么？为了回答这个问题，我们要把这些推理模式作为一个对象考察，我们需要这个语言封闭，推理封闭。我们需要一个形式语言，它可以表达这些推理。我们的形式语言应该是一个可判定的语言，即任给一个符号串，我们可以递归地判定它是否是这个形式语言的合法公式。这个形式系统也需要是递归的，即我们可以递归地判定一个公式是否是这个形式系统的公理，所使用的推理规则是否是这个系统的推理规则。这些可判定的概念是元理论的概念，也需要诉诸自然数的一些性质。我们通过元数学的方法，可以研究这个系统的推出性质，考察相对于某种数学结构的语义学，这个系统是否有可靠性和完全性。我们还可以考察这个公理系统的各个公理之间的独立性，等等；我们甚至还可以研究形式化的局限性，当一个形式系统的表达力足够丰富时，这个系统证明极限是什么等更为深刻的元逻辑的问题。

出于其哲学目标的考虑，弗雷格认为逻辑的规律是普遍的。他不要求有一个封闭的形式语言，也无须探讨什么是形式语言的初始符号。他的算术哲学需要考虑算术真理可以建立在逻辑的基础上。和希尔伯特不同的是，他不认为一个公理系统就可以规定这个系统初始符号的涵义。所以他需要在戴德金—皮阿诺算术公理系统的基础上继续探讨算术的逻辑基础。他需要给出“数”的定义，继而给出“自然数”的定义。他还需要给出所需推出戴德金—皮阿诺算术公理系统的算术公理的逻辑基础，继而给出这些公理的证明。所以为了弗雷格的哲学需要，他并不需要给出一个封闭的公理系统，去探索系统的元性质，他的目的是给出逻辑证明。只有当探索系统证明时，我们才会需要给出一个递归的形式系统。所以为了完成他的哲学计划，弗雷格无须也不能给出这样的递归系统。这种诉诸元数学的方法去探讨数学的逻辑会遭到庞加莱式的批评。继弗雷格之后，怀特海和罗素的《数学原理》也是要为算术提供逻辑基础。但是和弗雷格不同的是，怀特海和罗素为避免弗雷格理论中的悖论，提出类型论。这个理论因为含有无穷公理和还原公理，而被哲学家们所诟病。弗雷格的逻辑主义和怀特海和罗素的逻辑主义不同，前者并不认为无穷公理是逻辑，而后者的逻辑体系中把弗雷格所认为的非逻辑公理加了进来。另一方面，正如弗雷格在和希尔伯特的争论中所强调的那样，公理系统本身是在理解公理中所出现的符号的涵义之上才给出的，符号的涵义是先于公理系统的。如果我们在建立公理系统之前，就已经理解了什么是“无穷”，那么就会理解什么是“有穷”，而这恰恰是弗雷格的逻辑主义需要追求的目标，这显然不能满足弗雷格的哲学需要。

当康德在哲学上考虑“先天综合判断何以可能”时，康德诉诸心灵的认识模式，这就带有很强的主观性的特征。弗雷格的哲学更强调客观性。他认为逻辑就是客观的，所以他把算术知识的认识论建立在客观的逻辑之上。他要求推出算术真理的推理链是没有跳跃的，每一步都是依据逻辑公理和推出规则得出的。弗雷格认为逻辑是公共的，是每一个理性人都遵循的推理规范。我们不能质疑逻辑推理规则的有效性，因为你的质疑过程无疑还会用到逻辑的推理规则。我们也不能证明逻辑推理规则的有效性，因为你在证明这些规则的有效性时，也会用到逻辑的推理规则。所以弗雷格说“我将客观性理解为独立于我们的感觉、直觉和想象，独立于心灵图像的构造，这些构造来自先前感觉记忆，但不能独立于理性，独立于理性的是什么事物呢？回答这些问题就像不经判断而作出判断，不弄湿皮衣而洗皮衣。”（《算术基础》第 26 节，郝兆宽译）弗雷格把算术基础建立在理性基础上，这里的理性包括逻辑的推理和定义。弗雷格的算术哲学是一种认识论。和其他理性主义者不同的是，弗雷格要为算术知识建立逻辑基础。知识不是堆积，知识论不是要把我们现有的知识杂乱无序地放在一起。弗雷格关于算术的知识论是要给出知识的逻辑演绎体系，这个体系所需的前提仅有数的定义。弗雷格的知识论并不是要回答我们如何“发现”数和数的规律，他的知识论要回答的是，我们如何“理解”数，以及如何证明自然数的真理。

> 因为我们这里所关心的不是它们被发现的方式，而是它们的证明所依赖的何种基础；或者用莱布尼兹的话说，这里的问题不是关于发现史的，这因人而异，而是关于真理之间的联系及其自然次序的，这永远相同。……这样，算术真理与逻辑真理的联系就与几何定理与几何公理之间的联系完全一样。每一个都包含了对一个演绎推理序列的浓缩，可为将来使用，而且使用它将不再需要我们一个一个地去推理，而是可以将整个序列的结果一起表达出来。如果确实如此，那算术研究的巨大发展及其众多应用就足以终结对分析判断的普遍蔑视，终结逻辑是不毛之地的无稽之谈。（《算术基础》第 17 节）

然而正如现代逻辑学家所发现的那样，当弗雷格要从定义和逻辑严格地推出算术真理，而不诉诸任何直觉时，他需要推理的环节是没有任何跳跃的，但是他却隐含地使用了代入规则。这个规则在二阶算术系统中也等价于概括公理模式，这个公理模式如下：$\exists X^n \forall < x >_n (X^n < x >_n \leftrightarrow \Phi < x >_n)$，其中 X^n 在 Φ 中不自由。这个公理的意思是每一个开公式可以确定一个谓词。弗雷格的逻辑推演虽然不是一个形式系统，但是弗雷格也列出他的推理中所需要的逻辑公理和推理规则，它涉及二阶逻辑公理和推理规则。

新弗雷格主义者要在极大程度上继承弗雷格的算术哲学。他们承认弗雷格的二阶逻辑是逻辑，并且逻辑是普遍的真理。而蒯因认为二阶逻辑并不是逻辑，它实际上是集合论。蒯因反对二阶逻辑是逻辑的理由主要有两个，一个理由是基于二阶逻辑推理的有效性实际上需要诉诸类的存在性；另一个理由因为概念没有同一性的标准，所以概念不能作为实体。我们不能把概念作为量词的取值范围，即二阶量词是不合法的。我们会在二阶逻辑章节阐释新弗雷格主义者对蒯因的批评的回应。

3.2　凯撒问题

新弗雷格主义者对弗雷格算术哲学观的重要发展在于对“数”的定义。和弗雷格不同的是，他们认为，休谟原则（任给两个概念，F 和 G，属于 F 的数 = 属于 G 的数，当且仅当 F 和 G 之下的对象之间有一一对应）可以作为解释“数”的隐定义。弗雷格在《算术基础》中认为，休谟原则不能作为数的定义，因为从这个定义，我们无法给“3≠凯撒”的理由。一般说来，“凯撒问题”是这样的问题：我们如何给出不同种类的对象不相等的认识论的理由，或者说两个不同对象种类的判别依据是什么？

这个问题不能用莱布尼兹律来回答。莱布尼兹律认为两个对象相等，当且仅当任何概念无法区分它们。如果 3 是数，而凯撒是人，数和人是不同的对象种类，那么利用莱布尼兹律，很容易得出“3≠ 凯撒”。但是这依然没有回答凯撒问题：数和人何以是不同种类的对象？我们仅从休谟原则无法给出这个问题的回答。

在继承弗雷格的普遍的逻辑观的基础上，新弗雷格主义者并不认为今天的基于集合的模型论就是形式系统的唯一可接受的语义模型。他们采纳了涵义 + 指称的模型，并以这个模型为基础，给出数的解释。弗雷格在《算术基础》中因为凯撒问题，而否定了休谟原则可以作为数的定义。新弗雷格主义者要把休谟原则作为数的解释，那么他们首先就面临着休谟原则如何可以解释“3≠ 凯撒”。新弗雷格主义者认为，如果仅仅持逻辑主义的立场，那么凯撒问题并不重要。因为从休谟原则可以逻辑地推出算术的基本规律；从这个意义上说，如果不要求数是独立持存的对象，就不会有凯撒问题。按照唯名论的解释，休谟原则并不引入新的种类对象，它仅仅是我们说话的方便，而关于数的断言都可以还原为关于概念间的关系，那么一些重要的算术真理是可以从休谟原则和逻辑推出的，这就在某种程度上实现了弗雷格的逻辑主义计划。但是弗雷格的算术哲学中还有一个重要的哲学立场，那就是柏拉图主义的算术观。这种柏拉图的算术观要求数是独立持存的对象。如果休谟原则是数的解释，那么这个解释必须要解释数的独立持存性，需要解释每一个个别的数何以不同于其他的对象，所以凯撒问题的解决是柏拉图主义立场的要求。因为新弗雷格主义者也持柏拉图主义立场的算术哲学观，所以解决凯撒问题成为他们的理论任务之一。

3.3 定义的先天性问题

弗雷格认为算术真理是先天分析的，这是因为算术真理可以由逻辑和定义证明。这个断言本身就蕴涵着逻辑和定义的先天性。从定义的先天性开始，通过逻辑推理所得到的依然保持着先天性。这是弗雷格对于算术真理先天性的根基。如果定义都是先天的，那么诸如“水是 H_2O”这样的本质定义应该也是先天的定义。然而我们认为这个定义是从经验科学中得出，而非先天的知识。同时我们也认为“正方形是边长相等的平行四边形”是一个先天定义，因为这个定义并不是从经验事实中得出的。所以并非所有的定义都是先天定义。因此弗雷格的算术哲学理论中应该区分先天定义和后天定义。如果弗雷格认为所有的定义都是先天的，那么他的理论至少应该解释为何所有的定义都是先天的，特别是那些经验科学理论中的定义何以是先天定义。

新弗雷格主义者认为，定义的目的在于解释事物本质。我们需要区分两种定义的方法，一种是显定义，另一种是隐定义。显定义是直接给出陈述事物的本质。比如“水是 H_2O”，“正方形是边长相等的平行四边形”，等等。隐定义是这样的定义：被定义项出现在一些句子中，但是这些句子并不是直接陈述这个被定义项的涵义，而是通过这些句子的真值条件，我们可以理解被定义项的涵义，从而理解所定义的事物的本质。比如我们所熟悉的合取联结词可以定义如下：

“$\wedge$”的消去规则 从 $A \wedge B$ 可以得到 A；从 $A \wedge B$ 可以得到 B；

“$\wedge$”的引入规则 从 A 和 B，可以得到 $A \wedge B$。

这些句子是“$\wedge$”的消去规则和引入规则。它们实际上构成了“$\wedge$”的定义，解释了“$\wedge$”是一个真值函数：只有两个句子都真，这两个句子的合取式 $A \wedge B$ 才真。“$\wedge$”的消去规则和引入规则正好刻画了 $A \wedge B$ 的真值条件：1. 从 $A \wedge B$ 可以得到 A，也可以得到 B。这说明 $A \wedge B$ 的真蕴涵 A 和 B 的真。2. 从 A 和 B，可以得到 $A \wedge B$。这说明 A 和 B 都真也蕴涵 $A \wedge B$。1 和 2 构成了 $A \wedge B$ 真，当且仅当 A 真且 B 真。

有些哲学家，比如吉特 · 范恩 (1994) 认为，定义的目的在于给出语词的意义。语词的定义观和事物本质的定义观不同。我们这里不想评价究竟哪种定义观更为合适，我们想探讨的是，在事物的本质定义观下能否解释弗雷格所遗留的定义的先天性问题。新弗雷格主义者认为，有些定义确实也是语词定义。比如“正方形是边长相等的平行四边形”，它既定义了“正方形”的语词意义，也给出了正方形这种事物的本质。但是并不是所有的定义都是语词定义。比如“水是 H_2O”就不是一个语词定义，因为在科学家发现这个定义之前，人们就有“水”这个语词，也理解这个语词的意义，否则就不可能在这个定义出现之前，在语言的交流中使用“水”这个语词。但是关于“水”的本质却经历了漫长的认识过程。"水"的本质和"水"的词义是不同的。比如我们会说，水是可以解渴的无色无味的液体。这是水的词义，但是它并不构成水的本质。新弗雷格主义者认为，那些既是语词定义又是事物本质的定义向我们提供了解决定义先天性的一把钥匙。他们认为，如果我们理解一个定义仅仅基于语言的知识，那么这样的定义就是先天定义。而那些不仅诉诸语言知识，而且还需要其他的经验知识的定义是后天定义。本书的"定义先天性"会对此问题有较为详细的论述。可以说，解决定义的先天性是弗雷格留给新弗雷格主义者有待解决的理论问题。

定义作为一种逻辑方法，在逻辑中占有重要的位置。逻辑学家关注如何给出成功定义的条件，即使我们无法找到成功定义的完整的刻画条件，我们至少可以列出成功定义的必要条件。我们不妨反思一下，自亚里士多德以来，逻辑学家不是也一直在为演绎推理给出成功的操作条件吗？三段论的格与式是一种操作性的研究。只要满足这些格与式的推理形式的要求，我们就会得到有效的推理。如果这些推理的前提正确，那么结论一定正确。如果这些推理的结论错误，我们就会得出前提一定有错。弗雷格把有效的推理的操作范围划得更广了。他对于演绎有效的推理形式的操作不再局限于三段论的推理形式，而是包含更多的有效演绎推理。弗雷格的理论要解释为何这些更广泛的演绎推理仍然是必然地推出。让我们回到定义上。弗雷格同样关注定义。他在《算术基础》中，认为抽象原则不能作为定义。他在和希尔伯特的书信中阐述了一个公理系统不能给出初始符号的涵义，因此公理系统不能作为初始符号的定义。他在《算术的基本规律》第一卷 56 节至 67 节以及第二卷 139 节至 144 节、146 节至 147 节专门阐述了合理定义应该满足的基本条件并且批评了数学实践中的一些不合理的定义①。哈多克（Haddock）综述了弗雷格的定义观②，他认为，弗雷格对于概念定义有两个基本的要求：完备性和简明性。完备性的要求指的是根据概念定义，我们可以确定任意一个对象是否在这个所定义的概念之下。也就是说，所给的概念的定义一定是界限分明的概念。定义的简明性

①Geach & Black (1970) 专门翻译了《算术的基本规律》中关于定义的这些章节。

②Haddock , *A Critical Introduction to the Philosophy of Gottlob Frege*, Ashgate Publishing Company, 2006.

的要求指的是被定义的项的涵义必须是简单的，它不能是某些涵义的组合，它们独立于定义。如果一个定义不是简明的，那么所定义项的涵义可以由独立于定义的其他表达式的涵义组合而成，那么这样的组合所形成的涵义可能和定义并不兼容，从而可能指称别的概念。

按照弗雷格的定义完备性的要求，由数的定义，一定能够作出判断：凯撒不在“数”这一概念之下。弗雷格在《算术基础》中放弃了休谟原则可以作为数的定义，也是因为这样的定义不具备完备性。弗雷格在《算术基础》第 107 节用概念的外延来定义数。按照这样定义，属于概念 F 的数被定义为与 F 有一一对应关系的所有概念组成的类。这是一个显定义，但是要诉诸概念的外延，因为这个类就是概念“与 F 有一一对应关系”的外延。在弗雷格看来，概念的外延无须再定义。然而在《算术的基本规律》，弗雷格用公理 V 来解释概念的外延：$\forall F\forall G(\sharp F=\sharp G\leftrightarrow(\forall x(Fx\leftrightarrow Gx))$。很显然，公理 V 和休谟原则具有相同的形式。简单说，这种形式是一个等值式（把 F 和 G 看作变元，前面的关于 F 和 G 的全称量词可以去掉），等值式的左边是两个词项的相等，等值式的右边是一个等价关系。这样的形式后来被称为抽象原则。弗雷格认为抽象原则不是一个定义，因为它不满足定义的完备性的要求，它同样面临凯撒问题。既然如此，弗雷格也不会把公理 V 看作是概念外延的定义。所以，这个公理 V 在弗雷格的推演理论中所起的作用就是一个逻辑公理的作用。如果它既非定义，也非逻辑公理，就破坏了弗雷格的逻辑主义计划，因为弗雷格的逻辑主义计划是要从逻辑和定义证出算术真理。但是正如我们所知道的那样，公理 V 加在二阶逻辑的系统上将会导致矛盾，罗素第一个发现弗雷格算术理论有矛盾，罗素悖论就是这一矛盾的体现。所以，公理 V 作为逻辑公理失败了。

更进一步，假设公理 V 不会导致矛盾，那么如果公理 V 是逻辑公理，为何休谟原则就不能看作是逻辑公理呢？逻辑公理和定义的实质区分在哪里呢？

弗雷格的普遍性的逻辑观认为逻辑是普遍的真理。这些普遍真理是所有的概念或对象都应遵循的规律。一个具体的定义并不是普遍的逻辑真理，定义是给出新符号的涵义。但是定义的方法或定义的要求，也是逻辑的，是先天的。这里的逻辑并不是演绎推理，而是理解新符号所遵循的规律。在弗雷格看来，服从逻辑要求的定义应该也是先天的。但是公理 V 如果是一个逻辑规律，它描述概念外延相等的真值条件，那么我们无法理解为何休谟原则不能作为一个逻辑公理。休谟原则同样可以看作是描述属于概念的数相等的真值条件。弗雷格并未给出这个问题的解答。

这里，我想给出对这个问题的弗雷格式的回答。在《算术基础》中，弗雷格认为数是独立持存的对象，数和时空中的对象一样是实在的。数作为一种特殊的对象，它的定义当然是特殊的。休谟原则作为一个真理，描述的是数的真理，而非关于任何概念的真理。特别地，并非所有的概念下的对象都可以被计数。比如我们不能数这个房间里的白色的对象，所以不会有属于"这个房间里的白色"的数。"概念的外延"和"属于概念的数"实际上很不一样。任何一个概念，在弗雷格看来，都有确定的外延。虽然我们可能并不知道这个概念的所有外延，但是一旦我们理解一个概念和理解一个对象，那么我们就应该知道这个对象是否在这个概念之下。在我们的认知中，我们确实会碰到一些"模糊的"概念，比如"红色""秃子"等。但是对于概念实在论者而言，这并不是概念本身是模糊的，而是我们对于概念的认识是模糊的。弗雷格并不认可存在模糊的概念，每一个客观的概念都应该是清晰的。所以，即使每一个概念都有外延，它也并不蕴涵每一个概念都会有属于它的数。这是二者的重要区分。遗憾的是，弗雷格的外延公理在二阶逻辑上会导致矛盾。弗雷格最终因为罗素悖论而放弃了算术哲学的逻辑主义计划。①

新弗雷格主义者和弗雷格在定义观上有显著的分歧。新弗雷格主

①弗雷格在去世前希望为算术寻找几何基础。他在生命晚期，放弃了逻辑主义计划。从他 1924–1925 年未发表的遗著可以看出，他认为知识有三个来源：知识的感知来源，知识的逻辑来源，知识的时空来源。物理学知识需要三个来源，但是数学知识只需要后两个来源。这就意味着算术知识的来源除了逻辑来源，还需要时空来源。弗雷格数学中的"无穷"概念需要空间和时间来源。弗雷格希望在几何学的基础上建立复数的概念。然后从复数的概念推出自然数的概念。新弗雷格主义者继承的是弗雷格的逻辑主义计划，而不是他晚期的思想。关于弗雷格晚期算术基础的研究可参见弗雷格遗著《数学知识与自然科学知识之源》，第 267–274 页，以及哈多克 (2006) 第 137–142 页。

义者认为抽象原则可以作为隐定义；成功的抽象原则可以定义新种类对象。在新弗雷格主义者看来，如果公理 V 是一致的，那么这个抽象原则也不是逻辑公理而是一个隐定义，因为它所起的作用在于解释概念的外延。在弗雷格看来，一个概念的外延是一个类，它也是一个对象。所以，新弗雷格主义者认为抽象原则是一种隐定义的方式，如果它满足定义的要求，那么它就会定义一个新种类对象。如果弗雷格的定义是先天知识的话，那么新弗雷格主义者则要追求新的定义理论所需要的先天条件。和弗雷格不同的是，新弗雷格主义的定义理论更注重实践的操作性。新弗雷格主义者并不认为一个定义所赋予被定义符号的意义是从一个神秘的涵义域中搜索到这个唯一满足定义的涵义。在操作的层面上，他们汲取了埃文斯（Evens）的普遍限制原则，认为一个成功的定义需要给出被定义项符号的涵义解释，而一个符号的涵义被理解从根本上说就是知道这个符号的用法。新弗雷格主义者的算术哲学的理论，在很大程度上是对弗雷格的定义理论的发展。本书很大一部分内容是在阐释新弗雷格主义的定义理论。

第二部分

新弗雷格主义的本体论

第4章　论概念与对象

弗雷格不仅是现代逻辑之父，还是分析哲学之父，他开启了哲学的语言学转向。在这一章，我们将会领略到弗雷格对传统哲学问题“殊相和共相”的探究方式是如何发生语言学转向的，并且也将被弗雷格的理论中所出现的一个著名的“马概念悖论”所吸引。读者们或许会按捺不住好奇心，希望找到自己对这个问题的特殊解悖方案。

4.1　背景

把“共相”引入哲学可以追溯到柏拉图。共相的存在方式和物理对象不同，也和心灵以及感觉材料不同。共相是什么？柏拉图的“理念说”就是解答这个问题的一个尝试。对于这个问题，我们不妨用一个例子来描述。当我们考虑什么是公道，自然地，我们会从这种或那种公道的行为来思考这些公道行为的共同之处。这些共同之处成为区分公道与不公道行为的标准。那么公道行为的共同之处就是公道本身，是一种纯粹的性质。在日常生活中，我们的一些语词也可以表达某些事物的共同之处。比如“红色”。这个颜色特征可以被许多事物所拥有。事物所具有的共同性质或者本质，就是柏拉图所称的“理念”或者“形式”。柏拉图的“理念”并不存在于心智之中，但是可以被心智所理解。理念不同于具有这个理念的事物。比如“公道”这个理念并不依赖于具有这个纯粹性质的行为，而是这些行为享有这个性质。在柏拉图看来，理念不是具体的感觉之物，因为感觉之物是变化无常的，而理念是永恒不变的。理念不在感觉世界之中，它们在理念世界之中。

只有理念世界才是真实的世界，正是它才给了感觉世界之物实在的映像。但是柏拉图的理念世界往往给人一种神秘主义的印象，因为我们期待找到我们如何认识理念的认识之路，这似乎让我们期待一种“神启”的力量，让我们“看见”理念。“理念”这个术语也随哲学的发展，被不同的哲学家赋予了过多的不相干的内容。为了避免造成不必要的误会，现代哲学家常常用“共相”来阐释柏拉图的“理念”。“殊相”就是拥有“共相”之物，而共相就是柏拉图的纯粹的性质或本质。

当传统哲学家仍在纠结于“共相”是否存在的问题时，弗雷格想做的事情是进一步阐释什么是“共相”，希望以一种合乎逻辑的方式来为“共相”去神秘化。今天的哲学家普遍认为，弗雷格是第一个区分“对象”和“概念”的哲学家。在弗雷格的哲学中，对象就是“殊相”。弗雷格发现，并不是所有的对象都在感觉世界中，还有一些抽象对象，它们是客观存在的，就如同柏拉图的“共相”。比如“1”“2”等数是对象，而不是概念或“共相”。

弗雷格还发现，传统的哲学家所关注的“共相”常常是某种性质，它们在语言中经常以形容词的方式出现。比如“红色的”等等。弗雷格的哲学分析告诉我们，概念不仅包括性质，还包括关系。概念可以用谓词来表达。这里的谓词并不是我们日常语言中的主谓句法形式的谓语，而是逻辑语言上的一类表达式。为了说明这个问题，让我们先了解一下弗雷格的逻辑语言。

逻辑语言可以看作是一种人工语言。这种语言在弗雷格看来，要比自然语言作为哲学分析的工具更加优越，因为它更能揭示思想的结构。一阶逻辑语言的初始符号包括个体变元、谓词、逻辑联结词和量词。二阶语言比一阶语言多了二阶变元。我们可以从一些例子来理解逻辑语言。

比如在“苏格拉底是人”这个语句中，“苏格拉底”是一个单称词项，“是人”是谓词。谓词，简单说就是一个句子去掉某个单称词项所留下的东西。比如“布鲁托杀死了凯撒”中的单称词项有“布鲁托”和“凯撒”。那么这个句子所出现的谓词实际上可以有多个，“x 杀死了凯撒”“布鲁托杀死了 x”“x 杀死了 y”。把句子中的单称词项换成了 x， y 后，表示所得的实际上是谓词。“x 杀死了凯撒”“布鲁托杀死了 x”都是带有一个自由变元（弗雷格也称空位）的谓词，这样的谓词被称为一元谓词。“x 杀死了 y”带有两个变元（空位），这样的谓词被称为二元谓词。实际上还会有多元的谓词。比如句子“点 a、点 b 在直线 c 上”就可以切分出三元谓词“点 x、点 y 在直线 z 上”。

当我们有了一些谓词，还可以通过联结词和量词，构成更为复杂的谓词。比如 $P(x)$，$R(x,y)$ 是两个谓词，那么在它们前面加上否定词可以构成新的谓词 $\neg P(x)$，$\neg R(x,y)$。也可以通过“且”“或”“如果”“那么”相连接，构成新的谓词，比如 $P(x) \wedge R(x,y)$，其中“$\wedge$”的直观的意思就是“且”。还可以使用量词构成新的谓词，比如 $\exists x P(x)$。这个形式的直观意思是“存在一个对象具有 P 的性质”。不难看出，借助于逻辑语言，我们可以理解非常复杂的谓词。这远比我们的自然语句的谓词来得复杂。在逻辑语言中的谓词不仅可以有“系词 + 形容词”，还可以是“状语 + 动词”等。这样的谓词观下的谓词更为丰富。

借助于逻辑语言，弗雷格分析哲学的实体问题。他认为对象是可以用单称词项指称的，而概念是可以用谓词指称的。因为单称词项和谓词是两种不同类型的表达式，不可能有一个表达式既是单称词项又是谓词，所以作为单称词项指称的对象和作为谓词指称的概念之间就不会有交集，即对象不是概念，概念也不是对象。弗雷格认为，我们通过逻辑语言来理解概念和对象。这样的逻辑方法不再让柏拉图的理念世界神秘了，因为这些都可以通过对于语言的理解来解释。

在弗雷格的理论中有两个著名的悖论。一个是罗素所发现的悖论。它源自弗雷格的《算术的基本规律》中所构建的算术系统，被称之为罗素悖论。另一个是克里所发现的悖论。它源自弗雷格的指称理论，被称之为“马概念悖论”。很遗憾的是我们没有用克里的名字来命名这个悖论。

“马概念悖论”可以陈述如下：我们通常会认为“马概念”指称一个概念，就如同“维苏威火山”指称一个火山，“纽约市”指称一个城市。但是“马概念”是一个单称词项，按照弗雷格的理论，它应该指称一个对象而不是一个概念。矛盾！

后人知道“马概念悖论”，我想更多的是因为阅读弗雷格的《论概念与对象》，而不是克里的文章。在《论概念和对象》中，弗雷格想在概念与对象的指称理论的基础上回应克里所提出的批评。但是弗雷格在文章的结尾处，非常诚实、明确地但是不无遗憾地说，只要人们理解了他的理论，他们就会知道“马概念”是一个单称词项，它应该指称的是一个对象而非概念。因为语言的某种固有的特性，才出现了这样的尴尬之处。这个悖论是源于语言而不是他的理论的不足。

如果一个理论没有问题，仅仅是语言的某种必然的性质才导致的悖论，那么就没有修改理论的必要。但是新弗雷格主义者认为，语言并没有问题，而是理论出现了矛盾。弗雷格的指称理论完全可以做适当修改来避免这一悖论。当然，如果新弗雷格主义者找到了修改这一悖论的途径，并成功避免了这一个悖论，我们就应该承认弗雷格对“马概念悖论”的诊断是错误的，问题出在了他的理论而非语言。

4.2 新弗雷格主义者对“马概念悖论”的诊断

莱特（1998）以及黑尔和莱特（2012）认为，弗雷格理论中的指称原则（the Reference Principle）是导致这个悖论的根源。虽然弗雷格并未明确提出这个原则，但是他在《论概念与指称》的文章中却明确地使用了这个规则。指称原则可以叙述如下：

> 一个对象是能且仅能由一个单称词项指称的东西。一个概念是能且仅能由一个谓词指称的东西。特定种类的实体能且仅能由某类相应的逻辑句法的表达式所指称。

我们知道，在弗雷格的逻辑语言中，不同类型的表达式是没有交集的。那么根据弗雷格的指称原则，我们就会知道不同类型的表达式的指称也不会出现交集。这是弗雷格对概念和对象区分的核心基础。按照弗雷格的指称理论，我们也不难得出：如果两个表达式的指称相同，那么这两个表达式在一个语句中进行替换，是不会改变所得的表达式仍然是一个合适的句子（well-formed）的，即替换后的表达式仍然是一个句子。这个结论我们不妨称之为保持合适性（Salava Congrutiate）。

结论（保持合适性）：只有两个表达式在任何地方都保持合适性，那么它们的指称才会相同。

这就是说，保持合适性是两个表达式指称相同的必要条件。

按照弗雷格的指称原则，我们会得出“马概念（the concept horse）”和“是一匹马（is a horse）”不可能指称相同，因为这两个表达式不能相互替换还仍然保持是合适的语句。为了说明方便，我下面用英文的语句来说明。比如“Shegar is a horse”中的“is a horse”替换为“the concept horse”得到“Shegar the concept horse”，而它并不是一个合适的句子。这就是说，“the concept horse”和“is a horse”不是同类型的逻辑表达式。因此它们不会有相同的指称。保持合适性的结论是从弗雷格的指称原则推出的，实际上它在弗雷格的本体论的研究中起着关键的作用。

“马概念悖论”的产生是因为我们接受了“the concept horse”。从字面上，它应该指称概念马。但是按照弗雷格理论中的指称原则，我们会知道“is a horse”是一个谓词，它指称概念马，但是“the concept horse”和“is a horse”是不同类型的逻辑表达式，它们不可能指称相同。所以产生“马概念悖论”在于，一方面我们接受了字面的指称，另一方面这种字面的指称和弗雷格理论中的指称原则不协调。

新弗雷格主义者认为，既然悖论的产生是和理论相关的，我们就没有很好的理由认为悖论是由语言的固有性质导致的。新弗雷格主义者非常珍视弗雷格的指称理论给我们带来的本体论研究的新思路，所以他们希望修正后的理论仍然可以区分概念与对象，但是同时又可以避免“马概念悖论”。

但是并不是所有珍视弗雷格本体论研究思路的哲学家都会赞同新弗雷格主义者的观点。他们有的认为，“马概念悖论”的产生就是基于语言的特性，我们无论如何也逃不出去；有的认为，“马概念悖论”的产生是因为我们误用语言造成的，要解决这个悖论只需要不再误用语言就可以。我们下面就来介绍一下对“马概念悖论”不同的诊断结论，以及对这个悖论的不同解悖方案。我们试图指出这些方案的不足，以及诊断的错误。然后在此基础上，再次论证新弗雷格主义者的诊断的正确。并在本章最后，给出新弗雷格主义者的解悖方案。

4.3 “可示不可说”的诊断

弗雷格非常重视对哲学问题的语言分析。他的哲学研究的语言学转向影响了 20 世纪的分析哲学。弗雷格又似乎一直在和语言做着顽强的抗争。他认为自然语言的句法并不能为我们的研究思想提供清晰的工具。为了实现他的哲学抱负，他必须创造出一种新的分析思想的语言工具，于是现代逻辑语言诞生了。他的开创性的工作给哲学界带来了一股清新之风，同时也为哲学的基础研究注入了新的活力。弗雷格的毕生都关注语言，他区分了对象语言与元语言。他的哲学理论是用自然语言来论述他的逻辑语言。在两种语言间，弗雷格往往感到受到自然语言的某种限制，他带着不无苦涩又无奈的语气说，“马概念悖论”产生的根源是语言的某种必然性。

> 我承认我的读者在理解上会有相当特殊的障碍。由于语言的某种必然性，我的表达，按照字面理解，有时会让我的想法遭到误解；当我想意指一个概念时，我谈及的是一个对象。我完全意识到，在这种情况下，我依赖我的读者愿意做些让步，而不是将信将疑。[①]

弗雷格似乎承认我们无法逃出语言的这种必然性，他一直在与语言作斗争。维特根斯坦的哲学深受弗雷格哲学和新逻辑的影响，他的《逻辑哲学论》中有一句名言：“对于不可说的，我们保持沉默。”在维特根斯坦看来，像“函数”“概念”“逻辑结构”等都是不可说的，因为你一旦说出这些形式的术语，它们就不再带有其原本的形式结构，所以也就不再是你想表达的东西。

[①] Frege,G., *Collected Papers on Mathemtaics, Logic and Philosophy* , Brian McGuinness ed., Oxford: Blackwell, 1984, p.193.

一些当代分析哲学家对于马概念悖论的理解深受弗雷格、维特根斯坦的影响。他们认为，我们无法逃脱语言的某种必然性，因此会带来悖论的语句，我们还是沉默吧！吉奇认同弗雷格在《论概念和对象》中对“马概念悖论”的回应。他进一步阐释了为什么弗雷格的哲学中有些东西“只能显示不能说”。

4.3.1　对象语言与元语言都无法正确“说”逻辑类型的不同

现代逻辑的一个重要分析方法就是区分对象语言与元语言。简单来说，对象语言是作为研究对象的语言，而元语言是研究对象语言所用的语言。比如用英语研究一阶语言，那么一阶语言是对象语言，而英语就是研究一阶语言的元语言。比如用汉语研究英语，那么英语就是对象语言，而汉语就是研究英语的元语言。弗雷格认为无论什么语言，一个简单的原子句总是由单称词项和谓词组成的。这种关于语言的事实适用于任何语言，包括对象语言，也包括元语言。单称词项和谓词是两种完全不同的表达式，这就是说一个表达式不可能既是单称词项，又是谓词。谓词与传统意义上的谓项有很大不同。传统意义上的谓项是不带空位的，比如“这朵花是红的”中“红的”就是谓项。同样这句话，“红的”就不是弗雷格理论中的谓词，这句话的谓词是“ξ 是红的”，其中“ξ”是空位，这个空位中填入单称词项就可以组成一个句子。弗雷格的谓词如同一个函数，而空位就如同函数中变元的位置，填入合适的表达式，就可以组成句子。从这个角度看，弗雷格的谓词和数学中的函数表达式类似，它们都带有变元。

在吉奇看来，函数是无法用语言正确表达的。他用了弗雷格所使用的两个例子：

(a) $(2+3\times 0^2)\times 0$；$(2+3\times 1^2)\times 1$；$(2+3\times 2^2)\times 2$

(b) $2\times 1^3+1$；$2\times 4^3+4$；$2\times 5^3+5$

吉奇认为 (a) 和 (b) 分别表达了两个函数：“$(2+3\,\xi^2)\,\xi$”，“$2\,\xi^3+\xi$”。但是他认为，引号中可见的表达式不会作为数字表达式的物理部分表示数值。引号中的希腊字母所起的作用就像模板一样，可以构建一个数字表达式。弗雷格确实称引号中的表达式是函数名（Functions Namen），然而函数名从句法上看是单称词项，应该指称对象而非函数。这也是弗雷格理论中的问题。对象语言中的函数是一种形式，而不是某个具体的符号串。

> 实际上，弗雷格主义的函数名不会作为物理部分出现在弗雷格的逻辑术语中，因为这个希腊辅音字母不会出现于任何公式当中。[①]

吉奇的评论不无道理。翻开今天任何一本逻辑教科书，当谈论一阶语言时，我们必须用元语言的变量符号，比如“x”表示任意的一阶变元符号，“f”表示任意的一元函数符号，但是“x”不会出现于对象语言之中，“fx”也不是对象语言中的函数表达式。吉奇走得更远。他认为，无论在我们描述语言的语言中，还是在描述世界的语言中，函数与单称词项都是不同类型的逻辑表达式。弗雷格认为只有函数的表达式才能指称语言之外的函数，而单称词项的指称只能是对象。吉奇认为，当我们用“f”来指称函数，本身就是“胡言乱语”，因为我们试图用一个单称词项指称一个函数！所以用元语言来描述函数同样不能脱离语言的“魔咒”，我们试图用描述语言的语言来描述我们的洞察，结果只能是“胡言乱语”。吉奇以下面的例子做了进一步的说明。

假设我们要表达的数字函数不是某个具体的数字，比如我们想说“$2 \neq log_{10}$”。但是“$2 \neq log_{10}$”不是一个完整的句子，“log_{10}”是一个不完整的表达式，需要填入数字才完整。我们可以说“$2 \neq log_{10}10$”也可以说“$2 \neq log_{10}100$”，但是“$2 \neq log_{10}$”却是一个不合法的句子。

对于谓词同样如此。弗雷格的谓词如同函数一样，以一元谓词为例，从句法上看，它是从单称词项到句子的函数。如上所述，吉奇认为函数是一种“形式”，任何以“单称词项”去指称函数的方式都是一种“胡言乱语”。吉奇以下面的例子来说明我们无法说出谓词与单称词项的区别。比如我们想说“Brutus”和“—killed Caesar”是不同类型

[①] Geach, “Saying and Showing in Frege and Wittgenstein”, *Acta Philosophica Fennica*, 28, 1976, pp.54–70.

的表达式。“—killed Caesar”是有空位的，它是一个不完整的表达式。对于这个例子的分析如同“$2 \neq log_{10}$”。吉奇的结论是：有时我们想说的不是一个句子，而是“胡言乱语”。

吉奇试图从这些例子说明我们无法正确说出逻辑表达式类型的不同。

4.3.2　吉奇的诊断与解决途径

吉奇认为，弗雷格对逻辑表达做了区分，但是这种区分只能在语言中“显现”，却不能用语言恰当地说出。当我们说“概念‘马’指称一个概念”就是一个只能显示而不能说的语言事实。因为“概念‘马’”是一个形式，它不会出现于任何句子的物理部分，试图从语言上描述这个语义事实是徒劳的。实际上吉奇不仅认为“概念‘马’指称一个概念”是“胡言乱语”，凡是试图用物理的笔墨或者声音去描述逻辑表达式的类型都是“胡言乱语”。比如“单称词项”“函数”“谓词”等是表达式的逻辑类型，它们都是某种形式。按照吉奇的观点，我们的语言无法描述这种只能显示而不能用正确的逻辑形式说出的形式。

4.4　对“可示不可说”的评论

4.4.1　吉奇的“不可说”真的不可说吗？

吉奇在文章开头把维特根斯坦的《逻辑哲学论》称之为“自杀式理论”，因为它通篇在讲这个哲学所认为的“不可说”的内容。维特根斯坦的哲学如果可以称之为“自杀式”的话，弗雷格的逻辑哲学按照吉奇的解读也难逃这个标签。当然吉奇的这个标签在他那里并没有贬义。我认为即使如此，人们也很难接受这样的哲学，因为这与我们的哲学实践有很大的冲突。语言的一个重要功能在于交流，如果形式概念不可说，但弗雷格的逻辑哲学说了不可说的东西。那我们又为什么可以理解他所说的形式概念呢？从语言上看，弗雷格作为现代逻辑之父所建立的逻辑学要比亚里士多德的逻辑复杂得多。在没有弗雷格的著述的帮助下，并不是每个人都可以完成对语言表达式作出弗雷格式的区分的。对它们的理解，不是语言自身“显示”给我们的，而是弗雷格的哲学告诉我们的。既然弗雷格的哲学有如此功能，为何一定要死守着“不可说”，而不探寻是否有更好的解决问题的途径？

退一步讲，形式的东西未必就不可说。语言可以述说世界也可以述说语言，述说语言的语言也不是什么“语义上升”。语言不是神秘之物，纵然还有许多关于语言的未解之谜等待我们去探索，就如同其他领域一样，比如生物学、物理学都有未解之谜。语言就在这个世界之中，属于这个世界，我们对语言的描述与对世界其他之物的描述没有本质的区分。我不同意吉奇的观点：函数在语言之外，但是同时又是我们语言的形式，因此我们无法用语言去描述它。“x+1”是一个函数，我们完全有资格用这个函数表达式指称一个函数。我们可以说函数“x+1”是从自然数到自然数的函数，当 x 指定一个数值时，这个函数就会产生一个数。它不仅仅隶属于语言——它是从一个简单的单称词项“1”到一个更为复杂的表达式“x+1”，而且它还有意义。同样，谓词也是如此。从逻辑形式看，一阶谓词和单称词项连接在一起可以组成一个原子句。这是形式语言的一个事实，这个事实同样存在于这个世界中，为什么不能说呢？当我们说“‘ξ 是红色的’是一个谓词”，确实在这个句子中引号部分充当着一个单称词项的作用，也就是说在这个句子中它不是一个谓词。这又何妨呢？当我们说“x 是一个集合”，并不是说“x”这个字母本身是一个集合，而是它的代表之物是一个集合。当我们说“ξ 是红色的”，其中“ξ”代表一个空位；但是“ξ”本身并不是一个空位，而是一个希腊字母，“空位”本身也不是一个空位。我认为这种表述形式的方式并没有错，或者并不是在试图说“不可说”之物，而是用语言表达语言之外的东西，这和用语言描述其他事物是一样的。

4.4.2 走出自杀式的解释

回到“马概念悖论”。如果我们接受形式可以说，那么怎么解决弗雷格的“马概念悖论”呢？也许最为极端的解决方案就是采取唯名论的立场来直接否认谓词有指称。谓词没有指称，也就是说没有概念“马”，当然就不会引起“概念‘马’指称一个概念”。从理论的角度看，这也许是一个直接的途径。但问题是如何才能尽可能地保持弗雷格逻辑哲学的完整，同时又不诉诸自杀式的解释？

修正一个理论，使其保持自洽或许有很多方式。在众多方案中选择其一，考虑的因素就不仅仅是自洽性了。修正弗雷格的理论，对于新弗雷格主义者而言，最为重要的是保留弗雷格理论中对概念与对象的区分，同时分析理论中的什么东西导致了“马概念悖论”，进而对这些东西进行修正。与传统的用主谓词项区分来分析殊相与共相不同的是，弗雷格表达式的区分并不仅仅局限于自然句法，而且还以逻辑作为参考量，把表达式分为句子、单称词项、谓词、量词、命题联结词等。单称词项和谓词是构成原子句的基本组成部分。这些表达式并不仅仅存在于形式语言中，所有语言都有这样的不同逻辑类型的表达式。语言之间的相互翻译就能说明这个问题。任何自然语言都可以翻译为形式语言，如果形式语言有逻辑形式上的区分，那么自然语言也有，否则它们之间就无法相互翻译。弗雷格的一个伟大贡献在于发现了不同类型的表达式，并且从语言上的逻辑类型走向思想以及本体论的研究。

罗素、达米特都认为形式语言要比自然语言能更清楚地呈现其表达式的逻辑类型。他们认为，自然语言往往误导地使用表达式。比如罗素认为专名是一个缩写的摹状词。达米特认为“概念‘马’指称一个概念”中的“概念‘马’”应理解为一个谓词，而“指称一个概念”应该是一个更高层次的谓词，如果要解除“马概念悖论”就要对这样的自然语句做正确的形式解读，等等。他们的共同点在于我们在使用自然语言时，有些逻辑表达式的特征被掩盖了，或者说他们关注的一个焦点在于我们应该如何逻辑地看待我们的自然语言，以及自然语言如何翻译为形式语言。强调形式语言的优越性本身或许无可厚非，而如何形式化我们的自然语言，自然语言与形式语言间的相互翻译，以及形式语言的规范确实是一个技术工作，“马概念悖论”是否是一个翻译的问题或者转述问题（paraphrase）还值得考量。

4.5 达米特的诊断和方案

达米特（1981a：p.212）曾说，弗雷格后来对“马概念悖论”有了新的解决方案，并曾将这个解决方案撰文投稿。弗雷格原本想把这个新的解决方案投到他先前发表《论概念与对象》的杂志上，但是被拒稿了。然而我们在弗雷格未发表的遗稿中并未找到达米特所说的这篇被拒的文章。无论怎样，达米特提出了一个解决“马概念悖论”的方案，他声称这个方案的主要思想来源于弗雷格未发表的那篇文章。

达米特认为，“马概念悖论”的出现在于我们对于语言的误用。达米特赞赏弗雷格对于不同类型表达式的划分，并且也认为不同逻辑类型的表达式指称不同。这就意味着达米特认为弗雷格的指称原则是正确的（新弗雷格主义者第一次提出指称原则这一术语，达米特的文章中并不会有“指称原则”这个说法，但是达米特认可指称原则的内容）。按照上文的分析，这个原则一定会导致“马概念悖论”。然而达米特认为，这样的悖论并不是理论本身造成的，而是我们误用了语言。在达米特看来，弗雷格的修正方案主要是去掉“概念”“关系”“函数”等词，因为这些词是伪谓词。正是因为使用这些伪谓词才导致了悖论。

达米特的修正方案不允许我们说“the concept horse”这样的表达式。当然这种强硬的手段固然可以消去“马概念悖论”。但是我们必须警觉这随后带来的问题。弗雷格的指称理论，不可避免地要讨论“概念”“关系”“函数”这样的语义术语。比如会说“‘is a horse’指称概念马”。如果不允许使用这样的伪谓词，那么弗雷格的指称理论就无法表达，这将是对其理论致命的伤害。

达米特注意到了这个问题。他认为我们使用伪谓词的语句实际上是可以转述为不带伪谓词的语句。在达米特看来“‘Nixon’ stands for Nixson”，所以“What ‘is a horse’ stands for”就应该和“is a horse”有相同的指称。一般来说，如果 E 是一个表达式，那么 E 和“what ‘E’ stands for”有相同的指称。比如“Shegar is a horse”表达的就是“Shegar is what ‘is a horse’ stands for”。怎么避免伪谓词的使用呢？达米特的做法是“用转述的方法避免伪谓词”。

弗雷格的理论把谓词处理为带有空位，或者用我们今天的术语说，就是带有自由变元的公式。达米特认为谓词就是可以谓述任何东西是或不是的东西。这符合弗雷格的思想，因为弗雷格认为：任何概念都有清楚的界限，一个对象在某个概念之下或者不在这个概念之下。也就是满足二值原则。莱特提出，对于空的概念，任何对象都不在空概念之下。所以达米特对于一阶谓词的指称应该改为：是某种东西，所有的对象都不在其下或者有对象在其下（is something which nothing is or something could be）。让我们说得更清楚些，当你想说 E 是一个概念，你不必说出“是一个概念”，因为这是一个有“伪谓词”的句子！你只需要说“is something which nothing is or something could be”，而后一个表达式里不出现伪谓词“是一个概念（is a concept）”。用这样的方式，可以处理弗雷格的理论中的语句，使它们都可以转述为没有伪谓词的话。

达米特进一步指出，我们可以用更高层次的谓词来转述带有伪谓词的句子。这里更高层次的谓词并不一定指含有高阶的约束变元。而是谓述性质 A 的谓词就比表达性质 A 的谓词更高。比如“有对象是 P”，其一阶语言表达是“$\exists xPx$”。这里“Px”是一个谓词。而“$\exists xPx$”就是一个更高层次的谓词，因为它谓述的是 Px 有实例。更高层次的谓词常常是在较低层次谓词前加量词，然后把较低层次的谓词变成一个同层次的谓词变元所得到的。比如所有的“老虎都是动物”，其一阶语言表达式是“$\forall x(Tx \rightarrow Ax)$”，其中“$Tx$”表示“x 是老虎”；“$Ax$”表示“x 是动物”。在这个语句中“$Tx$”和“$Ax$”都是谓词，“老虎都是动物”表达的是两个概念间的包含关系。比“Tx”和“Ax”更高层次的谓词是概念间的包含关系，形式表达为“$\forall x(Xx \rightarrow Yx)$”，其中 Xx 和 Yx 是二阶的变元。从上述的例子，我们不难发现，谓词是有层次的，即使约束变元是一阶变元，但是仍然可以表达较高层次的谓词。

有了上述预备知识，我们回到达米特怎样用高阶的谓词表达“伪谓词”的问题上来。

比如“‘is a horse’指称一个概念”，涉及伪谓词。但是我们可以把这个句子转述为“‘is a horse’ refers to what Shegar is”就不会涉及伪谓词了。而“是马”实际上上升成一个更高层次的谓词“是 Shegar 所是的东西”，这里“what Shegar is”就是比‘is a horse’更高的谓词。因为，这里的“what”起着量词的作用，表示的是所有描述 Shegar 的东西。而所有这样的东西，无他，就是概念。

这似乎是一个可行的方案。但是当我们仔细考察达米特的方案时，我们很快就会发现问题。达米特同意弗雷格的指称原则。然而指称原则的一个结论就是保持合适性，即两个表达式如果指称相同，它们一定是可以相互代入并且代入后仍然保持着公式是合适公式。达米特认为“马概念悖论”在于使用了伪谓词，这是对于语言的误用。我们完全可以把涉及伪谓词的语句转述为不带伪谓词的语句，这是达米特的解悖方案的核心思想。但是这种解悖方案实际上违背了指称原则。

让我们以“Shegar is a horse”为例。如果“is a horse”和“what ‘is a horse’ stands for”指称相同，那么让我们用后者代入前者，会得出“Shegar what ‘is a horse’ stands for ”原来语句中的系词“is”在代入后的语句中不见了，从而使得代入后的语句不再是一个合适的句子。这就说明这两个表达式并不是真正相同的逻辑类型的表达式。如果我们再分析一下表达式“what ‘is a horse’ stands for”，它实际上是一个名词短语，不是一个谓词，而是一个单称词项。而单称词项的指称是对象而不是概念。虽然语句“‘is a horse’和‘what ‘is a horse’ stands for’指称相同”本身没有问题，但是在这个语句中，两个表达式都被引号所圈住，从而都变成了所指表达式，因此都成了单称词项，而不是引号中的谓词。这就是达米特方案看起来合理，但是实际却违背指称原则的原因。

同样，当我们说“‘is a horse’ refers to something which nothing is or something could be”是要回避“‘is a horse’ refers to a concept”。看起来也没有问题。但是“is a horse”是一个谓词，然而“something which nothing is or something could be”却不是一个谓词。同样可以用语句“Shegar is a horse”去做代入，得到“Shegar something which nothing is or something could be”不是一个合适的语句。这足以显示两者是不同逻辑类型的表达式。根据弗雷格的指称原则，这两个表达式不

可能指称相同。和前面的分析类似，"'is a horse' refers to something which nothing is or something could be" 没有问题的原因是在这个语句中，实际上 'is a horse' 用了引号，从而已经成为了单称词项而不是谓词，而"something which nothing is or something could be" 也是一个单称词项。但是去掉引号的 'is a horse' 实际上是一个谓词而非单称词项。

达米特的方案实际上是行不通的。他去掉伪谓词的转述方式只能让转述不出现伪谓词，但是这种方法和指称原则相冲突。这就意味着达米特并未实现要保留指称原则的初衷。

4.6　指称原则在弗雷格理论中是不可或缺的吗？

在新弗雷格主义者看来，弗雷格的指称原则是其本体论研究的原则。这个原则从区分不同类型的逻辑表达式走向不同种类的实体的解释。但是正是这个原则导致了"马概念悖论"。新弗雷格主义者要做的事情是，如何修正弗雷格的指称原则，但是同时可以保证概念与对象的区分。这是新弗雷格主义对弗雷格理论的修正计划中的一部分。从上文不难看出，吉奇和达米特都希望保留指称原则，虽然他们的解悖方案不同。最近努南（2006）[①]认为指称原则在弗雷格理论中是不可或缺的，因为只有在指称原则下我们才能理解不同类型的表达式何以表达一种思想。如果指称原则真的是弗雷格理论中不可或缺的，那么要保留弗雷格理论的重要结论，比如概念与对象的区分以及"命题统一"，就不能采用新弗雷格主义者的路径，即修改指称原则。所以指称原则是否真的在弗雷格理论中不可或缺对于诊断"马概念悖论"以及给出其解悖方案将是至关重要的问题。

在努南看来指称原则是弗雷格解释"命题统一"的不可或缺的原则。努南把"命题统一"解释为一个句子所表达的思想，即命题。但是一个命题不能仅由专名的涵义连接而成，而必须由专名的涵义和谓词

[①]Harold W. Noonan, "The Concept Horse", in P. F. Strawson and Arindarm Chakrabarti, eds., *Universals, Concepts and Qualities: New Essays on the Meaning of Predicates*, Burlington: Ashgate, 2006, pp. 155–176.

的涵义连接才能形成句子的涵义，即命题或者思想。而不同逻辑类型的表达式是这些表达式的一种“样式（Pattern）”，它们本身就是表达式的涵义的一部分，但是和吉奇、达米特一样，努南认为样式是不可言说的，只能显示。

> “命题统一”的传统问题是：是什么区分了命题（句子所表达的思想）和一列名字呢？弗雷格的解决方案是，不像一列名字，一个句子显示了样式，这些样式本身被理解为有语义值。所以句子“2 是素数”显示了样式“x 是素数”，这个样式被任何一个专名跟着“是素数”的句子所显示。正是这个样式被冠名为素数概念，因为只能通过显示它的句子，我们才能认识它是谓述一个对象的素数概念。但是现在我们不能把这个样式用表达式“素数概念”或这个句子的任何引语来替换。把句子的部分内容用引语的形式来谈论句子所显示的样式只能是没意义的。（我们只能用一个样式去替换另一个样式，即重新排列组成部分，或用其他组成部分替换一些组成部分而保留样式，但仅此而已。）更何况我们不能使这样的替换保持句法上的合适性。然而谈论两个表达式有相同的指称是无意义的，除非这两个表达式的一个替换另一个后仍然句法合适。所以我们不能思考“素数概念”或者任何被加引号的表达式，它们是一个（饱和的）名称，也被称为谓词“x 是素数”。[①]

不难看出，努南认为表达式的不同逻辑类型的划分是理解句子涵义的关键，而一列名称是不可能表达命题的，这是“命题统一”的核心。“命题统一”在于：单称词项或者专名的涵义和谓词的涵义是带有结构的，这种结构就如同拼图游戏的拼块儿一样，使得两种表达式在这种结构下不需要任何的“黏结剂”而合成为一个句子。这种不同逻辑类型的表达式的划分是弗雷格的创举，也是新弗雷格主义所继承的地方。我们需要注意的是，对表达式的不同逻辑类型的划分本身并不

[①] Harold W. Noonan, “The Concept Horse”, in P. F. Strawson and Arindarm Chakrabarti, eds., *Universals, Concepts and Qualities: New Essays on the Meaning of Predicates*, Burlington, VT: Ashgate, 2006, p. 170.

是指称原则。从上段引文也可以看出，努南认为谈论样式，或者说谈论谓词是不合适的，因为这就破坏了样式。谈论样式，一定会以名词的形式谈论。比如说，“x is wise”是一个谓词，或者它指称一个概念，等等。我们常常用引语的形式来谈论语句的谓词，即样式。但是努南认为这种谈论方式把谓词从样式变成了饱和的名词，正是这种胡言乱语造成了“马概念悖论”。

我们必须思考：这样阻止说话，就解决问题了吗？正如我们上文评论吉奇的观点那样，如果限制说话，理论变成自杀式的显示说，并不是一个好的解决方案。努南的观点是吉奇的观点的再现。只是这里的焦点在于指称原则为什么是不可或缺的。努南认为，表达式的不同逻辑类型的区分是理解“命题统一”的关键。这固然没有错。努南（2006）还认为不同逻辑类型的表达式也是其涵义的一部分。我认为这些论断都没有错。当你要理解一个句子中的表达式的涵义，你需要按弗雷格在《算术基础》中所倡导的“语境原则”，即必须在语句中理解表达式的涵义。你需要知道这个表达式的逻辑类型，需要知道这个表达式对于句子的真值条件所做的贡献[①]。但是“马概念悖论”的问题是“指称的问题”。“柏林城市”指称一个城市；“维苏威火山”指称一座火山；为什么“马概念”不能指称一个概念呢？努南、吉奇以及达米特都认为这是有问题的陈述，虽然达米特的解决方案和努南、吉奇不同，他并不认为这是不可说的，而是需要一种合适的方式转述。按照努南的提议，我们甚至不能思考谓词，或者样式。固然涵义和表达式的逻辑类型相关，但是指称和涵义不同。努南需要回答的是，为何不同逻辑类型的表达式一定指称不同？为什么“马概念”和“是马”不能是同一个指称的两种呈现形式呢？

努南实际上并未指出指称原则在弗雷格理论中的不可或缺性，他所谓的不可或缺性在于不同逻辑类型的表达式是其涵义的组成部分。谓词的涵义不能是名词的涵义，但是这并不是指称原则的内容。马概念悖论的问题需要回答的是不同涵义的表达式是否可以有相同的指称，

[①] Dummett, *The Interpretation of Frege's Philosophy*, London:Duckworth, 1981, pp.249–251.

或者一个指称是否可以有不同的呈现方式，但是遗憾的是，努南虽然关注到不同逻辑类型的表达式有不同的涵义，但是他想当然地认为不同涵义的表达式一定有不同的指称。这一步跳跃太急促。

4.7 新弗雷格主义者对指称原则的细分

努南之所以采纳了吉奇的可示不可说理论，在于他对指称原则的理解出现了问题。对于指称原则究竟是什么，实际上新弗雷格主义者也经历了思想的演变。本书在这部分会更清楚地彰显努南观点的不足。

4.7.1 指称原则的演变

莱特（1998）认为“马概念悖论”源于指称原则（Reference Principle）。指称原则可以表述如下：

> 两个指称相同的表达式可以在任何语境中相互替换后仍然是句子；两个指称相同的表达式可以在任何外延语境中相互替换保持真值不变。

黑尔和莱特（2012）认为导致“马概念悖论”的指称原则实际上是莱特（1998）所提出的指称原则的前半部分，即指称相同的表达式可以在任何语境中相互替换并保持在逻辑句法上仍是合适的句子形式。指称原则的这部分内容实际上是我们在上文中所说的保持合适性的原则。保持合适性的原则是一个很强的原则，这条原则加上两个预设定义：

(1)a 对象是单称词项的指称；

(2)a 概念是谓词的指称；

就会得出：

(3) 对象和概念是两类不同的实体。

因为性质或关系是谓词的指称，谓词和单称词项不可能在相互替换后保持句子仍是合适的形式，所以谓词和单称词项必然不可能有相同的指称。因此，指称原则蕴涵对象与概念是两类不交的本体论的实体。由指称原则就可以把对象和性质分别刻画为：

(1)b 对象是并且只是单称词项的指称；

(2)b 性质是并且只是谓词的指称。

由单称词项与谓词是两类不相交的表达式，得出（3）。正如上文所述，“马概念指称一个概念”中的“马概念”如果有指称的话，按照指称原则，它应该指称一个对象，而不是概念。如果接受指称原则，那么概念（性质或关系）一定不是对象。“马概念”就不能指称一个概念。但是从字面上看，“马概念”与“柏林城市”，“维苏威火山”是类似的。“柏林城市”指称一个城市，“维苏威火山”指称一座火山，但是“马概念”却不指称一个概念。这与表达式的字面意思是相悖的。但是莱特与黑尔并不接受弗雷格在《论概念和对象》中的解释。弗雷格仅仅把这个问题归因于语言本身，而非弗雷格的理论。莱特与黑尔认为需要修正弗雷格的理论从而解决“马概念悖论”。

但是正如我们上文所分析的，“马概念悖论”的产生并不需要莱特（1998）的指称原则，而只需要 (1)b、(2)b 和保持合适性原则就够了。这是黑尔和莱特（2012）为什么修改莱特（1998）指称原则的一个理由。他们把“新指称原则”界定为：

> 特定种类的实体能且只能由相应的特定逻辑—句法类型的表达式所指称。

莱特（1998）放弃指称原则的另一个原因，正如黑尔（2013，p.27，note50）中指出的那样，两个指称相同的表达式在任何语境中均可以相互替换而不改变语句的合适形式，太过于强调自然语言的句法，这也许偏离了弗雷格的本意。实际上，仅仅强调自然语言上的句法是很牵强的。比如在英文的同一个语境中，“he”和“him”指称同一个人，但是这两个表达式是不能互换而保持句子是合适的。所以“新指称原则”强调的是逻辑句法而非自然语言的句法。黑尔和莱特（2012）进一步指出，这个新的指称原则包含如下两个独立的原则：

> **单一关系（Single Relation）原则：** 某一个指称关系统一地把每一种句法形式的表达式与各种实体连接，这些实体提供了这些表达式各自的语义的值。

> **类型—种类独特性（Type–Kind Uniqueness）原则：** 表达式的句法类型与实体种类一一对应，每一类实体的特例都能被一种表达式指称。

换句话说，单一关系原则指的是不同种类的表达式也可以有相同的指称。指称关系就是一个关系，它将所有的表达式和所有的实体建立了联系。这种指称关系并不区分表达式的句法形式，而是统一地确立任何句法类型的表达式的指称。与之不同的是，类型—种类独特性原则强调指称关系建立在句法分类上，不同的句法类型指称不同种类的实体。打个比方，或许能更好地理解单一关系原则和类型—种类独特性原则。单一关系的语义就是一个函数；而类型—种类的语义是一个分段函数，它要把定义域分成不同的子域，并且分段函数的值域也不相交。但是黑尔和莱特（2012）并未清楚地解释为什么指称原则会同时包含这两个原则。下面我想试图站在黑尔和莱特（2012）的立场上对此作一个说明。

4.7.2　为什么指称原则包含两个原则

黑尔和莱特（2012）强调弗雷格在本体论方面的核心方法是：从表达式的逻辑—句法类型的不同来解释不同实体种类。这个核心方法被新弗雷格主义者所继承。黑尔和莱特（2012）的指称原则是："特定种类的实体能且只能由相应的特定逻辑—句法类型的表达式所指称。"这个指称原则呈现了弗雷格的本体论的核心方法，而且从字面上看，这个原则似乎就是类型—种类独特性原则，而不包含单称关系原则。黑尔和莱特（2012）认为，弗雷格从逻辑—句法的不同分类可以解释我们的思想有不同的组成部分：单称词项和谓词是语言层面的分类。通过语言层面的分析，可以看出：在一个句子中，如果把句子中单称词项的位置换成谓词，那么替换后的结果就不再是一个句子；同样如果把句子中的谓词的位置换成单称词项，也不再是一个句子。弗雷格认为，一种思想如同句子一样是由构成这个思想的部分组成的。思想的组成部分和思想都处于涵义（sense）的层面。这就意味着，弗雷格将语言层面上的逻辑类型的分类直接对应涵义层面上的分类。在弗雷格的理论中，表达式表达的是涵义，同时也有指称。达米特曾解释说，在弗雷格看来，一个句子的涵义是这个句子的真值条件，而且组成句子的表达式的涵义是为这个句子的真值所做的贡献。后面这句话意思有点模糊，让我们稍加解释。

如果一个句子的涵义是“这个句子的真值条件”，那么“单称词项”以及“谓词”的涵义就是它们为这个句子所表达的真值条件所提供的内容。这里有三个显然不同的层面：语言、涵义以及指称。表达式表达的是涵义，从表达式的逻辑—句法的分类看，我们可以知道在涵义的层面，单称词项的涵义与谓词的涵义是完全不同的。在涵义的层面上，仅有单称词项的涵义的组成部分构不成一种思想；仅有谓词的涵义的组成部分也构不成一种思想。但是这和指称没有直接的联系。也就是说，我们从表达式的不同逻辑—句法类型可以得出单称词项与谓词的涵义完全不同：单称词项不能表达谓词的涵义，谓词的涵义也不能由单称词项所表达。**从表达式的逻辑—句法类型的不同到指称种类的不同，还需要其他的预设，那就是：相同种类的涵义不能与相同种类的实体对应。**但是弗雷格的理论本身并未作出这样的预设。这就是说，弗雷格的理论既可以允许这样的指称原则：不同种类的涵义可以与相同的实体相对应，也可以允许强烈的指称原则：不同种类的涵义不能与相同的实体相对应，只有相同种类的涵义才与相同种类的实体相对应。这就是黑尔和莱特（2012）提出所谓的两个分原则的背后动机。黑尔和莱特（2012）的两个分原则实际上是说弗雷格的理论中可以允许有这样的两个分原则，当然这两个分原则本身是不相容的，如果两个原则都要的话就会产生悖论。

一个表达式的指称被称作这个表达式的语义值，表达式和其语义值间的关系是指称语义关系（semantic relation of Bedeutung）。与这个语义关系相对的是涵义语义关系（semantic relation of sense）。这里所讨论“马概念问题”是关涉指称的，所以关注的焦点应放在指称语义关系上。按照黑尔和莱特（2012）所列出的两种指称原则，就有两种语义关系：单一指称语义关系（single semantic relation of Bedeutung）

和类型—种类语义关系（Type—kind semantic relation of Bedeutung）。单一指称语义关系是所有表达式给出其指称的统一性的语义指称关系。对单一指称语义关系的叙述，只需要满足日常的句法就可以，而没有其他的限制。考虑下面两个形式：

(1) “a” 指称 ( )

(2) “F” 指称 [ ]

其中“a”是单称词项，“F”是谓词。( ) 和 [ ] 需要填上“a”与“F”的 Bedeutung 的名字。对于 (1) 中的 ( ) 可以填 a，也就是“a”指称 a。对于 (2)，单一的语义指称关系允许 [ ] 中填入“F”指称的名字。但是按照类型—种类语义指称关系 [ ] 是一个性质，它只能由谓词指称，所以无法填入一个名字（单称词项），这就是冲突所在。如果抛弃类型—种类语义指称关系，只保留单一指称语义关系，就不会有混乱，这是黑尔的修正方案的方向。如果抛弃单一语义指称关系，只保留类型—种类语义指称关系也不会有混乱，这是莱特的修正方案的方向。虽然黑尔与莱特为新弗雷格主义计划并肩工作，但是他们的工作有时也显示出两位学者的独立性。他们认为指称原则是导致“马概念悖论”的根源，并且进一步分析了这个原则实际上包含了两个冲突的分原则，正是这一冲突的分原则才解释了为什么新弗雷格主义者要修正指称原则。关于这两个修正方案的进程，下文逐一评述。

4.8 黑尔的进程

4.8.1 单一语义指称关系

黑尔继承弗雷格的观点，认为表达式的涵义是表达式指向其指称的方式。他明确地界定了单称词项的涵义以及谓词的涵义是什么。他认为一个单称词项的涵义在于任给一个对象，这个对象是否满足单称词项的指称上；一个谓词的涵义在于任给一个对象，这个对象是否在谓词所指称的概念之下。虽然不同类型的表达式的涵义不同，但是它们可以指称相同。他为对象和概念做了新的界定：

(1) 对象是单称词项的根本性指称；

(2) 第 n 层概念是第 n 层谓词的根本性指称。

黑尔用根本性指称（primarily refer）来区分衍生性指称（derivative refer）。我们通过下面的句子来理解这两种不同方式的指称。

(1) Plato is wise.

(2) Socrates is wise.

(3) There is a property which is the property of being wise that Plato and Socrates both have.

(4) Wisdom depends on experience.

句子 (1) 和句子 (2) 中的“ξ is wise”是一个谓词，指称一个概念；句子 (4) 中的“wisdom”也指称一个性质，而且二者的指称相同。黑尔的指称语义采纳的是单一指称语义，允许不同类型的表达式指称相同。但是这两个指称的方式是不同的，“ξ is wise”作为谓词指称性质是根本的，而“wisdom”作为单称词项指称概念是衍生性指称。在黑尔看来，“ξ is wise”指称“智慧”这一性质的方式（这个表达式的涵义）之所以是根本性的，在于这种指称方式是理解智慧的性质的根本方式。新弗雷格主义和弗雷格主义都认为涵义是认识论上的概念，只有理解了 (1) 和 (2) 中的谓词“ξ is wise”，才会理解句子 (3) 中的“the property of being wise”以及 (4) 中的“wisdom”。所以 (3) 中的“the property of being wise”以及 (4) 中的“wisdom”的指称方式是衍生性的。黑尔对衍生指称的较为严格的界定诉诸语境原则（Context Principle）。

黑尔在区分这两种指称方式的基础上界定对象和概念。他并不想对弗雷格的理论做太大的修正，而对象与性质的区分，在黑尔看来是弗雷格理论最根本的论点。如果我们暂且接受这样两种指称方式的区分，那么黑尔的语义指称论中允许“马概念是一个概念”，而且也允许“马概念”指称一个概念。单一指称语义原则统一地处理指称，按照这个原则所建立的指称语义理论也以相同的方式对待指称语义理论的语句。“概念”、“性质”、“指称（referent）”以及“指称关系（refers to）”等都是语义理论中的术语，这些术语按照这个原则也都有指称，这些指称都可以从字面上理解。甚至有这样的语句：

> 一个表达式的涵义依据这个表达式所出现的句子的真值条件被理解。

按照弗雷格的理论，sense 有别于 bedeutung，但是我们可以说某个表达式的涵义与指称，还可以指称表达式的涵义（比如 the referent of “the sense of the expression ‘wisdom’”）。黑尔的这一做法或许和人们通常所理解的涵义不可说的观点相悖。大概在黑尔看来，凡是我们可思的都应该可说，他的哲学带有一种去神秘化的风格。黑尔所采纳的单一指称关系对于表达式的指称的直接论述可以理解为去引号。比如“马概念”指称马概念；“‘智慧’表达式的涵义”指称的是‘智慧’表达式的涵义等。这样的观念或许和弗雷格以及弗雷格的解释者达米特相去甚远。

> 弗雷格在《算术的基本规律》第一卷（在这里他系统地阐述了形式理论的句法学和语义学）中的做法是同下述观点相一致的：原则上不可能说出一符号表达式的涵义是什么，这种涵义只能由我们借以说出其指称是什么的特定方式显示出来。[①]

达米特主张涵义不可说，他认为他的观点和弗雷格的观点是一致的。但是在黑尔看来，弗雷格的理论中也谈论涵义，虽然表达式的语义值并不是涵义，而是指称，但是这是否一定意味着涵义不可说只能显示呢？黑尔认为，涵义和指称都是意义理论的一部分，它们确实不同，黑尔主张凡是我们理论中能够谈论的事物，无论它们是以逻辑的形式语言的方式，还是以自然语言的方式，都说明了它们是可说的。

弗雷格的理论区分了对象和概念，这种区分基于表达式的逻辑类型的区分。我们上节已经分析了弗雷格的指称语义论中有混乱的地方，所以才导致了“马概念问题”。黑尔和莱特（2012）正确地提出弗雷格在语言表达式上所做的逻辑—句法分类对应的是我们思想上的不同组

[①] [英] 达米特：《形而上学的逻辑基础》，任晓明、李国山译，中国人民大学出版社 2004 年版，第 130 页，译文略有改动。

成部分，属于涵义（sense）的层面，而不应该与指称（bedeutung）的层面直接对应。黑尔肯定了不同的表达式完全可以以各自不同的方式（涵义）指向其指称，从而提出了单一指称语义论。这个单一的指称语义论比较符合我们的直观：一个基本的陈述句有两个组成部分，一个是我们所述的事物（about the thing）[①]，另一个是所说事物的归属性质。我们完全有理由陈述某个（较低的）性质具有（较高的）性质。此时较低的性质被提出来，作为基本语句所述的事物。单一指称的做法使专名可以指称概念，比如“马概念”就是一个专名，它可以指称概念。很自然，我们会有一个顾虑：这样的做法会不会抹杀概念与对象的区分？黑尔对对象和性质的区分当然不能仅仅建立在表达式的逻辑—句法分类上，因为这实际上解决不了“马概念悖论”。他还依赖于指称语义论中的另一区分：根本性指称和衍生性指称。下面我们来谈一下这两种指称方式。

4.8.2 基本指称方式和衍生指称方式

黑尔（2010）采用单一指称关系原则，而拒绝类型—种类独特性原则，这就使得不同逻辑—句法类型的表达式可以指称相同，就避免了“马概念悖论”。同时黑尔也认为概念不是对象。为了解释概念与对象的不同，黑尔引入了两种指称方式，在黑尔（2010）这里，这两种指称模式称为基本指称方式（basic modes of reference）以及衍生指称方式（derivative modes of reference），其中基本指称方式就是上文所说的根本性指称方式。黑尔（2010）认为谓词指称性质是指称性质的基本方式，但是性质也可以有其名字，名字（或者单称词项）指称性质的方式是衍生的指称方式。

黑尔的想法是：$t_1, \cdots, t_n, \cdots$ 是一些单称词项，它们衍生地指称一些实体 $E_1, \cdots, E_n, \cdots$。之所以说这些单称词项是“衍生地”指称这些实体，是因为有一些非单称词项的表达式 $e_1, \cdots, e_n, \cdots$ 也指称到这些实体，而单称词项的基本指称方式是指称到对象。所以可以推出，这

[①]这里我用事物（things）指有别于弗雷格的对象，类似于罗素所说的词项（terms）。参见 Russell, *The Principles of Mathematics*, 2nd edn, London: Willians & Norgate, 1937, p.43。

些单称词项指称到实体 $E_1, \cdots, E_n, \cdots$ 的方式一定是衍生的指称方式。

这个想法固然很好，但是需要回答的问题是：如何知道不同类型的表达式的指称相同？

概念命名的形式常常包含谓词或者谓词的名称化，比如“the property something has if and only if it is wise”。如果我们对一个概念命名，实际上是先知道指称这个概念的基本方式，即一个谓词指称它，比如“智慧”这个性质，我们如果知道这个性质，实际上我们需要知道一个对象有智慧的真值条件，即我们知道“Fa”的真值条件，其中 a 是任何对象。从命名的语言实践，我们可以解释一个单称词项和一个谓词指称相同，因为命名的过程就是规定这两种类型的表达式的指称相同。

我们给概念命名是因为先认识了谓词指称概念的方式，所以在逻辑上谓词指称概念的方式是先于单称词项指称概念的方式。“x 是马”和“概念马”指称相同，而且后者是通过前者命名的。所以“概念马指称一个概念”并不导致悖论。

需要注意的是，当我们用单称词项 t 命名一个第一层次的概念“Fx”，这个单称词项 t 和那些满足“Fx”的单称词项 s，实际上不在一个层次上：s 是对象，而 t 是第一层次的概念。如果理解了逻辑上的先后，我们就不会说“Ft”，后者把 t 和 s 放在了相同的层次上。弗雷格说一个概念 F 下的对象，就是为对象、概念分了层次。

“x 是一只狗”是一个第一层次的谓词，我们只能说某个对象是一只狗。“狗是动物”中的“是动物”也是第一层次的谓词，我们只能说某个对象是动物。“狗是动物”实际上表达的是两个概念间的关系：$\forall x(x\text{是狗} \to x\text{是动物})$。两个概念间的关系应该是比这两个概念更高层次的概念。两个概念间的包含关系可以表示为 $\forall x(Fx \to Gx)$，其中 F 和 G 也是变元。那么这个带有谓词变元的公式就是一个更高层次的概念。当把具体的谓词分别代入到 Fx 和 Gx，就得到关于具体概念间的包含关系的断言，比如 $\forall x(x\text{是狗} \to x\text{是动物})$。

我们在语言的实践中确实可以为概念命名，这和弗雷格的指称原则有悖。通过上文，我们已经知道，指称原则告诉我们不同类型的表达式一定指称不同。命名后的概念以单称词项来表达，按照指称原则，我们就不能说这个单称词项指称的是一个概念。黑尔认为，这恰好说明指称原则应该抛弃。如果我们可以将某个概念命名为 t，那么 t 的指称一定是这个概念。如果 t 和谓词“x 是 F”指称相同，那么“Ft”就是一个逻辑错误。因为从逻辑上看，t 和谓词“x 是 F”在同一层次上，二者不能组成公式！弗雷格把所有的对象放在一个概念之下，我们不妨把这个概念称之为“x 是 U”。但是他同时又为这个概念命名，我们不妨把这个概念命名为 u。但是他错误地说“Uu”。实际上，所有的对象能用一个谓词统一起来，那就是 $x = x$。你也可以将这个谓词写成“Ux”，它是一个一元谓词。但是你不能说这个概念在这个概念之下，因为它们在同一层次。

$Rx =_{df} \exists F(x = \lambda F \wedge \neg Fx)$ 是一个谓词的定义。在这个定义中，弗雷格允许将一个概念 Fx 的外延命名为 λF，同时允许谈论命名的概念外延在这个概念之下。这就会推出罗素悖论。这里简单陈述一下公理 V 如何推出悖论。定义一个谓词 Rx 如下：

根据公理 V，可以命名 λR，我们不妨把它称作 r。如果 $\neg Rr$，根据谓词 Rx 的定义，可以得到 Rr。如果 Rr，根据谓词 Rx 的定义，可以得到 $\neg Rr$。

黑尔（2010）用抽象原则来解释概念命名的同一性问题。

抽象原则具有如下基本形式：

$$\forall\alpha\forall\beta(\sharp(\alpha) = \sharp(\beta) \leftrightarrow Eq(\alpha, \beta))$$

其中 α,β 是任意表达式类型的变元，$\sharp$ 是某种算子，其自变量是 α，β 所属的那种类型的表达式，Eq 是这种类型以及合适层次上的等价关系。用抽象原则命名第一层次性质的形式如下：

$$\forall F\forall G(\lambda x(F) = \lambda x(G) \leftrightarrow Eq(F, G))$$

黑尔认为这是一个命名性质的统一形式。黑尔 (2010) 主张这里的 Eq 不仅是一阶概念的等价关系，而且是一阶概念同一性的充分必要条件。两个谓词指称相同的概念并不仅仅意味着所指称的概念的外延相同，还需要这两个谓词的涵义相同，即 Fx 和 Gx 对任何满足它的对象的条件是相同的。如果两个概念之间有同一性的标准，那么按照蒯因的“有同一性的东西都是实体”要求，概念应该也是实体。

黑尔 (2010) 用抽象原则来解释概念的命名。在我看来黑尔这里给出的性质命名的抽象原则实际上是判定两个谓词指称是否相同的充分必要条件，这个同一性的标准是一个形而上学的标准。这个形而上学的同一性的标准应该是我们可以命名的条件。就如同我们为一个物理对象命名，我们可以为这个对象命名两次。但是只有当我们辨认出这两次的命名实际上是对同一个对象的命名，我们才真正地认识了这个对象。黑尔的性质—命名的抽象原则背后的思想是：我们可以为一个谓词所指称的性质命名；两个名字指称相同的性质的语义条件实际上是性质同一的形而上学的条件。

黑尔的这个解释会造成误解。如果性质可以命名，并且用抽象原则来解释性质的同一性的标准，那么问题是，休谟原则也可以看作是一种命名，但是休谟原则命名的却不是性质而是对象。我们什么时候知道我们命名的是一个性质，什么时候命名的是一个对象呢？

黑尔解释说，休谟原则命名的是对象。因为“属于 F 的数”的指称只能由单称词项所指，而不能由一个谓词所指。这恰好说明休谟原则所命名的是对象而不是性质。

似乎在黑尔看来，在逻辑上，我们需要有概念的同一性标准，这是概念可以被命名的基础。公理 V 如果是一致的话，那么它给出我们概念外延同一性的标准，我们就可以命名概念的外延。但是正如上面的罗素悖论告诉我们的，我们可以从公理 V 定义一个概念的外延，但是这个定义却会导致矛盾，因此公理 V 不能被我们所接受。也许有人会说，为何不说公理 V 是给出概念的同一性标准，而是概念的外延的同一性标准？

公理 V 的形式如下：

$$\forall F \forall G(\lambda x(F) = \lambda x(G) \leftrightarrow (\forall x(Fx \leftrightarrow Gx)))$$

如果它是概念的同一性标准，那么谓词的定义 $Rx =_{df} \exists F(x =$

$\lambda F \wedge \neg Fx$) 就不合法。因为 λF 是一个单称词项，它指称概念“F”，它和 F 在同一层次上。实际上我们不能说 Fx。这看起来不错，因为可以阻止罗素悖论的产生。

但是黑尔并不认为概念外延的同一性和概念的同一性是一回事。黑尔认为即使两个概念的外延相同，这两个概念也可能是不同的。比如“有肾脏的动物”和“有心脏的动物”就是两个不同的概念，虽然这两个概念的外延相同。再比如一些空概念的外延虽然都是空集，但是仍然是不同的概念。所以从外延的角度去界定概念的同是不合适的。在黑尔看来，F 和 G 是相同的概念当且仅当这两个概念享有相同的本质，形式表示为：$\Box\forall X(XF \leftrightarrow XG)$。这里的“$\Box$”表示必然性，它反映的是 F 和 G 这两个概念的本质属性的相同。

总的说来，在黑尔的方案中，关于对象和概念可重新界定如下：

对象 对象是单称词项的根本性的指称，所以单称词项的衍生性的指称就不是对象。

概念 概念是谓词的指称也是单称词项的衍生性的指称。

这样，对象和概念仍然保留着区分，而且“马概念悖论”也解决了。

黑尔的单一指称关系的解悖方案承认不同逻辑类型的表达式也可以指称相同，否定不同逻辑类型的表达指称一定不同。

4.9　莱特的进程

和黑尔不同，莱特的解悖方案采用了类型—种类语义指称关系，而排斥了单一指称关系。这样的指称关系类似于我们数学中的分段函数。我这里聚焦于莱特的谓词和单称词项的语义指称关系。谓词和单称词项是不同逻辑类型的表达式，它们通过不同的语义指称关系进行指称。谓词在一个句子中起到了谓述对象归属某个性质的作用，所以莱特给谓词这种语义指称关系专门起了一个名字——“谓称（ascribe）”，以区别单称词项的语义指称关系中的“指称（refer）”。以句子“柏拉图是有智慧的”为例，用莱特的术语说，“柏拉图”指称柏拉图，“是有智慧的”谓称性质智慧。谓称是一个函数，其定义域是由谓词构成，其值域是概念。指称是一个函数，其定义域是由单称词项构成，其值域是对象。在莱特的理论中，不同逻辑类型的表达式不可能用于同一种语义关系（函数）。

也许人们仍然会怀疑莱特的解悖方案是不是还会产生新的类似悖论。按照莱特的理论我们可以说：

(1)“‘是一匹马’的谓称”是一个单词词项。

(2) 如果它有指称，一定指称一个对象。

(3)“‘是一匹马’的谓称”指称的是“是一匹马”的谓称。

(4)“是一匹马”的谓称指称一个对象。

按照对象与概念的区分，“是一匹马”的谓称不应该是一个概念吗？

然而在莱特看来，上述的论证并不构成悖论。因为 (4) 中的“‘是一匹马’的谓称”确实是一个单称词项，它的指称就是对象。所以，按照莱特的理论，(4) 是正确的！在莱特看来，语义理论的句子比如：“‘是一匹马’的谓称是马概念”，其中的“马概念”仍是单称词项，它指称的就是一个对象！所以语义理论中的“是一匹马”的谓称确实指称一个对象。这并不矛盾！

莱特进一步说，按照他的方案，指称相同的表达式是可以相互替换而不改变句子的合适形式。这一点没错，因为被指称的表达式只能是单称词项，而所有的单称词项是相同逻辑类型的表达式，在句子中当然可以相互替换而不会让替换后的句子不合逻辑句法。莱特的理论背后似乎还有这样的想法：不同的语义关系实际上也显现了表达式的涵义。“Shegar 是一匹马”中的“Shegar”是一个单称词项，其语义值是对象，其涵义正是通过指称函数所显现的。这个句子中的“是一匹马”是一个谓词，其语义值是马概念，其涵义是通过谓称函数所显现的。莱特的方案并未明确提出“涵义”不可说，我想莱特并不认为涵义不可说。当我们说“‘Shegar’的涵义通过指称函数所显现”时，“‘Shegar’的涵义”这个表达式是一个单称词项，它指称的是“Shegar”的涵义，这并不会造成理论上的困难。

莱特的解决方案比黑尔的解决方案简单。他的方案似乎更接近弗雷格的思想。弗雷格说，“马概念”指称的是一个对象，而不是概念。莱特的理论也是如此。按照黑尔的方案，“马概念”指称的是一个概念，而不是一个对象，只不过这里的指称是一种衍生性的指称。在莱特的理论中，语义关系无论是谓称函数，还是指称函数，都是将表达式和实体相联系的对应方式。它们如同一面镜子在映射着实体，镜面中的东西就是我们的语言表达式。逻辑类型的不同只有在句子的语境中才能区分。“Shegar 是一匹马”中的“是一匹马”是一个谓词，它需要通过谓称这面镜子去镜像马概念。但是当我们说“‘马概念’是一个对象”，这个句子中的“马概念”需要通过指称这面镜子去镜像马概念。两种不同的镜像方式所得出的镜像是不同的。但是我们会问这两面镜子的镜像是对同一个事物的镜像吗？它们不都是对实体“马概念”的镜像吗？我想莱特的回答应该是肯定的。但是当我们问镜像的东西是什么时，我们又在用镜子去镜像。无论如何，我们都是在用语言表达着世界或者语言与世界的关系。当我们走到理论的层面，用语言来表达语言与世界的关系时，我们需要做到的是这样的表达仍然被解释理论所承认就可以了。“马概念”是一个对象，这是指称关系决定的。按照莱特的理论，“马概念”绝不能谓称一个概念，因为“马概念”是一个单称词项。“‘是一匹马’的谓称”也是一个单称词项，它只能指称一个对象，不能谓称一个概念。我们可以说“‘是一匹马’谓称概念马”，也可以说“‘是一匹马’的谓称指称的是一个对象”。两者并不冲突。在这种区分下，我们可以说“是一匹马”谓称马概念；“是红色的”谓称概念红色。我们还可以说“马概念”指称马概念，但是我们不能说“是一匹马”指称马概念，也不能说“是红色的”指称概念红色。因为“是一匹马”“是红色的”不是一个单称词项，而是一个谓词。所以，在莱特的方案中“马概念”指称马概念是正确的，不存在悖论了。

莱特认为：

(1) 对象是可以由单称词项指称的事物；

(2) 概念是可以由谓词谓称的事物。

按照这样的区分，我们知道“马概念”指称一个对象，而不是指称一个概念。但是马概念也是谓词“是一匹马”的谓称，这就意味着马概念既是一个对象，又是一个概念。这就无法区分对象和概念了。黑尔（2013）认为，这种解决方案对弗雷格的理论改动过大，在某种程度上已经消除了概念与对象的区分。莱特的类型—种类语义指称关系区分了不同的定义域的语义函数，但是值域却是可以相交的。我认为，如果他的理论再做一点修正的话，就可以保留概念与对象的区分。如果对象是单称词项指称的东西，那么对象和概念都可以称为对象。这里的对象指的是可以说的（speak of）东西，我们不妨用“事物”而不用“对象”这一术语。因为概念是可以由谓词谓称的事物，那么事物中可以画出谓称函数的值域，剩下的那部分就是对象了。

所以可以对概念和对象界定如下：

(1)a 概念是可以由谓词谓称的事物；

(1)b 对象是可以由单称词项指称的事物，但是不能作为谓词谓称的事物。

但是莱特并没有给出这样的界定，而是坚持上述的 (1) 和 (2) 的界定方式。但是我认为，如果要区分对象和概念，我们需要改为 (1)a 和 (1)b 的区分形式。我想莱特没有做这样修改的背后原因在于：对象和概念的区分仅仅在于用什么语义函数来对应，这样的区分体现了这些表达式的涵义的不同，即它们指向其语义值的方式的不同，至于再对这些语义值做进一步区分或许并没太大的意义。就像马概念，它可以由单称词项指称，也可以由谓词谓称，但是马概念究竟是对象还是概念实际上并不重要，重要的是看一个句子中的表达式是怎样和这个语义值建立联系的。所以莱特并未过分强调对象与概念的区分，他强调的是不同的逻辑类型的表达式和其语义值之间是靠不同的语义关系联系的，这就足够了。在这点上，莱特和黑尔的观点有分歧，虽然他们的文章中并未明确地把这个分歧显示出来，但是从他们的解悖方案可以看出来。分歧是次要的，两位新弗雷格主义者仍然携手同行。他们一致的观点更为重要——不同逻辑—类型的表达式实际上和这些表达式的涵义相关，只有名字的连接无法构成一个语句，只有谓词的连接也无法构成一个语句，这些句法的规则实际上是一种思想是由什么表达式的涵义构成的规则。指称原则的矛盾在于两个分原则的不协调。因为这个原则只关涉语义值，所以在保证单称词项和谓词涵义的区分之下解决“马概念悖论”就足够了。

第5章 凯撒问题何以重要

弗雷格在算术哲学中有两个基本立场：(1) 柏拉图的数学实在论；(2) 逻辑主义。其中柏拉图的数学实在论的核心观点是自然数是独立持存的；逻辑主义的核心观点在于算术真理的证成仅仅依赖于逻辑和定义。给出数的定义对于弗雷格实施其逻辑主义非常关键。他在《算术基础》中想把休谟原则作为数的定义，但是很快就放弃了这样的想法，其原因在于这个定义不能解决“凯撒问题”。弗雷格后来在《算术的基本规律》中用公理 V 来定义概念的外延，然后再用概念的外延来定义数。遗憾的是，公理 V 加在二阶逻辑上会推出矛盾，人们因此认为弗雷格的逻辑主义失败了。但是后来逻辑学家发现，休谟原则加在二阶逻辑上并不会导致矛盾。新弗雷格主义者认为，休谟原则可以作为数的定义，这是新弗雷格主义的一个重要观点①。但是这个观点首先就要面对“凯撒问题”的挑战。②

“凯撒问题”字面上的内容是：如何解释“3 不是凯撒”？或许人们对这个问题不以为然，因为觉得“3”和“凯撒”不同是显然的。“3”是数，而“凯撒”是人，二者当然不同！实际上这个问题并非像人们所想的那样简单。这个问题涉及定义。定义的目的在于给出语词的涵义或事物的本质。如果关于数的定义不能解释数和人的不同，或者数是一种特殊对象的种类，那么这对于弗雷格的柏拉图主义的算术观将构

① Wright C., “ On the Philosophical Significance of Frege’s Theorem”, in Hale B., Wright C., *The Reason’s Proper Study Essays Towards a Neo–Fregean Philosophy of Mathematics*, Oxford: Clarendon Press, 2001, pp.272–306.

②在我对黑尔的访谈中，黑尔告诉我当他和莱特提出“新弗雷格主义”立场时，他们认为亟待解决的问题就是“凯撒问题”。参见 Xu,D., “Frege and Neo–Fregeanism: Interview with Bob Hale”,《逻辑学研究》2018 年第 1 期。

成威胁。这个问题也涉及这样的一个问题：我们究竟是在什么意义上说我们理解了一个词的意义？

本章的重点在于解释“凯撒问题”是什么，它为什么对弗雷格和新弗雷格主义者是重要的问题。为什么弗雷格和新弗雷格主义者都要考虑人们在常识中常常忽略的这个问题？当人们看到苹果从树上落下，或许不会问“苹果为什么从树上落下”，但是牛顿会思考如何给出苹果落地的物理学解释。凯撒问题同样不能以常识回答，凯撒问题需要的回答恰恰是，如何解释“3”和“凯撒”是不同种类的对象。本章分为五个部分：第一部分介绍弗雷格在《算术哲学》中对凯撒问题的阐述，以此厘清凯撒问题究竟是什么；第二部分评述弗雷格对凯撒问题的解决方案，并且论述为何弗雷格的理论并未解决凯撒问题；第三部分解释弗雷格式的柏拉图主义的哲学立场需要回答凯撒问题；第四部分评析按照埃文斯（Evans）的“普遍性的限制”原则[①]，如果新弗雷格主义者把休谟原则作为数的定义，他们的理论也需解决凯撒问题；第五部分是结论。

5.1　凯撒问题

5.1.1　《算术基础》中的“凯撒问题”首次出现

凯撒问题是由弗雷格在《算术基础》中针对数的定义提出的一个难题。弗雷格的逻辑主义的一个目标在于给出数的定义。他在《算术基础》第 56 节批评了自然数的归纳定义。这种归纳定义后来被冯·诺依曼用作集合论中自然数的定义。这种归纳定义首先规定了“0”，然后规定从 n 怎样定义 $n+1$。而自然数的集合正是包含 0，且对 +1（或者后继）运算封闭的最小集合。在集合论中，所有的数学概念都被定义为集合。比如按照冯·诺依曼的定义，0 被定义为空集 $\emptyset$，自然数 $n+1$ 被定义为 $n\cup\{n\}$。弗雷格首先不会认同把数定义为集合。因为在弗雷格看来数和集合是不同的对象。其次，弗雷格所给出的数的归纳定义，是基于概念。在弗雷格看来，即使基于概念的自然数的归纳定义也不

[①] Evans,G., *The Varieties of Reference*, Oxford University Press, 1982.

是真正的自然数的定义，因为从这个定义，我们无法判定一个自然数，比如“3”，是否是对象“凯撒”。这是“凯撒问题”的首次出现。《算术基础》第 56 节弗雷格用凯撒问题来说明自然数的递归定义并不令人满意。自然数的递归定义如下：

属于概念 F 的数 $=0$，当且仅当 $\forall x \neg Fx$

属于概念 F 的数 $=1$，当且仅当 $\exists x Fx \wedge \forall x \forall y(Fx \wedge Fy \rightarrow x=y)$

属于概念 F 的数 $=n+1$，当且仅当 $\exists x(Fx \wedge$ 属于概念$(Fy \wedge x \neq y)$的数 $=n)$

在给出了这个定义之后，弗雷格提出了关于这个定义的疑虑。

> 最为令人疑虑的是最后一个；因为严格说来我们不知道表达式“数 n 属于概念 G”的涵义，与不知道“数（n+1）归属于概念 F”的涵义一样。当然，通过一起使用最后两个定义，我们可以说出“数 1+1 归属于概念 F”的意思，然后用它给出表达式“数 1+1+1 归属于概念 F”的涵义，如此等等。但是，举个不恰当的例子，我们永远不能通过我们的定义来确定是否有任何概念以凯撒为属于它的数，或者这一位众所周知的高卢征服者是否是一个数。更进一步，借助于我们提出的定义并不能证明，如果数 a 归属于概念 F 而数 b 归属于同一个概念，那么必然有 a=b。这样我们就不能证明表达式“属于概念 F 的这个数”是合理的，因此会发现不可能一般地证明一个算术等式，因为我们根本不能得到一个确定的数。我们已经定义了 0 和 1 只不过是一个幻象；实际上我们只是确定了短语“数 0 归属于”“数 1 归属于”的含义；但在这里我们不能把 0 和 1 辨认为自我持存的对象，并能够再次

辨识出是同一个。(《算术基础》第 56 节)[①]

这段话中，弗雷格所提出的疑虑实际上是：这个归纳定义并没有真正给出作为自我持存的数的定义，而只是给出属于概念 F 的数的定义。在弗雷格看来，这样的定义是不完整的定义。数的定义应该告诉我们关于数相等的条件。从这个归纳定义，我们知道 0 属于一个没有任何对象的概念。于是我们会知道 0 属于概念“$x \neq x$”。但是因为这个定义只是定义了 0 属于什么概念，并未告诉我们属于这个概念的数是唯一的，所以，假设某个数 m 属于概念“$x \neq x$”，我们并不能从这个定义证明是否“0 = m”。弗雷格在这段话中第一次引出了“凯撒问题”。因为这个定义并不能告诉我们独立持存的数是什么，所以仅从这个定义我们甚至不能说明凯撒不是属于某个概念的数。从这个归纳定义的缺陷，我们知道：数的定义必须确定数相等的条件。

5.1.2　凯撒问题的再现

弗雷格在《算术基础》的第 62 节强调了“语境原则”，即只有在句子中，语词才有意义。他断言，因为数是被理解为独立持存的对象，所以需要在数相等的陈述句中确定关于数词的涵义[②]。如果确定了数相等的涵义，那么就能解决数词 m 和数词 n 是否相等的问题。新的关于数的定义要克服第 56 节归纳定义的不足。弗雷格认为：我们需要确定“属于概念 F 的数和属于概念 G 的数是相同的”的涵义。

[①]用一阶逻辑的语言，我们可以描述“概念 F 之下至少有 n 个对象”，“概念 F 之下至多有 n 个对象”，以及“概念 F 之下恰有 n 个对象”。比如：“至少有一只兔子”，用一阶语言可以表达为“ xRx”。“至多有一只兔子”用一阶语言可以表达为“$\forall x \forall y(Rx \wedge Ry \rightarrow x = y)$”。“恰好有一只兔子”实际上表达的是“至少有一只兔子并且至多有一只兔子”，用一阶语言表达为“$\exists Rx \wedge \forall x \forall y(Rx \wedge Ry \rightarrow x = y)$”。一般来说，“概念 F 之下至少有 n 个对象”可以用一阶语言表达为：“$\exists x_1 \cdots \exists x_n(x_1 \neq x_2 \wedge \cdots \wedge x_1 \neq x_n \cdots x_{n-1} \neq x_n \wedge Fx_1 \cdots \wedge Fx_n)$”。“概念 F 之下至多有 n 个对象”可以用一阶语言表达为：“$\forall x_1 \cdots \forall x_n \forall x_{n+1}(Fx_1 \wedge \cdots \wedge Fx_n \wedge F_{n+1} \rightarrow x_1 = x_2 \vee \cdots\ x_1 = x_{n+1} \vee \cdots \vee x_n = x_{n+1})$”“概念 F 之下恰好有 n 个对象”可以表达为前两个一阶公式的合取。虽然在一阶语言中我们可以表达恰好有 n 个对象在 F 之下，但是这样的量词并不能定义自然数，也无法定义自然数上的运算。

[②]《算术基础》第 62–69 节的总标题是“为了获得数的概念，我们必须确定数相等的涵义”。在弗雷格看来，要理解“数”的涵义就需要理解“数相等的涵义”。蒯因认为所有的实体都必须有其同一性的条件，这个思想应该是来源于弗雷格。蒯因认为，一种对象如果是实体，那么就应该有这种对象同一性的标准。按照这个标准，我们可以判断这种对象是否相同。蒯因认为可能的对象并没有这种同一性的标准，所以可能对象并不是实体。比如屋外可能站着的胖子就没有同一性的标准。弗雷格认为从某种对象的定义应该知道这种对象的同一性的标准，这是定义“某种对象”的最为基本的要求。

要定义命题“属于概念 F 的数与属于概念 G 的数是相同的”的涵义就必须用其他术语重造这个命题的内容，而不使用表达式“属于概念 F 的数”。这么做就是要给出一个数相等的一般标准。当我们获得一个方法，通过它可以认识一个确定的数并能再次辨认出它是同一个数时，我们就能指派一个数词作为它的专名。从这里可以看出，弗雷格把定义看作是一种认识论的方法。我们认识一个对象，必须可以再次辨认出这个对象。如果我们有再次辨认出这个对象的方法，也就是我们如果有认识这个对象的同一性的标准，我们才可以称之为我们认识了这个对象。这就是为何同一性标准在弗雷格的“数”的定义中至关重要。

辨别数相等的依据是什么？弗雷格随后提出了今天我们称之为“休谟原则”作为理解数相等的一般标准：属于 F 的数和属于 G 的数是相同的，当且仅当 F 和 G 的对象之间有一一对应的关系。其形式简单表述为：

$$NF = NG \leftrightarrow F \approx G$$

休谟原则可以作为“数”的定义吗？针对这个问题，弗雷格提出了休谟原则作为“数”的定义的三个疑虑。其中，前两个疑虑，弗雷格自己排除了，但是第三个疑虑仍然是“凯撒问题”。我们逐一解释这三个疑虑。第一个疑虑是：休谟原则是定义“相等”关系吗？在弗雷格看来，疑虑在于“相等”是一个基本的逻辑概念，不仅数有相等的关系，任何对象都有相等的关系。“相等”不能由其他的概念来定义。我们也不能定义“数相等”这种相等的特殊情形。弗雷格在《算术基础》第 63 节立即澄清了一个对他的解释的误解。

> 我们应该希望首先确定相等的概念，然后由它与数的概念一起，当数是相互相等时它一定可以推演出来，为此目的无须一个关于数等式的特殊定义。
>
> 针对这个疑虑，必须注意到对我们来说数的概念尚未确定，它只能借助于我们关于数等式的定义才能确定。我们的目的是构

> 建一个判断的内容，这个判断可视为一个等式，其两端各是一个数。因此我们打算不是特别地为此情形定义相等，而是使用相等概念，它被当作已知的，作为手段得到那些被视为是相等的事物。(《算术基础》第 63 节)

弗雷格非常清楚地告诉读者，休谟原则的目的是给出“数”的涵义，而不是“数相等”。如果我们知道“数相等”的内容后，我们就知道了“数”的涵义。弗雷格的做法是逆向的，我们首先有确定的“相等”的涵义，然后我们通过“数相等”来达到对“数”的理解（注意：并不是我们先理解了“数”，然后才理解“数相等”）[①]。休谟原则并不是给“数相等”下一个定义，所以上述的疑虑并不存在。这个疑虑体现了弗雷格对于定义的要求。我们不可能给所有语词的涵义下定义。对于最为基本的表达式的涵义，我们是无法给出其语词定义的。在《算术基础》第 65 节，他给出了另一个疑虑：用抽象原则所定义出的对象是否满足莱布尼兹的“同一律”。弗雷格在其后的第 66 节轻易地把这个疑虑消除了。莱布尼兹的同一律也称为不可分辨律。弗雷格认为两个对象如果相同，那么其表达式在某个句子中的相互替换不会改变句子的真值。弗雷格认为：如果属于概念 F 的数 = 属于概念 G 的数，那么等式两边的表达式可以在句子中相互替换而不改变真值，这是因为休谟原则的右边是一个等价关系，这个等价关系描述了数相等的真值条件。比如，属于概念 F 的数 = 属于概念 H 的数并且属于概念 F 的数 = 属于概念 G 的数，通过代入可以得到属于概念 G 的数 = 属于概念 H 的数。从定义可以证明这个代入是成立的，因为 F 和 H 之间有一一对应关系，F 和 G 之间也有一一对应关系，所以 G 和 H 之间有一一对应关系。弗雷格并不是以休谟原则作为抽象原则的例子来论证抽象原则满足莱布尼兹律。他是用“方向”的抽象原则来说明的，道理一样，这里就不赘述了。

在第 64 节，弗雷格给出了另外两个例子，它们和休谟原则具有类

[①]达米特认为只有理解了“数”才能理解“数相等”。这是他反对休谟原则作为数的定义的一个理由。参见 Dummett, M., *The Interpretation of Frege's Philosophy* ,London: Duckworth, 1981, p.333.

似的形式，即我们今天所说的“抽象原则”。[①]

> 直线 a 的方向 = 直线 b 的方向，当且仅当直线 a 与直线 b 平行。
>
> 三角形 A 的形状 = 三角形 B 的形状，当且仅当三角形 A 和三角形 B 相似。

类似地，这两个定义并不是要定义“直线的方向间的相等关系”或是“三角形形状之间的相等关系”，而是要给出新概念“方向”和“形状”的涵义。弗雷格认为我们可以从“直线 a 的方向 = 直线 b 的方向，当且仅当直线 a 与直线 b 平行”的右边重新切分内容，从而得到“方向”。有关“重新切分内容”，弗雷格并未给出解释。他甚至没有解释句子的内容是什么，更没有谈怎样可以从同一个句子内容中切分出新的概念来。黑尔对弗雷格的这一遗留问题做了解答，关于这部分的内容，请参阅本书第十章。假设弗雷格自己非常清楚如何切分句子的内容从而得出新的概念。他仍然不会同意将抽象原则作为定义。这就涉及他的第三个疑虑。

在第 66 节弗雷格提出了第三个疑虑，这个疑虑在弗雷格看来是无法逾越的，即凯撒问题。在这一节中，弗雷格以“方向”的抽象原则为例，来说明抽象原则如果作为定义，并不能回答一般性的凯撒问题。弗雷格在这一节中所提的凯撒问题是凯撒问题的变种，其核心是一回事。弗雷格认为关于“方向”的抽象原则只能提供我们一种方法来辨认直线 a 的方向和直线 b 的方向是否相等，但是这个定义并不能让我们在其他情况下分辨出直线 a 的方向是否和另一种对象相等。

> 例如，它不能帮助我们判定英格兰是否与地轴的方向相同，请原谅我给了一个看起来荒唐的例子。自然不会有人把英格兰与地轴的方向混淆；但这不是我们关于方向定义的作用。对于应该肯定还是否定命题“a 的方向与 q 相等”，除了 q 形为“b 的方向”这种情形，它没有说任何东西。我们所缺少的是方向这个概念；因为如果有了它，我们就可以规定，如果 q 不是方向，那我

[①] 弗雷格自己并没有给出“抽象原则”这个名称。这个名称很可能来自布鲁斯。

> 们的命题就被否定，而如果它是方向，我们最初的定义就可以决定是否定还是肯定它。所以这就引导我们定义："如果存在一条直线的方向是 q，则 q 是一个方向"。但这样我们显然陷入了一个循环。因为，为了使用这个定义，我们必须已经在每个情形下都知道命题"q 与 b 的方向相等"应该被肯定还是否定。(《算术基础》第 66 节)

5.2　弗雷格的解决方案

5.2.1　诉诸外延

弗雷格在《算术基础》第 68 节提出了他解决"凯撒问题"的方案。他认为关于"方向"的抽象原则的定义不能解决"直线 a 的方向 =q"，并且他还认为"方向"不能仅以一种方式认识，所以必须寻找新的定义方式。因为休谟原则定义"数"和抽象原则定义"方向"是类似的，所以休谟原则也同样面临凯撒问题。我们必须寻找新的方式来定义"数"。抽象原则，无论是"方向""数"，还是"形状"，都是一种隐定义的方式。弗雷格希望用一个显定义来定义这些概念。

> 如果直线 a 平行于直线 b，那么概念"平行于直线 a 的直线"就与概念"平行于直线 b 的直线"的外延相等；而反之，如果刚才提到的两个概念外延相等，那 a 就与 b 平行。因此我们尝试如下定义：直线 a 的方向，是概念"平行于直线 a"的外延；三角形 t 的形状，是概念"相似于三角形 t"的外延。将此应用于我们自己关于数的情形，我们必须用概念替代直线和三角形，用以下可能性替换平行和相似：将落入一个概念范围内的对象一一地与落入另一个范围内的对象相对应。简单地说，当这个条件被满足时我就称概念 F 与概念 G 等数；但我必须要求把这个词当作是任意选择的符号，其意义有待确定，但不是依据其语言学要素，而是依据这里的规定。因此作如下定义：归属于概念 F 的数是概念"与概念 F 等数"的外延。(《算术基础》第 68 节)

按照弗雷格的新定义，直线 a 的方向被定义为“平行于直线 a 的直线”这个概念的外延；三角形 t 的形状被定义为“和三角形 t 相似的三角形”这个概念的外延；“属于概念 F 的数”被定义为“与概念 F 下的对象有一一对应关系的概念”的外延。弗雷格至此完成了他对“数”的定义。他对“属于概念 F 的数”的定义是一个显定义，这个数被定义为一个概念的外延，是一个类。综上就是《算术基础》中的凯撒问题及弗雷格的解决方案。

5.2.2　并未解决凯撒问题

弗雷格最终采纳的是用概念的外延来定义数，但是概念的外延又该如何界定呢？在《算术基础》的第 107 节，弗雷格认为“概念的外延”是已知的，无须再定义。所以，弗雷格认为既然我们知道“概念的外延”，那么我们就会知道凯撒不是概念的外延。而概念的外延是类，是一种特殊的对象。为何弗雷格会认为概念的外延是已知的，这一步跳跃得有点太快，让我们无法理解。如果概念的外延类是已知的，那么我们能够确定凯撒不是概念的外延也应该基于对凯撒的认识。试想，我们如果对于凯撒的认识不正确，也把凯撒看作是某个概念的外延，那么我们也许不会得出凯撒不是某种自然数的结论。所以我们需要知道凯撒是人，并且人和概念的外延不同，我们才能得出凯撒不是自然数。因此当我们基于 a 和 b 是不同种类的对象的理由从而得出结论 $a \neq b$，我们需要知道 a 和 b 所属种类不相交。

《算术的基本规律》是弗雷格实现他的逻辑主义计划的最后一步。他要构建一个逻辑系统，使得戴德金—皮阿诺算术公理可以在他的系统中被推导出来。在这部著作中，弗雷格改变了主意。他不再认为概念的外延是一个自明的概念，他用公理 V 来解释概念的外延。

> 概念 F 的外延 = 概念 G 的外延，当且仅当两个概念下的所有对象相同。

而这个公理 V 与休谟原则具有相同的形式，它也是一个抽象原则。如果弗雷格认为这个公理解释了概念外延的涵义，那么就有理由认为休谟原则以同样的方式解释了“数”。糟糕的是，公理 V 作为解释“概念外延”的方式，也面临着凯撒问题。我们如何从公理 V 回答概念 F 的外延是否等于凯撒？非常不清楚的是，弗雷格在给出公理 V 时，究竟是诉诸什么以解决“凯撒不是外延”这个问题的。抑或是在提出这个公理 V 时，弗雷格忘记了他在《算术基础》中的凯撒问题？

虽然弗雷格在《算术基础》中用一种显定义，即“和概念 F 等势”的概念的外延作为“属于 F 的数”的定义，但弗雷格在后来的《算术的基本规律》中认为这个定义还需要进一步解释概念的外延。他给出的公理 V 仍然是像引出新概念“方向”“性质”“数”的方式那样，即我们今天所说的抽象原则那样解释“概念的外延”。而概念的外延是一种特殊的对象，如果其他的抽象原则无法解决凯撒问题，那么弗雷格这里的公理 V 同样面对凯撒问题的挑战。他最终的显定义的方式并未真正解决这一难题。

5.3　解决“凯撒问题”是柏拉图主义的算术观的要求

或许在刚接触到“凯撒问题”时，人们会不以为然，因为我们想当然地认为这不是一个问题：我们当然可以区分数和人，“3”是一个数词，指称数 3，而“凯撒”指称的是一个具体的人。我们承认“3”和“凯撒”是两个不同种类的对象，所以想当然地认为这不是一个问题。但是反思一下，不难发现，我们是先承认了“3”和“凯撒”是两种不同种类的对象，然后断言“3”不是“凯撒”。但是我们无法解释人和数何以是两种不同种类的对象。因此凯撒问题的核心在于不同种类的对象是如何被理解，但是我们往往会忽略这个问题。对于哲学家来说，我们需要解释的恰是那些基本的“知识”。弗雷格不像康德，认为数 3 是一个从我们先天直观形式中抽象出的概念。弗雷格认为数 3 是一个对象，而且他还要解释我们如何认识这些和经验对象不同的抽象对象，这种解释是他的算术哲学中的任务。就像牛顿需要给出物理解释“苹果为什么会落地”，哲学家也要给出认识论的解释“3 为什么不是凯撒”。

或许有人仍然对“凯撒问题”不以为然，认为常识就可以解决这个问题。但是和朴素的常识论者不同的是，他们的观点在于休谟原则作为一种“数”的定义，虽然不能解决凯撒问题，但是它也可以作为不完整的“数”的定义，或者说，是数的解释，这种解释至少可以看作是解释“数”的概念是先天的。如果这种休谟原则和逻辑都是先天的，那么从它们推出的“弗雷格定理”就有重要的哲学意义，因为它可以解释算术真理是先天的，即使它无法给出“凯撒问题”的满意解释。弗雷格不应该因为“凯撒问题”而如此草率地否定休谟原则可以作为“数”的解释，从而忽略掉了这是开启解释算术命题先天性的认识论的途径。

这种对“凯撒问题”的不以为然，实际上没有严肃地思考为何弗雷格反对将休谟原则作为“数”的解释的根本原因。不可否认的是，“弗雷格定理”如果仅仅是解释算术真理的“先天性”是有道理的，它体现了关于算术的逻辑主义的立场；但是弗雷格在坚持其逻辑主义立场的同时，也同样坚定地守着算术对象的柏拉图主义的立场。他认为数是独立持存的对象，他的理论需要给出“数”的解释，这种解释必须要含有数和其他种类对象的区分，要解释数和其应用于不同种类的对象是不同的（《算术基础》第 68 节），比如数为何不是树，为何不是人，等等。如果他的理论不能合理解释数是一种特殊种类的对象，那么他也就无法解释数作为独立持存的对象。这和他的柏拉图主义的算术观是冲突的。为了解决这个冲突，弗雷格有两条路，一条路是放弃数的独立持存的地位，也就是放弃柏拉图主义，而保留休谟原则；另一条路是放弃休谟原则，而保留他的柏拉图主义。在这两条路中，弗雷格坚定地选择了他的柏拉图主义，而不是休谟原则。

有趣的是，由此我们也可以看出，“逻辑主义”和“非柏拉图主义”是相容的。可以解释算术的先天分析性，而不必坚守数作为独立持存的对象。但是弗雷格和新弗雷格主义者选择的是柏拉图主义和逻辑主义相结合的算术观。[①]

[①] Hale B., Wright C., “Implicit Definition And The A Priori”, in Hale B., Wright C., *The Reason's Proper Study Essays Towards A Neo-Fregean Philosophy of Mathematics*, Oxford: Clarendon Press, 2001, pp.117–150. Hale B., Wright C., “To Bury Caesar”, in Hale B., Wright C., *The Reason's Proper Study Essays Towards A Neo-Fregean Philosophy of Mathematics*, Oxford: Clarendon Press, 2001,pp.399–420. Wright C.,“ On The Philosophical Significance of Frege's theorem” ,in Hale B., Wright C., *The Reason's Proper Study Essays Towards A Neo-Fregean Philosophy of Mathematics*, Oxford: Clarendon Press, 2001,pp.272–306.

在这一小节我想进一步强调弗雷格的柏拉图主义的算术观的特点。弗雷格的《算术基础》的第 55—61 节的总标题是“每一个个别的数是独立持存的对象”。这个观点本身就已经体现了弗雷格的算术实在论。弗雷格不仅认为个别的数是客观的，而且还认为概念是客观的。在弗雷格看来，个别的数并不是概念，而是对象。这是他的柏拉图主义的算术观的一个特征。

> 我声称数是自我持存的，这不能理解为一个数词能指称命题语境之外的事物，而只是排除将这些语词用作谓语或定语，这些用法会改变了它们的意谓。（《算术基础》第 60 节）

弗雷格的理论要严格区分概念与对象。概念与对象的区分实际上是传统哲学的共相和殊相的区分。在哲学史上有共相的实在论和共相的唯名论之争。但是在弗雷格之前，究竟什么是共相，什么是殊相，其实哲学家并未谈清楚。一般认为，殊相是在感觉中给定的东西；共相被许多特殊的东西所共享。比如种种白色的东西就是殊相，而白色就是共相。我想弗雷格要区分概念和对象有两个主要的动机。第一，殊相和共相的划分并不清晰，哲学上需要清晰的概念，以便更好地回答哲学的问题。第二，弗雷格认为并不是所有的殊相都是可感知的。

众所周知，自亚里士多德以来，哲学家关注从自然句法上谈论殊相和共相。亚里士多德认为只有那些不能作谓语只能作主语的东西才能是实体。在亚里士多德的哲学中，实体只能是殊相。从现代逻辑的角度看，语句的逻辑结构并不是自然句法的结构。我并不认为从自然句法所划分出的殊相和共相是错的，实际上弗雷格的对象和亚里士多德的只能充当主语不能充当谓语是一致的。只是主谓的分析方法忽略了关系，而仅仅把性质当作共相。罗素理解弗雷格的新逻辑，他在《哲学问题》中就讨论了关系也是一种共相。[①]弗雷格认为数字是一个单称词项，它只能指称对象，而非概念。在弗雷格看来，等号连接两个单称词项，数字也不是形容词，个别的数不是外在事物的性质。他认为如果不区分对象和概念，我们就很难知道数究竟是什么。

[①][英] 罗素：《哲学问题》，何兆武译，商务印书馆 2007 年版，第 74–82 页。

弗雷格并不认为对象都可以被感知。当我们看到一个语词“gold”，我们并不能感觉到 4，或者说不能形成 4 的表象。但是当我们问自己这个语词有几个字母，4 就是这个问题的答案。我们对于个别的数并不能形成表象，我们既没有数是独立持存的表象，也没有数作为外部事物性质的表象。对于数的认识是出现在判断中，或者说出现在一个句子中。不要因为我们无法感知一个事物就否定它的客观性。我们并不能形成太阳距地球的距离的表象，但是这个距离的计算是客观的，无法形成这个距离的表象并不是否认测量计算这个距离正确的理由。弗雷格进一步阐释到，即使一些具体的物理对象，我们对其表象的所知也相去甚远。或许在我们的表象中，地球只是具有适当尺寸的球，但是只有在思想中，我们才能把握“地球”这个对象，并且以较高的确定性对这个对象作出判断。对象只有在思想中可以被把握，思想常引导我们超越可表象的事物，而不失去推理的基础。

让我们设想一下，我们看到一张白色的桌子。我们作出一个判断，用语句“这是一张白色的木桌子”来表达。但是桌子也是由其部分构成，为何会把这个桌子的整体看作是一个对象而非部分是对象？或者这个桌子如何和其背景分离出来。弗雷格并不是从我们的感觉如何产生来解释我们如何认识这个可感的对象。他是从一个判断或一种思想中分析对象的。只有把一个语词放置在一个语句中，这个语词才有意义，这个语词才有指称。理解我们所处的世界需要对世界形成判断，判断是用陈述句表达。只有在一个句子中，对象或概念才浮现。没有语句，就无所谓对象和概念。这正是弗雷格在《算术基础》中所提出的原则，不能孤立地寻求语词的意义，只能在命题的语境中探寻语词的意义。一个陈述句如果是真的，也并非表达了一个事态，而是这个陈述句所表达的思想被客观实在所满足。语句所表达的思想是这个语句的真值条件，事态可以满足这个真值条件。但是我们知道，不同的事态可以满足相同的语句。所以，弗雷格并不认为一个语句的指称是一个事实，语句的指称是真值。弗雷格认为表象是主观的，但是可以用语言表达，并且服从理性，服从逻辑的思想是客观的。这种客观性和空间性没有任何关联，并不是客观的对象都有空间位置。

弗雷格认为数是客观的。和康德不同，弗雷格认为数字公式可以证明。在康德之前，人们认为先天的知识都是分析的知识。一个命题是分析的在于由分析主语就可以得出谓语。比如“一个红苹果是一个苹果”“一个男人是人”等就是分析真理，主语的内容包含谓语的内容。康德认为算术真理是先天综合的。弗雷格认为算术真理是先天分析真理，这是因为弗雷格认为算术真理的分析性在于这些真理的证明只依赖逻辑和定义。逻辑和定义在弗雷格看来也是客观的。这就是说，弗雷格认为先天真理也是客观的。这与康德的见解不同。康德认为需要区别经验中的两个要素，一个是由物理客体而来，另一个是由我们自身的性质而来。康德认为，我们对于时间、空间、因果关系和类比关系都是先天的知识，但是对于感觉中的真正素材却是外在的。我们所经验的每个事物都因为先天知识已经肯定了它有哪些特点，这些特点是由我们自身的性质而来，没有这些先天的知识，就没有什么东西能够进入到我们的经验里来。在我看来，弗雷格和康德的最大的分歧在于，弗雷格并不认为知识还需要我们自身的性质参与进来。弗雷格已经把康德所谓的我们的自身的性质转变为理性或者逻辑，它同样是客观的。弗雷格认为，客观的真理服从理性的真理，是每一个服从理性规范的主体都会承认的真理。所以弗雷格的逻辑的先天性并不是因为我们自身的性质。

让我们回到数的问题上。弗雷格认为，数并不是源于我们对外部事物的先天直观形式，而是客观的。这正是他在《算术基础》中强调的另一个研究原则，即要区分主观的和客观的，或者说要区分心理的和逻辑的。弗雷格认为，我们对于数的解释可以源于定义。他希望从定义就可以获得对于数这种特殊对象种类的认识。这种认识的方式也是先天的，或者说是服从逻辑的。因此正如达米特所说，弗雷格的逻辑并不仅仅局限于形式系统的推理，它还包括意义理论。先天的定义观后来也被卡尔纳普和新弗雷格主义者所采纳。先天的隐定义的“先天性”，正如黑尔所说，是基于语言的知识就可以理解被定义项的本质。当然定义可以分为先天的定义和后天的定义。后天的定义是这样的定义，被定义项的语词意义和被定义项并不完全一样，对于这些定义的理解还需要诉诸语言知识之外的经验。

但是我们可以找到数的先天定义吗？如果有这样的先天定义，那么对这个定义的理解必须让我们分辨出“3”不是“凯撒”，否则这个定义就不能承担弗雷格的柏拉图主义算术观的任务，因为它并未解释数是一种特殊的对象种类。

5.4　弗雷格的理论需要回答凯撒问题

在弗雷格看来，休谟原则不能作为“数”的定义，因为从这个定义，我们还无法理解“数”的完整意义，无法回答“凯撒问题”。这就是说，休谟原则等抽象原则无法让我们理解新的种类概念。但是弗雷格并没有进一步解释，在什么意义上我们可以说理解了一个语词的意义。新弗雷格主义者认为休谟原则可以作为“数”的定义，那么他们需要回答弗雷格的质疑：从休谟原则如何回答“凯撒问题”？如果新弗雷格主义者的哲学理论要解释休谟原则可以作为定义来解释“数”的涵义，那么这个理论不可避免地还要回答：在什么意义上，我们可以说我们理解了一个语词的涵义？新弗雷格主义者的理论首先要界定：理解一个语词的意义的必要条件，其次说明休谟原则是否满足这样的条件。但是这个必要条件是什么呢？

埃文斯[①]的遗著《不同种类的指称》中提出的“普遍性限制（Generality Constraint）”原则对这个问题的求解很有启发。在新弗雷格主义者看来，虽然埃文斯提出的“普遍性的限制”原则是用在思想层面的原则，但是这个原则也可以用在语言的理解上[②]。在语言的层面上，这个原则实际上规定了我们理解一个语词涵义的条件，即在什么意义上，我们说我们理解了一个语词的涵义。新弗雷格主义者希望既保留关于算术对象的实在论，又同时保留休谟原则作为数的先天性的

[①]加雷斯·埃文斯（Gareth Evans，1946–1980），英国哲学家，在形而上学、语言哲学和心灵哲学领域作出了杰出的贡献。他的遗著《不同种类的指称》由 John McDowell 编辑出版。他的英年早逝是英国哲学界的一大损失。埃文斯的这本遗著对于语言哲学界有很大的影响。

[②] Hale B., Wright C., “To Bury Caesar”, in Hale B., Wright C., *The Reason's Proper Study Essays Towards A Neo-Fregean Philosophy of Mathematics*, Oxford: Clarendon Press, 2001, pp.399–420.

解释。如果休谟原则是一个先天的概念性真理（conceptual truth），那么它或者是某个独立的数的定义的后承，或者休谟原则自身就可以是数的解释。弗雷格否定了后一种可能性。“凯撒问题”是一个关于多种类对象辨认的问题。休谟原则规定了数相等的真值条件，但是它没有告诉我们数和其他对象的区分条件。我们可以通过休谟原则理解“行星的个数 = 小于 10 的数”，但是仅从休谟原则，我们无法充分理解“第一个到达南极的人 = 行星的个数”。当然，我们可能会有“第一个到达南极的人”的判断标准，我们可以理解“张三是第一个到达南极的人”的真值条件。“凯撒问题”是：我们可以理解“a = b”，也可以理解“c = d”（其中，这两个等式中“a”“b”指称的是同一种类的对象，“c”“d”指称的是同一种类的对象，但是“a”和“c”是不同种类的对象），但是我们不能充分理解“a = c”的涵义。按照埃文斯的“普遍性限制”原则，如果我们无法理解“a = c”，那么也就没有理解“a”，“c”。如果理解“a = b”，“c = d”就要求理解“a = c”是否表达了一个有意义的思想。如果它表达了一个有意义的思想，也应该理解这个思想的真值条件。所以埃文斯的“普遍性限制”原则要求：如果休谟原则确实提供了“数”的解释，那么通过它应该理解数和其他种类对象的不同。“普遍性限制”原则是什么？

这个原则是：一个思想者获得某个特殊的思想的必要条件是：掌握与这个特殊思想所有相关的具体思想。“普遍性限制”原则告诉我们：掌握一个特殊的思想需要局部的整体性。我们用一个例子来说明这个原则。

例子：“a 是 F”，是一个特殊的思想。思想者如果要掌握这个思想，他需要理解具有“b 是 F”这种形式的每一个特殊思想，要理解何物适于 F；同样，他还需要掌握任何具有形式“a 是 G”的特殊思想，其中 G 是任意适合于对象 a 的谓词。比如“这朵花是红色的”是一个特殊的思想，如果要理解这个思想，思想者要依据他的思想，整体性地把握这个思想。思想者需要理解在他的思想中，哪些对象 b 适用于“b 是红色的”。如果他理解“这朵花是红色的”，并且也理解了数，他就会排除“3 是红色的”是一个有意义（significant）的思想。他还需要知道所有适合于“这朵花”的谓词。这里有意义的思想或者适合的谓词并不是要求思想是真思想。比如“这朵花是蓝色的”也是一个有意义的思想，“是蓝色的”适合“这朵花”这个对象。但是“这朵花是有理数”就不是一个有意义的思想。

埃文斯提出的“普遍性限制”原则原是用在思想的理解上，它告诉我们：一个思想者理解一个特殊的思想的必要条件——用其所把握的整体思想来理解新的特殊的思想。这个原则如果用在语言层面，作为我们理解语言的原则，就和休谟原则相关了。这个原则用在语言层面上，看起来只是个陈词滥调：理解任何一个句子就是理解这个句子成分的意义并且理解这些成分的结合方式。因为后一个条件是一个普遍性（一般性）的限制条件，它要求理解一个句子成分的语义在于理解这个成分可以出现的任何语句具有的相关形式是什么。一个形式，就是一个模板，被称为一个限制条件。一个人要理解句子中的表达式“f”的涵义，需要掌握任何有意义的句子“—f—”，其中每一个母式“— —”已被理解。作为一个特例，一个人理解单称词项“a”，他需要理解：对于每一个已经被他掌握的一元谓词，哪些一元谓词和这个项可以构成有意义的陈述；一个人理解一个一元谓词，他应该理解：在他所掌握的所有单称词项中，哪些单称词项可以被这个谓词有意义地陈述，等等。

这个原则支撑“凯撒问题”是显而易见的。假设休谟原则成功地确定了形如“Nx:Fx = Nx:Gx”的意义，而且也理解了“=”两边是单称词项。那么根据“普遍性限制”原则，应该能同时解释任何已经理解的句子成分做置换后，所得的句子是否还是一个有意义的句子。比如“凯撒”置换一个数词是一个有意义的句子吗？但是弗雷格否定了我们可以排除这样的置换是一个有意义的句子。所以，弗雷格认为休谟原则也不能真正解释纯数字的等式。

“普遍性限制”原则虽然是一个陈词滥调，但是在任何特例中，普遍性的合适的度究竟需要多广泛的适用性似乎会留下讨论的余地。一般而言，自然语言中一个谓词的普遍性特征在于它适合某个范畴的对象。按照“普遍性限制”原则，理解一个单称词项的必要条件是把这个单称词项放在任何一个句子中，该句子的谓词适于包含这个对象的范畴。比如“生物”就是一个范畴，“活着”这个谓词就适合于“生物”这个范畴下的所有对象。

按照“普遍限制性”原则，和弗雷格持相同观点的人，会认为抽象原则并不能真正解释一类对象，以“方向”的抽象原则为例。他会认为这个抽象原则没有解释“直线 a 的方向 = q”的真值条件，所以它不满足“普遍性限制”原则。但是也许会有人断言，有理由认为这个原则满足“普遍性限制”原则。因为“=”虽然可以适用于任何对象，但是一旦等号的一边是某个单称词项，那么这个单称词项是某种对象，此时等号的另一边要求指称同一种对象的单称词项，否则就是一个错误使用等词的句子。如果这种反驳是有效的，那么抽象原则就应该解释哪些是错误使用等词的句子。这就是说，抽象原则如果满足“普遍性的限制”原则，它就能解释“凯撒”和“直线 a 的方向”是两种不同的对象，也就是反驳方所支持的某种限制版的“普遍性限制”原则。但是这种限制版本并没有起到作用，因为它仍然要求你预先理解“凯撒 = 直线 a 的方向”是一个错误使用等词的句子，这必然又回到如何理解两种不同种类的对象的老问题上来。

既然新弗雷格主义者选择的道路是既坚持休谟原则，又坚持算术对象的柏拉图主义，那么新弗雷主义者就要回答休谟原则是否可以解决凯撒问题。按照“普遍性限制”原则，对于一个单称词项的理解的必要条件是知道你所理解的所有谓词中哪些谓词可以和这个单称词项组成一个有意义的句子，并且理解这个有意义的句子的真值条件。所以，如果理解“$Nx:Fx$”的涵义，就应该理解“$a=Nx:Fx$”是否是一个有意义的句子，其中 a 是独立理解的词项。特别是弗雷格所给的算术系统中需要“属于概念‘小于等于有穷数 n’的数”，理解“小于等于有穷数 n”的必要条件是：知道这个概念适用于什么对象。弗雷格的算术理论中也会有诸如“$Ny:y=Nx:x\neq x$”这样的公式。在这个表达式“$Ny:y=Nx:x\neq x$”中，y 是一个个体变元，这个变元可以用任何专名替换，替换后都可以形成一个合适的句子。所以，如果理解“$Ny:y=Nx:x\neq x$”，需要理解所有独立知道的单称词项 a 填入 y 在“$y=Nx:x\neq x$”的位置所形成的句子“$a=Nx:x\neq x$”的真值条件。这是“普遍性限制”原则对于弗雷格理论的要求。因此，按照“普遍性限制”原则，新弗雷格主义者必须回答如何解决“凯撒问题”。

5.5　结论

弗雷格在《算术基础》中认为休谟原则并不能作为“数”的定义，因为它无法回答“凯撒问题”。休谟原则作为一个“公理”加在二阶算术上可以推出戴德金—皮阿诺算术公理系统的所有公理，这在某种程度上可以解释算术真理的先天性，显示了弗雷格的关于算术的逻辑主义计划的实现。弗雷格之所以抛弃休谟原则作为初始的公理在于弗雷格对算术还坚守着柏拉图的实在论。他认为“凯撒问题”已经说明了休谟原则并不能解释数是一种独立持存的对象。“凯撒问题”实际上是一个关于跨种类的同一性问题。如果“数”是一种独立持存的对象，那么我们关于它的定义就应该能够解释数和其他种类对象的区别，这是柏拉图主义实在论的要求。但遗憾的是，弗雷格最终选择的“外延公理”也无法解决“凯撒问题”。新弗雷格主义者像弗雷格一样，关于算术，他们既坚持柏拉图主义的实在论，又认为算术真理是一种先天的真理。和弗雷格不同的是，新弗雷格主义者认为休谟原则可以作为“数”的定义。新弗雷格主义者的理论要解决“凯撒问题”还必须要澄清“在什么条件下，我们可以说我们理解了数”。新弗雷格主义者诉诸埃文斯的“普遍性限制”原则回答了这个问题。“普遍性限制”要求从“数”的定义能够回答“凯撒问题”。

第 6 章　让凯撒安息

正如题目所示，本章主要阐释新弗雷格主义者如何解决“凯撒问题”。本章主要分两个部分。第一部分讨论达米特反对抽象原则能够确定一种新的种类对象。达米特的这个观点可以被唯名论所用。正如我们在上一章所强调的那样，弗雷格和新弗雷格主义的柏拉图的算术哲学观要求他们的理论解决“凯撒问题”。达米特的质疑是“凯撒问题”的一般化，即一个抽象原则何以确定一种新对象？如果达米特的观点是对的，那么这无疑敲响了弗雷格或新弗雷格主义实在论的丧钟。在这部分我们将给出新弗雷格主义者的简单论证来回应达米特的挑战。但是这个简单论证只能说明抽象原则可以定义新的对象，而没有解释一个抽象原则何以确定的是一种新对象。第二部分，我们先介绍莱特的早期解决方案以及这个方案的不足，然后给出新弗雷格主义解决“凯撒问题”的最终方案。

6.1　达米特：抽象原则不能确定一种新对象

6.1.1　达米特论证“方向”的抽象原则不能确定一种新对象的种类

达米特认为抽象原则并不能确定一种新的对象。因此，抽象原则不仅不能解决“凯撒问题”，而且它自身也无法确定一类新对象。他在《弗雷格：数学哲学》一书中认为[①]，“直线 a 的方向 = 直线 b 的方向”被规定为直线 a 平行于直线 b。仅按照这一规定，我们并不能确定一条直线的方向本身是一条直线还是什么不同的东西。即使规定方向本

[①]Dummett, M., *Frege: Philosophy of Mathematics*, London: Duckworth,1991, p.126.

身就是一条线，这个规定也绝不能决定任何给定 a 的方向是哪条直线。但是为了方便，可以选择一个起点 o，然后画一条通过 o 和 a 平行的直线。关于“方向”的抽象原则和休谟原则不同的是，前者是一个一阶的抽象原则，而休谟原则是一个二阶的抽象原则。达米特认为一阶的抽象原则并不能确定对某种新种类的对象。用抽象原则还可以引入形状、长度等等；但是抽象原则本身并不能确定所引入的词项的指称是一个新对象的种类。这种不确定性是比“凯撒问题”更为具体的问题。如果抽象原则并不能确定所引入的单称词项的指称是哪个对象，当然就无法回答“凯撒问题”。实际上这个对于一阶抽象原则不能确定某种新种类对象的批评可以同样用于二阶的抽象原则上。我们后文会有所解释。

我们知道抽象原则的左边是对象之间的相等关系，右边是一个等价关系。弗雷格后来试图通过改进抽象原则，用显定义的方式来定义一个新种类对象。弗雷格的显定义实际上是用等价类来定义某种新对象。比如直线 a 的方向被定义为所有和 a 平行的直线组成的等价类；三角形 t 的形状被定义为所有和三角形 t 相似的三角形组成的等价类，概念 F 的数被定义为所有和 F 有一一对应的概念组成的等价类。在达米特看来，抽象原则左边的相等关系实际上是依据右边的等价关系解释，但是左边的两个单称词项的指称究竟如何从等价类中选择并不确定。达米特认为，“方向”的抽象原则并不能确定某种对象的新种类。他认为对于直线的方向的引入只是说话的一种便捷，并未承诺新的对象。他认为“方向”的抽象原则实际上给出了“方向”的使用方式，这种使用方式满足以下三个结论：

(1) Da = Db 当且仅当 a 平行于 b。所以关于 a 的方向的谓述都可以转化为关于直线 a 的描述。

(2) 谓述方向的句子可以和谓述直线的句子等值。

(3) 量化方向的句子与没有量化方向的句子等值。

这三个结论藏有对抽象原则持一种唯名论的的立场。虽然达米特自己并没有用这样的论证来反对弗雷格主义的实在论。但是这三个等值的句子模式可以成为唯名论反对实在论的理由。这种规定使得“方向”可能成为一个语言游戏，它虽然被看作对象，但是实际上只是我们语言上的用法，而不存在方向。新弗雷主义者恰恰认为这三个规范提供了抽象单称词项范围的用法的合理化，通过约定左边的句子和右边句子的真值条件相同，从而得出含有新单称词项的句子有真值，从而这些单称词项有指称。

6.1.2　达米特的结论被用于唯名论

有四种主要的唯名论的观点用抽象原则来反对新弗雷格主义的实在论。我们逐一进行评述。

第一种观点认为弗雷格主义的“规定性解释”不合法，这种规定性解释让不能被理解的断言成为被理解的断言，让不能被核证的断言称为可以核证的，而手段仅仅是和一个没有问题的断言具有相同的真值条件。但是这个观点在新弗雷格主义看来不值一驳，因为它是教条式的观点。它忽略了新弗雷格主义者怎样把唯名论认为有问题的断言赋予意义，从而使新引入的概念得到形而上学和认识论的回答。实际上，在新弗雷格主义看来，抽象原则左边新引入的词项的相等和右边的句子具有相同的真值条件。那么左边的词项相等表达的是一个思想，而且我们也知道左边是单称词项的等式。所以如果右边句子是真的，那么左边的句子也是真的，因此这些单称词项就有指称。

第二种观点允许不同的等价类可以被规定，但是它们仅仅需要服从这个条件：左边句子的句法并没有什么意义，它们仅仅被视作可接受的右边的断言的唯名论意义上的记法。但是这显然也带有偏见。新弗雷主义者会回应：左边的断言是被精心设计出来的，左边断言中所出现的表达式都和我们所接受的其他表达式一样在使用，它们有其句法和内容。用一阶语言所解释的“方向”抽象原则中的“=”仍是一个等价关系，它像连接这个电脑，这个人，一样地连接着直线 a 的方向和直线 b 的方向。这就可以对方向进行量化，就像我们对人、树等概念量化一样。在新弗雷格主义者看来，持第二种唯名论观点的人应该解释为何他拒绝左边句子的句法结构，为何反对抽象对象间的等词、谓词以及量词，以及抽象对象的字面上的语义。如果他们的反对仅仅建立在预设上，即把这种抽象对象看作是不实在的，那么他们的论证显然是一种循环的论证。

第三种观点是一种还原论的观点。它承认等价类是合法的规定，也承认抽象原则左边的句法结构，承认左边和右边的句子的等价。但是这种观点认为我们对于“方向”“数”的断言实际上是由于右边的句子得来的。所以，关于抽象对象的断言都可以还原为不承诺这些抽象对象实存的断言，附加这些抽象对象的本体论实际上是一种幻象。这种观点相比较于第二种观点在于它承认左边的句法特征。既然如此，那么持这种唯名论观点的人就应该承认，一旦他发现了左边的句法特征合法，继而承认左边所引入的概念，以及有关它的谓述和量化的谓述，甚至是语义特征，他就应该知道如果没有这些新概念的引入，我们会失去那些关于新概念的知识。如果仅仅有具体对象和具体对象上的谓词以及量词，我们就不会有关于算术的知识。算术知识能够应用于具体对象，但是从具体对象的知识得不出算术的知识。

第四种观点是由哈特里 · 菲尔德（Hartry Field）所发展的一种唯名论观点。[①]菲尔德认为抽象原则的规定性是有条件的，同时他允许左边的句法就是其表面所现的句法。菲尔德和新弗雷格主义的实在论的分歧在于：抽象原则的左边句子和右边句子的等值是有附加条件的，那就是预设左边句子的本体。我们以“方向”的抽象原则为例。菲尔德认为方向的等价类并不是绝对存在的，方向的存在是以直线为前提的。如果有两条直线，直线 a 和直线 b，并且它们平行，那么就会有直线 a 的方向和直线 b 的方向。方向是以这种条件而存在的，没有这种条件，就没有方向。新弗雷格主义者认为，抽象原则是我们解释“抽象对象”的方式，它解释我们是如何理解这些抽象对象的，并且我们如何理解这些抽象对象是以我们先前理解的对象和命题以及句法结构为基础，但是这并不意味着这些抽象对象的存在依赖于我们先前所理解的对象。正如我们在弗雷格的本体论一章所分析的那样，无论是弗雷格还是新弗雷格主义者，他们认为抽象对象的实在性是无条件的。在本体论上，

[①]Feild, H., “Platonism for Cheap” in his *Realism, Mathematics and Modality*, Oxford: Basil Blackwell,1989, pp.167–70.

弗雷格和新弗雷格主义者都是从一种中立的立场，解释我们接受一种对象是实在的是什么意思。比如当你接受一个原子句子为真，那么就应该解释这个句子中所出现的单称词项的指称是存在的。如果这个单称词项是某个数，那么你就应该接受数是实在的。抽象原则是认识论上的解释，新弗雷格主义者试图通过抽象原则给出我们如何理解新引入的单称词项的意义。菲尔德把认识论的结论放到本体论上，这个论证并不合理。实际上，在新弗雷格主义看来，抽象原则本身并没有承诺新的概念之下一定有对象。以直线方向的抽象原则为例，这个抽象原则并不承诺直线的方向这个概念下有对象。但是一旦你承认直线 a 和直线 b 平行，那么从方向的抽象原则，你可以推出有对象是直线的方向。同样，休谟原则本身也并未断言数这个概念下有对象。但是如果 $x \neq x$ 这个概念和其自身之间有一一对应，那么数这个概念之下就有对象。这两个例子说明，抽象原则自身并不承诺所引入的新概念之下有对象，所以菲尔德的观点是不对的。

6.1.3　新弗雷格主义者对达米特的回应

以上我们讨论的是达米特对抽象原则的不能确定新的对象种类的论断被用于唯名论的各种论证，但是新弗雷格主义者还需要对达米特的不确定论证作出回应。新弗雷格主义者注意到抽象原则的不确定问题是他们必须要回答的问题。如果所引入的新种类的对象不能确定，它们可以是这样的，也可以是那样的对象，那么还有什么理由认为这些对象是独立持存呢？

新弗雷格主义者首先给出了一个简单的论证来反驳达米特。达米特认为直线是一种具体的、偶然存在的对象。而直线的方向的解释依赖于具体的、偶然存在的对象——直线，但是这种抽象原则的解释让我们无法知道直线的方向究竟是什么。新弗雷格主义所设计的简单论证[①]，试图说明达米特认为方向可以被规定为直线的说法是错误的。这个简单论证如下：

[①] Hale B., Wright C., *The Reason's Proper Study Essays towards A Neo-Fregean Philosophy of Mathematics*, Oxford: Clarendon Press, 2001, pp.356–357.

A. 给定一条直线 a，任给一个可能情况，只要它在这个可能情况下存在，则它的方向也在这个可能情况下就存在。

B. 在某个可能情况下，给定的直线 a 依然存在，但是其他所有的直线都被破坏了。所以

C. 这个仅有的直线 a 本身可以被看作这个给定直线 a 的方向。因为没有什么其他的直线在所有的情况下能被保证还存在。直线 a 就是直线 a 的方向。这可以对任意直线适用。因此

D. 如果直线就是其方向，那么如果直线 a 不等于直线 b，则直线 a 的方向与直线 b 的方向也不同，即使 a 和 b 平行。

E. 这和方向抽象原则相矛盾。所以

F. 直线不同于直线的方向。

达米特关于一阶抽象原则的不确定的问题在于，抽象原则并不能确定方向究竟是什么类型的对象。达米特的不确定论证在于无法确定直线 a 的方向究竟和原有所知的对象，比如“直线 a”“直线 b”哪个直线相同。新弗雷格主义者认为，抽象原则确实引入“新”种类的对象，它们和原来的任何对象都是不同的。直线 a 的方向和任何直线都不同。达米特并不认同直线 a 的方向是一个等价类。新弗雷格主义者在这一点上也是如此。如果“类”是一个种类，那么某个等价类只是一个类。如果你原本就承认类是存在的，所以抽象原则当然并未引入一个“新”种类。就如同在明天会有新的婴儿诞生，但是新婴儿的诞生并不会产生一个新种类，因为人这个种类本身就已经存在了。新弗雷格主义者的这个简单论证只是针对达米特的论断：认为直线 a 的方向并不是一个新对象，而是旧的对象，但是这个方向的抽象原则并不能告诉我们是哪条直线。上述的简单论证结论是，直线 a 的方向不能等同直线 a。这个简单论证分为两个部分。第一部分在于论证：如果直线 a 的方向要和某个论域中的对象同一，那只能是这个直线本身。因为这个直线和这个直线的方向在任何可能情况下或者都存在，或者都不存在。第二部分在于论证：如果直线的方向就是直线自身，那么会和方

向的抽象原则相矛盾。为了使读者理解第一个部分的论证，我们可以将其重构如下：如果你把直线 a 的方向定位为和直线 a 平行的某条直线，比如直线 b，那么会陷入矛盾。其论证实际上是第一部分的论证：假设直线 a 的方向 = 直线 b，但是直线 a≠ 直线 b。我们可以设想有一种可能情况，直线 a 存在但是直线 b 不存在。这样直线 a 的方向存在，但是直线 b 不存在。所以直线 a 的方向不能等于直线 b。[①]

达米特的论证背后的思想也在于，我们的论域是固定的，所有的对象都在论域之中，我们所新认识的对象也一定都在论域之中，它不能是新产生出来的东西。那么由这种一阶抽象原则所解释的新对象也就在论域之中，我们所讨论的都是直线，那么这种新对象就是直线。达米特认为可以把直线的方向规定为某个直线，但是却不知道应是哪个直线。因此关于方向的抽象原则面临不确定性的问题。但是新弗雷格主义者的这个简单论证告诉我们，直线的方向并不是直线。所以这个简单论证实际上也是对唯名论的一种简单回应，直线的方向和直线是不同的对象。这种论证当然诉诸了可能性。在黑尔和莱特的解释中涉及可能世界，我这里为了避免讨论“可能世界”有争议的本体论问题，而改为使用可能的情况。

但是这种简单论证同样会面临唯名论的新一轮的攻击。他们可能会质疑论证的第一个前提 A。他们认为“直线 a 的方向”并不是一个严格指示词，直线 a 可能在不同的场景中存在，但是它的定位可能不同，这就会导致它在不同的场景中有不同的方向。前提 A 先预设直线在所有可能的场景中都存在，但是并不意味着直线 a 保持着它在不同场景中的定位。因此即使 A 在所有的可能场景中存在，它的方向在不同的场景中也不同。所以直线 a 的方向并不是一个严格指示词，它具有不确定性。

[①]或许读者对此可能会有困惑。他们或许认为这个论证不成立是因为这个模态论证已经预设了一种可能情况，直线 a 存在，但是其他直线都被破坏了，继而又说这个直线 a 和另一个直线平行。但是在所假想的可能情况中却没有另一个直线和 a 平行。读者的困惑是误解了这个论证。所假设的情况只是在说明直线 a 的方向如果要和一个已知的对象相等的话，那只能是直线 a。这个结论得出后再论证直线 a 和直线 b 平行，但是两个直线不同，就会得出直线 a 的方向和直线 b 的方向不同。这是因为前面的假设已经论证了任何直线的方向只能与自身相等。然而达米特是承认方向的抽象原则，他同时也会得出直线 a 的方向与直线 b 的方向相等，所以就会矛盾。

比如直线 a 在另一个场景中，很可能是另外的样子，它和直线 b 并不平行，那么由直线 a 平行于直线 b 而确定的直线 a 的方向应该是另一个方向。这种质疑实际上也可以用到二阶语言所解释的休谟原则上。当我们说属于概念 F 的数和概念 G 的数相等，按照弗雷格和新弗雷格主义者的观点，这是在谓述两个独立持存的对象的相等。而数相等在弗雷格和新弗雷格主义者看来是一个必然命题。但是 F 的外延可能是另一种情况。比如这个餐桌上的苹果的数是 3，但是很可能我今天多拿出一个苹果放在餐桌上，从而我餐桌上的苹果数可能会是 4，而不是 3。今天中午坐在餐桌前的人数也是 3。这就是说，现实的情况是，这个餐桌上的苹果数 = 餐桌前的人数。但是情况很可能是这个餐桌上的苹果数不等于餐桌前的人数。所以由概念的外延所带来的可能的情况就会导致数不是确定的。

固然，直线 a 可以在其他场景中有不同的定位，或者在现实中，与直线 a 平行的直线 b 也可以在其他场景中有不同的定位，但是方向的规定可以跨越所有的可能性。直线 a 无论其可能的状态怎样，只要在某种情况下，它和某个直线平行，那么在这个情况下这两条直线的方向就相同。这就是“方向”的抽象原则的规定，这种规定性要求在每一种可能情况下都要遵循的规则。当然如果没有直线，我们就无法理解直线的方向。这条直线的方向碰巧是这样的，因为你思想中所画的某条线很有可能是另外一个样子。但是直线的方向的规定并不是依赖于这条直线或那条直线的具体样子，它是给出一个规范：如果两条直线平行，那么这两条直线的方向相等。所以这条直线即使是别的样子，这条直线的方向可能不同，但是规定直线的方向的相等的条件却不会因直线的不同可能情况而改变。这种规范性是跨所有的可能场景的，或者说是所有可能场景都应遵守的规范。

回到休谟原则。我餐桌上的苹果可能完全不是现在的样子，很有可能数目也不是 3。但是这并不影响我们对于数的理解。无论我餐桌上的苹果是怎样的可能情况，一旦它和某个概念下的对象，比如餐桌前的人，具有一一对应关系，那么我就可以说餐桌上的苹果数和餐桌前的人数相等。这同样是一种跨越所有可能场景的规定性。但是这很容易让人陷入迷惑。既然某个概念的外延有不同的可能情况，为什么说由它们所确定的数就是确定的？如果直线 a 在不同的可能场景中存在，但是它的定位可以发生改变，为什么可以说直线 a 的方向是一个确定的对象？似乎仅仅有抽象原则是跨可能场景的规范性，还不足以说明“直线 a 的方向”或者“这个餐桌上的苹果数”在任何可能的场景中都指称相同的对象。

针对这种质疑，新弗雷格主义者可以修正简单论证的第一个和第二个前提。他们注意到，对于“方向”的抽象原则依赖于直线的定位。直线 a 的方向，如果在某个可能的场景中和现实场景中的定位不同，那么这个直线的方向就会发生变化。所以，如果直线 a 在所有可能场景中存在，并且定位也不发生变化，那么直线 a 的方向就不会发生变化，“直线 a 的方向”就有确定的指称。按照这个思路，前提 A 和前提 B 修改为 A1 和 B1，其他部分保持不变。

> A1：给定一条直线 a，任给可能情况，只有 a 在这个可能情况中存在，并且其定位在这个可能情况中没有发生变化，那么在这些可能的情况中，这个直线的方向的指称恒定。
>
> B1：在某个可能情况下，给定的直线存在，并且刻画其定位的特征没有变化，但是其他直线都被破坏了。
>
> C. 这个仅有的直线 a 本身可以被看作这个给定直线 a 的方向。因为没有什么其他的直线在所有的情况下能被保证还存在。直线 a 就是直线 a 的方向。这可以对任意直线适用。因此
>
> D. 如果直线就是其方向，那么如果直线 a 不等于直线 b，则直线 a 的方向与直线 b 的方向也不同，即使 a 和 b 平行。
>
> E. 这和方向抽象原则相矛盾。所以
>
> F. 直线不同于直线的方向。

虽然这个简单论证诉诸虚拟条件，但是这个论证也是出于“抽象对象的不确定性”设计的。一方面，达米特的代表元的无法确定是不成立的。因为“直线 a 的方向”不能等同于直线 a，否则两条不同但是平

行的直线也不具有相同的方向。这就会导致矛盾。按照弗雷格的说法，概念的外延，即类是一个对象。所以，与直线 a 平行的等价类是一个对象。这个对象与直线 a 也是不同的。新弗雷格主义者并不把新引入的对象等同于等价类，但是它们之间有类似“同构”的关系。修改过的论证针对的是“直线 a 的方向”不是严格指示词。新弗雷格主义者认为“直线 a 的方向”要在所有的可能场景中指称相同，需要条件，那就是：1. 直线 a 要在所有可能场景中存在；2. 刻画直线 a 的定位特征不发生变化。“直线 a 的方向”是一个摹状词，并不是一个专名，按照克里普克的观点，专名是严格指示词。新弗雷格主义并不要求“直线 a 的方向”是一个无条件的严格指示词，如果唯名论承认了新弗雷格主义所设定的两个条件，那么“直线 a 的方向”可以在不同的可能场景中指称相同。这些条件当然也是一种虚拟条件，但是这也是针对唯名论的问题。因为唯名论强调直线 a 在可能场景中如何如何，会导致直线 a 的方向在不同的可能场景中发生变化，因此“直线 a 的方向”具有不确定的指称。新弗雷格主义的策略也沿着这样的虚拟条件来做回应。

极端的唯名论者甚至连二阶逻辑都不会承认，因为在他们看来，性质或关系并不是独立持存的，当然不能对于性质或关系进行量化。照此观点看，二阶的抽象原则，比如休谟原则，在这种唯名论的观点看，就是不合法的。如果某种唯名论允许二阶语言，那么按照新弗雷格主义的观点，唯名论者就应该承认休谟原则所引入的新对象是确定的。当然这种确定性也需要附加一些条件。新弗雷格主义者注意到，一个充分条件能够保证属于概念 F 的数如果要在所有可能的场景下的指称不变：概念 F 在所有可能场景的外延保持不变。有了这个条件后，属于概念 F 的数就是一个确定的对象，“属于概念 F 的数”在所有可能场景下的指称就是确定的。

达米特的不确定问题的论证也可用到二阶的抽象原则上。这个论证同样强调论域已经固定，休谟原则所引入的抽象对象不能超越论域。比如休谟原则所引入的属于 F 的数，属于 G 的数，可以规定为 F 或 G 下的对象。但是该选择哪个对象，是不确定的。新弗雷格主义该怎样应对达米特的潜在批评呢？

二阶的抽象原则会产生更多的抽象对象。如果论域的具体对象的数量一定，那么可以有比论域具体对象数量更多的等价类，这一定使得抽象对象不是具体的对象。比如我们的论域有 n 个具体对象，休谟原则会要求更多抽象对象，这就使得有抽象对象不能被规定为论域中的对象。所以达米特的不确定论证对于二阶的抽象原则不成立。和前面的简单论证"方向"不能是直线类似，新弗雷格主义者可以设计出一个简单论证，证明属于概念 F 的数不能是原来所认识的对象。其简单论证如下：

A：如果在任何可能场景中 F 的外延都没有发生变化，$\sharp F$ 在任何可能场景中都存在。这是由休谟原则所推出的。

B：某个指定为 $\sharp F$ 的对象在某个可能的场景中不存在，但是 F 在可能场景中的外延保持不变。所以

C：$\sharp F$ 只能指定为 F 中的对象。因此

D：没有共同的对象既在 G 下又在 F 下，所以 $\sharp F$ 和 $\sharp G$ 一定不同，即使 F 和 G 之间有一一对应。

E：D 和休谟原则矛盾。

这个简单论证是为了反驳达米特式休谟原则的不确定问题。推出 C，是因为按照达米特式的论证，我们所指定的属于 F 的对象一定在论域中。在不同可能的场景中，我们所指定的 $\sharp F$ 这个对象可能不存在，但是 A 要求 F 的外延在所有可能场景中不变，并且 $\sharp F$ 在所有可能场景中都存在。因为在某个可能场景中，如果除了 F 中的对象保证可以存在，而其他对象都不存在，所以由 A 和 B，我们只能指定属于 F 的数为 F 下的对象。

如果达米特式的唯名论者允许考虑概念"$x \neq x$"，那么这个论证可以缩短。因为 C，所以 $\sharp(x \neq x)$ 规定为概念"$x \neq x$"下的一个对象，但是却没有任何对象可以在这个概念之下。所以矛盾！

如果达米特式的唯名论不允许考虑空概念，并且要求抽象对象的

引入不增加论域也不减少论域。我们仍然可以用这种类似的虚拟条件来论证。我们可以考虑只有一个对象的概念 F，同样采用上述的论证。按照 C，可知属于 F 的数一定就是 F 概念下的对象，比如说是 a。G 也是一个只有一个对象的概念，但是 G 下的对象是 b。a 和 b 是不同的对象，所以属于 G 的数和属于 F 的数不同。但是按照休谟原则，它们应该是相同的。同样仍会有矛盾。

因此达米特式的把抽象对象限制在原有论域中是错误的，并且抽象原则（无论是一阶的，还是二阶的）所引入的新对象也不存在“不确定的问题”。但是这个不确定问题的反驳本身并不构成对“凯撒问题”的直接回答，虽然我认为它在某种程度上对这个问题有所贡献。因为，至少简单论证告诉我们，新引入的对象不能限制在我们所知道的对象种类中。但是新引入的对象和原有的对象种类究竟是什么关系，我们仍然不清楚。如果要解决“凯撒问题”，我们还需要有更好的理论来解释种类的问题，即回答凯撒和 3 是不同种类的对象。

6.2　让凯撒安息

6.2.1　莱特的种类包含原则 SI

莱特认为，每一个成功的抽象原则都会引入新的概念[①]。莱特发现，抽象原则成功引入的新概念不是一般的概念，而是一个种类概念[②]。莱特认为应该可以从这一点找到“凯撒问题”的突破口。他在其有影响力的博士论文《弗雷格的把数作为对象的观念》（下文我们把其简称为《弗雷格的观念》）中正是诉诸“种类”这一概念来解决“凯撒问题”。在莱特看来，抽象原则引入种类概念的方式在认识论上是自治（epistemically autonomous）的。认识论上的自治是什么意思呢？我们

[①] 并不是所有的抽象原则都可以成功地引入一个新概念。比如公理 V 因为会导致矛盾而不能成功引入“概念外延”。

[②] “红色”是一个概念，但不是种类概念。“马”“动物”“植物”是种类概念。我们能区分种类概念和非种类概念吗？有一个简单检测方法。如果你被问道：“这个房间里的红色数量是多少？”但是你无法给出回答。你无法回答不是因为你对这个房间不熟悉，而是这个问题本身导致的。对于这个问题，无论你采取什么可能的方式都无法给予答案。如果被问道：“这个房间的桌子的数量是多少？”那么你会认为总有办法回答这个问题。如果你可以问数量的问题，那么这个问题中所涉及的概念就是一个种类感念，反之就不是。

来举例说明。此刻我正在用的电脑是否就是我昨天写作时所用的电脑？这个问题是关于对象的同一性的问题。我们要回答这个问题的话，首先我们必须得知道我们所提及的两个对象都是电脑，即它们是同一种对象。然后我们再诉诸其他的性质，进一步断定所提及的这两个对象是否同一。比如我们会查看品牌，产品序列号等等。两个对象是否都是电脑需要一个判断的标准，当我们知道它们都是电脑时，我们还需要进一步诉诸其他条件来判定它们是否是同一的。如果两个同种类对象的同一还需要诉诸其他条件，那么我们就说这样的同一性标准不是认识论自治的。当我们问属于概念 F 的数和属于概念 G 的数是否同一，我们只需要根据数的同一性的标准来回答。这就是莱特所谓的认识论上的自治，即用抽象原则所提供的真值条件就能判断所引入同一种类的对象是否同一。

通过对抽象原则的反思，莱特认为如果弗雷格的抽象原则是引入种类概念，那么这就为解决“凯撒问题”指出了方向。掌握一个种类概念需要涉及合适的相关语境对同一性的自治理解；同时也需要理解应用条件，即首先得理解什么样的对象是某个种类 S 的对象。莱特强调，在认识的过程中，这样的情况是存在的：比如我们能够区分书与桌子的不同，但是我们可能无法区分书店书架上的不同的书，比如书店的书架上有很多本新书《骆驼祥子》，但是我们区分不出这些书的不同。我们也区分不出教室中的不同桌子。这就是说，我们掌握了种类的应用条件：我们知道什么对象可以称得上是桌子，什么样的对象是书。这就是说，我们知道“是桌子”，“是书”的应用条件，即可以理解这些不同种类对象的不同，但是我们可能并不掌握这些种类的对象的同一性的条件。但是针对休谟原则、方向等抽象原则的“凯撒问题”却是反向的。这个问题是我们掌握了同一种类对象的同一性的条件，但是无法区分出这一种类的对象和其他种类的对象，即我们没有掌握这种对象的应用条件。“凯撒问题”在问的是：抽象原则给出对象的同一性的条件，这个条件能否使我们理解其应用条件，即能否分辨出跨种类对象的不同。

莱特在《弗雷格观念》中所提出的解决休谟问题的路径，简单来说，就是抽象原则至少隐含地给出了新引入种类对象间的同一性的应用条件。这个思路的动机是：如果我们要考虑混合种类对象的同一性，那么在叙述混合种类的框架中可以叙述同一种类的同一性。“a = b”，“c = d”其中“a”，“b”是指称人的词项，而“c”，“d”是指称数的词项。那么关于人的同一或不同的理由就可以成为“a”与“c”不同的理由。在莱特看来，不同种类对象的同一性的标准是不同的。[①]如果我们理解了人的同一性的标准和数的同一性的标准是不同的，那么“凯撒问题”就会有解。比如“凯撒 = 那个征服高卢的人”涉及的是人的同一性的标准。“3 = 属于这个桌子上的苹果数”涉及的是数相等的标准。我们可以理解这两个标准的不同。因为不同种类的对象会有不同的同一性的标准，所以，就会得到“3≠ 凯撒”。这是莱特对于“凯撒问题”的回答的简单版本。

不可否认的是，有时对于某个种类对象的确认也会涉及另一类对象的同一性。“这个案件的凶手 = 左手只有 3 根手指的 Jack”是一个关于人的同一性的句子。虽然这个句子的真假与数的同一性相关：如果乔治的左手的手指数是 4 个，那么我们就会认为乔治不是这个案件的凶手。侦探发现这个案件的凶器斧头上所留下的指印数说明了凶手是左手持凶器，并且左手的手指数是 3 个。侦探在寻找凶手的过程中就要找左手只有 3 根手指的人。但是这个寻找过程也是基于侦探能够分辨人和其他对象的不同，他不会在不是人的对象中去寻找凶手。人和数是有本质的区别。关于人的同一性和数的同一性的标准也是不一样的。用现在的技术，我们会认为不同的人会有不同的基因序列。可以通过比对基因序列来判断 a 和 b 是否是同一个人。但是数的同一性标准是休谟原则。莱特认为，不同种类对象的同一性的标准是不一样的。

莱特认为抽象原则提供了一个判定对象同一的可应用条件，其背后的思想是不同种类的对象不能按照某个抽象原则的同一性标准来判

[①]蒯因有一个著名的口号：没有同一性就没有实体。这个口号的意思是，如果我们无法给出某种对象的同一性的条件，那么我们就不应该承诺该种类对象的实体地位。在蒯因看来，我们对于可能存在的对象，但是实际不存在的对象，就无法给出其同一性的标准。

定其不同[①]。正是出于这种考虑，莱特认为休谟原则所给出的数的同一性的标准也表达了可应用的条件，如果某些对象是数，那么它们的同一性条件就是休谟原则所给出的条件。

我们知道，弗雷格在《算术基础》的第 67 节明确提出休谟原则本身不能解决“凯撒问题”。因为要说凯撒不等于 3，你需要预设凯撒是人，3 是数，并且人不是数，才能得出凯撒不等于 3。所以，弗雷格认为，如果预设凯撒是人而非数，实际上就会陷入循环论证，因为你在使用休谟原则之前已经知道了数。莱特的这个思路能否经受得住弗雷格所批评的循环论证呢？

和上述循环论证不同的是，莱特指出解决“凯撒问题”并不是直接从休谟原则得出的，而是需要使用一个原则，我们不妨称作 Nd 原则，即 Nx 是一个种类概念，如果有对象在这个概念之下，并且如果“a”和“b”的指称是 Nx 种类下的对象，那么“a = b”的判定就可以以一对概念间是否有一一对应关系来断定[②]。Nd 和休谟原则是什么关系呢？在莱特看来，Nd 是休谟原则和种类包含原则推出的结论。种类包含原则（SI 原则）：

> 给定的种类概念 Fx 下的对象，不能根据另一个种类概念 Gx 的对象同一性的条件否证 Fx 下的某个对象和 Gx 下的某个对象同一，除非：对于每一个同一性的陈述‘a = b’，其中 a 和 b 指称为 Fx 的相关实例，都至少对应一个陈述‘A = B’，其中 A 和 B 指称为 Gx 的相关实例，这两个陈述有相同的真值条件。[③]

在莱特看来，不同种类对象下的对象的同一性的真值条件一般是不同的，除非一个种类包含另一个种类，这两个种类的同一性的条件实际上相同。这就是 SI 的基本内容。用一个种类的同一性标准是不能得出跨种类对象的不同，除非这跨种类的对象的同一性的标准的真值条

[①]但是我们需要非常小心：如果两个种类之间是包含关系，比如老虎是动物，那么关于老虎这个种类之下的对象的同一性或不同性的标准完全可以从动物的同一性或不同性的事实来判定。即它们的同一性的标准是重合的。

[②]Wright.C.，*Frege's Conception of Numbers as Objects*, Aberdeen: Aberdeen University Press,1983, pp.116–117.

[③] Hale B., Wright C., *The Reason's Proper Study Essays towards A Neo–Fregean Philosophy of Mathematics*, Oxford: Clarendon Press, 2001, p.370.

件相同。如果 SI 正确的，那么就可以用休谟原则解释我们如何理解新引入的种类概念“数”，也会推出 Nd。如果两个对象都是在“数”这个概念之下，那么我们就可以根据休谟原则，通过判定一对概念之间是否有一一对应来回答这两个对象是否相等。但是如果一个对象，比如凯撒，它和另一个对象的同一性的判定标准不是依赖于概念间的一一对应，而是依据其他的同一性的条件，我们就可以说，凯撒不是数。

这就为解决“凯撒问题”提供了解决途径。凯撒与其他人的同一性的标准不同于数的同一性的标准，所以它们不是同一种类的概念。如果两个种类概念下的对象不共享同一性的真值条件，这两个种类概念的对象一定不会有重合。

注意：莱特解决“凯撒问题”的途径并不是仅仅依赖抽象原则本身，他诉诸一个抽象原则之外的断言 SI。简单说，这个原则是说，如果“a”和“A”没有一个同一性的标准，那么它们就不是同一种类的对象，当然就不同。莱特认为在这个原则下，我们看对象的同一性的应用条件就可以知道对象是否分属不同的种类。SI 在莱特的理论中是一个先天知识，它本身并不是抽象原则的内容。

6.2.2 对 SI 的质疑

SI 是莱特理论中的一个先天知识，没有它，无法解决“凯撒问题”。两个种类概念在外延上如有重叠，则这两个种类概念下的对象应该有同一性的标准。SI 原则是否正确，以及由休谟原则和 SI 所推出的 Nd 是否正确仍是一个值得讨论的问题。我们以 Nd 为例，这个原则是否不够强，仍然没有解决“凯撒问题”？或者这个原则太强了，以至于某些种类下的对象的同一性可以诉诸其他种类对象，这样就无法回答同一性的问题了。这是两个方向的质疑。

容易对付的质疑

达米特认为抽象原则并不能引入新种类的对象。其实这个质疑在前面我们已经讨论过，通过一种简单论证，我们说明了抽象原则所引入的对象不能是具体的对象。但是正如通过简单论证，我们得出：直线 a 的方向不应是直线 a 本身，某个概念的数也不应是这个概念下的对象。但是达米特[①]提出了一个反例来说明，两个数同一性的标准可以是人的同一性的标准。

例 1 如果约翰 = 史密斯，那么约翰的堂兄数 = 史密斯的堂兄数。

如果约翰就是史密斯，那么约翰的堂兄数就等于史密斯的堂兄数。这是显然的，达米特的例子是想说，我们关于数的同一性可以规约到另一种完全不同种类对象的同一性上。所以，抽象原则所给出的同一性的标准也可以是另一种对象的同一性的标准。因此，同一性的标准并不能看作引入新对象的风向标。这个反例也直接质疑莱特的 SI 原则，即不同种类如果它们之间不是包含关系，那么这两个种类的对象不会享有同一个同一性的标准。

达米特的这个反例实际上说服力不够，甚至够不上 SI 反例。SI 强调的是两个种类概念 C，D，如果 C 是 D 种概念的话，那么 C 种类下的任何两个 a、b 对象的同一性标准都有对应的 D 种类下的两个对象 A、B 的同一性标准，它们共享真值条件。如果这个反例要驳倒 SI，还需要说明，如果约翰的堂兄数 = 史密斯的堂兄数，那么约翰 = 史密斯。显然，这是不成立的。所以两个人的同一性和两个人的堂兄数并不是互相可推的，它们并不共享真值条件。

沙利文（Sullivan）和波特（Potter）[②]以国会议员的例子（MP）作为反例来驳斥 SI。国会议员的例子 MP 如下：

例 2 代表 x 的众议员 = 代表 y 的众议员当且仅当 x 和 y 在共同的选民区。

他们认为众议员是人，是活生生的人，这个抽象原则并没有引入任何抽象的对象。所以上述例子的左边是人的同一性，并没有特殊的种类对象“众议员”不同于人。这实际上同时对 SI 和抽象原则提出了

[①]Dummett, M., *Frege: Philosophy of Mathematics*, London: Duckworth, 1991, pp.161–162.

[②]Sullivan, P., and Potter, M., “Hale on Caesar”, *Philosophia Mathematica* (3), 1997, p.139.

挑战。因为 SI 告诉我们，不同的种类如果不具有包含关系，那么同一性标准一定不同。而抽象原则实际上是一个种类概念的同一性的标准。如果这个反例合理，那么同一种类的对象也可以有不同的同一性的标准。

如果按照沙利文和波特的观点，国会议员的例子并未引入新的抽象种类概念“国会议员”，那么我们应该思考这个例子是否可以称得上是“抽象原则”。左边如果仅仅是个体人的同一性，那么按照人的同一性的标准，这个例子右边所能提供的条件不足够断定两个人的同一性。这就是说，左边同一性的真值条件和右边并不一致，所以，这是一个错误的规定。如果“国会议员”这个概念下的对象是具体的人，那么这个概念确实不是一个种类概念，而是一个功能性的概念，也就是这个概念下的对象首先是一些基本的种类的对象，然后这些对象承担着某种功能。所以，按照通常的理解“国会议员”并不是种类概念。但是它形式上却也类似于抽象原则，为何它不能称之为抽象原则呢？莱特的回应是：如果国会议员的例子称得上是抽象原则的话，我们就会得出悖论，因为这个原则所引入的概念“国会议员”并不是一个抽象种类概念，左边的同一性和右边句子的真值条件并不相同。但是沙利文和波特认为这会引出矛盾，原因在于莱特对抽象原则观念的错误。他们认为抽象原则可以不引入新的抽象种类概念。莱特的回应是这个矛盾恰好说明了“国会议员”的例子并不是一个真正的抽象原则。那么这个例子和真正的抽象原则究竟不同点在哪里呢？

一般说来，一阶的抽象原则是如下的形式：

$$\mathrm{s(a) = s(b)}\ \text{当且仅当}\ \mathrm{Eq(a, b)}$$

其中“a”和“b”是两个单称词项，它们指称某种类对象，而 Eq 是这种对象上的等价关系。从形式上看：这个抽象原则的右边仅仅预设“a”和“b”的指称存在并且它们之间的“Eq”是一个等价关系。仅仅从形式上看，似乎 MP 例子也是一个抽象原则，因为左边是一个函数值的相等，代表 x 的众议员和代表 y 的众议员相等；右边是 x 和 y 的等价关系：在同一个选区。我们需要注意的是：抽象原则不仅仅有上述形式上的要求，它还有语义上的要求，那就是左边同一性的条件和右边的句子的真值条件完全一样。这就是说，左边的同一性仅仅依据右边的句子的真值条件给出，除此之外不能再诉诸其他对象的同一性的条件。沙利文和波特的 MP 例子认为这个抽象原则并未引入新的抽象种类对象，这是因为左边的同一性条件和右边句子的真值条件并不相同。因为左边是关于人的同一性的条件，而右边并不是关于人的同一性的条件。按照抽象原则的语义条件，我们不难得出这个 MP 的例子根本就不是抽象原则，它不符合抽象原则的语义要求。所以 MP 的例子并不能反驳抽象原则可以引入新的抽象对象这个结论。

另一方面，MP 的例子也不会构成对 SI 的挑战。MP 的例子不是一个抽象原则，它仅仅描述了每一个选区有且只有一个众议员。众议员并不是"人"这个种类下的另一个新种类概念。众议员和人的关系与人和动物的关系是不同的。众议员本身不是一个纯种类的概念。当我们问"这个房间里的现任的众议员是多少？"，我们当然可以有办法数出这个数。这意味着"众议员"是一个种类概念。但是"众议员"这个概念之所以是种类概念是在于每一个众议员都是人，而人是一个种类概念。如果猴子是一个种类概念，那么"白色毛发的猴子"就不是一个新种类，但是"猕猴"却是一个新种类概念。因为我们确定猴子的种类是根据某种基因结构确定的，但是"白色毛发的猴子"无法共享某种基因结构。从"猕猴"和"白色毛发的猴子"的例子，我们知道了什么是亚种类的关系。实际上种类和亚种类仍然共享同一性的条件。我们对于生物的同一性条件适用于所有生物对象。有人或许会说人类的基因序列和病毒的基因序列不同，从病毒的基因序列我们无法得出两个人是否同一。我想这是误会了同一性的标准。当然人的基因序列和病毒的基因序列不同，但是只要是生物，我们就可以以基因序列作为同一性的标准，如果两个生物对象的基因序列不同，那么这两个生物对象就不同。所以人和病毒共享相同的同一性的条件。我们可以从基因序列的某种特殊性质来划分不同的种类对象，但是这并不是否认它们仍然具有相同的同一性标准。之所以"白色毛发的猴子"不是一种新物种在于这类对象的基因序列并不构成一种特殊的性质。同样，美国众议员也不是一个新物种，他们的基因序列也不构成一种特殊的性质。MP 的例子中的众议员的同一性的标准并不是种类对象的同一性的标准，所以既然众议员并不是人这个概念下的新种类对象，那么关于众议员的同一性的标准并没有和人的同一性的标准不一样。

或许有人也会提议，MP 原则也是抽象原则，众议员就是一个抽象对象。但是“代表约翰的众议员”如果有指称，它是一个具体的人，而非抽象对象。“代表 x 的众议员”的函数值不可能是抽象对象。

莱特在这轮辩论中守住了 SI，也守住了抽象原则应该是一种解释抽象对象的方式。如果一个貌似抽象原则，你承认左边被解释的对象不是抽象对象，而是已经知道某种具体种类的对象，那么这种对象的同一性标准就不是由这个貌似的抽象原则的右边给出。抽象原则要求的是左边对象的同一性的条件就是右边句子所提供的真值条件。如果语句形式上满足抽象原则，但是它不满足这个语义条件，同样不能视为抽象原则。

反对方的进一步质疑

莱特声称 SI 是一个形而上学的断言，是先天的。简单说，SI 的内容是：一个种类概念 F 是另一个概念 G 的种概念，那么 F 下对象的同一性标准都有对应的 G 下的同一性的标准，并且这个标准实际上享有同一个真值条件。如果这个断言是先天的，即我们可以先天地知道此命题。沙利文和波特提醒我们，当我们说一个种类不是另一个种类，我们需要诉诸经验，即这样的命题是经验命题而不是先天命题。比如“鲸鱼不是鱼”，“黑猩猩不是人类”，等等。所以，这样的否定性的命题既然不是先天命题，那么一个种类是另一个种类的子类，也不是先天命题，比如“老虎是动物”。

让我们以“老虎是动物”为例，来回应这个批评。“老虎是动物”的知识确实是经验知识。但是需要注意的是：*并不是所有的经验知识中没有先天知识的参与*。我们通过经验，知道了“老虎”以及“动物”这两个种类对象的同一性的标准。如果“老虎”种类下对象的同一性可以和“动物”种类下的同一性具有相同的真值条件，那么根据 SI，就可以得出结论“老虎是动物”。“老虎是动物”这个经验知识用到的先天知识：第一，不同种类概念的同一性条件是否共享真值条件的知识是先天的。经验不能证伪或证成两个句子的真值条件是否相同。第二，每一个种类概念下的对象都有同一性的标准。这也是先天知识。第三 SI 也是先天的，这个命题的真不依赖于任何的经验。我们从经验，可以知道“老虎”这一个概念下的对象的同一性标准的真值条件也可以知道“动物”概念下的对象的同一性标准的真值条件。但是这些经验知识并不能否定 SI 的先天性的地位，这个原则是我们认识种类概念的先天知识。

或许你会问：虽然两个句子是否共享真值条件是先天知识，但是我们如何判定两个句子是否表达了相同的真值条件？先天知识并不意味着没有先天的理由。一个好的理论还应该告诉我们，两个句子的真值条件是相同的判定标准。如果我们不能判定两个种类概念，F 和 G，F 下的每一个对象的同一性和 G 下的对象的同一性是否共享真值条件，我们就不能说这两个种类具有包含关系。新弗雷格主义者并不认为判定不同句子的真值条件是否相同会对新弗雷格主义的理论构成威胁。首先，新弗雷格主义者认为我们有认识一个句子的真值条件的能力。我们对于真值条件的认识是理解句子内容的基本条件，不知道真值条件，我们就无法理解我们的语言，我们就无法思考。其次，两个句子是否有相同的真值条件是一个逻辑问题，这个问题有逻辑的回答。我们在“切分内容”那一章已经详细阐述了这个答案，这里就不赘述了。

6.2.3　真正的威胁

真正构成新弗雷格主义理论对“凯撒问题”的求解的威胁在于：SI 不是先天真理，因为它是错的！如果 C 和 D 是两个种类概念，并且 C 概念是 D 概念的种概念，例如“马”概念是“哺乳动物”概念的种概念，按照 SI，“马”概念下的对象的同一性和“动物”概念下的对象的同一性共享真值条件。我们不妨考虑下面的三个句子：

A：上周约翰在镇上花了 2000 镑买的那匹马 = 现在在草场上吃草的那匹马。

B：上周约翰在镇上花了 2000 镑买的那个哺乳动物 = 现在在草场上吃草的那个哺乳动物。

C：上周约翰在镇上花了 2000 镑买的那头牛 = 现在在草场上吃草的那头牛。

句子 B 是断言哺乳动物概念下的对象间的同一性。如果我们按照这个概念下对象的同一性的真值条件，知道了句子 B 是真的。根据 SI，我们会知道 B 是真的，因为它们共享真值条件。但是我们也会同时知道 C 是真的，所依据的理由完全一样。但是“牛”概念下的对象的同一性和“马”概念下的对象的同一性不应该共享真值条件，因为这两个种类概念的外延没有任何的重合。这就是说 SI 是错的。

如果 SI 是错误的，那么通过 SI 和人的同一性以及休谟原则所确定的数的同一性就不能解决“凯撒问题”了。现在 SI 被这个反例上击倒了。那么我们是要彻底放弃 SI 还是 SI 有可修改的余地？

6.2.4　修改方案

我们的最终目的是要解决“凯撒问题”。SI 的问题在于有两个种类 B，C，它们没有共同的对象，即所有的 B 都不是 C。但是这两个种类却都在一个更大的种类概念 A 中。比如“马”，“牛”是两个没有任何重合对象的种类，但是它们都在“哺乳动物”这个更大的种类概念中。按照 SI，B 和 C 的对象的同一性应该不享有同样的真值条件，但是它们和 C 的对象的同一性享有相同的真值条件。这样，B 和 C 的同一性的条件也应该一样。矛盾！转变一个思路，我们能否把 SI 修改成两个对象不能有同一性标准的原则。实际上，B 和 C 虽然是不同种类的对象，但是它们可以属于一个最大的范畴，或者说有一个更大的属概念（它本身也是一个种类概念），使得 B 和 C 都是这个范畴或属概念的种概念，这样即使 B 和 C 没有对象的重合，它们的对象的同一性也具有相同的真值条件。如果按照这个思路，矛盾可以解除。是否可以解决

“凯撒问题”？没有一个范畴，可以使得人和数都是这个范畴的种概念，这样“人”这个概念下的对象的同一性和“数”概念下的对象的同一性就不享有相同的真值条件。这样凯撒和 3 就没有同一性的标准，所以它们是不同种类的对象，因此凯撒不是 3。

似乎，这样的论证能够行得通。我们需要注意我们在这个论证中所需要的条件，然后对这些条件进行考察，最终评判“凯撒问题”是否可解。

首先，我们需要条件：每一个对象属于一个范畴，而不同的范畴是没有交集的。于是 SI 原则实际上修正为不同的范畴有不同的同一性标准，即这些同一性的标准不享有相同的真值条件。如果 A 和 B 是不同的范畴，a 是范畴 A 下的对象，那么 a 必然不是范畴 B 下的对象。

其次，我们能够先天地知道同一性标准的真值条件的异同。这一点和莱特在《弗雷格的观念》中是一样的。这也是弗雷格和新弗雷格主义者的柏拉图的算术观的核心。数是一个种类概念。而认识“数”的认识论的任务就在于解释我们如何认识“数”这个种类概念。而认识一个种类概念就在于理解这个种类概念下的对象的同一性的标准。这是新弗雷格主义的认识论的核心观点。

再次，我们能够区分种类概念和非种类概念。“红色”不是一个种类概念，而“苹果”是一个种类概念。我们如何给出前者不是种类概念呢？可以考虑这样的问题：“桌子上的红色的数是几？”如果这个问题使回答陷入困境，那么“红色”就不是种类概念。一个概念下的对象能够数，一定有种类概念。这是我们区分非种类概念的标志。

最后，抽象原则是解释新种类对象的方式。抽象原则的左边是引入新种类对象之间的相等关系，右边是不涉及这两个新对象，而是叙述了左边对象相等的真值条件。一旦我们认识了左边的真值条件，也理解了右边的句子结构，我们就会认识到新的种类对象的同一性。关于抽象原则怎样认识新种类的对象，我们在前面的章节已经有详细的论述。

我们会知道“凯撒 = a”的同一性可以诉诸某种范畴的同一性，我们不妨说是生物的同一性，这种同一性必然可以诉诸生物的基因序列或者什么方式来刻画。而“3 = b”的同一性需要诉诸一对概念间的一一对应来刻画。我们可以先天地区分这两种同一性需要的是两种不同的真值条件。所以它们的同一性不同，因此凯撒和 3 不是同一个范畴的对象。

6.2.5　抽象原则与新种类对象

新弗雷格主义者认为成功的抽象原则可以引入新的种类对象，这是否意味着这样所定义的新种类是一个最大的范畴？答案是肯定的。因为如果我们承认 SI 原则，那么最大范畴中的对象的同一性的标准是统一的。抽象原则如果定义了一个新种类对象，那么抽象原则的右边的句子的真值条件就是同一性的标准，而同一性的标准是最大范畴对象的同一性的标准。因此抽象原则所定义的新种类是一个最大范畴的对象。这或许会引起读者的困惑。如果我们已经知道了整数，那么同样可以根据抽象原则定义有理数，其形式如下：

$$\frac{p_1}{q_1} = \frac{p_2}{q_2} \text{ 当且仅当 } p_1 \cdot q_2 = p_2 \cdot q_1$$

此定义诉诸整数以及整数的乘法运算。如果它定义了有理数，那么有理数的同一性的标准和休谟原则关于数的同一性的标准不同，因此有理数和数应该不在同一个范畴之下。这似乎是一个不可接受的结论。我想之所以人们会觉得不可接受，是因为把休谟原则所定义的数，即基数当作了自然数。因为人们认为自然数是有理数，所以自然数和有理数应该在同一个范畴中。然而在我看来，有理数和基数不在同一个范畴。我们确实用相同的记号，比如“1”既表示基数 1 又表示有理数 1。似乎有理数和基数有交集，因此按照 SI，有理数和基数就应该在同一个范畴之下。这实际上是一个误解。我们无法给出基数和有理数的共同的范畴是什么。或许你认为共同的范畴可以是集合，这是因为基数和有理数都可以用集合去定义。如果所有的数学对象都可以用集合去定义，那么似乎集合就是关于数学对象的最大范畴。这在数学哲学中是一个有争议的问题。我们现在姑且不谈论集合论，因为现在我们所给出抽象原则都不涉及集合。我们现在需要解决的难题是，既然自然数是有理数的一部分，并且自然数也是基数，为何它们会有不同的同一性的标准？

我想当我们说自然数是有理数的一部分是按照某种观点去看的结果。我们可以把有理数看作是一个数学结构（同构意义下），自然数是这个结构的一个子结构。结构和子结构可以是整体与部分的关系。但是也可以说有理数是一个结构，而自然数是另一个结构，自然数的这个结构和有理数的某个子结构同构。此时你不能直接说自然数就是有理数的一部分，因为自然数的结构只是和有理数的某个子结构同构，而不是这个子结构本身。

我们用同一个记号“1”，但是当这个记号表示的是基数时，它的涵义和这个记号表示有理数的涵义是不同的。我们不能因为使用了相同的记号，就直接得出基数和有理数有交集。我们认为这两个概念的外延有共同的元素那是因为记号的缘故，而非这两个概念有共同的对象。也许你会反驳说 $\frac{3}{1}=3$，所以这个抽象原则中所给出的种类对象仍然有原本已经认识的对象，这就意味着有理数仍然和基数有相同的对象。如果我们把比值看作是数对上的运算，那么上述的有理数的定义也可以表示如下：

$$\sharp(p_1,q_1)=\sharp(p_2,q_2)\ \text{当且仅当}\ p_1\cdot q_2=p_2\cdot q_1$$

你之所以认为 $\frac{3}{1}=3$，那是因为你先有了有理数的概念，然后再定义有理数上的除法运算法则，才得出 $\frac{3}{1}=3$。但是现在我们的抽象原则是要给出有理数的概念，这个概念是先于有理数的除法运算。即使我们后来定义了整数上的除法运算，仍然不能把这个“3”看作是基数，因为我们只能得出的是：$\sharp(p_1,1)\div\sharp(n,n)=p_1$，而不是 $\frac{3}{1}=3$。整数和自然数并不是整体与部分的关系。整数可以用自然数来定义：

$$\flat(p_1,q_1)=\flat(p_2,q_2)\ \text{当且仅当}\ p_1+q_2=p_2+q_1$$

用自然数和自然数上的加法来定义。这仍然是一个抽象原则，左边是新种类对象的同一性，右边则提供了左边句子的真值条件。当有了整数的概念之后，我们可以给出整数上的减法运算法则。当然自然数上也有减法运算，只是这个减法运算因为不封闭，即不是所有的两个自然数相减结果都是自然数。但是人们通常认为，正是为了保持运算的封闭性，我们才把数的定义域扩大。自然数的减法不封闭，所以才会有整数；整数的除法不封闭，所以才会把定义域扩大为有理数，等等。这样的观念才会让人们认为自然数是整数的一部分，整数是有理数的一部分。然而当我们在抽象原则的角度上去看这些对象，我们会发现它们完全是不同的对象。根据这个定义，以及自然数的加法运算法则我们会得出 $\flat(p_1, a) = \flat(p_2, a)$ 当且仅当 $p_1 = p_2$。但是我们不能此时就得出结论：$\flat(p_1, 0) = p_1$。因为我们还没有整数上的减法运算的定义。即使我们有了整数上的减法运算定义，我们也不是得出 $\flat(p_1, 0) = p_1$，而是 $\flat(p_1, 0) - \flat(n, n) = p_1$ 的计算结果。

从逻辑上讲，我们从自然数定义整数，那么这个定义仅仅是定义的整数，而不能包含原有的对象。如果我们的原有的对象需要重新定义，并且这个新定义又包含定义项中的对象，这就会陷入循环。所以我们不能认为新定义的整数种类对象中包含定义项中的自然数对象。

抽象原则确实让我们得出了意外的结果。先前我们认为自然数是整数，整数是有理数，似乎它们之间的关系是部分与整体的关系。但是当我们从抽象原则的角度看，原来我们所看到的是不同种类的对象，它们之间并没有对象同一性的标准。

在黑尔（2013）看来，休谟原则所定义的“基数”是一个范畴概念，我们无法用“属 + 种差”的定义方式给出“基数”的定义，因为这样的显定义的方式必须找到我们另一个更大的概念它包含“基数”的概念，但是我们却找不到这样的概念。如果你认为比基数更大的种类概念是数，那么黑尔提出，如果基数定义为“用来数数的数”，则这个定义中的“数”实际上并没有起到任何作用。这和你说“基数用来数数”没有多出任何东西。在黑尔看来，休谟原则所给出的基数的解释是这一范畴下的对象同一性标准。

上文我们提到过莱特认为休谟原则等抽象原则是认识论自治的，即从成功的抽象原则可以得到什么对象是抽象原则所解释的种类对象。

抽象原则顾名思义，解释的是抽象的对象。在新弗雷格主义者看来，抽象原则所定义的是最大范畴的对象。这种最大范畴的对象只能通过抽象原则认识。比如我们关于每个基数的认识是通过概念间的一一对应关系来认识。对这些对象的再次辨认仍然使用的是概念间的一一对应关系。如果我们能够再次辨认出同一个对象，我们才有理由说我们对这个对象有认识。同一性的标准实际上给出了对象再次被认出的原则。新弗雷格主义者的哲学理论承认我们的某些知识是先天知识，其中包括对不同句子的真值条件是否相同的知识是先天知识，逻辑的知识是先天知识，不同范畴的对象有不同的同一性标准是先天知识，等等。休谟原则等抽象原则的认识论自治也可以说，我们通过某个抽象原则理解了只有通过如此这般认识的对象才是这个抽象原则所定义的种类对象。因为“凯撒”所指称的对象不是通过概念间的一一对应来辨认，它就不是基数。实际上，如果我们有某类对象的同一性标准，我们就可以认识这类对象，也会知道这类对象的应用性的条件。但是认识一些对象的应用性的条件，我们可能并不拥有这些对象的同一性的条件。

6.2.6　结论

种类概念是新弗雷格主义解决“凯撒问题”的核心概念。和弗雷格不同的是，他们并不认为如果要解决“凯撒问题”，就要抛弃休谟原则，因为休谟原则不能解决“凯撒问题”。新弗雷格主义认为休谟原则虽然不是一个显定义，它也可以解释“数”，因为这个原则提供了“数”这个种类概念下的对象的同一性的标准。在莱特的早期工作中，他认为休谟原则本身不能解决“凯撒问题”，需要借助于 SI 原则，才能最终解决这个棘手的“凯撒问题”。但是莱特的方案引发了质疑和批评。这里有些质疑是不足以形成真正的威胁，比如 MP 的例子。但是 SI 却可以导致矛盾。这使得新弗雷格主义者不得不再寻找新的途径。在这一艰难的过程中，有两个基本的信条，他们从未放弃。第一，弗雷格的柏拉图主义的算术观。在这种立场上，“数”作为一个种类概念，数和其他种类的对象是不同的。第二，休谟原则如果自身不能完整地解释“数”的概念，它还需要理论的其他支撑。如果 SI 作为休谟原则解决“凯撒问题”的其他支撑是有问题的，那么新弗雷格主义者考虑的是怎样修改 SI，以便可以解决“凯撒问题”。新弗雷格主义者从语言表达式的涵义与指称的模型来解决我们如何理解“数”的认识论的问题。在这点上，新弗雷格主义者和弗雷格在方法上仍然保持着一致，即从语言的分析解开哲学难题。新弗雷格主义者坚持着认识论的语言学的转向的方法。虽然他们和弗雷格在休谟原则的“凯撒问题”上有不同的观点，但是只要解决了“凯撒问题”，新弗雷格主义者就在很大的程度上，挽救了弗雷格的算术哲学。

通过对 SI 原则的修正，新弗雷格主义者不再坚持：如果两个种类不具有包含关系，那么这两个种类的对象具有不同的同一性标准。他们发现，不同范畴的对象具有不同的同一性标准。而且一个对象只能属于一个范畴，不同的范畴没有对象的重合作为解决“凯撒问题”的起点。在这样的修正原则下，休谟原则就有了“凯撒问题”的求解方案。

我们通过新弗雷格主义解决“凯撒问题”的方案，也不难发现，新弗雷格主义者是不接受还原论的观点的。即关于一个种类的对象的所有陈述 A 和一个不涉及这种对象的陈述 B 等值的话，那么这个种类的对象就不具有本体论的地位。新弗雷格主义者是反对这样的做法的。休谟原则的右边就不涉及数的对象，但是左边表达的是两个数的相等。在新弗雷格主义者看来，接受这个句子的真，即休谟原则的真，就应该承认左边句子的句法结构，并且一旦认识了右边句子的真值条件，就应该接受左边单称词项的指称的存在。这是新弗雷格主义者反还原论的核心观点。在他们看来，即使我们日常所感知的物理对象，比如桌子，椅子等，描述它们性质的句子都可以还原为关于微观粒子的句子，也不能仅仅承认微观粒子的本体论的地位，而否认日常的感知对象的本体论的地位。还原论实际上应该肯定的日常感知的物理对象是由微观粒子构成的，但是这丝毫不能否定桌子是存在的，椅子是存在的。

新弗雷格主义者所面临的最大挑战——“凯撒问题”消除了。

第 7 章　消除分歧之路

弗雷格和新弗雷格主义者认为，如果有一个原子句子真，那么这个原子句子所出现的单称词项就有指称，如果这个指称是某种对象，那么我们就称这种对象存在。这样的本体论是一种元本体论[①]，它实际上告诉我们，“某种对象存在”究竟是什么意思。但是这样的元本体论并没有直接告诉我们某种对象是否存在。按照这样的理论，似乎我们仍然无法解决数学实在论和反实在论的分歧。数学实在论者说，“1 小于 2”是真的，所以数存在。但是数学反实在论会说，“1 小于 2”没有真值，所以数不存在。从二者的回答，我们也不难发现，实在论和反实在论对于某类陈述的真值持有不同的立场。如果认为数学实在性问题的讨论是有意义的，那么厘清实在论与非实在论的分歧非常必要。

20 世纪，在分析哲学中也有很多不同意义上的对实在论的界定。比如卡尔纳普提出哲学上的本体论问题是科学理论的外部问题，而不是理论的内部问题。所以他的论断和蒯因关于本体论的承诺不同。卡尔纳普认为数学家都会承认“存在素数”，因此按照蒯因的本体论的承诺，他们的理论承诺了自然数，但是仍然会有数学家是唯名论的，而有些哲学家是实在论的。所以卡尔纳普认为哲学上的“实在”问题是科学理论的外部问题，就这个外部的问题的回答可以界定实在论。逻辑实证主义者[②]认为有意义的陈述最终可以还原为逻辑真理和可观察的语句，有意义的语句都有确定的真值，而无意义的语句没有确定的真值。

[①]蒯因的本体论承诺是元本体论理论，他的元本体论理论回答的是一个科学理论的本体论承诺的对象如何界定。可以看出，他的理论和弗雷格元理论非常接近，但是弗雷格关于对象的本体承诺考虑的是原子句中的单称词项，而非一个理论一阶化后的论域。另外，弗雷格还是概念实在论者，但是蒯因不是。

[②]Ayer, A J.,*Language, Truth, and Logic*, London: Victor Gollancz, 1936.

没有真值的语句对于实在没有任何的描述。当代的哲学家对于还原论也有不同的观点。有些哲学家比如范恩认为，关于日常对象的陈述句如果都可以还原为关于原子的陈述句，那么我们无须承认日常对象的存在。但是这样的观点也会面临质疑，因为如果关于日常对象的陈述句都可以还原为关于原子的陈述，只能说明原子是基本的实体，但是不能否定由基本实体构成的复杂实体。所以如果还原成功，并不能否定被还原对象的实体地位，也无法否定关于复杂对象的陈述的真值。

由于本书关注的焦点在于新弗雷格主义的算术哲学，因此澄清新弗雷格主义的实在论非常必要。

达米特首次提出了"实在论"和"反实在论"的概念。这种界定正是从陈述句的真值角度进行的划分。这一章，我们首先给出莱特对实在论的基本观点的内容，然后评述达米特的实在论和反实在论的区分。我们将会看到，达米特反实在论的陈述实际上和莱特的实在论的基本观点并不冲突。这就意味着，达米特意义上的反实在论和基本实在论可以达成一致。在第三部分，我们介绍和莱特实在论基本观点有冲突的表达主义，并分析它们和实在论的分歧的根源。在第四部分，分析莱特实在论的基本观点蕴涵极小的真理观，极小的真理观是实在论和非实在论都承认的真理观，我们希望从极小真理观找到实在论和表达主义者对和解之路。

7.1　莱特对实在论的基本观点界定

莱特认为，实在论的基本观点把我们人类放置于谦卑的位置：世界中的事物是怎样的并不依赖于我们的研究和信念；同时也承认我们有认识世界的能力，我们的认知能力使我们可以获得正确的概念来探究大量的真理，并且我们相信我们有足够的理由保证获得真理。[①]

实在论的基本观点很有吸引力的地方在于肯定了我们有获得真理的能力，同时也表达了我们对于知识的谦虚的态度。这种谦虚的态度

[①] Wright, Crispin, *Saving the Difference*, Cambridge: Harvard University Press, 2003, p.11.

在于，世界是独立于我们而存在的。世界独立于我们的知识。如果我们认为，真理，即关于世界的认识，之所以为真仅在于我们的认识，那么这样的真理观就不是谦虚的，这会滑向唯心论[①]。更为谦卑的态度则是否认我们有认识关于世界真理的能力，这种态度将滑向怀疑论。怀疑论的立场在于否定我们对于外在世界真理的认识能力，怀疑论者认为我们无法保证我们的知识就是外部实在的真理。实在论的基本观点既涉及我们关于世界的基本观点也涉及我们认识世界能力的基本观点，二者构成了基本实在论的内容。实在论的谦虚态度显示了，一方面外部实在是独立于我们的认识，另一方面外部实在的真参与我们的认知。如果外部实在不是如此这般的，依据理性规范，我们也不会对外部实在有如此这般的认识。所以，实在论关于真理的基本观含有"符合论"的观点。是外在世界决定了一个命题为真。实在论的基本观又不是妄自菲薄的，它承认我们具有认知真理的能力。我们依据理性规范，有通达到外在世界如何的路径。极端的唯心论隔断了知识与外在世界的联系，认为知识仅仅产生于我们的心智，而不认为我们通过规范性的认知活动通向外部实在。

所以在哲学上与基本实在论相对立的立场既包括更为谦虚态度的怀疑论，也包括不谦虚的唯心论。不同哲学立场的争论该如何获得评判？是否有对话的基础？还是这样的争论无论如何也是无法消解的？在形而上学上，如果我们认为关于实在论的争论是无法消解的，那么我们对于形而上学也就不会有所贡献，也不会满足我们理智所提出的问题。当然我们现在所讨论的内容也失去了价值。如果我们认为形而上学的问题是有意义的问题，我们就要澄清我们争论问题的分歧点，并努力获得对形而上学问题的满意答案。但是要做到这一点并不容易。哲学上的进步很多时候在于厘清争论的问题，有时这甚至会开启新的研究方向。关于实在论和反实在论达米特给出了很有影响力的哲学解释。"反实在论"这一名称的提法也出自达米特。

[①]比如贝克莱认为我们的知识都是源自我们的心智，而外在世界对我们的知识没有任何的贡献。

7.2　达米特对实在论和反实在论的界定

一个人可以在某个领域持实在论的观点，但是在另一个领域持反实在论的观点。但是不大可能对于所有的领域都持实在论的观点。比如可以对科学理论持实在论的立场，但是对数学持反实在论的立场，甚至在科学领域内对电子理论持实在论立场，但是对量子理论中更微观的粒子的陈述持反实在论的立场。所以实在论在达米特看来是局部的实在论而不是全局性的实在论。但是在某个领域的陈述持实在论是什么意思呢？

> 对于任何一个给定版本的实在论而言，如下二者都是不可或缺的：一是应用于争论类陈述的二值原则；二是以其表面语义值解释争论类陈述。①

达米特对于实在论的界定有两方面的内容：一个是二值原则，一个是对陈述句的解释按照其字面的解释。我们下面对这两个方面分别进行阐释。

7.2.1　二值原则

达米特认为，如果相信对于某个论域的陈述都有确定的真值，即或者真或者假（二值原则），那么就是对此领域对象的陈述句的真值持实在论的立场。比如对于久远的历史，我们现有的较近的回忆并不能给予我们对久远历史的证据；但是如果我们相信任何一个历史陈述或者真，或者假，即使我们无法给出这一陈述的正面或反面的证据，那么我们对于历史陈述就是持有实在论的立场。这种实在论的核心在于对于某个领域的陈述的真值不依赖于我们所给出它是真的或假的的理由，该陈述的真与我们认为它是真的是两回事。对实在论关于真的刻画可以说是把握了笛卡尔的心灵哲学、柏拉图的数学哲学以及各种科学实在论的精髓。但是这种实在论确实也留下了问题，那就是实在论没有

① [英] 达米特：《形而上学的逻辑基础》，任晓明、李国山译，中国人民大学出版社 2004 年版，第 305 页，译文略有改动。

回答对于某个陈述，证据如何以这种或那种方式来核证其真值。或者说，实在论者还有待于回答我们如何认识独立于我们的真理。

我们需要注意的是，达米特对于实在论的这种界定和还原论意义上的非实在论不相容。对于还原论而言，如果对某类陈述句可以彻底还原为另一类的陈述句，那么不必承认前者对象的实在性，而只需要承认后者对象实在性就可以了。而按照达米特关于实在论的界定，既然某类的陈述句可以还原为另一类的陈述句，而后者的陈述如果具有二值性，那么前者的陈述也具有二值性。所以也是实在的。达米特的实在论并非如此。

> 一种反实在论立场可以是彻底的还原论……当我们以这种方式使用“实在论者”一词时，就连一名老练的实在论者也可以是一个彻底的还原论者：关于心灵状态和事件的某种形式的实在论会承认把关于这些精神实体的陈述实际翻译为神经生理学陈述的可能性。
>
> 如果说正是对二值原则的拒斥标志着还原论者对实在论的偏离的话，那么，只要实在论者继续坚持二值原则，那么它仍不失为一名实在论者，哪怕他持有彻底的还原论。[①]

所以仅从有争论的陈述句是否满足二值原则并不是对实在论和非实在论的划分。因为那些持还原论主张的非实在论对于所争论的陈述句也同样持二值原则。因此达米特对实在论的界定必须要考虑第二个内容，即有争论的陈述句的意义的确立是否有赖于“真”。

达米特意义上的实在论关于二值原则的要点在于，决定某类陈述的真值的东西是独立于我们的证据或核证，或者说决定某类陈述句的真是超越证据的（evidential transcendental）。达米特把反实在论界定为这样的观点：真理不能被理解为超越证据的，真理都是我们可以证明的命题。反实在论者把“可证”作为某类陈述句的意义理论的核心概念，而非把“真”作为其意义理论的核心概念。而证成是受限制的，即

[①] [英] 达米特：《形而上学的逻辑基础》，任晓明、李国山译，中国人民大学出版社 2004 年版，第 304 页。

一个陈述句的证成是有条件的。达米特意义上的反实在论者认为，陈述句的意义在于其可证的条件。我们或许对一个陈述句既不能证实也不能证伪。所以，在达米特看来，反实在论的主要论点是：二值原则对于这类陈述句不再适用。所以是否持二值原则是划分实在论与反实在论的标准。如果仔细考虑达米特对反实在论的界定，我们会发现达米特的反实在论与莱特的实在论的基本观并非不相容。

实在论的基本观包括陈述句的真值是独立于我们的认识的，真和我们认为真是两回事。但是实在论的基本观点同时也认为我们可以把握真理。我们对于真理的把握依赖于我们对陈述句的证成。比如“这个房间里有一张桌子”是真的不依赖于我看见了在这个房间有一张桌子。也就是说，“这个房间里有一张桌子”的真不依赖于我的感官经验。但是我的感官经验可以提供这个句子为真的证据。莱特意义上的实在论者认为，我们认识到陈述句的真需要给出这个陈述句是真的证据，也就是说我们认识真理的证据并不是不受限制的，即并非任何东西都可以作为“这个房间里有一张桌子”的证据。从这一点上看，达米特的反实在论与实在论并不是一种矛盾关系。达米特意义上的实在论是承认世界独立于我们的知识，真可以超越我们的证据；而达米特意义上的反实在论是承认证成是受限制的，证成不能超越证据。

达米特意义上的反实在论者认为，陈述句的意义不是其真值条件而是其证成的条件。但是即使如此，达米特的反实在论者也无法规避关于“真”的所有用法。只要反实在论承认“真”在认识论上有限制，那么陈述句的真（无论反实在论怎样解释“真”这一概念，或者说证成）就是要根据某种规范来证成。他的哲学理论仍然需要“真”这个概念，因为“根据某种规范来证成”就是一种断言，那么“是否根据某种规范来证成”也有真值，这种哲学立场不可避免要使用“真”。所以，达米特的实在论与反实在论都和莱特的实在论的基本观相容。

7.2.2　语句的意义

达米特对于实在论的界定的第二个内容在于有争论的陈述句的意义不是其字面的意义。这个观点在于，一个语句的意义并不是其真值条件，而在于其证成的条件。这个观点确实和实在论的基本观点有冲突。

实在论的基本观点包含了关于“真”概念的观点，即一个陈述句的真和我们认为一个陈述句是真的是两回事。这一思想在弗雷格那里就有清楚的表述。弗雷格在《算术的基本规律》的第一卷就宣示了：是真的不同于被认为是真的，无论是被一个人，还是被很多人，抑或是被所有人认为是真的都不能还原为是真的。

莱特的实在论的基本观同样继承了弗雷格关于“真”的实在论的观点。这种实在论的观点对“真”有这样的认识：一个陈述句的真是不依赖于我们的认识的，即使我们大多数都认为这个陈述句是真的，甚至我们都认为它是真的，这个陈述句之所以是真也并不是因为我们认为其为真。换句话说，真是超越证据的。但是我们也要注意到实在论的基本观还有另一内容：即我们有认识真理的能力。我们所认为的真需要遵循某种规范性，这种规范性是求真的保证。我们不能随意认为某个陈述句所表达的是真理，而是需要遵循规范。弗雷格认为，一个陈述句所表达的思想就是这个陈述句的意义，并且意义是客观的。

达米特早在《实在论》一文中就阐释了关于某类陈述句的实在论与反实在论的分歧在于这类陈述句意义的解释是否依赖于超越证据的真。从新弗雷格的理论看，一个陈述句的意义（所表达的思想）是这个语句的真值条件。弗雷格在其《涵义与指称》中区分了涵义与指称。他认为涵义是和我们对表达式的理解相联系的，属于认识论层面。然而这一观点并不和弗雷格的实在论相冲突。一个陈述句的真值条件并不是事态或者事实，但是事态或者事实如果满足了这个真值条件，那么这个语句就是真的。所以，是事态或者事实而非我们的认识能力决定了陈述句的真值。这就是实在论的基本观点内容之一。所以把陈述句的意义作为其真值条件是实在论的意义理论的特征。

达米特认为，既然语句的意义属于认识论层面，那么意义理论就是关于我们如何理解语言的理论。达米特认为，实在论和反实在论的实质区别在于对有争议的陈述句的意义有不同的观点。

> 我把实在论刻画为这样的信念：一类有争议的陈述句有客观的真值，其真值独立于我们知道它的方式：它们依据独立于我们存在的实在或者是真的或者是假的。反实在论者持反面的观点：理解一类有争议的陈述句仅仅诉诸这类陈述句的证据。这就是说，实在论者认为有争议的陈述句的意义并不直接和我们对它们所持的证据相关联，而是在于这样的方式——事态决定它们是真的或者假，并且事态的存在不依赖于我们对它们所拥有的证据。相反，反实在论者坚持认为，这类陈述句的意义直接和我们认为是它们的证据相关联，其相关联方式是：这类有争议的陈述句如果确是真的，它只能根据我们能知道的某种东西为真。我们把这种所知道的东西看作陈述句真值的证据。因此争论关注的是适用于一类有争议的真陈述句的真概念；这就是说争论关注的是这些陈述句的意义类型。①

达米特认为，实在论把外在于我们的事态作为陈述句为真的根据，这隔断了我们和事态的认识上的关联。反实在论者认为，陈述句为真的根据不是独立于我们的事态，而是我们能知道的证据。或者也可以说，反实在论者认为，我们对于一个句子的理解在于知道这个句子的可证条件，而非真值条件。

但是我理解的实在论并不隔断我们和事态知觉的认识上的关联。持实在论的基本观的人认为，一个句子，比如“树上有一只鸟”的意义在于其真值条件。需要注意的是：**真值条件并不是外部世界的事态，或者事实，而是外部实在和语言之间的一种抽象关系**。当客观实在满足陈述句的真值条件，那么这个句子就是真的。所以实在决定这个语句为真。达米特认为，“事态”是一个非常不清楚的概念，意义理论不

①Dummett, D., “Realism” in his *Truth and Othere Enigams*, London: Duckworth,1978, p.146.

应诉诸这样的模糊术语[①]。另一方面，“树上有一只鸟”的意义在于其可证的条件。但是实在论的基本观同样认为，我们认为这个句子是真的，在于有能够提供证明这个句子是真的证据。实在与真理之间的联系除了实在决定一个陈述句的真值，还有另一个内容，那就是服从理性的认识能保证我们获得真理。

达米特认为，对于某类陈述持反实在论的观点在于对这类陈述句的理解并不诉诸实在论意义上的“真”观念。达米特的反实在论的观点得益于维特根斯坦的后期哲学。维特根斯坦的后期哲学认为，表达式的意义在于其使用。达米特认为，如果一个陈述句的意义的解释并不诉诸真值条件，而是诉诸使用者的使用规则，那么这种陈述句字面上虽然是描述了世界的某种事态，但是它为我们所接受并不在于世界的事态而在于我们的使用。达米特的意义理论并不排斥外部世界与我们接受陈述句之间的关系，他强调的是，陈述句的意义并不是以独立于我们的“真”被解释的。

在达米特看来，以“证实”或“证据”为核心的意义理论是反实在论的实质。这样的意义理论并不支持“二值原则”。比如数学实在论者认为，数学陈述句或者真或者假。这就蕴涵了我们或者可以证明这个陈述句或者可以证明这个陈述句的否定。这赋予我们太强的数学证明能力。或许一些数学陈述我们永远无法证明它们或它们的否定，所以二值原则对于数学陈述并不成立。

对一类陈述句的真值持实在论，就是承认这类陈述句的真值不依赖于我们的认识；但是值得注意的是，基本实在论同时也承认我们具有认识某类陈述句的真或假的认知能力。而认识陈述句的真需要依据

[①]达米特在《思想与实在》的第一章断言“事实”或者“事态”模糊不清，我们不能把模糊不清的概念作为我们哲学的基础。他认为以罗素和《逻辑哲学论》时期的维特根斯坦为代表的逻辑原子论失败的原因是把原子句的意义和原子事实混淆了。世界并不存在所谓的原子事实。同时达米特承认，弗雷格的哲学理论并不存在这样的困境。弗雷格并不认为一个句子的指称是事实，弗雷格认为句子的指称是“真”或者“假”，句子的涵义是思想。所以弗雷格的指称与涵义理论并不诉诸事实或者事态。我认为达米特的这些观点是正确的。但是这并不意味着我们不能使用“事态”或者“事实”这样的概念。“事态”或者“事实”虽然模糊不清，但是我们的目的并不是从对语言的理解来断言事态或者事实是怎样的。我们的目的在于把事实或事态作为外在于我们的客观实在，来说明从外在于我们的客观实在如何理解我们的语言。吉特 · 范恩（Kit Fine）认为，语义理论无需去说明事态或者事实究竟是什么，只需要说明这些外在的事态和我们对于语言的理解就可以了。这正是他建立“使真者语义学”的基础。

一定的规范，这种规范性是我们追求真理的保障，我们不能随意说一个陈述句是真的或者假的，在这个意义上，我们可以称我们的认知也有客观性，这种客观性正是服从理性的客观性。按照实在论的基本观点，独立于我们的外部实在决定了陈述句的真值，因此在这样的真理观下，数学陈述的真并不依赖于我们的证明，即使我们现有的数学理论还无法让我们证明或证伪哥德巴赫猜想，但是哥德巴赫猜想却有确定的真值。另一方面，按照实在论的基本观点，遵从理性的认知，将保证我们获得真理。我们不会随意相信一个数学陈述，而是依据证明的规范，使我们相信数学陈述的真或假。数学反实在论者认为，数学陈述的意义并不是其真值条件，而是可证条件。如果可证可以取代“真”，那么数学陈述的意义就依赖于我们对此陈述的可证条件的解释。在反实在论者看来，“可证”或“证据”涉及我们的认知，都是与认知主体的认知能力相关，因此“可证”或“证据”不是一个关于外部实在的概念。这显然和基本实在论的观点相冲突。数学的基本实在论完全承认我们接受数学陈述需要依据（或者证明），正是这一点，数学的基本实在论认为我们可以认识到大量的数学真理。实在论者认为，数学陈述的意义的解释并不能完全抛弃“真”概念。外部实在一定参与我们的证据或证成。达米特意义上的反实在论是切断了外部实在和我们的证据间的关联。

正如我们先前所述，实在论的基本观认为，一个证明是否正确是依赖于我们对证明的规范，而这个证明是否满足规范是不以我们个人意志或者个人偏好为标准的，而是所有遵从理性的主体都会达成共识。进一步说，是否满足证明规范，本身也会涉及“真”。

数学实在论者坚持二值原则在于，数学陈述的真并不依赖于我们是否认为它真，而是由客观的数学实在决定的。达米特的反实在论的意义理论受到维特根斯坦后期语言哲学观点的影响。维特根斯坦认为，语言表达式的意义在于其使用，这一观点并不构成对于陈述句意义的客观性的威胁。达米特认为辛迪卡博弈论的语义解释就不是实在论的语义理论。这个语义理论告诉我们，一个语句的真在于在博弈中证实者或证伪者存在一个必胜策略：

> 塔斯基类型的真定义被诟病的一个缺点是过于抽象。所谓的直觉主义者、构造主义者以及其他哲学家声称这样的定义是句子和事实的抽象关系。但是按照这个思路，这样的定义并不能解释是什么让这个关系是一个真正如此的关系。特别地，不管是自然语言还是（得到解释的）形式语言，如此抽象的关系和我们证实或证伪语言的句子的行为并没有关系。正如维特根斯坦会说，每个表达式属于某个语言游戏，是语言游戏赋予表达式意义。正如迈克尔·达米特固执地一遍又一遍地辨明真值条件的规定没有提供给我们这样的游戏。[①]

辛迪卡认同维特根斯坦和达米特的观点，认为语言表达式的意义并不是真值条件，因为这个抽象的真值条件在我们证实或证伪某个句子的行动中不起作用。他认为我们甚至无法判断所谓的真值条件是否是句子与现实的关系的真实关系。实际上辛迪卡、达米特应该注意到，实在论的意义理论把句子的意义界定为真值条件在于，实在确定句子的真值，语句的意义并不是完全依赖于我们的心智，还需要外部的实在参与。很难想象脱离实在的游戏。实在论的意义理论并不反对用游戏规则或者语言的使用规范来界定语句的意义，只要这个游戏是遵从理性的游戏，不脱离实在。辛迪卡为了说明语言游戏如何确定语句的意义，提出了一种不同于真值条件的语义学，被称为“博弈（游戏）语义学”。我简单解释一下一阶语言的博弈语义学。

这个语义学有两个玩家，一个被称为证实者，另一个被称为证伪者。他们所玩的对象是语言中的句子。$G(S)$ 表示玩表达式 S 的游戏。

(∨) $G(S_1 \vee S_2)$ 开始于证实者选择这个析取支中的一个 S_i，其中 $i=1$ 或 $i=2$。然后两个玩家进入 $G(S_i)$。

(∧) $G(S_1 \wedge S_2)$ 开始于证伪者选择这个合取支中的一个 S_i，其中 $i=1$ 或 $i=2$。然后两个玩家进入 $G(S_i)$。

[①]Hintikka, J., *The Principles of Mathematics Revisited*, Cambridge: Cambridge University Press, 1996, p.22.

(∃) $G(\exists xS(x))$ 开始于证实者选择模型 M 的论域中的一个个体，假设这个个体的名字为 b，然后两个玩家进入 $G(S[b])$。

(∀) $G(\exists xS(x))$ 开始于证伪者选择模型 M 的论域中的一个个体，假设这个个体的名字为 b，然后两个玩家进入 $G(S[b])$。

(¬) $G(\neg S)$ 类似于 $G(S)$，只不过两个玩家的角色互调。

(原子句) 如果 A 是一个真的原子句，那么证实者赢了 $G(A)$，证伪者输掉了 $G(A)$。如果 A 是一个假的原子句，那么证实者输掉了 $G(A)$，证伪者赢了 $G(A)$。

游戏本身的输赢并不是一个句子真假的标准。如果一个语句的证实者在这个语句的游戏中有一个必胜策略，那么这个句子在这个语义模型中就是真的。在博弈语义学中，一个语句的意义和它的字面意思不同。这是辛迪卡强调的地方，他认为这个语义学的特征区别于真值条件语义学。但是达米特和辛迪卡忽略了，一个陈述句的证实者存在一个必胜策略也由外部世界决定。外部世界证明或证伪一个陈述句。以 $p \wedge q$ 为例，假设现实世界决定了 p 真但是 q 假。博弈语义告诉我们，在这种情况下，证伪者就有一个必胜的策略。可以看出，这种语义学并未切断我们认识和外部实在的关系，即承认外部的实在决定了一个句子的真值。如果承认了这种关系，这种达米特意义上的反实在论实际上就是莱特意义上的实在论的基本观。

达米特认为数学的逻辑不是经典的逻辑而是直觉主义逻辑[①]。这种逻辑并不满足经典的排中律，在直觉主义逻辑中反证法也不成立。我们对于一个命题的证明不能用反证法，即如果一个命题的否定能够推出矛盾，并不能推出这个命题本身是成立的，因为我们的证明只能说明“这个命题是假的”是不正确的。“这个命题是假”是不正确的并不能推出这个命题是真的，因为这需要预设了数学陈述的二值原则。在

[①]Dumett., M.，“The Philosophical Basis of Intutionistic Logic”, in H. Ross and H. Shepherdson (eds) *Logic Colloquium' 73*, Amsterdam, North–Holland, 1973, reprinted in Benacerraf, P. and Putnam, H. *Philosophy of Mathematics: Selected Readings*, 2nd, Cambrgidge University Press, 1983, also reprinted in Dummett, *Elements of Intuitionism*, Oxford University Press, Oxford, 1977.

达米特看来，认为一个命题是真的，必须给出这个命题的证明。二值原则预设了，我们对于所有的数学陈述或者可以证明它，或者能证伪它。我们没有很好的理由认为，我们有如此强的数学能力。最近范恩（2014）[①]给出了直觉主义逻辑的使真者语义学，这种语义学同样告诉我们，外部的实在决定一个陈述句的真。这在某种程度上也说明，直觉主义的语义学并不是脱离外部的实在。因此，辛迪卡和范恩的语义模型实际上都承认了外部实在对于语句的语义值起着不可或缺的作用。

一个特定语言的陈述句表达的思想依赖于这个语言表达式的意义和特定语境；而思想是否是真的是由外部世界决定的。这两点都不涉及人类的判断或在某种语境中的反应。在某个语境中构成表达式的正确使用独立于任何人对这一语境的实际反应。当然语言是人的语言，是我们人类在使用我们的语言，并且不同的地域可以有不同的语言。但是一套语言机制一旦建立，语言自行运行，而不能根据我们说了什么就认为我们正确地使用了表达式。确立表达式的意义和我们倾向于怎么说一个表达式是两回事。“真”在语言实践中起作用，它使我们在某种情况下把使用语言表达式和某种事态连接。这就是说，一个陈述句的意义，即真值条件，虽然属于认识论层面，但是这种认识论已经把实在纳入到我们对句子和外部世界的理解之中。表达式的正确使用因为和语境或事态相连，这就确定了表达式意义的客观性。所以维特根斯坦的语言游戏规则确定表达式的意义并不能否定实在论的基本观。

达米特把“可证”作为意义理论的核心概念，同时也承认可证的规范性。对于一个陈述句或许我们无法证明它也无法证明它的否定，但这仅仅是在*可证的层次上*说明“二值原则”不成立。一个语句的真值条件和其可证条件是两回事。对于盲人和具有正常视力的人，“雪是白的”的可证条件是不同的。盲人或许需要一个可信的正常视力的人告诉他这个语句的真，而一个有正常视力的人需要诉诸自己的感知经验。“雪是白的”的真值条件无论对于盲人还是具有正常视力的人都是一样的。这个真值条件是否被满足不依赖于人的观察和感知能力。对一些陈述

[①]Kit Fine “Truth–Maker Semantics for Intuitionistic Logic”, *Journal of Philosophical Logic*, 2014, Vol. 43, pp.549–577.

句持实在论的人认为，这些陈述句的“真”有“二值原则”，但是他们完全同意这些陈述句的“可证”可能并不满足“二值原则”。另一方面，无论是盲人，还是有正常视力的人，他们会认为“雪是白的或雪不是白的”。一旦他们承认了“雪是白的”，他们就知道，是实在决定了这个命题的真值，而不是他们的认知能力或者证据决定了这个句子的真值，或者说是句子的真值条件和外部实在决定了句子的真伪。这种认知的规范性不可能把实在排除在外，否则我们就不能说我们的认知是关于外部世界的认知。对于久远的历史的陈述句，或许我们无法找到其证明或证伪的证据，但是只要我们承认证明或证伪的陈述句是关于外部实在的，那就已经承认了这类陈述句的真值实在论。实际上，证明的规范就已经带有实在论的色彩。因为证明的规范性已经涉及外部实在和命题间的关系。我们承认句子 p 真，是因为我们有句子 p 证据。比如“我看见了这个房间里的这张桌子”是“这个房间里有桌子”的证据，“证据”实际上肯定了我们的感知经验和外部世界的关系。我们的感知经验有能力认知外部的实在，但是外部实在并不因为我们的感知经验而存在。如果只有感知能力，而无外在之物的刺激，我们不会有任何的感知经验，也无法形成任何知觉判断。我们承认某种东西是证据，恰恰说明承认我们有认识外部实在的能力，承认证据和实在的关系。

综上所述，基于“真”的二值原则作为划分实在论和反实在论的标准，达米特是合理的。因为如果一个陈述句的真值不满足二值原则，那么这个句子和其否定的真值条件都无法被外部实在满足，这就说明了这类句子的真值条件和实在没有关系。比如“当今的法国国王是秃子”在弗雷格看来既不真又不假，这是因为“当今的法国国王”是一个没有指称的单称词项。任何虚构的对象的陈述句都不会被实在证实或证伪。同时我们认为，达米特的反实在论的意义理论并不能完全排除“真”这个概念，辛迪卡和范恩的语义模型也显示，被达米特所推崇的语义学实际上也需要外部实在参与来确定句子语义值。从这个意义上说，达米特的反实在论的意义理论实际上也是实在论的基本观认可的，只是需要强调达米特的意义理论仍然需要“真”这个概念。实在论认为二值原则成立是针对句子的真值而言，反实在论认为二值原则不成立针对的是句子可证性而言的。所以，实在论者完全可以承认某类句子的真具有二值原则，但是可证性不满足二值原则。因为实在论并没有承诺我们的认知能力如此之强，以至于所有的真理都可以被我们所认识。正是如此，达米特意义上的反实在论实际上和莱特实在论的基本观是相容的。

历史上在不同哲学领域中的各种反实在论的形式都是否定外部世界对某类陈述句的真值作出必要的贡献。比如休谟认为涉及因果概念的陈述就没有确定的真值，它们并没有描述世界的任何特征。实证主义认为所有有意义的陈述句都可以还原为感知经验的词汇，这些语句有确定的真值；而表述道德价值或美学价值的陈述句不是对世界特征的表述，世界对于这些陈述句的真值并没有影响。这些不同形式的反实在论怀疑某些陈述所涉及的概念的客观性，怀疑世界无法对这些陈述句的真值有任何作用，因为这些陈述句并不表达世界的任何特征。在当代语言哲学领域，不同形式的表达主义理论都是非实在论的。这种非实在论和实在论的基本观相形成了真正的冲突。

7.2.3　表达主义理论

表达主义理论并不是一个哲学理论，而是多种哲学理论的统称，它不仅处理价值判断，还处理涉及“知道”“真”“因果”等诸多概念的陈述。这多种哲学理论之所以称之为表达主义理论，在于这里所涉及的“表达式（expression）”在哲学理论中区别于断言（assertion），实在对这些表达式是没有影响的。那么这些表达式表达的是什么呢？如果一个陈述句的真是由实在决定的，那就和认为这个陈述句的主体的任何心理状态无关。但是表达主义理论的核心在于，表达式实际上表达的是心理的状态，心理之外的实在不会影响表达式的真值。表达主义理论被称为准实在论，因为这些理论或者不否定某些陈述有真值，同时认为这些陈述句包含一些表达式，它们并不为这些陈述句的真值条件提供更多的内容。

比如艾耶尔对于道德陈述有如下评述：

> 如果我对一个人说，“你偷了那些钱，这是不对的”，这并不比我简单说：“你偷了那些”多出些什么。加上“这个行为是错误的”，我并没有做出更进一步的断言。我仅仅是表明我对这一行为在道德上的不认同。这就好像是，我说这句话“你偷了那些钱”时带有可怕的语调，或者就像写出来这句话，再加上一些感叹号。[①]

艾耶尔认为道德陈述表达的是说话者内心的道德认同，和外部世界没有关系。“你偷那些钱是不对的”如果是一个断言，那么外部世界决定其真值。这个表达式和“你偷了那些钱”描述的是一样的东西。正如艾耶尔所说，是否带有可怕的语气说“你偷了那些钱”，和用平静的语气所说出“你偷了那些钱”的断言相同，至于如何说并不影响这个句子的真值。这就使得“你偷那些钱，这是不对的”与“你偷那些钱，这是对的”在真值上并无区别。这种观点认为，价值判定表达的是说话者的道德倾向或者某种情感，从而否定了外在世界对价值判断真值的影响。

价值陈述句的实在论者认为当说话者说出“你偷那些钱是不对的”时即断言了“你偷了那些钱”，并且还表达了说话者对此行为的不认可。表达主义者认为，道德判断多出的那部分只是表达说话者的内心状态，其真值并不由外部世界所决定。而实在论者认为，价值判断同样也是断言，它断言了道德上所认可的行为。在道德陈述句的实在论者看来，“偷钱是对的”“偷钱是不对的”表达的是不同的思想，它们不可能同真。“你偷了那些钱”是一个陈述句，这个陈述句是否真在于你偷了那些钱的行为是否发生。一个人看到你偷了那些钱，那么他的所见就是“你偷了那些钱”的支持证据。表达主义者认为，在外部世界中没有我们的情感，没有我们的心理状态，因此也不会有与“你偷那些钱是不对的”相对应的事实。这种把道德判断多出的东西置于说话者的内心状态，实际上承认了价值判断有多出“事实”判断的东西，而这和实在论是相容的。只是这莫名其妙的“内心状态”让表达主义者

① Ayer, A J., *Language, Truth, and Logic*, London: Victor Gollancz,1936, p.107.

认为它和外部世界无关。

表达主义者想区分表达式和所谓的真正的断言，但是这两类的语句都可以含有真值联结词。这会使得表达主义面临一个困难，因为真值联结词是和真值相关，所以这些道德判断应该有真值，这和他们的主张相悖。我们仍以道德陈述为例。艾耶尔认为“偷钱是不对的”，“偷钱是对的”都和世界无关。吉奇[1]给出了一个条件句，以此来说明非实在论存在的难题。这个条件句如下：

> 如果偷窃是错误的，那么鼓励偷窃也是错误的。

吉奇质疑的是：假设表达主义是正确的，“偷窃是错误的”仅仅表达了道德倾向，那么它在这个条件句中起的作用是什么呢？

一般来说，我们会认为逻辑联结词是一个真值联结词：如果条件句是真的，并且条件句的前件也是真的，那么这个条件句的后件也是真的。只有当条件句的前件是真的，后件是假的，条件句才是假的。如果表达主义者承认“如果偷窃是错误的，那么鼓励偷窃也是错误的”是一个有真值的条件句，那么他就应该承认“偷钱是错误的”有真值。

表达主义者要避免吉奇所设置的诘难，他需要否定“如果偷窃是错误的，那么鼓励偷窃也是错误的”并不是一个断言，即它仍然没有真值。如果不是一个断言，那么它仍然表达的是一个道德倾向。为了摆脱这个困境，达米特 (1973)[2]对这个条件句解释如下：

> 如果某种命令让我承诺偷窃行为的错误，那么我也就应该（愿意）承诺鼓励他人偷窃是错误的。

达米特这里避免使用“真”，而是用“承诺”来替代“真”在条件句的作用。这个条件句在达米特看来，是一个类似指令的句子，就如同一个命令句一般。承诺偷窃行为是错误的，那就会承诺鼓励他人偷窃也是错误的。在达米特看来，命令句是没有真假的，它们不是断言。然而这样的解释并不令人满意。试想：一个人承诺了偷窃行为是错误

[1] Geach, P., “Ascriptivism”, *Philosophical Review*, Vol.69, 1960, pp. 221–225.

[2] Dummett, M., *Frege: Philosophy of Language*, London: Duchworth,1973, pp.295–363.

的，并且也接受了这个指令句，但是却没有按照指令做，即没有承诺鼓励他人偷窃也是错误的，那不就是矛盾的（inconsistent）吗？

也许达米特会回应说，接受这个指令，并且也承诺了偷窃是错误，那么按照指令应该承诺鼓励他人盗窃也是错误的。但是没有执行指令并不会导致矛盾。因为矛盾只涉及真假的陈述句，或者说是表达思想的陈述句，但是我们接受指令但是没有执行指令并不会产生矛盾。

然而达米特式的回应在基本实在论看来是无力的。首先，基本实在论所承认真理认识的客观性，这种客观性正是体现为认识真理的某种规范性，这种规范性并不是人的倾向，也不是心理状态使然，而是和实在相关。达米特用承诺行为来解释这个道德陈述的条件句，实际上给出了道德陈述句的承诺规范，而这一规范性的解释也正是基本实在论的主张。其次，基本实在论认为命令句同样也从属于理性范围，不能不一致。命令句表达的是指令，而指令是超出语言的。对于符号，或者声音，当然无关矛盾。符号串“A”和“$\neg A$”当然无关矛盾，但是一旦给这些符号赋予语言外的思想，那么这些符号可能就会表达有矛盾的思想。一个命令者发出一条指令，他希望执行者要做出相应的行为。理性要求命令者的指令相互间要协调，否则发出相互矛盾的指令将会使得被执行者无所适从。所以，即使命令语句也需要遵循理性的规范。

布莱克本（Blackburn）采取了与达米特不同的路径来处理这个难题。他把道德陈述句处理为命题态度。[①] 在布莱克本看来，接受条件句，并且接受条件句的前件但是拒绝接受条件句的后件只是导致了态度的冲突，并不是矛盾。态度是人内心的投射，无关真假，不涉及逻辑矛盾。接受道德陈述的条件句是内心的投射。接受这一条件句并且接受条件句的前件，但是不接受条件句的后件，不会导致所谓的逻辑矛盾，这顶多称得上道德败坏。如果我们用可能世界语义学把命题态度词解释为算子，那么可以看出这并不构成矛盾。

按照布莱克本的观点，我们可以给出一个可能世界语义模型如下：

$W=\{w\}, R=\emptyset$。

[①] Blackburn, S., *Spreading the Word*, Oxford: Clarendon Press, 1984, chapter 6; Blackburn, S.,“Morals and Modals”, in MacDonald, G., and Wright, C., eds, *Fact, Science and Morality: Essays on A. J. Ayer's Language Truth and Logic*, Oxfod: Basil Blackwell, pp.119–141.

因为可及关系是空集，所以和世界 w 没有任何可及的世界。那么在 w 世界上，任何 $\Box\alpha$ 都是真的，即使 α 是矛盾式。所以如果 $\Box\alpha$ 是一个表达命题态度的算子，那么并不会导致逻辑矛盾。因为在 w 上 $\Box\alpha$ 和 $\Box\neg\alpha$ 都成立，但是并没有逻辑矛盾。

然而这样的语义模型本身并不否认道德陈述句有真值。首先，这样的语义模型是先承认命题态度的句子有真值的，这和表达主义已经相悖。其次，“态度的冲突不是逻辑矛盾”的论断是建立在 w 世界是死点的语义模型的基础上。在这种语义模型中，没有可能世界和 w 可及也可以理解为命题态度的冲突，而这个命题态度的冲突也可以解释为命题态度有矛盾。另外，形式语义本身就是一种规范性，这种规范也和基本实在论认为我们所认识的真理应该满足一定的规范相一致。

布莱克本的表达主义也被称为投射主义，这种投射主义是准实在论的。之所以称它为准实在论是因为它承认我们可以使用关于必然性或者道德的表达式，在这点上它不同于蒯因不承认含有必然性、可能性这样的模态词的语句是源于外部事物的本质的观点。下面我们就模态陈述句，来解释投射主义的表达主义理论。投射主义者认为“偶数的积是偶数是必然的”，它承认有某种东西可以看作是必然性。这个陈述句断言的不仅是偶数的积是偶数，而且还断言偶数的积是偶数是必然真的。投射主义和实在论一样，都认为模态的概念不能用非模态的词解释或者不能还原为非模态的词。模态概念是我们思维关于世界不可或缺的概念。

和实在论不同的是，布莱克本否认有模态事实。他认为，我们关于模态陈述句的真并不是对模态事实的描述，我们无须回答达米特之问：我们如何认识模态事实？投射主义者否认这样的观点：“P 是必然的”如果是真的，它陈述的是一个模态事实。投射主义者认为，我们并没有什么认知能力来认识所谓的模态事实，我们之所以会说：“偶数的积是偶数是必然的”在于它表达了我们内在状态的极限。与其说“偶数的积是偶数是必然的”不如说“我不能做偶数的积是奇数这样的预设”，必然性的陈述是把我们的“无能”投射于世界。

> 当我们把一个真理尊称为必然的，我们表达了我们自己的心智的态度。在这种情况下，我们无法以任何可能的思考方式来否定它。①

布莱克本认为，我们对必然性的陈述句看起来似乎断言了某种高层次的模态事实，实际上，它们只是以一种命题的形式呈现了我们的态度。布莱克本认为，我们甚至不必说我们认识这种高层次的模态来源于我们想象的极限，因为就没有这样的模态事实。模态概念或者道德概念并不是外部事物的非自然的性质，而是投射了我们心智的极限。

艾耶尔和布莱克本的表达主义虽然论证的策略不同，但是有共同之处：那就是否定道德陈述或者模态陈述是一种道德或模态断言，认为它们都不是关于外部世界的断言，因为外部世界就没有道德事实或模态事实，道德陈述和模态陈述都不属于我们的知识，因为它们是关乎我们的情感或者想象的极限。如果用表达主义理论来解释某类陈述句，那么就会和这类陈述句的实在论立场相对立。实在论该如何应对表达主义对挑战？下面我们用莱特的极小真理观给出应对策略。

7.3 极小真理观

实在论和表达主义都认为，一个陈述句断言的是这个陈述句是真的。这是谓词“真”的一个最为基本的性质。“P”是真的，当且仅当“P”表达了 P，并且 P。如果道德判断或者模态判断是一个断言，那么我们就应该支持道德或者模态的概念的客观性以及道德或者模态语句的真值的客观性。表达主义不承认道德陈述或模态陈述是断言，他们相信只要有真的地方，实在论就是正确的。表达主义和实在论的真正的分歧在于争论类的句子中的某些表达式对于其真值条件没有任何的贡献。

我们不妨把实在论和表达主义都承认的关于真的特征称之为“极小真理观”。我们希望从极小真理观的视野下再次审视实在论与表达主义的分歧。

①Blackburn, S., *Spreading the Word*, Oxford: Clarendon Press, 1984, p.217.

在莱特看来，极小真理观包括真理服从“理性命令”，即我们认识真理需要服从理性。表达主义者认为，我们接受这些争议类陈述诉诸的是非认知的反应，这些非认知对反应不参与真理的认识。表达主义者和实在论都同意这些有争议类的陈述句涉及某种概念，它们可以用一个充分必要条件句来做规范性的解释。表达主义者认为这个充分必要条件句的解读应该是一种唯心论式的解读，而实在论者坚持一种实在论式的解读。下面我们逐一对这三个部分进行评述。

7.3.1　真的“理性命令”

理性命令会使任何有合适的认知能力并能恰当使用认知能力的主体对真理达成一致思想。我们关于世界的真信念并不是我们意志的产物，我们对于真理没有操控权，我们只能受到真的指引，去发现真理。

莱特认为他关于真的“理性命令”的观点是皮尔士的真理观的发展。皮尔士认为真理只能被那些充分探索理性问题的人所同意，真理独立于任何个人的思想。也可以说真理服从于理性，是任何服从理性的主体都可以认识的。这种真理的客观性在于所有服从理性的主体都可以认识，因此是主体间性意义上的客观性，它不是某个主体的特殊认知特性。莱特用皮尔士的真理检测这个比喻式的说法来指真理的理性命令。如果一个陈述句不能通过皮尔士的真理检测，那么这个陈述句就不是真理。如果某些陈述句和其否定都不能通过检测，那么它们都没有表达实在，我们对于这些陈述就应该持非实在论的观点。蒯因认为科学理论依赖于背景信念，因此科学理论并不具有确定性。如果这一哲学论点是正确的，那么皮尔士检测可能会把科学理论排除在外，因为背景信念不同，不同的理想理性人会持有不同的科学理论。所以，较为准确地说，皮尔士检测是：理想的理性人如果有共同的信念前提，那么在理性的要求下会对真理达成一致的意见。这就使得科学理论处于某种假设之下，而理性悬置了这些假设。这样科学理论就是一个开放的理论，理性的人会认为科学理论只是一个可能为真的体系，可能有不同的科学理论与之共存，这是不同的前提导致的。

为何只有具有真值的断言才能通过检测？对这个问题的回答许是陈词滥调，但是这个陈词滥调正是极小真理观的核心内容：真或假独立于我们任何研究。我们在现阶段对某些概念可能还没有清晰的认识，对此概念的所有陈述并不能都达成一致的意见，我们可能不能就某些陈述给出真或假的证明。但是这些陈述也有真值，随着我们认识的加深，我们会对现阶段无法证明的陈述有更加清楚的认识。理性命令体现了乐观主义的哲学精神，即我们相信理性会指引我们抵达真理。这和希尔伯特的名言："我们能够知道，我们必须知道。"同出一辙。

我想莱特"皮尔士检测"只是拿这个比喻来解释知识服从真理命令。真理命令包含着两部分的内容，第一，外在世界一定对真理有所作用，是外在世界决定了知识的"真"。第二，知识服从于理性。理性要求我们的求真一定要满足某种规范性，这种规范性不是我们的情感倾向，也不是某个认知主体的认知能力的特有特征，而是所有理性主体都应遵循的规则。如果有智能的外星人，他们也应该在探索知识的过程中遵循这些共有的规范。所以，无论是外在世界还是理性都是外在于我们的，所以我们的知识在这个意义上就是客观的。一个陈述句通过了皮尔士检测，那么就意味着这个陈述句是一个真理，所服从的理性以及外在世界迫使理性人接受它是真理。

我们以颜色为例。在经验主义者看来，颜色是一个模糊概念。比如红色是一个颜色，但是在红色和褐色之间或许有一个模糊地带，你无法判断这个颜色究竟是红色的还是褐色的。或许对于颜色敏感的画家认为它是红色，但是对于不太敏感的人可能会认为它是褐色，但是这并不能意味着"它是红色的"没有确定的真值。我们知道，皮尔士检测并不是说，这样的陈述会使多数人或者所有人达成一致。这个检测是说，这个陈述是可以通过理性人的检测。

如果涉及"红色"概念的陈述通过了检测，实际上就可以对"红色"概念做如下解释：

> X 是红色是在一定的条件下，并且具有一定能力的观测者能看到 X 是红色的。

这是我们对于红色的粗浅解释。但是就是这个粗浅解释，说明了“红色”概念的客观性。在传统的经验主义哲学家洛克看来，颜色是事物的第二性质。“X 是红色的”通过了皮尔士检测，就说明这个陈述句的真值不是依据我们的意志或者喜好而决定的，相反我们认为 X 是红色的是因为我们的感知能力以及外部的条件决定的。而感知能力是我们认识事物的理性能力，这种理性能力和外部环境都是客观的。

理性命令实际上赋予我们认知的规范，并且迫使我们承认这些规范能保证我们获得真理。无论是数学理论的陈述还是科学理论的陈述，抑或是道德哲学的陈述、美学的陈述、甚至是关于幽默的陈述，我们不妨以是否运用理性规范来接受这些陈述来作为实在和非实在的标准。

7.3.2　认知反应

表达主义者或者认为一类陈述并不是陈述外部世界，而是表达我们的情感，如爱耶尔对于“不应该”的情感解释；或者认为一类陈述并不是陈述外部世界，而是表达我们认识能力的极限，如布莱克本对于“必然性”的解释。这种表达主义的理论实际上是说这些陈述之所以不是描述外部世界是因为这些陈述是我们的感情或者认知能力的极限造成的，而不是通过参与真理认识的认知能力来解释这些陈述句。无论是表达主义者还是实在论者，都把认知看作是心智与外部世界的一种关系。如果我们的心智并不是通过认知反应产生了某类陈述，那么外部世界不会对这类陈述的真值有任何的影响。

实在论和表达主义都会承认这样的客观性：如果一类陈述的真值不依赖于你、我或任何人的意见，那么这类陈述就是客观的。尽管对陈述句的理解都离不开我们个人的心智，但是在哲学上，我们仍然可以说真理独立于“人”的心智，但是我们不能说真理独立于理性。我们之所以接受真理正是在于我们有服从理性的认知能力。

如果爱耶尔是对的，我们对于道德陈述就是我们情感的反应，而非理性。那么具有理性的两个人，一个人的情感使得他认为偷窃没有什么大不了的，他淡淡地说：“偷窃没有什么不对。”而另一个人对偷窃有强烈的排斥感，他强硬地说："偷窃是不对的。"两人仅诉诸情感不会达成一致的意见。表达主义和实在论有消解分歧的可能吗？如果有，该如何消解？

如果两人的理性使他们接受某种理论，它解释了偷窃如何是不对的，那么两人会达成一致。这就是说，即使人们或许从某种情感上做出某种价值判断，但是不能简单就得出结论说，这样的陈述是认知没有起作用的陈述。这需要看，是否有恰当的理论来解释我们的价值判断。

但是恰当的理论又该如何界定呢？我们不必使自己陷入困境来解释何为恰当的理论。但是我们需要注意的是，恰当解释一类陈述句的理论绝不诉诸我们的感觉或者某种神秘的认知能力。如果一个理论只承认我们对于某类陈述具有认知敏感性，比如只承认我们对于具体的，并有一定大小的事物有认知敏感性，关于这类事物的真理具有客观性，而否认对于其他事物的认知敏感性，从而否定关于这类事物的陈述是断言。这样的理论一定是不恰当的。

科学研究的目的之一，抑或是形而上学的研究都是要把个人的观点和特异性滤掉，仅仅诉诸理性，从而走向寻真之路。

以"我看见了我面前的电脑"这个陈述为例。如果你用这句话的真作为"我面前有台电脑"为真的理由，这需要承认感知是一种服从理性的认识能力。同时你否认"2 是偶数"是真理，因为你看不到 2 是偶数。这样的解释就不是一种中立的解释，因为你首先要承认某种认知能力具有认识真理的功能，并且否定另一些反应不具有认识真理的功能，这就带有偏见。所以表达主义者就需要解释为何这种反应是有认识功能的，而另一些反应没有认知功能。你或许会按照一套神经科学理论以及光学理论来解释"我如何看见了我面前的电脑"，以此来说明"看见"具有认识真理的功能。

如果你是一个自然主义者，那么你可能要求认识论的解释应该是自然化的，或者说可以从现有的科学理论中得到很好的解释。但是这并不是说，我们对于某个事物的感知需要借助于科学理论，或者说没有科学理论，就不会知道"我看到我面前的电脑"。认识论是一个理论，它解释我们如何知道。自然科学需要借助于实验，而实验的目的是通过我们的观察来得出某些可观测的真理。这就是说，前科学理论已经预设了可观测的陈述，即看就是一种认知能力。一个科学陈述通过皮尔士检测在于首先预设了某些事态的客观性，然后通过因果律，继而说明一个科学陈述是真的。但是当自然主义者解释我们的感知能力时，他给出的是一种认识论，即我们如何认识某种陈述是真的。比如“我看见了我面前的电脑”这个陈述，自然主义者的认识论的策略如下：

它首先阐释“我”是什么。在自然主义者看来，认知主体就是物理系统，其能力由大脑神经元或我们身体的物理组织结构来解释，然后再解释我们所感知的对象域是什么。在物理主义者看来，我们所感知的对象域只能是物理对象，物理主义者继而用因果关系来解释作为物理系统的“我”是如何感知物理对象的。这种感知能力可以用现有的物理理论来解释。

自然主义者的自然化的认识论要解决的问题是解释我们认识物理对象的能力，比如视觉、听觉、触觉等，但是自然化的认识论实际上是循环的。物理理论的陈述有客观的真值，能够通过皮尔士检测，本身就已经说明我们对于物理对象有认知能力。这种认识能力当然可以再使用自然理论作解释，但是科学理论实际上已经预设了我们对于物理对象有认识能力。这就是说，你无法真正地做到无循环地从理论内部来解释我们对于理论对象有认知能力。

我们之所以认为自然主义的认识论是不合适的，还在于它的认识论解释力太弱。一方面，它并不能解释逻辑的必然真理，甚至有时会走向科学的反实在论。因为科学理论中的某类陈述是关于理论对象的，比如电子等，对这些物理理论对象我们并没有感知经验。而自然主义的认识论如果走向科学的反实在论，那么它的自然化的认识论本身就会不自洽，因为它所使用的科学理论可能使自然主义持反实在论的立场。数学对象并不是物理对象，它们不处于物理世界中。无论是现有的科学理论，还是将来的科学理论，我们似乎都无法解释在我们的大脑神经元状态中，哪些状态可以对应于我们关于算术真理，哪些状态可以对应算术的谬误。另一方面，这样的自然主义的认识论似乎也预示了：关于数学的陈述完全就是大脑神经元本身的特性，那么对于大脑神经元的认识有一天就可以完全取代关于数学陈述的认识。但是大脑神经元的认识还需要数学，我们不能指望哪一天对于先于生物学的数学会依赖生物学的解释。而且对于数学问题本身的探索也不能依据生物学的结果给出答案。我们不可能去问将来的生物学家关于哥德巴赫猜想的证明。自然主义的认识论却往往只承认我们对于某类物理对象的感知能力，而否认我们对于逻辑陈述的认知能力，他们往往把对关于逻辑的陈述看作是我们大脑本身的功能，而与外部世界无关，这实际上也是投射主义的一种变形。投射主义把逻辑必然性看作是我们心智的局限，而不是关于外部世界的陈述。但是仅承认我们的某些认知能力而排除另一些认知能力，显然并不是一个合适的认识论解释。

科学陈述之所以通过皮尔士检测，实际上是先承认了科学理论的因果律是我们的理性规范。因果律在彻底的经验主义者看来，也不是具有真值的陈述，我们不是通过感知经验认识因果律。如果自然主义者承认因果律是正确的，它的认识论又该如何解释对于因果律的认识呢？如果它承认对于因果律我们有认知能力，而且它也承认因果律是科学理论不可或缺的，那么对于科学理论也不可或缺的逻辑或数学陈述，为何不是通过认知能力认识的？

如果表达主义来反驳数学陈述句的实在论，其论证要点在于我们并不是通过认识能力接受数学陈述句。我们接受某些数学陈述句是因为我们的大脑或者心智本身的特性决定的，而和外部世界没有关系。但是数学真理能否通过皮尔士检测？如果接受数学陈述句在于理性，那么数学陈述句就应该通过检测。数学证明并不是以某个人，某些人，多数人，甚至所有人的意志或偏好决定其正确与否。数学实在论的认识论如果先预设某些数学陈述是真的，继而通过数学证明，来说明某些数学陈述也是真的，这种说明数学陈述的实在性显然不能被表达主义者所接受。表达主义者期待数学实在论者的认识论解释，我们的什么认知功能让我们接受数学真理。有些数学实在论者，比如哥德尔认为，我们对于数学真理有直观。这种直观就具有认识真理的功能。数学实在论者会反问，表达主义对理论所承认的认知功能为何没有容纳认识逻辑真理或数学真理的认知功能？

所以，实在论和表达主义的分歧点在于对某些陈述的接受是否运用的是认知功能。因此对认知功能的合适界定可以使双方消解分歧。究竟哪些功能是认知功能，哪些不是认知功能？正如上文所述，自然主义的认识论并不是解释感知是认识功能，所以自然主义认识论并不能有效地说服道德实在论、模态实在论者或数学实在论者，所争论的陈述类的陈述句并不需要我们的认知功能。直到现在，我们很难从认知功能的界定上来使双方得到和解。正如上文所述，如果我们找到一种理论，它是双方都理性接受的理论，按照这个理论能够解释我们为何接受某类有争议的陈述句，那么理性命令我们应该接受这类有争论的陈述句就是实在的。是否会有这样的理论，我对这个问题持开放的态度。

7.3.3　规范性概念的解释

在莱特看来，对一类有争议的陈述句，实在论者和表达主义者通常都接受一个等值性的语句来解释争议陈述句中所出现的某个概念。但是他们因为对这个等值式有不同的解读，所以分歧仍然存在。比如在表达主义者看来，“有趣”并不是客观事物的性质。这种倾向性的解释可以用一个等值语句来表达：

> X 有趣当且仅当在许多/多数/通常的情况下，X 愿意娱乐许多/多数/通常的人。

所以表达主义者认为，这个等值式的右边具有认识论上的优先性。因为右边的优先性，那么接受左边句子在于接受 X 有这样的内在意愿。而 X 的内在意愿他人是无法感知的，因此这样的陈述应该不能通过皮尔士的真理检测。实在论者同样接受这个等值式，但是他们的解读方式认为左边的句子具有认识论的优先性。左边的句子表达的是客观的实在。正是因为客观的实在，我们才会知道右边句子真。所以表达主义者和实在论者就哪个句子具有认识论的优先性不能达成一致的意见。

但是如果这是“有趣”的规范性的解释，那么这个作为解释的陈述句本身就应该具有真值。这就将表达主义者陷入困境。如果承认这句话是真的，那么这句话的“当且仅当”的左边和右边有相同的真值。“X

愿意娱乐许多/多数/通常的人”如果是一个有真值的句子，那么“X 有趣”就有真值，这就与“X 有趣”不是一个断言，或者说是一个没有真值的句子相矛盾。

当然表达主义者也可以反驳：这个解释性的陈述虽有真值，但是等值式的两边可以都不是真的，也不是假的。非真非假的陈述也是等值的。这个回应将再次面临困境。既然表达主义者承认这个等值式的真值，问题是：我们如何认知到这个真理？表达主义者认为，我们接受“X 是有趣的”并不是诉诸我们的认知能力。“X 是有趣的”并不是依据认识能力来认识 X 的一种意愿倾向，因为意愿倾向是 X 特有的，他人没有认知 X 意愿倾向的能力。这就又回到了上文的“认知反应”的老问题上。从“认识反应”难以消除二者的分歧。

该如何理解规范性概念的等值条件的解释呢？

我认为这个规范解释类似一个“隐定义”，它界定了一种外在的性质。例如：

> X 是红色的当且仅当 X 被通常的观察者在正常的环境下被看成红色。

这是我们对于“红色”的通常的规范性的解释。陈述句“X 是红色的”是真的吗？如果是真的，那么它就能通过皮尔士检测。这个陈述涉及很多模糊的概念。然而模糊性并不是否认实在性的理由。对于理性的检测，我们可以收集统计证据，然后以某个阈值作为正常的环境的界定，另一个阀值作为界定通常的观察者。或许我们并不同意应该选择哪个阈值，但是我们会承认一旦阈值确定后，我们对于 X 是红色就达成了共识。而这正是“X 是红色的”能通过检测的根据。

莱特认为，即使我们承认了“X 是红色的”有真值，还是面临优先性的选择问题。如果认为右边优先于左边，即“红色”这个性质被解释为观察者的感知。这样的解释带有唯心主义的色彩。但是如果优先性放在左边，就会带有实在论的色彩。它解释我们所看到 X 是红色是缘于一个事实，是外部的世界才有我们的感知。

在我看来，莱特并不需要区分哪种优先性的解读更好。这两种解读恰好在某种程度上说明了传统的实在论和唯心论并不矛盾。哥德尔称自己是唯心主义，但同时也称自己是坚定的柏拉图主义者。哥德尔所谓的唯心主义并不是说，实在依赖于我们的心智，而是强调我们对于真理的认识具有规范性，而这种规范性也正是理性的要求，它能够保证我们获得真理。实际上这种实在论正是我们这一章所阐述的一种实在论的基本观。一个陈述是客观的，在于外部实在和我们的认识真理的理性规范。莱特用皮尔士检测的比喻来说明这种客观性，理性的认知者终会对于某个陈述达成一致。这种达成一致并不诉诸认知者的个体认知特征，而是理性决定的。这种理性是人类所具有的能力。但是同时，我们也会认为关于客观世界的陈述的真值并不依据我们任何阶段的认识。这是一种谦虚的真理观。而这个规范性的等值条件的解释，左边的优先性在于承认我们的认识是对外部世界的认识，我们有认识外部世界的能力；右边的优先性在于，我们对实在的认识需要服从的理性，但是这种理性并非带有任何特殊个体认识者的认知特性，它的理性正是我们认识到有独立于我们心智的客观真理。

7.4　结论

莱特给出了实在论的基本观的内容，它包括世界如何独立于我们的知识，也包括我们具有认识真理的能力。达米特认为，对于一类有争议的陈述句，实在论和反实在论的区分在于对这类陈述是否持二值原则并且它们的意义理论是否以“真”为核心概念。达米特的这种区分将会使得还原论对于实在论的反驳无力，因为被还原的陈述句也可以有二值原则。达米特认为，陈述句没有二值原则正是在于意义理论不再把陈述句的意义界定为其真值条件，而是界定为其可证条件。但是这样的意义理论并不与实在论的基本观不相容。一方面，实在论的基本观认为，我们接受一个陈述句为真需要遵循理性规范，这种规范并不能保证，对于任何一个陈述我们可以证明它或证伪它。因此，实在论者也认为可证性并没有二值原则。但是实在论者确实把句子的意义界定为其真值条件。达米特的以“证实”为核心的意义理论并不能完全抛弃“真”这个概念，并且理解一个语句的可证条件并不是理解这个语句的意义。所以，达米特的反实在论的意义理论并不与实在论的基本观矛盾。

表达主义者反对某类陈述有真值。如果某类陈述没有真值，当然它们不满足二值原则。表达主义者从认识功能上反对某些陈述具有真值，这对实在论提出了挑战。莱特认为，表达主义者和实在论都承认极小的真理观。因此，莱特认为极小真理观是表达主义者和实在论对话的基础。然而笔者认为，从认知功能我们很难能找到和解之路。莱特认为，如果二者对于某个陈述的真值能够达成一致，这个陈述一定能通过皮尔士检测。皮尔士检测这个比喻无法裁决有争议的陈述是否使用了认知功能，因此仅从这一点，还无法消除表达主义者和实在论者的分歧。由自然主义者解释感知是一种认知功能的失败教训，我们认识到认识论的目的不是要界定认知功能，而是要提供一种恰当的理论，解释我们如何接受某类陈述句。如果表达主义者和实在论者都认可接受某类陈述句在于某种规范，这个规范性实际上就通向基本实在论。即使对规范性采用唯心论的解读方式也无妨，因为这样的解读仍然可以和实在论相容，服从理性的认知就是通往认识外部实在之路。庆幸的是表达主义者应该对此并不反对。

第三部分

新弗雷格主义的认识论

第 8 章　弗雷格定理

8.1　什么是弗雷格定理

弗雷格定理，粗略地说，是这样的元数学结论：在二阶逻辑系统的基础上增加休谟原则可以推出戴德金—皮阿诺的二阶算术公理。这只是一个粗略的说法，因为二阶算术公理系统的公理选择可以不是唯一的。虽然布鲁斯把这个元数学结论命名为弗雷格定理，但是这个定理的完整的证明并非出自弗雷格，而是出自布鲁斯。

弗雷格并没有把休谟原则作为自然数的定义，而是从数的定义推出休谟原则。他首先给出概念外延的隐定义，利用外延的概念，通过显定义的方式给出自然数的定义。休谟原则继而从这些定义得出。本章主要介绍弗雷格定理证明。为了让读者理解从逻辑和从集合构建算术系统是不同的方式，在这一节首先从集合论和弗雷格的概念论的不同角度解读休谟原则，然后简单介绍戴德金—皮阿诺算术系统。

8.1.1　休谟原则的两种解读方式

弗雷格在《算术基础》第 72 节给出休谟原则，概括如下：属于概念 F 的数 = 属于概念 G 的数，当且仅当 F 之下的对象与 G 之下的对象之间有一一对应关系。需要解释一下弗雷格的术语。弗雷格的概念并不是我们通常所谓的头脑中的概念，而是我们通常所说的性质或关系。一个对象 a 在一个概念 F 之下，实际上就是 Fa 是真的。比如，“这朵花是红色的”是真的，也可以说“这朵花在概念红色之下”。弗雷格认为每一个数都属于一个概念，这个数直观上说就是这个概念之下对象的个数。比如行星的个数，就是一个数，它从属于概念“是行星”。弗雷格并未将其命名为休谟原则，真正将这个原则命名为休谟原则的是布鲁斯。

集合论的解读

“一一对应”是一个常用的数学概念，从集合论的角度看，指的是两个集合间存在双射，并且这个双射本身也是一个集合。

集合论把映射处理为一种关系集合。

定义 1 A 和 B 是集合，集合 A 和集合 B 的关系 $f \subseteq A \times B$，如果 f 满足 $\forall x \exists y f(x, y) \wedge \forall x \exists y_1 \exists y_2 (f(x, y_1) \wedge (f, y_2) \rightarrow y_1 = y_2)$，则称 f 是集合 A 到集合 B 的映射。

定义 2 如果集合 A 到集合 B 之间的映射 f 满足条件：$\forall x_1 \in A \forall x_2 \in A \forall y_2 \in B (f(x_1, y) \wedge f(x_2, y) \rightarrow x_1 = x_2)$，则称 f 是单射。

定义 3 如果集合 A 到集合 B 之间的映射 f 满足条件：$\forall y (y \in B) \rightarrow \exists x (x \in A \wedge (x, y) \in f)$，则称 f 是满射。

定义 4 如果集合 A 到集合 B 的映射 f 既是单射又是满射，则称 f 是双射。

定义 5 A 和 B 都是集合，如果 A 和 B 之间有双射，则称 A 和 B 等势。

而等势则是从集合论的角度对休谟原则的一种解读。

非集合论的解读

“一一对应”在弗雷格的理论中并不被看作集合间的关系，即一种特殊的集合，而是被看作概念间的关系。在弗雷格的理论中，概念 F 下的对象和概念 G 下的对象的关系并不是一个集合，而是一个概念。比如概念 F 下的对象 a 和概念 G 下的对象 b 有关系 f，可以记作 $f(a, b)$。在弗雷格看来，对象之间有特殊的关系，比如老布什和小布什之间有父子关系，这种父子关系就是对象间的特殊关系。但是一一对应关系是一种一般性的关系，它是一个形式，指的是两个概念下的对象的关系如果满足这样的形式，那么这个关系就是一一对应关系。这种形式的概念是纯粹逻辑的一部分，因为它不涉及特定关系的特殊内容。关于形式概念的真理，在弗雷格看来一定是先天真理、分析真理。

休谟原则是一个等值式，等值式的右边表达的是关于两个概念下的对象间有一一对应关系，如果它是真的，那么在弗雷格看来，它就是先天真理、分析真理。等值式的左边是关于概念的数相等的陈述句，即属于概念 F 的数 = 属于概念 G 的数，它表达对象的相等。弗雷格认为，休谟原则本身并不是关于数的定义，它只是给出数相等的充分必要条件，但是数究竟是什么，从休谟原则本身并不能得出。他曾在《算术基础》中提出著名的“凯撒问题”，即我们从这个定义并不能证明 3 不等于凯撒。“凯撒问题”是弗雷格不把休谟原则作为数的定义的原因，但是这并不意味着弗雷格不承认休谟原则的正确性，弗雷格否定的是休谟原则作为数的定义。而新弗雷格主义者恰恰支持休谟原则可以作为数的定义。摆在新弗雷格主义者面前的一项重要任务就是解决“凯撒问题”。关于“凯撒问题”的探讨，见本书的第 5 章和第 6 章。

8.1.2　戴德金—皮阿诺算术公理

弗雷格在《算术的基本规律》的开头就说，他在《算术基础》中试图说明算术是逻辑的一个分支，而在《算术的基本规律》中，他会使人们确信这一点。而他让人们确信算术是逻辑的正是在于仅仅使用逻辑的方法就可以推出关于数的最为简单的规律。在这里需要对这句话做一些解释。

首先，弗雷格算术哲学的一个目标是从逻辑构建算术。正如弗雷格所说，他的算术哲学的一个基本观点就是算术是逻辑的一个分支，即所有的算术规律都可以从纯逻辑的方法推出。然而我们不能证明这个哲学基本观点，因为我们无法列出所有的算术规律，当然也不能证明“所有的”算术规律可以用纯逻辑的方法推出。这只是一个论题，而不是一个数学定理。

其次，在弗雷格时代，戴德金和皮阿诺给出了算术的公理系统。他们给出的公理系统的公理是有穷的，并且认为这些公理作为自然数的基本规律，可以推出其他自然数的规律。弗雷格这里所谓的“最简单的规律”正是指这种基本规律。“最简单”并不是指句法上最简单，也不是指我们在心理上所认为的最简单，而是从逻辑的角度，这些规律作为基本的规律，可以推出其他的规律。

戴德金—皮阿诺算术公理系统可以有不同的公理化的形式，我们这里所采用的戴德金—皮阿诺算术公理如下：

公理 1 $N0$

公理 2 $\forall x(Nx \rightarrow \exists y(Ny \wedge Pxy))$

公理 3 $\neg\exists m(Pm0)$

公理 4 $Func(P)$

公理 5 $Func(Conv(P))$

公理 6 $\forall F(F0 \wedge \forall x(Nx \wedge Fx \rightarrow \forall y(Pxy \rightarrow Fy)) \rightarrow \forall x(Nx \rightarrow Fx))$

8.2 弗雷格算术系统的弗雷格定理

我们这里给出的弗雷格算术系统并不是弗雷格自己所给出的算术系统，而是二阶逻辑系统加上休谟原则组成的形式系统。

公理 4 中的“$Func(P)$”指的是“P”是一个函数。公理 5“$Conv(P)$”指的是“P”的逆。因为公理 1 涉及“0”，以及公理 2–5 涉及“P”，需要对这两个术语进行定义。

弗雷格在《算术的基本规律》第 2 卷第 41 节以及《算术基础》第 74 节中把 0 定义为“和自身不等”这一概念的数。

定义 6 $0 =_{df} \sharp[x \neq x]$

定义 7 $Pmn =_{df} \exists F \exists x(Fx \wedge n = \sharp[Fz] \wedge m = \sharp[Fz \wedge z \neq x])$

0 的定义本身不能说明 0 是自然数。为了证明这 6 条公理，我们还需要定义自然数。自然数的定义是弗雷格算术中最为重要的概念。“Pmn” 定义的是数之间的关系。

弗雷格首先给出相对于关系 Q 有继承性的概念。

定义 8 *R 是一个关系，F 是一个概念，F 相对于 R 有继承性，即 $\forall x(Fx \rightarrow \forall y(Rxy \rightarrow Fy))$*

用自然语言说，概念 F 相对 R 有继承性就是，一旦某个对象有性质 F，那么与它有 R 关系的元素也都有 F 性质。

弗雷格继而用所有相对于 R 有继承性的概念来定义 R 的祖传序，即 R^*。这个序并不一定和 R 等同。从祖传序列的定义可以看出，每一个关系 R，都有一个相对于 R 的序列。

定义 9 *强祖传序列*

$Q^*ab =_{df} \forall F(\forall x(Qax \rightarrow Fx) \wedge \forall x \forall y(Fx \wedge Qxy \rightarrow Fy) \rightarrow Fb)$

从这个定义可以看出，Q^*ab 当且仅当与 a 有 Q 关系的对象都相对于 Q 有继承的性质，那么 b 有这个继承的性质。请考虑如下两种情况：a 和 b 是任意的对象。如果 a 不在 Q 关系中，那么这个定义的前件不成立，因此蕴涵式成立。所以那些没有在 Q 中的对象 a 可以和任何对象都有 Q^* 的关系。类似地，任何一个对象 b，如果它具有 G 的所有继承性，那么这个蕴涵式的后件成立，所以任何对象 a 都和这样的 b 有 Q^* 的关系。但是这样的担忧可以排除，因为“在 Q 关系中”这个性质本身也是一个相对 Q 的继承性质，而且这个定义是被二阶量词所约束，所以 b 选取的一定都是 Q 关系中所涉及的对象。

虽然我们的定义称之为“强祖传序列”，但是并不是每一个 Q^* 都是一个序，因为有可能 Q^* 并没有反对称性。我们后面的引理 1 会给出这个解释。

定义 10 *弱祖传序列*

$Q^{*=}ab =_{df} Q^*ab \vee a = b$

定义 11 自然数

$Nn =_{df} P^*0n \vee n = 0$

DP 中的一些公理的证明

定理 1 *N0*

证明 可以直接按照定义 $Nx =_{df} P^{*=}0x$，得出，因为 $0 = 0$。

定理 2 $Func(P)$

正如我们前面所说，弗雷格并不是从集合的角度给出关系、函数等概念的解释，他认为关系或性质是初始的，这些概念在认识论上优先于集合，并不需要用集合来解释性质或关系。如果不理解关系和性质，那么就不会有陈述。函数是一个形式概念，之所以是形式，在于它的普遍性。我们说一个关系 R 是函数，在于任意对象 x，如果 Rxy，那么有唯一的 y，Rxy。

证明 如果 $Pmn \wedge Pmr$，则根据 P 的定义，得存在一个概念 F 和一个概念 G，使得 $n = \sharp F$ 且 $r = \sharp G$，并且存在 a, b, 使得 Fa，Gb 并且 $\sharp[Fx \wedge x \neq a] = m$ 与 $\sharp[Gx \wedge x \neq b] = m$。因为 $\sharp[Fx \wedge x \neq a] = \sharp[Gx \wedge x \neq b] = m$，所以 $[Fx \wedge x \neq a]$ 和 $[Gx \wedge x \neq b]$ 之间有一一映射 M。那么可以构建一个新的关系，它是 M 的扩张，$M \cup \{< a, b >\}$，它是 F 与 G 之间的一一映射。所以 $n = r$。

定理 3 $Func(Conv(P))$

证明 如果 Pmn 且 Ptn，那么存在 F 和 G，$\sharp F = n$ 且 $n = \sharp G$，并且存在 a, b, 使得 Fa，Gb 并且 $\sharp[Fx \wedge x \neq a] = m$ 与 $\sharp[Gx \wedge x \neq b] = t$。因为 $\sharp F = \sharp G$, 所以 F 和 G 之间有一一映射 M, 可以构建一个新的关系 M'，它是 $[Fx \wedge x \neq a]$ 和 $[Gx \wedge x \neq b]$ 之间的关系。分两种情况讨论：

1. 如果 Mab 则 $[Fx \wedge x \neq a]$ 与 $[Gx \wedge x \neq b]$ 之间有 Mxy, 当且仅当 $M'xy$。$M'xy$ 是 $[Fx \wedge x \neq a]$ 与 $[Gx \wedge x \neq b]$ 之间的一一映射。

2. 如果 $\neg Mab$，因为 M 是 F 和 G 之间的一一映射，所以存在 a_1，b_1，使得 Ma_1b 并且 Mab_1。因为 M 是一一映射，所以 $a \neq a_1$ 且 $b \neq b_1$。此时令 $m'a_1b_1$，其他 F 中的对象与 G 中的对象保持 M 关系，即 $\forall x\forall y((Fx \wedge x \neq a) \wedge (Gy \wedge y \neq b) \wedge Mxy) \rightarrow M'xy$。$M'xy$ 是 $[Fx \wedge x \neq a]$ 与 $[Gx \wedge x \neq b]$ 之间的一一映射。

定理 4 $\neg\exists m(Pm0)$

证明 假设 $\exists m(Pm0)$。因为 $0 =_{df} \sharp[x \neq x]$，根据 Pxy 的定义，得 $\exists a(a \neq a) \wedge m = \sharp[x \neq x \wedge x \neq a]$。所以 $\exists a(a \neq a)$。矛盾！

定理 5 $\forall F(F0 \wedge \forall x(Nx \wedge Fx \rightarrow \forall y(Pxy \rightarrow Fy)) \rightarrow \forall x(Nx \rightarrow Fx))$

证明 直观的分析：这个定理是自然数的归纳法，即如果 *0* 有某个继承性质，那么所有自然数都有这个继承性质。自然数的归纳法在弗雷格算术系统中是一个比较容易证明的性质。这是因为弗雷格的算术系统中对自然数正是如此定义的。

证明：因为 $Nx =_{df} P^*0x \vee x = 0$。$P^*0x =_{df} \forall F(\forall m(P0m \rightarrow Fm) \wedge \forall m\forall n(Fm \wedge Pmn \rightarrow Fn) \rightarrow Fx)$，那么任给 $P^*0x \vee x = 0$，以及继承性质 F，如果 $F0$，那么根据 P^*0x 的定义，Fx。所以所有的自然数都有性质 F。

实际上这个定理的证明只是弱祖传序的一个特例。弗雷格在《算术的基本规律》中实际上证明了如下定理，称之为定理 152:

$Q^{*=}ab \wedge Fa \wedge \forall x\forall y(Q^{*=}ax \wedge Fx \wedge Qxy \rightarrow Fy) \rightarrow Fb$。

将这个定理中的 Q 换为 P，a 换为 0，即为自然数的归纳法。

8.3 从休谟原则推出每一个数都有一个后继

《算术基础》第 82 节证明的是如下命题：

“以 n 结尾的自然数序列中的元素”的数是 n 的后继。

在上文中，我们已经给出了自然数的定义。Pxy 实际上就是自然数的后继关系，即 y 是 x 的后继。自然数上还有一个重要的序，即自然数上的 $\leqslant$ 关系，我们将之定义为 $P^{*=}$，$x \leqslant y$ 即为 $P^{*=}xy$。

为了证明 $P^{*=}$ 确实是一个序，我们还需要证明如下断言：

- $\forall x\forall y\forall z(P^{*=}0x \wedge P^{*=}0y \wedge P^{*=}0z \wedge P^{*=}xy \wedge P^{*=}yz \to P^{*=}xz)$
- $\forall x\forall y(P^{*=}0x \wedge P^{*=}0y \wedge P^{*=}xy \wedge P^{*=}yx \to x = y)$

为了证明以上断言，我们需要一些准备工作，首先是对强祖传性序列做一些考察。关于祖传性关系，我们有如下性质：

引理 1

1. $Qab \to Q^*ab$

2. $Q^*ab \wedge Q^*bc \to Q^*ac$

证明

1. 设 Qab，要证 Q^*ab，按照其定义，我们需要证明 $\forall F(\forall x(Qax \to Fx)\wedge\forall x\forall y(Fx\wedge Qxy \to Fy) \to Fb)$。因为如果 $\forall F(\forall x(Qax \to Fx)$，由 Qab，得 Fb。所以 $\forall F(\forall x(Qax \to Fx)\wedge\forall x\forall y(Fx\wedge Qxy \to Fy) \to Fb)$。因此 Q^*ab。

2. 设 $Q^*ab \wedge Q^*bc$，我们需要证明：Q^*ac，即 $\forall F(\forall x(Qax \to Fx) \wedge \forall x\forall y(Fx \wedge Qxy \to Fy) \to Fc)$。

设：任给继承性概念 F，都有 $\forall x(Qax \to Fx) \wedge \forall x\forall y(Fx \wedge Qxy \to Fy)$，我们现在需要证明 Fc。

因为 $Q^*ab \wedge Q^*bc$，所以，Q^*ab。所以

任给继承性概念 F，如果 $\forall x(Qax \to Fx)\wedge\forall x\forall y(Fx\wedge Qxy \to Fy)$，则有 Fb。

因为 Q^*bc，所以 $\forall x(Qbx \to Fx) \wedge \forall x\forall y(Fx \wedge Qxy \to Fy)$，则有 Fc。

因为 Fb，并且 $\forall x\forall y(Fx \wedge Qxy \to Fy)$，所以

$\forall x(Qbx \to Fx)$。

再由 $\forall x(Qbx \to Fx) \wedge \forall x\forall y(Fx \wedge Qxy \to Fy)$，得 Fc。

引理的第二个断言可以直接得出 P^* 满足传递性。

结论 1 $\forall x\forall y\forall z(P^{*=}0x\wedge P^{*=}0y\wedge P^{*=}0z\wedge P^{*=}xy\wedge P^{*=}yz \to P^{*=}xz)$

为了要证明 $P^{*=}$ 满足反对称性，我们还需要其他的结论。

引理 2 $P^*ab \to \exists cPcb \wedge \forall c(cPb \to (aP^*c \vee a = c))$

一般说来，要证明：$Q^*ab \to \cdots b \cdots$，我们常常令 F 为这样的概念：$[\cdots y \cdots]$。而证明这个蕴涵式，只需要假设 Q^*ab，然后证出 Fb。因为 Q^*ab 实际上是一个蕴涵式，并且后件即为 Fb。那么如果证明出 Q^*ab 的前件，即可。也就是我们需要证明：我们所假设的 F 是一个继承性概念，并且每一个与 a 相关的对象都处于 F 之下。

这个引理的模式恰好就是 $Q^*ab \to \cdots b \cdots$。我们采用上述的策略证明。

证明 令 $Fz : \exists mPmz \forall m(mPz \to (aP^*m \vee a = m))$

我们先证明：$Pax \to Fx$，即证明：如果 pax，那么 $\exists mPmx \forall m(mPx \to (aP^*m \vee a = m))$。

因为 pax，那么 $\exists mPmx$。因为 P 是一个函数，所以 $\forall m(mPx \to (a = m))$。所以

$\forall m(mPx \to (aP^*m \vee a = m))$。

所以 $\exists mPmx \forall m(mPx \to (aP^*m \vee a = m))$。

我们再证明 F 是继承性概念，即 $\forall x \forall y(Fx \wedge Pxy \to Fy)$。

任取 x, y，如果 Fx，并且 Pxy，我们证明：$\exists mPmy \forall mPmy \to (P^*am \vee a = m)$。

因为 Fx，所以 $\exists mPmx \forall m(Pmx \to (aP^*m \vee a = m))$。

因为且 Pxy，所以 $\exists mPmy$。

因为 P 是函数，所以由 Pxy，得

$\forall m(Pmy \to m = x)$。

因为 $\forall m(Pmx \to (P^*am \vee a = m))$。

如果有 m，使得 Pmx，那么这样的 m 是唯一的，这是由 P 是函数决定的。如果 P^*am，那么 P^*mx，得 P^*ax。

如果 $a = m$，那么由 Pmx，得 Pax。所以

P^*ax。

因为 P^*xy，所以 P^*ay。

因为 $Pxy \to P^*xy$，所以

由 Pmx 和 Pxy，可以得

$P^*mx \wedge P^*xy$。

再由 $P^*mx \wedge P^*xy \to P^*my$，得

P^*my。

所以，$\forall mPmy \to (P^*am \vee a = m)$。

所以，$\exists mPmy\forall mPmy \to (P^*am \vee a = m)$。

引理 3 $P^*0n \to \neg P * nn$

证明 这个引理的证明仍然采用了上面证明的策略。令 $Fz =_{df} \neg P^*zz$。

先证明：$P0x \to \neg P^*xx$。由 $P0x$，以及 P 是函数，可知 x 是唯一的。因为 x 是某个概念 G 的数，$x = \sharp G \wedge \exists a(Ga \wedge \sharp G[x] \wedge x \neq a) = 0$。假设 P^*xx, 根据引理 *2*，可知存在 m，使得 Pmx。因为 P 是函数，可知 m=*0*。由引理 *2*，可知 P^*00。再由引理 *2*，得存在 m，使得 $Pm0$。矛盾！因此假设不成立。所以 $P0x \to \neg P^*xx$。

再证明 F 是继承性概念：$\forall x\forall y(Fx \wedge Pxy \to Fy)$。

如果 $Fx \wedge Pxy$，那么 $\neg P^*xx$ 并且 Pxy。假设 P^*yy。那么存在 m，使得 Pmy。因为 P 是函数，所以只有一个对象 x，使得 Pxy。根据引理 *2*，$P^*yx \vee x = y$。

如果 $x = y$，因为 P^*yy，所以 P^*xx。矛盾！

如果 P^*yx，那么由 Pxy，得 P^*xx，矛盾！

所以假设不成立。所以 $\forall x\forall y(Fx \wedge Pxy \to Fy)$。

定理 6 $\forall x\forall y(P^{*=}xy \wedge P^{*=}yx \to x = y)$

证明 采用反正法。假设 $x \neq y$。因为 $P^{*=}xy \wedge P^{*=}yx$，所以 $P^*xy \wedge P^*xy$。再由断言 *1*，可得 P^*xx。这和引理 *3* 相矛盾。

所以，P^* 是自然数上的严格序。

下面我们证明 DP 公理系统中剩下的最后一个公理，即每一个自然数都有后继。

引理 4 $p0\sharp[x: P^{*=}0x]$

证明 注意：$P^{*=}x0$ 是一个概念。这个引理即是证明这个概念的数是 *0* 的后继。因为 $\forall x \neg Px0$，所以在概念 $P^{*=}x0$ 之下只有对象 *0*。那么这个概念去掉 *0* 之后，就是空概念，它的数是 *0*。所以 $p0\sharp P^{*=}0x$。

实际上弗雷格在《算术基础》中用这样的方法定义了自然数：

$0 =_{df} \sharp[x \neq x]$

$1 =_{df} \sharp[x = 0]$

$2 =_{df} \sharp[x = 0 \vee x = 1]$

$\cdots$

这里的省略号意味着我们按照这样的步骤，总能不断地构造出“新的”自然数。但是我们在前面已经给出自然数的定义，即 $P * 0n \vee n = 0$。我们必须证明：每一个自然数都有一个后继。因为我们前面也证明了一个关于自然数的定理，即每一个自然数都与其后继不等，所以如果每一个自然数都有后继，后继是一个严格的序关系，那么就有无穷多的自然数。弗雷格在《算术基础》中所给的自然数的定义与我们这里所给的定义在方法上是不同的，但是我们可以证明弗雷格在《算术基础》中所构想的自然数。弗雷格上述的构造性的定义自然数的方法后来被冯·诺依曼所采纳。

值得注意的一点是，关于 P 关系，我们采用的是一种宽泛的使用方式：如果一个概念中有一个对象 b，那么去掉这个对象后，所得到的新概念 $x: Gx \wedge x \neq b$，它的数是概念 G 的数的前驱。这个定义是让我们从一个数得到这个数的前驱。我们没有合适的理由，从任何一个概念来构造一个新概念，它包含一个不在这个概念之下的对象。因为概念 [x: x = x] 之下的对象是所有的对象，此时我们无法再加上一个不在这个概念之下的对象，从而形成概念 [x: x = x] 的数的后继。

出于类似的忧虑，我们也必须考虑是否每一个自然数都可以有一个后继。

为了要说明，每一个自然数都有一个后继，我们还需要一些关于自然数特有的性质。

引理 5 $Pmn \wedge P^*0n \rightarrow \forall x((P^*xm \vee x = m) \leftrightarrow P^*xn \wedge x \neq n)$

证明 设 Pmn，P^*0n。

先证等值式的一个方向：从左至右。

如果 $P^*xm \vee x = m$，那么我们分两种情况讨论。首先如果 P^*xm，根据 Pmn，可以得 P^*xn。因为 P^*0n ，所以 $x \neq n$。

其次如果 $x = m$，根据 Pmn，以及 $Pmn \rightarrow P^*mn$，可以得 P^*xn。因为 P^*0n ，所以 $x \neq n$。

然后证等值式的另一个方向：从右至左。

设 P^*xn。因为 Pmn，那么根据引理 *2*，得 $P^*xm \vee x = m$。

引理 6 $Pmn \wedge P^*0n \rightarrow P\sharp[x : P^*xm \vee x = m]\sharp[x : P^*xn \vee x = n]$

证明 设 Pmn，P^*0n。由引理 *5*，得 $[x : P^*xm \vee x = m] \approx [x : P^*n \wedge x \neq n]$。

所以，$P\sharp[x : P^*xm \vee x = m][x : P^*n \vee x = n]$

引理 7 $Pmn \rightarrow (P0m \vee 0 = m) \wedge Pm\sharp[x : P^*xm \vee x = m] \rightarrow (P^*0n \wedge Pn\sharp[x : P^*xn \vee x = n])$

证明 设 Pmn，那么由 $P0m \vee 0 = m$ 可以得到 P^*0n。这是因为，如果 $P0m$，则 P^*0m。因为 Pmn，所以 P^*mn。因为 P^* 有传递性，所以 P^*0n。由引理，得 $P\sharp[x : P^*xm \vee x = m]\sharp[x : P^*xn \vee x = n]$。

因为 $Pm\sharp[x : P^*xm \vee x = m]$，$Pmn$，$P$ 是一个函数，所以 $\sharp[x : P^*xm \vee x = m] = n$。再由引理 *6*，得

$Pn\sharp[x : P^*xn \vee x = n]$。

定理 7 $P^{*=}0n \rightarrow Pn\sharp P^{*=}xn$

证明 注意：$[x : P^{*=}xn]$ 是一个概念。这个引理即是证明每一个自然数 n 的后继都是概念“小于等于 n”的数。

设 $P^{*=}0n$。由这个假设可以得 $P^*0n \vee 0 = n$。

如果 $n = 0$，由引理 *4*，得 $P0\sharp P^{*=}xn$，如果 P^*0n，那么令 $F = [z : P^*0z] \wedge Pz\sharp[x : P^{*=}xz]$。我们现在证明 Fn。

由引理 7，得 $P0n \to Pn\sharp[x : P^*xn \vee x = n]$。

引理 7 已经证明了 F 是一个继承性概念，所以 Fn。这是因为从 $Q*ab$ 并且 $\forall x(Qax \to Fa)$ 并且 $\forall x\forall y(Qxy \wedge Fx \to Fy)$ 可以得到 Fb。我们把这里的 Q 换成 P，把 a 换成 0，把 b 换成 n。

注意：对于任意自然数 n，我们证明了 $\neg Pnn$。但是对于无穷的概念，从这个概念之下的对象中去掉一个对象后，仍然可以和原来的概念之下的对象形成一一映射。所以无穷概念的数如果是 x，那么 Pxx。这是和自然数非常不同的性质。

因为每一个自然数 n 的后继都和 n 不同，而每一个自然数都有后继，这就很容易得出有无穷多自然数。

8.4　弗雷格算术系统中的祖传序列

从前面的弗雷格定理的证明，不难看出，最为困难的是证明“每一个自然数都有一个后继”。为了证明它，我们需要引入“祖传序列”的概念。实际上，这个概念弗雷格在《算术基础》第 79 节给出，并且在这一节中，弗雷格也强调了这个定义在《概念文字》中也有所述。任何关系 R 都有对应的祖传序列。关于祖传序列的一些重要结论，在这部分我们不妨总结一下：

1. $R^*ab =_{df} \forall F((\forall xRax \to Fx) \wedge \forall x\forall y(Fx \wedge Rxy \to Fy) \to Fb)$

这个定义的直观意思是：a 与 b 有 R^* 关系，当且仅当对于任意的继承性概念 F，如果与 a 有关的对象都有 F 的性质，那么 b 也有这样的性质。

如果我们要证明 R^*ab，用上述的条件就可以。

2. 证明 $R^*ab \to \cdots b \cdots$ 的策略

即要证明从 R^*ab 蕴涵 b 有某种性质。我们需要构造某个概念，即 $\cdots x \cdots$，不妨设它为 F(x)。我们需要证明 F 是一种继承性质，并且与 a 有 R 关系的对象都有 F 的性质，即可。这是 R 的祖传序列的定义保证的。

3. $Rab \to R^*ab$

所有的 Rab 都有 R^*ab。

4. $R^*ab \wedge R^*bc \to R^*ac$

由 R 定义出的祖传序列是一个传递关系。

3 和 4 是一个开公式，实际上它表示的任意 R 和任意对象 a，b 都有这样的性质。从 4，不难看出，R^* 并一定是一个我们通常意义下的序关系。我们通常所理解的 R 是序（偏序），需要满足传递性和反对称性。但是由 R 所决定的 R^*，并不一定是偏序。

例如 $Rab \wedge Rba \wedge a \neq b$，由 3，我们得到 $R^*ab \wedge R^*ba \wedge a \neq b$。而此时的 R^* 破坏了反对称性，所以它不是偏序。

5. P 是数上的关系。自然数上的 P 决定了一个弱祖传关系 $P^{*=}$。它满足偏序的条件。

6. 实际上 $P^{*=}$ 是一个线性序。

$P^{*=}0m \to (P^{*=}0n \to (P^{*=}mn \vee P^{*=}nm \vee n = m))$

证明 我们用归纳法证明这一结论。

令 $Fm : P^{*=}0n \to (P^{*=}mn \vee P^{*=}nm \vee n = m)$。

当 $m = 0$ 时，因为如果 $P^{*=}0n$，所以 $P^{*=}mn$，所以 Fm。当 P^*0m 时，我们只需要说明 F 是继承性概念并且 *0* 的后继有这个性质。

先证 F 有继承性。

设 Pab 且 Fa，我们证明 Fb。

Fa，即 $P^{*=}0n \to (P^{*=}an \vee P^{*=}na \vee n = a)$

设 $P^{*=}0n$，因为 Pab，由引理 *2*，得 $P^{*=}nb$。所以 Fb。

所以 F 有继承性。

因为 $F0$，而 F 有继承性，所以 *0* 的后继也有 F 的性质。

因此所有的自然数 m，都有 Fm。

从 6 的证明不难看出：当证明所有的自然数都有某种性质 F 时，自然数上归纳法的过程并不是 0 有这个性质 F，F 有继承性，因为这里的 F 很可能并不是在所有的数上都有继承性。6 的意思是任何两个自然数都可比较，或者说任一自然数 m 都可以和自然数 n 相比较。而两个数可比较并不是这里所采用的继承性质，这里所用的继承性质是“如果 n 是自然数，那么自然数 m 可以和 n 相比较”。这是弗雷格算术系统证明自然数都有某种性质所常用的技巧。

8.5　证明的逻辑

我们上述的证明是用元语言的方式叙述的，而所用的证明方法都可以在二阶的逻辑系统中实现。弗雷格的逻辑系统是二阶的逻辑系统。一般来说，标准的二阶逻辑系统的语言包括如下的初始符号和公式的形成规则。

8.5.1　二阶逻辑的语言

二阶逻辑语言的初始符号

二阶语言与一阶语言的差别在于前者可以量化二阶的对象，但是一阶语言只能量化一阶的对象。

一阶语言的非逻辑符号表可以包括谓词符号、函数符号和常量符号。二阶逻辑是在一阶语言的符号表中增加谓词变元符号，这些符号指称 n 元关系（一元关系也称之为性质）。

有关二阶逻辑是否就是集合论的问题，我们将在二阶逻辑章节讨论。

二阶逻辑语言的公式形成规则

一阶语言的公式形成规则主要包括：

1. 如果 $t_1, \cdots, t_n$ 是 n 个项，P 是一个 n 元谓词符号，那么 $Pt_1, \cdots, t_n$ 就是一个公式。如果 t_1, t_2 是两个项，那么 $t_1 = t_2$ 也是公式。这两种形式的公式被称为原子公式。

2. 如果 A，B 是公式，那么 $\neg A$，$A \to B$ 也是公式。

3. 如果 A 是公式，x 是个体变元，那么 $\forall xA$ 也是公式。

4. 只有经过有穷次使用上述规则所形成的符号串被称为一阶语言公式。

二阶语言的项是在一阶语言的基础上增加以下规则：
如果 F 是一个谓词，那么 $\sharp F$ 是一个项。[①]
二阶语言公式是在一阶语言的基础上增加如下规则：

1. 如果 X 是一个 n 元关系变元，$t_1,\cdots,t_n$ 是 n 个项，那么 $Pt_1,\cdots,t_n$ 就是一个公式。

2. 如果 A 是公式，X 是关系变元，那么 $\forall XA$ 也是公式。

3. 只有经过有穷次使用上述规则（包含一阶语言公式的形成规则）所形成的符号串才能被称为二阶语言公式。

8.5.2 二阶逻辑系统

弗雷格算术中隐含地使用了如下公理：

1. $\exists F\forall x(Fx \leftrightarrow A(x))$，其中 $A(x)$ 是一个 FA 的公式，并且 F 在 $A(x)$ 不自由。

2. $\exists R\forall x\forall y(Rxy \leftrightarrow B(x,y))$，其中 $B(x,y)$ 是一个 FA 的公式，并且 R 在 $B(x,y)$ 不自由。

弗雷格的逻辑主义立场要求他的证明具有严格性，这种严格性强调，我们使用逻辑规则和定义，可以一步步地、没有跳跃地推出关于算术的命题。然而人们发现，实际上弗雷格在其证明过程中使用了概括

[①]现代逻辑的语义学一般把函数处理为全函数。对于 $\sharp F$，新弗雷主义者并不认为所有的概念都有属于它的数。比如“是白色的”就不是一个可以数的概念。关于这个问题，可以参看“凯撒问题”“休谟原则的认识论意义”的相关章节。布鲁斯（P.174）给出的弗雷格算术系统和我们这里的系统不一样。在他的系统中，休谟原则作为一个定理而非一个公理，而系统中唯一非逻辑公理，被称为数公理，其形式为：$\forall F\exists !x\forall H(H\eta x \leftrightarrow HeqG)$。这个公理的直观意思是每一个概念都有属于它的一个数。但是这和新弗雷格主义者对于数的认识不同。

公理，这个公理是说，任何一个开公式都决定了一个谓词。这是一个公理模式。但是这个公理模式并没有在弗雷格的逻辑系统中明确提出。

模型论的解释是一种集合论式的解释，它把 n 元谓词解释为论域上的 n 元关系，而这里的 n 元关系，指的是一个集合。弗雷格的逻辑观，使他抛弃了从特殊论域的角度考虑元逻辑的问题。他认为论域只有一个，那就是所有对象组成的类。正是因为弗雷格没有用现代模型论的方式去讨论逻辑的语义特征，从而一些现代逻辑的元逻辑的问题，比如相对语义模型的完全性、一致性的问题等不在弗雷格的考虑范围中。

弗雷格之后的逻辑学家发现二阶逻辑与一阶逻辑相比，有许多类似的基本语义性质（与弗雷格不同的是，现代逻辑学家很看重不同论域的模型论的解释），比如代入引理，相似引理等，然而在这种新视角下，二阶逻辑与一阶逻辑在更深层次的性质方面，却显示出不同：二阶逻辑不再具有完全性、紧致性、Löwenheim–Skolem 定理。

一阶逻辑的完全性是在说模型语义上所给出的“逻辑后承”或“有效性”与形式推理系统中的“推出”“可证”实际上具有相同的外延。

正是因为一阶逻辑具有完全性，而二阶逻辑没有完全性。人们似乎更加认可一阶逻辑。因为在一阶语言的推理中，语义上所承认的有效推理规则都可以在一阶系统中使用。但是二阶逻辑没有这样的性质，使得我们担忧某些语义上正确的推理在二阶逻辑系统中没有对应的语法结论。实际上，一阶逻辑的完全性并不能说明一阶逻辑比二阶逻辑优越。一阶逻辑语言的表达力没有二阶语言丰富、便捷。关于二阶逻辑的内容可参看本书的第十三章。

今天的逻辑学家把集合论 ZFC 作为标准的二阶逻辑系统模型的背景理论。因为 ZFC 的某些独立的问题，也使得一些二阶语言的公式在二阶语义中无法判定其是否是有效式。这些是关于二阶逻辑系统的事实。

8.6 弗雷格知道弗雷格定理吗？

很自然的问题是：是谁证明了弗雷格定理？弗雷格自己知道这个定理吗？

从弗雷格的工作看，他从公理 V 和二阶逻辑系统（隐含地使用了概括公理）推出休谟原则。他后来对 DP 公理的证明并不依赖于公理 V，而是依赖于休谟原则。或许从这个意义上说，弗雷格应该知道弗雷格定理。但是弗雷格并没有给这个定理命名为“弗雷格定理”，真正将这个定理命名为“弗雷格定理”的是布鲁斯。他也是真正把这个定理的证明完全呈现的第一人。我们这里给出的弗雷格定理的证明和布鲁斯的证明不同，但是在本质上和弗雷格的证明都是一样的。弗雷格之后，第一个发现这个结果的是帕森斯。他在 20 世纪 60 年代，发现了弗雷格对于 DP 公理的证明实际上依赖休谟原则，而休谟原则是从公理 V 推出的。但是一旦休谟原则被推出后，实际上 DP 公理的证明就没公理 V 的什么事儿了。值的一提的是，为休谟原则命名的也是布鲁斯。布鲁斯还证明了弗雷格算术系统和二阶算术的一致性等价。布鲁斯对于弗雷格的算术系统的细致考察和重建，对我们理解弗雷格如何实现他的算术哲学非常有益。下面介绍一些弗雷格定理证明中重要的定义、引理和定理在弗雷格著作中的出处。

休谟原则出现于《算术基础》第 62 节。弗雷格在《算术基础》第 55 节和第 74 节给出了“0”的定义；在第 76 节给出自然数上的前驱关系，即我们这一章的 Pmn。关于 P 是一个一一映射的结论和证明出现于《算术基础》中的第 78 节。弗雷格的“祖传序列”的定义出现于《算术基础》中的第 79 节，在《概念文字》的第 91 节，弗雷格证明了 $Rxy \to R^*xy$，在《概念文字》的第 98 节证明了“祖传序列”的传递性。在《算术基础》的第 82 节、第 83 节给出了“每一个自然数都有一个后继”的证明思路。

布鲁斯称之为“弗雷格定理”既是对弗雷格在此项工作上的肯定，也让我们看到了布鲁斯谦虚的治学态度。实际上布鲁斯的重构工作并不容易。

8.7　从集合论构造自然数

集合论作为数学基础，是把所有的数学对象都解释为集合。集合论也有其重构算术理论的方法。

今天的公理集合论是一个一阶理论，它的非逻辑的公理包含以下公理：

外延公理　如果两个集合有相同的元素，那么这两个集合相等。

分离公理　任给一个集合 x 和一个可以用集合论的语言描述的性质 P 决定一个集合，这个集合中的元素都是 x 的元素，并且都有性质 P。

无序对公理　任给集合 x 和集合 y，存在一个集合 $\{x,y\}$。

并集公理　任给集合 x，存在一个集合，它是 x 元素的并。

幂集公理　任给集合 x，存在一个集合，它的元素恰好是 x 的子集。

无穷公理　存在一个集合 x，空集是其元素，并且任给集合 y，$y \in x \to y \cup \{y\} \in x$。

替换公理　如果参数 $x_1 \cdots x_n$ 和公式 ϕ 构成一个映射，那么集合 x 在这个映射下的值构成一个集合。

选择公理　任何不交集合构成的集合都存在一个集合，其元素恰好是从每一个不交集合中取一个元素。

集合论的公理保证了：两个集合的并、交运算的合法性，并且空集是一个集合。

无穷公理之所以被称为“无穷”公理，是因为它断言有一个“无穷”集合的存在。但它本身并未给出无穷的定义。

自然数集合被定义为最小的无穷集。把自然数解释为集合：$0 =_{df} \emptyset$

$1 =_{df} 0 \cup \{0\}$

$2 =_{df} 1 \cup \{1\}$

$\cdots$

无穷公理保证了有一个集合可以收集所有的自然数。

因为集合论是把自然数等数学对象重构为集合，它对 DP 的公理解释如下：

公理 1 $0 \in \omega$

公理 2 $n \in \omega \to n^+ \in \omega$，其中 $n^+ = n \cup \{n\}$

公理 3 $S \subseteq \omega \wedge 0 \in S \wedge (n \in S \to\to n^+ \in S) \to S = \omega$

公理 4 $\forall n(n \in \omega \to n^+ \neq 0)$

公理 5 $\forall m \forall n(m^+ = n^+ \to m = n)$

8.8 从集合论构建的算术与弗雷格算术系统

DP 的公理都可以从集合论得证。但是我们会发现，集合论对于 DP 公理的解释与弗雷格算术理论截然不同。

首先，公理集合论的语言是一个一阶语言，它的初始的非逻辑符号只有 $\in$，其他集合或运算都可以被定义。在这样的语言下，讨论 DP 公理，必须要把 DP 的公理翻译为集合论的语言。

因此，0 被翻译为空集，后继运算被翻译为一种特殊的并集运算，等等。后继运算因为确定了唯一集合，所以在公理集合论中不必再叙述后继是一个函数运算。

公理 3 实际上是自然数归纳法，也是自然数集的定义。如果 0 具有某种属性 F，并且 n 具有 F 属性，蕴涵 n^+ 也具有 F 属性，那么所有的自然数都有 F 属性。

与此相对的是，弗雷格算术理论是一个二阶理论，它唯一一个特殊的初始的非逻辑符号就是休谟原则中所出现的 $\sharp$。

弗雷格的算术系统并不是把数学对象还原为其他的数学对象，比如集合。正如弗雷格所坚信的那样，他认为算术的本质在于它是逻辑。

弗雷格认为，我们对于概念或对象的一般理解是最为根本的。在新弗雷格主义者看来，弗雷格算术系统并未预设我们对于某些特殊概念的理解，休谟原则作为一种隐定义，确定了概念的数的涵义。当然这个隐定义中也涉及其他的概念，比如全称量词、存在量词、等值联结词、关系、等等。但是这是逻辑的，因为即使我们用到了一一对应的关系，正如我们前面所述，这些概念是“形式的”，它不涉及具体的某种关系，而是关系的性质。

弗雷格算术中的休谟原则所定义的“数”，与康托所定义的“基数”是类似的，是一种等价类定义的“数”。弗雷格认为概念 F 的数和概念 G 的数相等，当且仅当两个概念之下的对象有一一对应关系。而康托认为两个集合的数相等当且仅当这两个集合的元素之间有一一对应关系。

弗雷格把“0”定义为一个矛盾概念的数，比如 $0 =_{df} \sharp[x : x \neq x]$。当然矛盾概念有很多，但是这些概念拥有相同的数，或者说 0 是属于这些矛盾概念的数。集合论把 0 定义为一个具体的集合，空集。关于自然数的性质都可以从集合的性质推出。

其次，两种理论对于有无穷的自然数的论证基础不同。

集合论为了保证自然数集的存在，需要预设一条公理，即无穷公理。这条公理是自然数集存在的充分条件。与集合论不同的是，弗雷格算术理论并未预设有无穷对象。有无穷个自然数的结论，是从休谟原则出发得出的。但是休谟原则本身并未对自然数的个数有所断言。

再次，自然数上的数学归纳法在两个理论中都容易证明。这是由两个理论对自然数的定义得到的。弗雷格定义自然数用到一个很重要的概念“祖传序列”，它也是一个形式概念。每一个二元关系 R，都有一个与 R 相关的强祖传序列 R^*ab 是一个序列，开始于 a，结束于 b。R^*ab 当且仅当对于任何继承性概念 F，如果与 a 有关的元素都有性质 F，那么 Fb。n 是自然数被定义为 $P^*0n \vee n = 0$。自然数的归纳法实际上在弗雷格算术系统中很容易得证。集合论中定义自然数集合是包括 0 并且对后继运算封闭的最小集合。无论是集合论，还是弗雷格算术，都认为自然数被定义为 0 或者是从 0 出发经过有穷步骤的后继运算得到的。而这恰恰是自然数的最为基本的性质。不过两个理论对于后继的解释是不同的。

最后，集合论对于自然数上的“小于”关系的定义看起来有些奇怪。

我们上文给出了集合论的一种自然数的定义，实际上，在集合论中还有其他的定义自然数的方法。

$0 =_{df} \emptyset$

$1 =_{df} \{\emptyset\}$

$2 =_{df} \{\{\emptyset\}\}$

$\ldots$

这两种集合论定义都满足自然数集的定义。贝纳塞拉夫 (Benacerraf) 曾问：自然数的小于关系究竟是什么，是第一种定义下的属于关系，还是第二种定义层层集合下的关系？[①]他之所以提出这样的问题，在于从集合论的不同定义，可以看出自然数是一种结构。而不是具体的集合间的关系。

弗雷格算术系统在这点上并没有这样的奇怪问题。但是奇怪或许并不是诟病的理由，因为这样的奇怪的性质并没有对自然数的重构产生有害的结论。从经验上看，有关自然数的结论都可以从集合论重构出来。

8.9 弗雷格定理引发的主要哲学问题

1. 有关自然数的认识论

弗雷格反对使用集合论来解释自然数的根本原因在于，从认识论的角度，我们不能很好地解释“我们是如何认识集合的公理的”。弗雷格反对将直观作为认识数的认识论的基础，所以他选择定义的方式，通过对语词的理解来理解数的涵义，从而给出数的认识论的基础在于逻辑的断言。有些数学家认为，公理化的系统，比如 DP 公理本身也

[①]Benacerraf, P., “What Numbers Could Not Be”, *Philosophical Review*, Vol.74, 1965, pp.47–73.

是对自然数的定义，只是这种定义是隐定义。采用这一立场的数学家就包括希尔伯特。有关希尔伯特和弗雷格对这个问题的争论，我们将在后面的章节中给予介绍和评论。我们如何认识自然数？能否不诉诸直观来给出数的认识论，将是我们讨论的重点问题。

2. 二阶逻辑是否是逻辑，何为逻辑

当代重要的分析哲学家蒯因认为，二阶逻辑实际上是集合论。而集合论在蒯因看来，是具体的数学分支，而数学与逻辑是不同的。如果蒯因是对的，那么弗雷格或者是新弗雷格主义者所坚持的逻辑主义的立场就岌岌可危。但是逻辑究竟是什么？二阶逻辑是否是集合论？如果不是，那么二者区分的界限是什么？

3. “凯撒问题”

弗雷格与新弗雷格主义者重要的分歧在于，前者认为休谟原则不能作为数的定义，因为从这个定义，我们无法知道数究竟是什么，无法回答“3”是否等同于“凯撒”。这个问题被称作“凯撒问题”。而新弗雷格主义者认为休谟原则作为数的隐定义，可以解释我们是如何理解数的。然而正如黑尔所说，新弗雷格主义者面临的一大挑战就是要解决“凯撒问题”，即从定义能否区分两种不同的对象。在本书的第一部分我们已经阐释过新弗雷格主义者如何解决“凯撒问题”。

4. 良莠不齐问题

休谟原则具有这样的形式：

$\pi F = \pi G \leftrightarrow \alpha \approx \beta$

然而引起弗雷格系统坍塌的公理 V 也具有这样的形式。所以这个形式本身并不能让我们区分哪些定义是好的定义，哪些定义是坏的定义。这个问题被称作良莠不齐（Bad Company）问题。

下一章我们将讨论这些哲学问题。

第9章　休谟原则的认识论意义

新弗雷格主义继承了弗雷格逻辑主义的基本主张，认为基本的算术规律可以从标准的二阶逻辑和数的定义（休谟原则）得出。弗雷格的逻辑主义计划最初在《算术基础》中提出，他要严格区分逻辑的东西与心理的东西，他要为算术建立其逻辑基础，这体现在弗雷格要把算术真理规约为逻辑和定义，即算术真理可以从逻辑和合适的定义推出。但是人们一般认为弗雷格的逻辑主义失败了，其根本原因在于弗雷格在《算术的基本规律》中所实施的逻辑主义计划的公理系统有矛盾。但是随后逻辑学家发现了弗雷格定理，即标准的二阶逻辑系统加休谟原则可以推出戴德金的二阶算术公理。这一逻辑发现，在新弗雷格主义者看来，有重要的哲学意义。他们认为休谟原则可以看作基数的隐定义。从这个隐定义不仅可以推出刻画标准自然数结构的算术真理，而且更为重要的是，可以解释“数”的涵义。这就为我们怎样理解抽象对象提供了合适的认识论。新弗雷格主义者认为，弗雷格的涵义与指称理论虽然是其中后期的思想，而且还有一些地方需要修改，但是这样的意义理论可以用来发展弗雷格的逻辑主义。与弗雷格的逻辑主义最为相近的是，新弗雷格主义者认为，在为算术所提供的认识论中不必诉诸直观，仅需诉诸逻辑和定义。新弗雷格主义与弗雷格的逻辑主义也有所不同，其中显著的不同在于新弗雷格主义把休谟原则作为基本定义，而非推出的定理。而弗雷格否定了休谟原则作为基本定义的作用，其理由正是他在《算术基础》中所提出的“凯撒问题”。本章并不讨论新弗雷格主义怎样解决“凯撒问题”，而是探讨休谟原则作为基本定义所面临的其他问题，其中最重要的问题是：我们以什么原则来接受一个定义？

本章分为四节。第一节概述弗雷格的逻辑主义主张；第二节解释新弗雷格主义的基本主张及这种哲学立场为什么把休谟原则作为基本的定义；第三节讨论休谟原则的分析性，并简述新弗雷格主义者如何回应对休谟原则分析性的质疑；第四节阐述自然数的逻辑基础。

9.1　弗雷格的逻辑主义

弗雷格《算术基础》的核心观点是：算术真理是分析真理，而分析真理是那些可以从逻辑和定义证成的命题。在弗雷格看来，一个命题是否是分析的并不在于其内容，而是视其证成的方式。《算术基础》并未给出一个严格的形式系统来说明算术真理的分析性，但是弗雷格却给出算术分析性的大致说明。他把"属于某个概念的数"定义为与这个概念"外延"有一一对应关系的等价类。他希望从这一定义可以推出算术的基本规律，并且相信可以做到这一点。弗雷格在《算术的基本规律》中真正实施了其逻辑主义计划。在《算术的基本规律》中，弗雷格认为需要定义"概念的外延"，因为在他看来"数"的定义需要"概念的外延"（"属于某个概念的数"定义为与这个概念"外延"有一一对应关系的等价类），因此他引入了公理 V 作为"概念的外延"的隐定义。正如我们所知道的，公理 V 加在标准的二阶逻辑系统上会导致矛盾。因此人们认为弗雷格的逻辑主义失败了。

让我们想象一下：假设公理 V 加在标准的二阶逻辑系统上不会导致矛盾，弗雷格的逻辑主义就是成功的吗？弗雷格的算术哲学的核心是要解释算术真理的分析性，即算术真理都可以从逻辑和定义证成。这样的论断如果等同于所有的算术真理都可以从弗雷格所建立的公理系统证成，当然是无法实现的，这是因为哥德尔不完全性定理告诉我们自然数的真理集并不是一个递归可枚举集，任何递归系统都不能把所有的自然数真理容纳进来。后来逻辑学家发现了弗雷格定理：休谟原则加在标准的二阶逻辑系统可以推出戴德金二阶算术的公理，但是这也并不意味着所有的算术真理可以从这个系统中证成，而是一部分算术真理可以在弗雷格算术系统中得证。

弗雷格强调“定义”，无论是公理 V，还是休谟原则，都是“语境定义”，规定了某类对象的同一性的条件，新弗雷格主义把这样的“语境定义”称为抽象原则，其一般形式如下：$\forall\alpha\forall\beta(\sharp\alpha=\sharp\beta\leftrightarrow\alpha\approx\beta)$，其中 $\sharp$ 是一个运算，当这种运算用到某种类型的表达式时，就会形成一个单称词项（singular term）；“$\approx$”表达的是两个相同类型表达式的等价关系。《算术基础》中的“线的方向”定义、休谟原则以及他在《算术的基本规律》中的公理 V 都是抽象原则，它们都有这样的形式。

直线 a 的方向 = 直线 b 的方向，当且仅当直线 a 和直线 b 平行。

F 的数 = G 的数，当且仅当 F 与 G 有一一对应关系。

F 的外延 = G 的外延，当且仅当 F 与 G 同延。

“当且仅当”的右边是等价关系，比如直线之间的“平行关系”、概念的“一一对应关系”、概念的“同延”都是等价关系；“当且仅当”的左边引入了新运算符号，表达两个对象的同一。抽象原则就是这样的等值式，等值式的左边和右边有相同的真值条件。

抽象原则并不是一种“显定义”。显定义用其他语词直接、明白地陈述被定义项的涵义。比如“人是理性动物”就是一个显定义。与显定义相对应的是“隐定义”，这种定义方式并不是直接陈述被定义项的涵义，而是靠陈述包含被定义项的句子来达到把握被定义项涵义的目的。希尔伯特认为一个公理系统可以看作隐定义，这些公理隐含地定义了某些初始概念。例如算术的公理系统隐含地定义了“数”“后继”等概念；几何的公理系统隐含地定义了“点”“线”“面”。在希尔伯特看来，包含某些初始概念的公理系统就是这些概念的“隐定义”，而这些公理来源于我们对这些概念的“直观”。弗雷格反对把“直观”作为“数”的认识论基础。在《算术基础》中，他明确反对康德把算术的认识论建立在直观的基础上。他也反对把非逻辑公理看作隐定义。在给希尔伯特的信中，他认为希尔伯特“几何基础”的公理系统并未给予“点”“线”“之间”这些词的意义，而是预设了先前就已经知道这些语词的意义。这些公理仅仅表达了我们对于这些初始符号涵义的直观，但是没有解释我们如何获得这些符号的涵义。弗雷格要区分公理和定义。他认为公理表达了真理，如果公理中出现的语词的意义还没有确定，那么这个公理所表达的就不是一种思想。定义要给出特定语词的意义，公理并不承担给出语词意义的任务。当然希尔伯特并不同意弗雷格的立场[①]。

在《算术基础》的第 60—67 节，弗雷格暗示了数可以用休谟原则来定义，但是他最终否定了休谟原则作为数的定义，其理由是这种定义方式无法解决“凯撒问题”。弗雷格认为休谟原则虽然给出了数相等的条件，但是这里的数在形式上必须是“F 的数”，仅从这个定义，无法知道“木星的卫星数 = 凯撒”是否是真的。正是这个问题，使弗雷格转向“数”的显定义，弗雷格把“F 的数”定义为与 F 有一一对应关系的概念组成的等价类。而这个定义需要一个类理论，或者外延理论。为了提供这样的理论，弗雷格引入了公理 V。这一点确实导致了其系统的不一致，对他的逻辑主义计划造成了致命的打击。

也许有人会说为什么不采用集合论作为算术的基础来挽救弗雷格的逻辑主义计划？我想至少有两个明显的理由可以认为弗雷格会拒绝把集合论作为挽救其逻辑主义计划的途径。一个理由是弗雷格的逻辑主义计划是要把数定义为“逻辑对象”，它的定义并不能诉诸其他非逻辑的概念，比如“集合”。公理集合论含有集合存在性的预设。另一个理由是弗雷格的数的概念实际上无法与集合论的数的概念相一致，因为基数作为对象组成的类太大了，以至于不能看作是集合。但是基数在弗雷格的理论中是一个概念，这里的概念是弗雷格意义上的概念，即谓词的指称，它不是集合。

9.2　新弗雷格主义的逻辑主义主张

与弗雷格的逻辑主义不同的是，新弗雷格主义认为休谟原则可以作为数的定义，并且基本的算术规律可以从二阶逻辑系统加休谟原则

[①] Frege G., *Philosophical and Mathematical Correspondence*, Oxford : Basil Blackwell Press, 1980, pp.34–43.

推出。基本的算术规律包括戴德金的二阶算术公理以及这个系统所推出的算术定理。弗雷格定理是一数学事实，即从二阶逻辑加休谟原则可以推出戴德金的非逻辑公理，这一点当然不会有人去否定，这也许称不上一个“哲学”主张。新弗雷格主义的哲学主张的核心是：休谟原则可以作为数的定义，来解释我们怎样理解或者说怎样认识抽象的“数”。贝纳塞拉夫提出柏拉图主义数学观的难点在于提供怎样认识抽象数学对象的认识论，如果新弗雷格主义能够给出怎样理解抽象数学对象的途径，这确实具有重要的哲学意义。但是弗雷格本人就反对将休谟原则作为数的定义，所以新弗雷格主义的主张一开始就面临如何解决“凯撒问题”的挑战。新弗雷格主义者认为，休谟原则给出了解释抽象对象“数”的涵义，而且所有可以成为数的对象都是某个概念的数。没有哪个“数”不能通过休谟原则来解释。这种主张当然与弗雷格在《算术基础》中的观点有冲突，也正是这一主张，使得新弗雷格主义找到解决“凯撒问题”的途径[①]。

哥德尔不完全性定理告诉我们，这样的系统无法证明所有的算术真理。新弗雷格主义者似乎并不关心这个系统是否能证明所有的算术真理，他们关心的是给出数的认识论，即如何解释“数”的涵义。戴德金的二阶算术系统确实刻画了“唯一的”（同构意义上）算术结构，如果休谟原则确实可以看作是定义，那么弗雷格定理说明了休谟原则可以解释“数”。之所以称这样的主张为逻辑主义，是因为它与弗雷格的算术哲学如此接近：认为数的认识论不需要“直观”作为基础，而是以逻辑加定义作为其认识论的基础；之所以称之为新弗雷格主义在于它与弗雷格的逻辑主义有别，其最为显著的区别就在于把休谟原则作为基本的定义，而不是所推出的定理。

为什么休谟原则可以作为定义？

休谟原则如下：

$$\forall F\forall G(N(F)=N(G)\leftrightarrow \exists R((\forall xFx\rightarrow \exists! y(Gy\wedge Rxy))\wedge (\forall yGy\rightarrow \exists! x(Fx\wedge Rxy))))$$

[①]关于新弗雷格主义者如何解决“凯撒问题”可参阅本书的“凯撒问题”章节。

新弗雷格主义者认为，休谟原则等值式左边“同一性”句子的真值条件可以由等值式右边的句子提供，这样就可以理解等值式左边句子的涵义。新弗雷格主义者认为句子的涵义就是句子的真值条件，理解句子的涵义当且仅当理解句子的真值条件。但是不同的句子可以有相同的真值条件。比如“玛丽是约翰的妻子”与“约翰是玛丽的丈夫”具有相同的真值，二者具有相同的意义。一旦理解了句子的真值条件，这个句子的意义也会随之理解。理解了句子的涵义，并且理解了句子中其他语词的涵义，那么这个句子所引入的新符号的涵义也会被理解。新弗雷格主义者认为，符号的逻辑类型也是符号涵义的一部分，比如“F”“G”是谓词符号，这种符号类型也是 F、G 的涵义的一部分。“=”连接两个单称词项，所以函数“$N^{=}$”就是一个从概念到单称词项的函数，这当然也是“$N^{=}$”的涵义的一部分。“F 的数”与“G 的数”相等的真值条件通过 F 与 G 之间有一一对应关系给出，于是“F 的数与 G 的数相等”的涵义就被理解了，从而也理解了“$N^{=}$”。

值得注意的是，新弗雷格主义者强调在不知道句子的某些表达式的涵义的前提下也可以理解句子的涵义。这一点与弗雷格在《算术基础》中的观点一致。在《算术基础》第 65 节，弗雷格明确提出“直线 a 与直线 b 平行”与“直线 a 的方向与直线 b 的方向等同”有相同的涵义。黑尔[①]认为，弗雷格原本想从句子的内容中切分出新的概念，这个思想依赖于涵义的弱组合原则，而不是强组合原则。弱组合原则和强组合原则都承认句子的涵义依赖于组成句子表达式的涵义，它们的不同点在于强组合原则要求只有在知道句子的子表达式的涵义之后，才能理解句子的涵义；而弱组合原则并不承认这一点。这就是说，如果不知道句子中所出现的表达式的涵义也可以知道句子的涵义。达米特对涵义持有强组合原则，他认为“直线 a 的方向与直线 b 的方向等同”的涵义如果被理解就应该预先知道“直线 a 的方向”“直线 b 的方向”的涵义。但是新弗雷格主义者认为“直线 a 的方向”“直线 b 的方向”的涵义正是要通过定义“直线 a 的方向与直线 b 的方向等同”才

[①] Hale B., “Dummett's Critique of Wright's Attempt to Resuscitate Frege”, in Hale B., Wright C., *The Reason's Proper Study Essays towards a Neo-Fregean Philosophy of Mathematics*, Oxford: Clarendon Press, 2001, pp.189–213.

确定的，也就是说这个定义需要构造出这些涵义，而非原来就已知道。这正是达米特所强调的新弗雷格主义注定失败的地方[①]。

莱特和黑尔都对此有明确的回应[②]。他们都认为定义的作用就是要确定新表达式的涵义，新表达式的涵义如果预先就已知道，那就没有必要用定义了。黑尔认为弗雷格在《算术基础》之后建立的涵义与指称的理论区分了单称词项的涵义与指称，这个理论也可以推广到句子。句子的涵义是思想，理解句子的涵义需要理解句子的真值条件，即句子为真的条件。句子的真值是句子的指称，句子的涵义是指向其指称的方式。句子的涵义可以有不同的组合方式，也就是不同的句子虽然它们的子表达式以及这些子表达式的组合方式不同，但是它们最终所形成的句子可以表达相同的思想。

以“方向”的抽象原则为例。这个抽象原则断言了等值式左边的句子“直线 a 的方向 = 直线 b 的方向”与等值式右边的句子“直线 a 平行于直线 b”具有相同的真值条件。这样通过右边的句子，我们理解了左边句子的涵义。左边句子的句法特征是有等词符号。我们理解了“=”的涵义是两个对象的等同，那么等值式左边的句子的表达式是指两个对象的等同，而它们等同的真值条件就是右边表达式的真值条件。在新弗雷格主义者看来，抽象原则定义的是一个新种类对象。通过抽象原则，可以理解新的种类对象的同一性的条件，从而这种新种类的对象也被理解了。新弗雷格主义在吸收了弗雷格后期的理论之后，重新审视抽象原则，认为休谟原则确实可以定义“基数”这一类的对象。

希尔伯特认为公理系统本身就界定了初始符号的涵义，但是含有这些初始符号的公理需要诉诸我们对某些对象的直观，所以在弗雷格和新弗雷格主义者看来，这种隐定义还不足以解释我们如何理解被定义项的涵义。在希尔伯特看来，理解这些公理的涵义也是通往理解某些初始符号的涵义之路，这确实也是隐定义。希尔伯特公理系统的概

[①]Dummett M., “Neo–Fregeans: in Bad Company?” in Schrin, M. (ed.), *Frege: Importance and Legacy*, Berlin and New York: Walter de Gruyter Press, 1996, pp.369–387.

[②]Hale B., “Dummett’s Critique of Wright’s Attempt to Resuscitate Frege” in Hale B., Wright C., *The Reason’s Proper Study Essays towards A Neo–Fregean Philosophy of Mathematics*, Oxford: Clarendon Press, 2001, pp.189–213; Wright C. “Response to Dummett”in Hale B., Wright C. (2001): pp.256–271.

念定义面临的最大难题是如何理解公理系统的公理。比如我们以戴德金—皮阿诺公理系统中的公理“0 是自然数”为例，这个公理的真值条件是什么？当我们不知道“0”和“自然数”的涵义的前提下，如何知道这个公理的真值条件呢？抽象原则则不同。抽象原则左边句子的真值条件由右边句子的真值条件给定，这样我们就知道了一个含有被定义项的句子的真值条件。对于希尔伯特，他没有别的选择，他只能说对于这个公理的真值条件的理解依赖于我们的直观。但是我们知道这样的回答并不能令人满意。

当然并不是所有的隐定义都具有抽象原则的形式。比如在物理理论中对于“电子”等种类概念，也可以通过隐定义来确定其涵义。一般说来，经验科学的隐定义具有这样的形式：$\exists x\sharp x \to \sharp f$ ，其中“f”是被定义项，“$\sharp$”是一个母式，其涵义已知。这种隐定义通过预设这个公式的真来确定“f”的涵义。这种形式的公式被大卫 · 刘易斯（David Lewis）称为卡尔纳普条件句。这个公式作为定义不会因为理论的变迁而被否定。一个经验科学理论不妨被看作是某些关于 f 的基本规律的合取，记作 $\Phi\sharp f$ ，也可能这个句子本身就是 $\sharp f$。随着观察证据的发现，我们的理论可能会出现与观察不协调的结果，即会有结论 $\neg\sharp f$，那么按照定义，就会得出不存在某种实体。但是定义本身是个条件句，仍可被保留。这个定义从认识论的角度看，它是先天的，因为它不接受经验的检验。但是经验科学理论 $\Phi\sharp f$ 却不是先天的。

回到休谟原则，这个原则与经验科学理论的隐定义不同。它的目的不是指出满足“$\sharp$–”的对象。实际上，仅从这个原则看，它没有承诺任何对象的存在。它只是指出某种对象相等的条件，至于是否存在这种对象，这个定义没有陈述。从这点看，由休谟原则建立的理论不会具有上述经验理论的后果，我们不会得出数不存在，因此整个理论是先天的。在我看来，休谟原则作为隐定义最吸引人的地方有两点：一是不诉诸直观就可以解释“数”的涵义；二是解释了数学真理的先天性。

但是休谟原则作为隐定义，也面对很多哲学上的批评。弗雷格认为算术真理是分析真理在于其证成的方式。如果一个命题仅从逻辑和定义就可以证成，那么这个命题就是分析的。如果休谟原则是解释“数”

的隐定义，那么从二阶逻辑和休谟原则所推出的算术真理就应该是分析真理。但是休谟原则的分析性却受到了挑战。

9.3 休谟原则是否是分析真理

可以称布鲁斯为准逻辑主义者。他在弗雷格数学哲学领域做了许多很好的工作，其中就包含弗雷格定理的证明。弗雷格定理作为元数学的一个结果究竟能在多大程度上挽救弗雷格的算术哲学，布鲁斯和新弗雷格主义者的观点并不一致。其中最为显著的分歧就体现在休谟原则是否是分析真理这个问题的回答上。对于新弗雷格主义者，这个回答是肯定的，但是布鲁斯的答案是否定的。

有趣的是新弗雷格主义者和布鲁斯在其争论的问题上都没有给分析真理先下一个定义。当然，布鲁斯并不像蒯因那样，直接否定掉分析与综合的差别，从而持一种更为彻底的经验主义。在新弗雷格主义者看来，休谟原则的分析性在于它如同定义一样，解释了“数”的涵义。弗雷格本人也没有解释为何逻辑真理或者定义是分析真理。和弗雷格一样，新弗雷格主义者认为逻辑对分析真理带有某种继承性：如果一个句子是分析真理，那么这个句子的逻辑后承也是分析真理。但是为何休谟原则是分析的？或许对于弗雷格来说，追问定义的分析性似乎不是一个问题。因为在弗雷格看来，定义似乎都是显定义，是一种属 + 种差的定义方式。“人是理性的动物。”就是一个这样的定义。按照康德对于分析性的分析，如果谓词包含在主词之中，那么这样的命题就是分析真理。所以布鲁斯挑战的并不是显定义是分析命题，而是休谟原则的分析性。布鲁斯挑战休谟原则的分析性的关键点究竟是什么呢？①

布鲁斯对休谟原则的分析性的质疑是基于以下 5 点：(1) 本体论上疑虑；(2) 全数的疑虑；(3) 认识论上的疑虑；(4) 盈余内容的疑虑；

①本章所讨论的布鲁斯对休谟原则的分析性的质疑主要来源于布鲁斯的文章《休谟原则是分析的吗？》。Boolos, “Is Humes's Principle Analytic?”, in Heck,Jr.ed, *Language, Thought, and Logic: Essays in Honour of Michael Dummett*, Oxford: Oxford University Press, 1997, reprinted in Boolos, G., *Logic, Logic and Logic*, Cambrdige Mass.: Harvard University Press, 1998, pp.301–314.

(5)“良莠不齐”问题的疑虑。这些疑虑都涉及布鲁斯对“分析性”的先有的期许，这些期许和新弗雷格主义者的“分析性”的观念存在冲突。所以，非常有必要对这些疑虑做一些简单陈述，然后让我们在对比中更好地理解“分析性”。

9.3.1　本体论上的疑虑

关于休谟原则的分析性，布鲁斯在本体论上的疑虑主要涉及两个方面：第一，分析真理和逻辑真理一样，应该不对本体做任何的承诺；第二，休谟原则的真依赖于数的存在。

布鲁斯认为分析真理应该如同一阶逻辑真理一样，不对本体做任何的承诺，逻辑真理或分析真理应该在任何模型上都真，因而不会对论域的“大小”做任何的断言。但是休谟原则只能在无穷模型上真。而逻辑真理或分析真理应该是“中立的”，即在任何模型上都真，所以休谟原则不是分析真理。如果逻辑真理如布鲁斯所说，在任何模型上都真，那么休谟原则不是逻辑真理。但是这里需要澄清两个问题：（1）定义与逻辑真理是否不同；（2）逻辑真理是否就是在所有模型上都真的命题。关于第一个问题，我想弗雷格应该是区分逻辑公理和定义的。定义的目的在于界定新符号的涵义，而逻辑真理的功能并非要像定义那样给出新语词的涵义。所以承认定义不是逻辑真理，对于新弗雷格主义并不会构成威胁。在弗雷格看来，逻辑真理是普遍真理。这种普遍性并不是在集合—模型意义上的普遍性。为了理论的方便，一阶逻辑的模型要限制论域非空，如此一阶逻辑也不是逻辑了，因为它只是在非空的模型上才成立。

不可否认的是，从休谟原则和二阶逻辑出发，确实可以推出存在 0，1，……　这样的可数无穷序列，但是这个结论并不是休谟原则本身的断言，而是从休谟原则加逻辑推出的。新弗雷格主义者主张：承认存在这样的数学对象是因为理解了 $N^{=}$ 这个运算的涵义以及理解了二阶语言的结果，这并不意味着新弗雷格主义者需要在预先承认的无穷域中找出一个可数无穷域来满足这个理论。达米特正是在这种曲解的基础上对新弗雷格主义者的主张提出批评。他认为当论域足够大，$N^=$才有意义，但是休谟原则却无力告诉我们这样的论域观念是怎样得出的。新弗雷格主义者强调当 $N^=$ 算子的涵义一旦被理解了，这样的无穷域就会得到承认，而非像达米特所解释的那样是先预设一个无穷域，再有 $N^=$ 的意义[①]。

莱特在多处明确指出：$N^=$ 仅仅是约定关于数相等的陈述句的意义，除了给出这种陈述句的真值条件，并不承担独立的认识论的义务来保证存在对象满足约定的陈述[②]。有对象满足 $N^=$ 是从定义和逻辑推出的，但是定义本身无须对这个条件作认识论上的保证。这就像经验科学中的隐定义卡尔纳普条件句一样，是否存在 $\sharp f$，不是仅由理论和定义保证的，还依赖经验观察。

新弗雷格主义者并未坚持认为休谟原则是一个显定义，特别是在人们只接受显定义是定义的情况下，休谟原则一定不会被接纳为“定义”。新弗雷格主义者的观点在于，休谟原则即使不是定义，它在认识论上也有和“定义”类似的地位，因为它确实可以解释新的概念。这就是说，休谟原则与逻辑的公理或推理规则不同的地方并不在于其“推理”的功能，而在于其解释概念的功能。

莱特认为，休谟原则并没有断言数的存在。从休谟原则的形式看，这个句子前面出现了全称二阶量词，它断言的是概念的数相等的充分必要条件。这个普遍性的原则就像一个程序一般，当你输入一个具体的概念，才会产生相应的数。比如当你输入“$x \neq x$ ”这个概念，因为这个概念和其自身之间一一对应，所以，就存在属于这个概念的数，这个数是 0。需要注意的是：休谟原则本身并不承诺任何数的存在，但是通过这个原则，经过逻辑的推理，确实可以推出数的存在。

让我们再以两个例子来说明这个观点。第一个例子是“当今的法国国王是皇室成员。”这句话在现在的语境下是假的。但是这句话中的

[①]参见 Dummett (1996)。

[②]Wright C., “Response to Dummett” in Hale B., Wright C., *The Reason's Proper Study Essays towards A Neo-Fregean Philosophy of Mathematics*, Oxford: Clarendon Press, 2001,pp.56–71. Wright, C., “Is Hume's Principle Analytic” in Hale B., Wright C. (2001): pp.307–332. Wright, C., “On the Philosophical Significance of Frege's Theorem” in Hale B., Wright C. (2001): pp.272–306.

“当今法国国王”如果存在，这句话就是真的。这句话和休谟原则有相似性，其相似性在于，并不是所有概念都会产生一个数，就像并不是在所有的语境下“当今的法国国王是皇室成员。”都是真的一样。在莱特看来，并不是所有的概念都会产生数，只有涉及种类概念才会产生数。这比较容易理解。当你在一个教室，问学生：“这个房间里的白色有多少？”学生们一定会陷入困惑，这是在问什么？但是当你问学生：“这个房间里的白色 T 恤有多少？”学生们会很快给出答案。“白色”并不是一个种类概念，而“T 恤”是一个种类概念，因此你可以数概念“这个房间里的白色 T 恤”下的对象，却不能数概念“这个房间白色”下的对象。

第二个例子是来自弗雷格的《算术基础》中“线的方向”。这个抽象原则可以用一阶的公式表达：任给对象 x，y，如果它们是直线，那么它们的方向相同当且仅当它们平行。这个抽象原则是一阶的，因为它的形式中的量词仅仅是一阶的量词。虽然我们承认，每一条直线都和自身平行，但是“方向”的抽象原则本身仍未承诺存在直线的方向。它如同一个“模子”，当输入一个直线，才会产生这个直线的方向。但是这个“模子”自身并不能产生任何直线的方向。如果你输入的是“这个苹果”，那么不会产生“这个苹果的方向”。

这两个与休谟原则类似的例子告诉我们：抽象原则本身并不承诺所定义的概念下有对象。

9.3.2　全数的疑虑

如果休谟原则是一个模子，我们输入“$x \neq x$”可以产生数“0”，但是当我们输入“$x = x$”，那将会产生全数，这就是布鲁斯的关于“全数”的疑虑。在布鲁斯看来，所有的集合组成的类不能再是集合，否则就会产生罗素悖论。布鲁斯在文章中，提出的一个谓词是“$x \neq 0$”。按照休谟原则“不等于 0”这个概念和其自身之间一一对应，所以，有属于这个概念的数。同样地，也会有属于“$x = x$”的数。布鲁斯当然知道，弗雷格算术是在二阶逻辑，而非在集合论的基础上增加休谟原则所得到形式系统。休谟原则和集合论是不协调的。因为并不是所有的集合构成的类都是集合。所以，不会有所有集合的基数。布鲁斯问题的本质当然不是“性质”和“集合”是否同一的问题，因为这个问题确实没有什么好说的。性质当然不是集合。布鲁斯的问题在于：是否每一个概念都会有属于这个概念的数？如果是，就会有属于概念“$x = x$”的数。这样的数的存在会和集合论相矛盾，因为集合论不允许这样的集合存在。概念的数如何和集合论相协调是布鲁斯关心的核心问题。

莱特认为，“$x \neq 0$”是一个概念，它的外延不是集合。新弗雷格主义者也不会断言这样的概念的外延是集合。新弗雷格主义者同样不会断言会有属于这个概念的数。为什么呢？在莱特看来，并非所有的概念都有属于它的数。这在第一个疑虑中已经有所阐述。只有种类对象才可以被计数。这似乎是明显的。休谟原则确定概念间的数相等的充分必要条件是这两个概念间的对象之间有一一对应关系。如果 Fs 和 Gs 有一一对应关系，那么 Fs 和 Gs 下的对象一定会有同一标准，否则就无法建立对应关系。莱特提出的“种类概念”就是有同一标准的概念。比如“x 是白色”就不是种类概念，因为如果“a 是白色”，“b 是白色”，却没有 a 和 b 同一的标准。这就使得这个概念下的对象不能被计数。但是这样的概念可以和种类概念相结合形成复杂的概念，比如可以数“这个房间里的白色 T 恤”下的对象。“$x \neq 0$”，“$x = x$”都不是一个种类概念，因为这些概念下的对象没有同一标准。问题是：为什么有属于“$x \neq x$”的数？难道“$x \neq x$”是一个种类概念？如果它是一个种类概念，那么它的同一性的标准是什么？莱特或许会回答，因为没有对象在矛盾概念之下，我们不需要区别矛盾概念下的不同对象。所以无须这些概念下的对象的同一标准。但是“$x = x$”之下有对象，所以就应该给出这个概念下的对象的同一标准。从这个意义上说，有属于“$x \neq x$”的数，却没有属于“$x = x$”的数。

疑虑似乎还存在。按照莱特的观点，“集合”有同一性的标准：两个集合相等当且仅当这两个集合的元素相同，所以“集合”是一个种类概念。那么我们可以数“集合”了。因此也可以数“所有的基数”，“所有的序数”。但是似乎“集合”“序数”“基数”的外延太大了，以至于可能会导致悖论。我想莱特仍然不会认为这些概念下的对象是可以数的，原因在于这些概念的外延并不确定。我们可以问“有多少人？”虽然“人”这个概念是种类概念，这个概念的外延却不确定，因为我们不知道这个问题是否包含将来出现的人。因为“集合”“序数”“基数”的外延不确定，我们就不能数这些概念下的对象。

虽然新弗雷格主义者认为外延不确定，但是他们并不会像达米特那样采用直觉主义的立场，反对无限制的一阶量词。需要注意的是：达米特的“外延不确定”和这里所谈的外延不确定并不一样。达米特的“外延不确定”的意思是：一个概念的外延不确定，在于当你认为这个概念的总体确定，总会发现有对象应该落在这个总体中，却在这个总体之外。当我们确定了集合的总体，那么这个总体的幂集就在这个总体之外。然而新弗雷格主义者并不是如此界定“外延不确定”。新弗雷格主义者认为，根据康托定理，任何集合的基数小于其幂集的基数。所以，把所有的集合收集起来所组成的并不是集合。新弗雷格主义者认为即使一些概念是种类概念，比如“集合”，一个东西是否是集合我们会有分辨的标准，但是这并不意味着我们能够知道所有的集合。我们知道“人”这个概念，一个对象是否是人也有分辨的标准，但是这并不意味着我们知道“人”的外延总体。当一个概念的外延总体是不确定的，那么也不会有属于这个概念的数。

9.3.3　认识论上的疑虑

布鲁斯在《休谟原则是分析的吗？》中提出另一个疑问，那就是我们如何知道弗雷格算术系统是一个一致的系统？布鲁斯证明了弗雷格算术和二阶算术的一致性是等价的，即从弗雷格算术的一致性可以推出二阶算术的一致性，并且从二阶算术的一致性也可以推出弗雷格算术的一致性。这种相对的一致性并不是绝对的一致性。我们无法保证将来的某一天，人们会发现二阶算术或者弗雷格算术存在矛盾，就像罗素发现了弗雷格的系统存在悖论一样。如果休谟原则就如同弗雷格的公理 V 那样，在二阶逻辑系统上会导致矛盾，那么休谟原则就不是真理，那还谈何是分析真理呢？

莱特认为，我们不能像蒯因那样，把分析性和确定性混为一谈。分析命题并不是确定无疑的真理。如果有一天发现休谟原则，如同公理 V 那样会导致矛盾，那么它作为解释数的功能就应该被取消。那么它就不是分析真理。新弗雷格主义的基础主义路线并不是说，所构建的系统是绝对的真理，他们仍采取开放的态度对待他们的理论。新弗雷格主义者认为，休谟原则作为数的解释，给出数的涵义，起着类似于定义的功能。或许在将来的某一天，人们发现它也会导致矛盾，那么这个句子仍然是分析的，只是我们不会说它是分析真理了。所以分析性并不是绝对真理。

哥德尔不完全性定理告诉我们，弗雷格算术如果是一致的，那么它的一致性是无法从其自身得证的。断言休谟原则相对二阶逻辑是一致的，不可能从二阶逻辑系统中推出。但是它的分析性并不在于其真或者绝对真，而是作为隐定义，解释了数的涵义。

新弗雷格主义者并未明确界定何为“分析性”，他们也没有如逻辑经验主义者那样把“分析真理”规约为语词的意义。但是他们认为定义是分析的，定义不仅包括显定义，也包括隐定义；同时他们也认为逻辑是分析的。但是定义和逻辑为何都称为“分析的”，新弗雷格主义者并未对这个问题有过多的纠缠。就如同弗雷格一样，新弗雷格主义者认为分析性的界定在于一个命题的证成方式，如果这个命题可以仅从逻辑和定义（包括隐定义）推出，那么这个命题就是分析的。新弗雷格主义者强调分析真理并不是绝对真理，对于休谟原则，其分析性在于其解释的功能。

9.3.4 盈余内容的忧虑

布鲁斯认为二阶算术的公理实际上可以从两个断言得以证明：任何数都不是 0 的前驱；前驱是一个一一对应关系。但是这两个命题的合取却无法推出休谟原则。这说明休谟原则要强于这两个原则。休谟原则在证明力度上有多余的内容，既然有多出的内容，怎能说休谟原则是分析的呢？

赫克（Heck）在布鲁斯工作的基础上做了出色的形式化的工作。他最近的《弗雷格算术定理》专著的最后一章[①]谈及了一种非直谓的休谟原则对算术的构造。赫克和布鲁斯的技术性的工作似乎是想找到能够推出算术的最弱的条件。这种技术性的工作无可厚非，而且在数学基础中也是很有意义的工作。但是这似乎并不能对新弗雷格主义的算术哲学立场构成挑战。

新弗雷格主义者并未主张从二阶算术的公理系统能推出休谟原则，而是相反的方向，从休谟原则可以解释二阶算术。确实，休谟原则在证明强度上比二阶算术要强，但是就此并不需要休谟原则一定是对有穷的概念或原则的反思结果。我认为新弗雷格主义者对于休谟原则中的量词不加限制正是对于“基数”的一种普遍性的理解，它适用于所有确定的概念。就如同一阶逻辑中对于一阶的全称量词不加限制一样，它适用于所有的对象。

实际上，布鲁斯和赫克关于“盈余内容的疑虑”非常不清楚。他们似乎是先认为二阶算术是分析的，凡是从二阶算术推不出的就一定不是分析的。这确实有点奇怪。很自然的问题是，为何二阶算术是分析的？算术公理的分析性如何解释？布鲁斯和赫克或许会说，新弗雷格主义者对于分析性的定义也过于随意，为何定义或休谟原则就是分析的？如此，布鲁斯和赫克真的就误解了新弗雷格主义者。他们的主张在于定义，包括隐定义可以解释被定义项的涵义。就休谟原则而言，它解释了“属于概念的数”，这就在认识论上给出了我们如何理解“数”的途径。正像弗雷格所说，算术的公理系统如果是一种隐定义，那么我们就不能在预先不知道这些语词涵义的情况下，知道它们是真的。休谟原则作为隐定义和算术公理不同，它们能够解释新引入语词的意义。

布鲁斯和他的学生赫克关心的是休谟原则的“合理性”，或者说休谟原则能够被接受其条件是什么。弗雷格定理是一个数学事实，这当然不是他们争论的焦点；争论的焦点在于为什么要接受休谟原则这条非逻辑公理？戴德金的二阶算术系统也许在某些哲学家那里就已经过

[①]Heck, R. G. , *Frege's Theorem*, Oxford:Clarendon Press, 2011, pp.267–290.

于强了，比如有人会反对完整的归纳法等。在二阶算术之下还有许多较弱的算术系统。而休谟原则蕴涵二阶算术，所以布鲁斯和赫克实际上是在质疑新弗雷格主义能否给出接受如此强的算术系统的哲学解释。他们认为，新弗雷格主义者似乎把弗雷格定理作为支持他们哲学立场的证据，二阶算术成了休谟原则合理性的论据，在认识论上二阶算术就先于休谟原则，而非休谟原则先于二阶算术。

从二阶逻辑看，休谟原则能够推出二阶算术的公理，当然也意味着这个定义在证明上要强于二阶算术的公理。赫克考虑的问题是：是否有局限于有穷概念的休谟原则可以抵御某些特殊的批评。新弗雷格主义者并不认同赫克的这种做法。他们认为赫克的做法是反向的，即先承认某些算术是合理的，然后再考虑这样的算术需要怎样的抽象原则。新弗雷格主义者首先要接受的是休谟原则本身是合理的，因为它可以确定 $N^{=}$ 的涵义。从莱特的观点看，他并不否认把戴德金—皮阿诺算术理论作为弗雷格算术的前理论。新弗雷格主义的算术哲学是要建立一套哲学理论来解释关于前理论的认识论。但是这一认识论并不是以前理论为基础，而是要解释我们如何理解“数”，其诉诸的概念可以超越有穷的概念。如果一旦数的涵义被理解，那么由“数”所定义的“自然数”继而也被理解。这些定义的真要求自然数所构成的可数无穷域存在。新弗雷格主义者同样也是坚定的柏拉图主义者，他们认为数是不依赖于我们而独立存在的。二阶算术的真理的证成是认识论的，但是如果你承认了休谟原则定义的有效性，并且也承认二阶逻辑推理的有效性，那么还有什么理由去反对二阶算术呢？

布鲁斯认为，即使这样，新弗雷格主义者仍然无法保证休谟原则的“分析性”。布鲁斯认为分析真理首先是真理，但是我们如何保证这样的公理系统无矛盾呢？弗雷格的公理 V 也具有抽象原则的形式，原本是为了定义概念的外延，但是这样的定义在二阶逻辑的基础上会导致矛盾。我们怎么保证休谟原则不会导致矛盾呢？如果在将来的某一天，休谟原则被发现也会导致矛盾，那么休谟原则根本谈不上是真理，又怎能断言说它是分析真理？达米特也同样表达了这种批评。达米特认为，如果抽象原则本身是好的解释抽象对象的方式，那么外延公理作为抽象原则的一个特例，它应该对外延作出好的解释，但是这样系统却导致了矛盾。现在这个问题被称为“良莠不齐（Bad Company）”问题。达米特认为非直谓的抽象原则并不能保证以如此方式认识抽象对象无矛盾。

9.3.5　良莠不齐问题的疑虑

新弗雷格主义者认为一致性是抽象原则必须满足的要求。但是这种一致性不必是对象理论所能证明的，而是元理论的要求，或者说定义的要求。相信系统的一致性并不会破坏逻辑主义的主张，因为新弗雷格主义并不主张一致性可以由逻辑和定义推出。至于达米特的直谓的主张，新弗雷格主义者认为，既然弗雷格算术系统是一致的，并不能因为公理 V 的不一致而否认所有的非直谓的抽象原则。达米特反对的是经典的二阶逻辑，他反对的理由在于量词，无论是一阶量词，还是二阶一元量词，分别表示的是论域的所有对象和论域的所有概念。而二阶的休谟原则如果是定义新的种类“数”，那么在定义之前我们是不知道这个概念的。但是这个定义却使用了全称量词，这就包含了被定义的概念，这说明已经知道了这个概念。新弗雷格主义者认为达米特对于量词的解读是错误的。当我们断言论域中所有的对象都和自身相同，这个全称量词是一种“普遍性”的解读，即使我们并不知道论域中所有的对象都是什么，我们也能得出这个结论。同样二阶的量词也是如此。休谟原则中的二阶量词适用于所有的概念，即使有些概念我们还不知道，我们也会知道这个原则的普遍性。

布鲁斯的批评更进一步，他提出即使一致性也很难保证休谟原则的分析性。比如在二阶逻辑的基础上可以加另一条抽象原则（妨害原则 NP）：任意两个概念 F 与 G，它们是有穷差别当且仅当 F 与 G 在外延上的差别是有穷的。这个抽象原则只能在有穷的模型上满足。这意味着在二阶逻辑的基础上加上妨害原则是一致的系统，但是这个原则与休谟原则是冲突的，因为休谟原则（如果在选择公理的预设下）只有在无穷的模型上才能满足。布鲁斯的问题是，既然这两个抽象原则都是一致的，接受休谟原则就应该有其他理由而不能仅仅是一致性这一条理由。莱特曾经指出，一个抽象原则可被接受的必要条件还包括保守性，即原来的理论加上这条原则并不会得出关于原有本体（原有的本体不包括抽象原则所引入的新的本体）的新结论。莱特认为 NP 断言了对象域是有穷的，这破坏了保守性，因此是不能被接受的。

莱特的“保守性”的条件可以陈述为：抽象原则如果可接受，则必须不能对论域的上界有限制。妨害原则限制了论域不能超越有穷，所以接受这个原则即接受了论域的上界，但是我们没有任何理由承认论域的上界是如此的。然而这样的条件也很快被找到了反例。阿兰 · 韦尔（Alan Weir）给出了一类受限制的公理 V，它们都是保守的，但是对于论域的要求却是不相容的。很自然地，他给出新条件——和平性：如果一个抽象原则是保守的并且与所有其他保守的抽象原则都相容，则这个抽象原则是和平的。韦尔证明了和平性与稳定性是等价的。抽象原则的稳定性是：如果一个抽象原则在基数为 κ 的模型上可满足，并且 $\lambda \geqslant \kappa$，那么这个抽象原则也在基数为 λ 的模型上可满足。[①]然而这个条件也受到了挑战：林内伯（Linnebo）给出不同的抽象原则，它们每一个都是稳定的，却不相容。[②]我认为莱特的保守性的涵义如果包含：如果我们没有更好的理由接受任何一对矛盾的抽象原则的任何一个，那么这两个抽象原则都是不可接受的。这个涵义可以阻挡林内伯所提出的这些反例。比如一个抽象原则如果断言的是论域的大小是一个后继基数，而另一个抽象原则断言的是极限基数，按照保守性的主张，论域的大小究竟是后继基数还是极限基数都没有合适的理由，那么这样的抽象原则都不可取。

9.3.6 小结

新弗雷格主义者认为，休谟原则作为隐定义能够解释“基数”，从而可以进一步解释“有穷基数”的涵义，并且认为这种涵义的确立在认

[①]Weir, A., “Neo–Freageanism: An Embarrassment of Riches”, *Notre Dame Journal of Formal Logic*, 2003, 44(1), pp.13–48.

[②]Linnebo, Ø., “Predicative Fragment of Frege Arithmetic” , *Bulletin of Symbolic Logic*, 2004, 10(2), pp.153–174.

识论上没有其他的负担，比如无须在认识论上保证一定有标准的算术结构来满足休谟原则，等等。面对“良莠不齐”问题，新弗雷格主义者也认为需要在哲学上给出解决“良莠不齐”问题的途径。他们在哲学上探寻到的解决途径是元理论的方法，这种元理论的方法需要为抽象原则找到一些可接受的必要条件，比如一致性、保守性、稳定性（或和平性）。或许这些条件仍然不足够，但是并不意味着这样的条件找不到。

同时，新弗雷格主义者与弗雷格一样，坚持不诉诸直观为算术寻找逻辑的基础。作为隐定义的抽象原则并不能保证如此认识抽象对象的方式是“绝对安全的”，公理 V 就是一个例证。但是在人类认识的过程中，有什么是绝对安全呢？新弗雷格主义者的主张带有“基础主义”的色彩，但是这种“基础主义”并不是要寻找算术的绝对安全的基础。他们的基础主义与蒯因的经验主义形成对比，他们并不认同蒯因的主张，认为逻辑也会被经验所修正。他们认为有些最基本的逻辑原则是不会被修正的。至于休谟原则，他们并非要论证它是一个绝对安全的定义，而是相信这个定义不会有矛盾。如果某一天，发现这个原则也会导致矛盾，那么这确实构成了对新弗雷格主义的威胁。面对“良莠不齐”问题，新弗雷格主义者的做法实际上是在寻找作为隐定义的抽象原则可被接受的条件，这个条件包括“一致性”。虽然在认识论上，我们无法确保绝对的一致性，但是一个原则可被接受的条件需要一致性，这是一个原则被接受的形而上学条件。两者不能混淆。新弗雷格主义者所寻找的这些条件是“向上的”，即要找到接受抽象原则的普遍条件，这些条件可以说明休谟原则与公理 V、妨害原则等抽象原则的不同。这就需要从更高的地方去看所有的抽象原则，从而区分出可接受的抽象原则应该具有什么条件。新弗雷格主义者探索算术基础之路时，我们会发现他们的哲学理论是一种基础主义的理论。这种基础主义首先肯定了逻辑是普遍的真理，它的真不会受到经验科学的挑战或修正。其次这种基础主义肯定了定义真理。而定义的真理性在于它的效用，即可以解释新概念。因此新弗雷格主义者需要给出成功定义的标准。面对“良莠不齐”问题的挑战，新弗雷格主义需要提供休谟原则为何是成功的定义的理论依据。依据可以总结为两条：一致性和保守性。

9.4 自然数的逻辑基础

人们也许会认为，我们并不是依据休谟原则来认识数的。在弗雷格算术系统之前，或者说在休谟原则之前，“基数”或“有穷数”的涵义已被理解，否则 19 世纪之前人们将不会有初等数学。但是需要注意的是：我们或许在认识休谟原则之前确实认识了数，但是我们并不清楚我们认识数的逻辑基础是什么，我们甚至无法说出数的涵义是什么。弗雷格在《算术基础》的开篇就提出这样的问题：“数字 1 的意谓是什么？”弗雷格认为在他的时代，没有任何数学家或哲学家能够清楚地回答这个问题。他在算术哲学中的一个抱负就是要回答数究竟是什么？是性质还是对象？他还要给出算术真理的认识论的回答。但是这个问题并非从生理学或神经科学去探寻，他并不认为可以从任何经验的科学中找到答案，因为在他看来算术真理是根源于逻辑，而逻辑真理是先天的。

人们常常把算术真理的认识论问题等同于我们是怎样发现数学真理的。数学家某刻的顿悟或者发现数学真理或许有某种特殊的心理机制。弗雷格和新弗雷格主义者并不是如此看待算术真理的认识论问题的。他们关注的焦点在于证成的方式。他们关注的算术真理的认识论问题不是算术真理发现的心理机制，而是逻辑基础。弗雷格一直强调“要区分心理的和逻辑的，要区分主观的和客观的”。他认为从心理学的角度解释数，不会让我们理解数的本质。因为数的本质并不是我们心理所产生的结果。它如同所有外在于我们的物理对象一样，不可能通过心理的机制去探寻桥梁的结构、宇宙天体。我们必须面对这些事物本身，而非我们的心灵去发现这些事物的规律。但是数和物理对象不同。在弗雷格和新弗雷格主义者看来，关于数的真理在证成方式上和经验科学的真理是有别的。

当你计算两个数之和，因为你信赖计算器，于是计算器给出的答案是你认为这个算式成立的依据。或许你很依赖你班级的某个权威，你问他一个算术命题的真假，他的答案就是你相信这个命题为真或假的依据。这样的证成方式是综合的方式。所以，算术真理的证成方式有综合的方式。但是，在弗雷格看来，算术真理还有其特殊性：如果一个命题的证成可以仅仅诉诸逻辑和定义，那么这个命题就是分析的。

新弗雷格主义者并未明确界定何为分析真理。在我对黑尔的访谈中，黑尔认为广义的分析真理应该包括"如果 a 比 b 高，b 比 c 高，则 a 比 c 高"，"所有红色的东西都是有颜色的东西"等这样的命题。但是新弗雷格主义的算术哲学并未阐释何为分析性，新弗雷格主义者关注的是休谟原则作为隐定义何以解释数。他们认为休谟原则所起的定义功能并不是我们发现数的心理机制的解释，而是从逻辑的角度，给出新语词的涵义。这里所说的"逻辑"是广义的逻辑，不仅仅是形式系统，而且包括涵义与指称的理论。新弗雷格主义算术哲学的计划需要建立一个定义理论，它要解释何为成功的定义，作为抽象原则的隐定义是如何解释新语词的涵义的。

新弗雷格主义者认为休谟原则为"数"找到了一个解释，就像物理学要为经验事实找到一个理论解释一样。理论解释的合理性当然包括它的解释力度，要看它能否解释前理论的现象或者前理论的理论。爱因斯坦曾说："一切科学，不论是自然科学还是心理学，其目的都在于使我们的经验相互协调，并把它们纳入一个逻辑体系。"[①]新弗雷格主义的算术理论正是这样一个逻辑体系，它从定义和逻辑规则就能够推出所有基本的算术规律。

所以，弗雷格定理是我们相信休谟原则可以解释"有穷数"的证据。也许你会问：弗雷格算术系统对于"小于等于"关系（ancestral relation）的定义是否就是我们心中原有的"小于等于"关系，对于"有穷数"的定义是否就是我们心中原有的"自然数"？如果一个公理系统是一致的，但是无法推出弗雷格定理，我们还有什么理由认为这个公理系统的算术公理解释了自然数？在什么意义上，我们才能说某个公理系统解释了自然数？没有对于自然数的直观作为参照，这个问题无法回答。确实如此。正如上文所说，新弗雷格主义者并不排斥前

[①]《爱因斯坦文集》第 1 卷，许良英、范岱年编译，商务印书馆 1976 年版，第 156 页。

理论的东西，它们都是建立弗雷格算术理论的素材。

如果你认为数的“小于等于”关系应该满足什么条件，那么验证一下弗雷格算术系统中所定义的这个关系是否也满足这样的条件就可以了。如果你认为你心目中的自然数就是那些满足戴德金—皮阿诺算术公理的对象，那么弗雷格的“有穷数”也是如此。这就给出了弗雷格算术系统之合理的理由。

让我们把哥德尔的公理观与逻辑主义的抽象原则的可接受条件做一个比较。哥德尔曾把数学的基本原理（公理）与自然科学中的基本原理做过对比。他在《康托连续统问题是什么》中提出新公理计划，认为在公理集合论的基础上增加新的公理可以回答连续统问题。增加的新公理不是任意的，哥德尔认为新公理的选择应该有两个标准，这两个标准也是新公理为“真”的标准，它们分别是：新公理的内在必然性（the intrinsic necessity）以及新公理的后承丰富性（abundant in their verifiable consequences）。他的第二个标准或许在数学实践的经验上成为是否接受新公理的可操作的标准。

> 即使不考虑某一新公理的内在必然性，并且甚至在它根本没有什么内在必然性的情况下，关于它的真理性的概然判定从另一条道路来说也是可能的，即归纳地研究它的“成功”。这里成功的意思是在推理上的多成果性，特别是在“可验证的”推论上，那就是不用新的公理就可以证实的推论，但依靠新的公理的帮助，这些推论的证明要简单得多和容易发现得多，并且使许多不同的证明有可能压缩成一个证明。 可能存在这样的一些公理，它们的可验证的推论非常丰富，对整个领域给予很多阐明，而且产生强有力的解决问题（只要可能，甚至是构造性地解决这些问题）的方法以致不管它们是否内在必然，这些公理至少应在和任何公认的物理理论一样的意义上被接受。[①]

如果把新弗雷格主义者所探寻的抽象原则的可接受的“向上”理由看作抽象原则的“内在必然性”的话，那么哥德尔的第二个公理标

[①] [美] 保罗 · 贝纳塞拉夫、希拉里 • 普特南编：《数学哲学》，朱水林等译，商务印书馆 2003 年版，第 552–553 页。

准并未被新弗雷格主义者所忽略。新弗雷格主义者承认弗雷格算术理论前的算术。前理论的算术会诉诸直观，但是所重构的算术理论不能诉诸直观，一切都来源自逻辑和定义。新弗雷格主义者认为，一旦休谟原则被理解了，"基数"的涵义就确定了，而且这个原则加上二阶逻辑就可以推出算术的基本规律。哥德尔的数学哲学思想强调公理，也赋予初始概念涵义，只是这种涵义不是完全确定和清楚的，不足以使我们判定某些独立命题的真假。但是我们对于初始概念的认识会越来越清楚，这也是我们可以扩张原有系统的原因。但是新弗雷格主义者和哥德尔不同的是，他们认为公理不能作为定义，其理由和弗雷格批评希尔伯特的理由是相同的。

弗雷格定理只是一个元数学定理，其本身并不是哲学。新弗雷格主义者认为这是一个为新弗雷格主义的算术哲学理论辩护的证据，因为它确实证明了从休谟原则可以推出基本的算术真理。新弗雷格主义者在算术哲学上有两个基本的观点：第一，数是独立持存的；第二，数对于我们而言是可认识的，休谟原则作为数的隐定义可以解释"数"的涵义。休谟原则的哲学意义在新弗雷格主义的算术哲学中有重要的价值。新弗雷格主义者需要提供一个定义理论，说明什么是成功的定义，并且他们的定义理论能够解释为何休谟原则是成功的定义。他们的定义理论还需要说明抽象原则所定义出的"数"是实在的。这正是休谟原则的哲学意义所在。

第10章　抽象原则作为隐定义的理论基础

弗雷格在《算术基础》的第 64 节提出，用抽象原则可以切分出新的概念，虽然他很快就放弃了抽象原则可以作为新概念的隐定义，放弃的理由主要是基于“凯撒问题”。新弗雷格主义者认为，抽象原则可以作为隐定义，解释新概念。抽象原则可以起定义的功能在于抽象原则的左边句子和右边句子的涵义相同。但是如何解释两个句子的涵义相同？弗雷格留给新弗雷格主义者的遗产是：句子的涵义是句子的真值条件。新弗雷格主义者需要回答：如何刻画两个句子具有相同的真值条件？如果无法说清楚两个句子的真值条件相同的刻画条件，就会给休谟原则的认识论意义蒙上神秘的面纱。这一章我们主要是从新弗雷格主义的立场，解释从抽象原则如何理解一个新概念，以及如何刻画两个句子真值条件相同。本章主要阐释黑尔如何把这个比喻理论化，这方面的工作主要集中于《算术基础 64 节》。[①]在我看来，这是新弗雷格主义者算术哲学中所解决的最棘手的难题。在认识论中，如果新弗雷主义者无法从理论上解释从休谟原则如何得到新的概念，那么新弗雷格主义纲领就无法实现，这是因为新弗雷格主义计划的核心内容是给出我们如何理解抽象对象的认识论的解释。在“休谟原则的认识论意义”那一章，我们概述了从休谟原则，如何理解抽象的种类对象“数”。休谟原则是一个等值式，等值式的左边有新引入的符号，右边是我们已经理解的句子。我们通过右边句子的“真值条件”理解左边句子的“真值条件”，从而可以理解左边句子中所定义的新符号的涵义。

[①]“Grundlagen §64”, first appeared in *Proccedings of the Aritotelian Socirty 97*(1997):243–261, reprinted in Hale B., Wright C., *The Reason's Proper Study Essays Towards A Neo–Fregean Philosophy of Mathematics*, Oxford: Clarendon Press, 2001, pp.91–116.

不可否认的是，这样的解释会有很多问题。最直接的问题是：一个句子的“真值条件”是一个抽象的概念。休谟原则的等值式左边和右边是两个不同形式的句子。两个不同形式的句子享有共同的“真值条件”何以可能？两个不同的句子具有相同的“真值条件”的标准是什么？如果我们连判定两个不同句子的“真值条件”都说不清楚，那么抽象原则可以解释新种类对象就太过神秘。

哲学家们在批评新弗雷格主义的哲学计划时，关注更多的是休谟原则和非逻辑公理的比较，而较少从新弗雷格主义的理论内部去探讨计划实施的难题。自新弗雷格主义者在 20 世纪 80 年代开启他们的算术哲学，到黑尔发表《算术基础 64 节》，时经 15 年。这或许也提示我们关于语句“真值条件”并不是一个容易解决的哲学问题。这一章的核心内容就是再现黑尔对此问题的研究工作。这里采用的论述方式是探索求真的方式。弗雷格的“切分”新概念给新弗雷格主义者留的理论依据确实太少，但是这一思想的火花并未在新弗雷格主义者那里稍纵即逝。他们珍视这一灵感，并诉诸客观的逻辑，来探寻“真值条件”的奥秘。首先，黑尔要论证我们要从句子的内容中切分出新概念，“句子的内容”必须是真值条件。要说服读者，我们必须论证他解释“句子内容”的其他路径都行不通。其次，新弗雷格主义者也要面对哲学家的质疑。达米特认为，休谟原则根本无法作为“隐定义”来解释新种类对象。最后，新弗雷格主义者必须找到两个不同的语句共享真值条件的标准。要说明这些真值条件的标准，我们采用的是渐进式的说明。关于句子的真值条件的同一性的判定依据都是条件，为了让读者理解这些条件的根据，我们会展示，如果没有某个条件，就会出现反例。所以，渐进式地找到一个个所需的条件，正是理解这些条件的必要性的方式。

这章内容较多也较为复杂，让我们带着强烈的好奇心和足够的耐心开始我们的旅程吧。

10.1　弗雷格的比喻“拆分出新的内容”

弗雷格在《算术基础》第 64 节提出从一个句子的内容可以拆分出新的内容。

> “直线 a 平行于直线 b”这个判断，或用符号表示为 a//b，它可以被视为某种同一性。如果我们这样做，就得到了方向的概念，并且说：“直线 a 的方向与直线 b 的方向相等”。因此，通过移除前者内容中那些特殊的，在 a 和 b 之间作出区分的东西，我们就用更一般的符号 = 代替了符号//。我们以不同于最初的方式拆分内容，这给了我们一个新的概念。（郝兆宽译）

“直线的方向”是一个抽象原则，其内容如下：

直线 a 的方向 = 直线 b 的方向，当且仅当直线 a//直线 b。

其中“当且仅当”的左边有要解释的新概念“方向”；右边是我们已理解的句子。但是我们是如何拆分出新内容的呢？弗雷格自己并没有对这个比喻作进一步的解释。在《算术基础》中，弗雷格还提及了另外两个抽象原则，其中一个也出现于第 64 节，是关于“三角形的形状”的抽象原则：

> 三角形 A 和三角形 B 有相同的形状，当且仅当三角形 A 与三角形 B 形似。
>
> 另一个就是我们经常提及的休谟原则，它出现于《算术基础》的第 63 节：
>
> 属于概念 F 的数 = 属于概念 G 的数当且仅当 F 与 G 之间有一一对应关系。

令人遗憾的是，弗雷格很快就否认了抽象原则可以清晰定义新概念，他在第 64 节至 67 节提出了关于这种定义的三种质疑，其中前两种质疑都被弗雷格自己解决了。第一种质疑是：我们能否定义对象间的相等关系。上述的三个抽象原则分别是关于方向的相等、三角形形状的相等以及数的相等。弗雷格以休谟原则中的“数相等”为例，来消除这个质疑。弗雷格认为休谟原则的目的并不是要给出关于数相等的特殊涵义，而是把任何对象的同一性（或相等）作为已被理解的内容。休谟原则试图通过理解数相等，来发现数的涵义。第二个质疑是关于莱布尼兹的不可分辨律对于从抽象原则给出的对象相等是否还有效。弗雷格认为仍然有效。只剩下第三种质疑那就是“凯撒问题”。

休谟原则所定义的数总是带着一个“尾巴”[①]，那就是属于概念 X 的数。自然数的定义常常以递归的形式给出：首先定义 0，然后由自然数 n 来定义 n+1。按照递归定义的思路，我们必须先定义“0”为属于某个矛盾概念的数，比如 0 是属于概念“x 不等于 x”的数。此时问题就来了：每一个具体的自然数是可以不依赖于概念而自我持存的，如此给出的定义解释把数的自我持存性的特征掩盖了。仅从这个对“0”的定义，无法说明“0”不等于“凯撒”。这就是著名的“凯撒问题”的简单版本[②]。新弗雷格主义者认为休谟原则可以解释数的涵义。虽然休谟原则并不是一个显定义，但是它有解释新概念的功能。如果数学实在论的难题在于解释抽象对象的认识论的难题，那么新弗雷格主义者则认为，如果是从逻辑的角度，或者说从某种意义理论的角度，解释了如何理解数的词项涵义，那么也就给出了我们如何理解抽象数学对象的认识论的解释。新弗雷格主义计划的核心内容就是要解释从休谟原则如何理解数的概念。这也是本章的主要内容。

弗雷格本人因为“凯撒问题”而放弃了休谟原则可作为数的定义的想法。他在第 64 节所提出的抽象原则可以切分出新的概念或许因此也被多数的哲学家所忽视。一方面，因为弗雷格自己都放弃了抽象原则可以解释新概念的想法；另一方面，所谓切分出新内容只是一个比喻，要真正给出如何切分出新概念的理论解释并非易事。但是新弗雷格主义者希望从这个地方为休谟原则的认识论找到合理的基础。

[①]需要注意的是，弗雷格用“属于某个概念的数”这一术语，表示的是这个概念下的对象的数目。弗雷格用“某个概念下的对象”这一术语表示的是这个对象具有这种性质或关系。“概念”在弗雷格的理论中，并不是指我们心灵或头脑中概念，而是性质或关系，是外部世界之物。比如我们说这朵花在“红色”概念之下，即这朵花是红色的。我们说属于概念“木星的卫星数”是 6，意思是木星的卫星数 =6。一个数字在弗雷格的理论中是一个单称词项，它的指称是对象。

[②]“凯撒问题”及其解决方案可参见本书第五章和第六章。

10.2 对“句子内容”的探索

弗雷格的《算术基础》发表于 1884 年，当时他并没有形成他的涵义与指称理论[①]，他的《涵义与指称》发表于 1892 年。在第 64 节弗雷格谈及句子的内容究竟应该作何解释。这里我根本无意去探索关于这个问题的历史性的解释，即弗雷格在《算术基础》中所认为句子的内容究竟是什么，而是要探索这个问题的哲学性的解释，即我们应该怎样解释句子的“内容”，从而找到从抽象原则解释新概念的路径。

10.2.1 尝试 1：句子的内容是真值

弗雷格认为可以根据句子的内容按照不同的方式拆分出新的概念。但是句子的内容究竟是什么呢？在《涵义与指称》中，弗雷格区分了表达式的涵义与指称。于是，一个简单的想法是从指称或涵义的层次去理解句子的“内容”。当然正如我所指出的那样，在写《算术基础》时，弗雷格还没有区分表达式的指称和涵义。我们这里探索的是哲学问题，而不是历史问题。所以做这样的尝试解释是有意义的。

抽象原则如果可以解释新概念，那么由它可以对已经理解的句子内容重新切分，从而使得原来“封闭”在句子内容中的概念显现。弗雷格的意义理论有两个维度：一个是语义值层面或者指称层面；另一个是涵义层面。既然是根据句子的内容做拆分，那不妨先试着从这两个维度上去思考句子的内容。如果句子的内容是真值，那么句子的内容就是一个对象。真值在经典逻辑的解释下是“真”“假”，它们在弗雷格看来都是对象。在弗雷格看来，作为对象的真值是不可定义的，即“真”和“假”是不可定义的[②]。最为关键的是，对象是无结构的，即我们不把它们看作是什么东西的复合物。所以，我们也不能从这种无结构之物中切出什么东西来。我们不能指望像切一个苹果看到苹果核

[①]Frege, G., “On Concept and Object”, in *Collected Papers on Mathematics, Logic and Philosophy*, pp.182–195. 在这篇文章中，弗雷格声明他在写《算术基础》时还没有区分涵义与指称。

[②]Frege, G., “Thought”, in *Collected Papers on Mathematics, Logic and Philosophy*, pp.351–372.

那样去切分句子的真值，从而看到另一个对象。既然从句子的真值切不出东西来，那么或许可以建构某种真值的结构，从而可以切分出新的内容。

10.2.2　尝试 2：句子的内容是某种真值的结构

第一个选择是：真是所有的事实，或者说就是现实世界；假就是所有非事实。但是这样的思路对于切分概念并没有什么用。因为它把真看作是所有的事实，所以每一个真句子与其他所有的真句子共享其内容。如此还怎样切分出想要的概念呢？别忘了，我们需要的是从相同的内容中用不同的方式，切分出不同的“部分”内容。这就是说，不同的句子实际上可以以不同的方式组成相同的内容。正是在这个意义上，我们才有理由从一个句子的内容切分出另一些内容，因为这些内容的组合还是前面那个句子的内容。现在我们把任何真句子都看成有相同的内容，切分就变得不可能了。这种处理方式没有区别“直线 a 的方向与直线 b 的方向相等”、“周二在周三之前”这两个句子与“直线 a 与直线 b 平行”的内容的相关性。既然如此，还怎样切分出所要的新概念呢？

第二个选择是：把句子的内容看作是特殊的事态（现实的事态或者可能的事态）。弗雷格从未在其著作中把句子的涵义当作事态。但是这不妨碍我们在这个方向上做尝试。把句子的内容看作是事态，如果能够切分出新概念，那么事态一定得带有结构。这个提议确实很有吸引力。我们会说“直线 a 与直线 b 平行”与“直线 a 的方向与直线 b 的方向相同”内容相同在于它们表达了相同的事态，虽然两个句子表达的方式和概念化的方式不同。如果这个方案是可行的，那么就必须能够解释事态可以量化，即我们可以谈论这个事态、那个事态，以至于还可辨认出这个事态和那个事态是否相同。我们还必须可以解释两个不同的句子表达相同事态的标准。但是这样的标准确实很难说得清楚。戴维森给出关于句子表达相同事态的两个原则如下[①]：

[①]Davison, D., “True to the Facts”, *Journal of Philosophy*, Vol.66, 1969, pp. 748–764.

1. 用指称相同的单称词项替换句子中所出现的单称词项，所得到的新句子并不改变所描述的事态。

2. 逻辑等值的句子表达了相同的事态。

黑尔认为戴维森的这两个原则并不成立。我们这里所采用的论证和黑尔的不同，为的是更简单地反驳戴维森的原则。

句子 1：满足条件“0 = x 且 P”的 x = 满足条件“0 = x ”的 x

注意：这里的 P 可以是不含自由变元的句子或者仅有自由变元 x。句子 1 的真假在于 P 的真假。也就是说句子 1 与 P 有相同的真值。所以它与 P 逻辑等值。

句子 2：满足条件“0 = x 且 Q”的 x = 满足条件“0 = x ”的 x

注意：这里的 Q 可以是不含自由变元的句子，或者仅有自由变元 x。同样，句子 2 的真值与 Q 的真值相同。Q 真，则句子 2 真；Q 假，则句子 2 假。所以句子 2 与 Q 逻辑等值。

因为满足条件“0 = x ”的 x = 满足条件“0 = x ”的 x，所以从句子 1 和句子 2，经过原则 1，得到句子 3：

满足条件“0 = x 且 P”的 x = 满足条件“0 = x 且 Q”的 x。

但是句子 3 所描述的事态可以不同于句子 1 或句子 2 的事态。比如我们取 P、Q 分别是“没有最大的自然数”和“没有最小的实数”，但是我们会认为句子 3 所描述的事态和句子 1 所描述的事态不同，也与句子 2 所描述的事态不同。所以第 1 个原则不成立。

至于第 2 个原则，我们可以考虑这样的反例。“P 或（Q 或非 Q）”与“Q 或（P 或非 P）”是逻辑等值的。但是这两个句子同样并不描述相同的事态，因为可以有不同的事态使这两个句子真，所以我们很难说这两个句子描述了相同的事态。所以第 2 个原则也不成立。

黑尔认为即使我们认可这两个原则，这两个原则对于我们切分内容也无助。

即使我们承认不同的句子可以表达相同的事态，即使我们承认戴维森的原则在某种程度上给出了不同的句子表达相同事态的标准，但是在这一标准下，我们无法知道如何以一种新的方式切分句子的内容。抽象原则（D=）的左边是两个对象的相等：直线 a 的方向 = 直线 b

的方向，描述的是一种新对象“方向”的同一；而这个原则的右边是没有这两个新对象的。而戴维森的标准 1 并不能告诉我们怎样切分出新的内容。他的标准 2 也无法告诉我们如何判定用不同方式描述的句子从逻辑等值上描述的是相同的事态。比如“p 或非 p”和“q 或非 q”它们是逻辑等值的，即使我们认为它们描述的是同一个事态，但是从“p 或非 p”怎样才能切分出“q”呢？

根据戴维森的标准，我们能够清楚地知道，如果仅仅从表达式的“指称”，无论是单称词项的指称相同，还是概念的指称相同，来给出不同句子表达相同的事态，这样的做法对于如何切分新的概念都是没有用的，因为替换后的句子和原来的句子有相同的组合形式。从逻辑等值式的标准来区分事态是否相同也无助于切分内容，因为“逻辑等值”太粗了，以至于无关的内容和相关的内容无法区分出来，使得切分失去了意义。

10.2.3　尝试 3：句子内容是涵义

弗雷格自己并未用“事态”作为句子的涵义。在我看来，因为很难给出“事态”的同一性的标准，所以我们无法从“相同的”事态中切分出新的内容。罗素和维特根斯坦曾经把事态作为实体，他们的哲学走向了逻辑原子论。但是根本就没有原子事态。罗素和维特根斯坦把原子句和原子事态相对应是根本错误的。想想看，“这个树枝上有一只鸟”所描述的事态和“这个树枝上有一只啄木鸟”所描述的事态是同一个事态吗？哪个事态更基本呢？实际上罗素和维特根斯坦所谓的基本事态实际上是基本语句所对应的事态。这会涉及初始谓词的选择。假设我们选择了一个谓词 P 是初始谓词，那么非 P 就不是初始的谓词。但是我们无法由此来断言 Pa 所描述的事态比非 Pa 所描述的事态更基本。如果我们认为所有的实体都应有同一性的标准[①]，那么既然我们无法给出“事态”的同一性的标准，我们就不能接受罗素和维特根斯坦的逻辑原子论的哲学立场。

[①] 蒯因有一句名言：没有同一性标准就没有实体。

或许弗雷格在他建立涵义与指称理论时就已经意识到“事态”的难题，所以他从未用事态作为句子的涵义。句子的涵义，在弗雷格看来是思想，是句子的真值条件而非事态。新弗雷格主义者认为句子的内容就是句子的涵义，即句子的真值条件。所以，新弗雷格主义的哲学立场采纳了弗雷格的中期思想，即弗雷格的涵义与指称理论。但是在达米特看来，用弗雷格的涵义与指称理论来拆分出新内容是行不通的。所以，如果要想从这个路径解释如何拆分出句子的新内容，必须首先回应达米特的质疑。所以在这一小节，我们主要讨论的是达米特的否定性的论证。我们希望从达米特的否定性的论证中，找到可以拆分内容的必要条件。这个必要条件应该是达米特否定性论证的所需预设的否定。

达米特否定了从涵义理解句子的内容可以拆分出新的概念。[①]让我们先看一下达米特的论证。

达米特认为从涵义的角度不能说明抽象原则可以解释一个“新”概念。新弗雷格主义者希望抽象原则就像定义一样，可以解释一个新概念。达米特认为这样的做法一定会导致观念上的冲突。这种观念上的冲突是新弗雷格主义者希望抽象原则有定义的功能和弗雷格的涵义理论间的冲突。达米特认为，新弗雷格主义者希望从抽象原则中拆分出“新”内容，使得新内容就是要解释的新概念的涵义，不外乎采取这样的做法：右边的句子与左边的句子具有相同的涵义，一旦理解了右边句子的涵义，就会理解左边句子的涵义。这个做法需要预设：

（1）同义性：抽象原则的左边和右边有相同的涵义；

（2）优先性：右边比左边有解释上的优先权；

（3）句法性：左边的表面句法在语义解释上起着关键的作用。

新弗雷格主义者把休谟原则看作“数”的隐定义或者用休谟原则解释“数”的涵义。这就意味着假设我们不知道“数”的涵义，通过休谟原则，我们可以理解此涵义。关于其他的抽象原则作为隐定义的解释都是如此。以“方向”的抽象原则为例，先来说明新弗雷格主义者如何从抽象原则来解释新的概念。直线 a 的方向 = 直线 b 的方向当且仅

[①]Dummett, M., *Frege:Philosophy of Mathematics*, London:Duckworth, 1991, pp.167–176.

当直线 a 与直线 b 平行。如果这个原则在于解释新概念“方向”，那么我们是从这个等值式的右边“直线 a 与直线 b 平行”来理解“方向”这个新概念。解释上的优先权要求认知者从右边句子的涵义获得“方向”的涵义。认知者理解右边的句子在先，而在理解这个抽象原则前，他并没有“方向”的概念。句法要求认知者能够理解左边句子的句法结构，这个结构涉及一个谓词，即等词，等词连接着“直线 a 的方向”与“直线 b 的方向”。这个句子如果是真的，就要求单称词项的指称是存在的，也就是说“直线 a 的方向”“直线 b 的方向”所指称的对象存在。但是理解左边句子的涵义必须以理解左边句子的逻辑—句法结构为基础。新弗雷格主义者认为“方向”的抽象原则定义了一个种类概念，即“方向”，直线 a 的方向和直线 b 的方向都是概念“方向”下的对象。那么冲突何来？

达米特认为，这个解释需要三个条件：(1) 同义性，(2) 优先性，(3) 句法性，但并非一定能满足。首先，假设我们接受同义性和句法性。通过这两个条件我们知道关于方向的抽象原则的两边的句子具有相同的涵义，我们也知道了两边句子的句法结构，但是我们有什么理由说“直线 a 与直线 b 平行”是被定义项，而“直线 a 的方向 = 直线 b 的方向”是定义项，左边的句子可以定义右边句子中的概念？达米特这里是质疑右边的解释优先性。其次，让我们接受优先性和同义性。那么左边的句子和右边的句子同义，而且左边的句子的涵义由右边句子的涵义所解释，这就是说左边句子虽然表面上是两个单称词项的相等，但是实际上它的涵义却是两条直线的平行，这就破坏了左边句子的句法性，即表面的句法并不是这个句子实际的句法。新弗雷格主义者想当然地认为这三个条件可以同时被满足是不合理的。

达米特进一步论证，这三个条件是不相容的。当我们理解的一个语句涉及单称词项时，我们需要理解这个单称词项所指的是哪种对象。以左边的语句为例，若要理解“直线 a 的方向 = 直线 b 的方向”，我们必须先理解“方向”的概念。理解一个概念就是理解什么对象在这个概念之下。这就是“句法性”条件的要求。“同义性”的条件要求右边的语句和左边的语句同义。这就是说，如果我们要理解这两个语句具有相同的涵义时，我们需要先理解“方向”这个概念。这两个要求一定会和“优先性”的条件相矛盾。优先性的条件是我们不知道“方向”这个概念，我们通过右边语句的涵义来理解我们不知道的概念。

从达米特的同义性、优先性、句法性不相容论证不难看出，达米特认为要理解抽象原则的左边句子的涵义，必须先理解“方向”。只有理解了左边句子的涵义才能知道两边句子的“同义性”。这是对于涵义的一种强组合假设：要理解一个复杂的表达式必须理解组成这个复杂表达式的各表达式的涵义。

黑尔认为达米特的不相容性的论证是基于强组合的假设。只有在这个强组合的假设下，才会得出：如果要理解关于“方向”的抽象原则，我们需要预先就理解抽象原则左边的句子内容，预先理解“方向”的概念。这就使得抽象原则不具有定义功能来解释新概念。这样的假设一定会和右边句子的内容具有解释的优先性的观点相冲突。

达米特认为三个条件不可同时满足正是基于这样的强组合的假设。左边和右边的句子的同义已经蕴涵了认识者理解左边句子的涵义，所以右边不必有解释左边句子出现的词项涵义的功能。另一方面，如果承认右边句子的解释优先性，那么左边句子所出现的词项仅仅是换了一套说辞，不必真的就具有左边的逻辑句法形式，它实际上就是右边的句子内容。左边句子切分不出新的内容，因为所有的部分都已经因为强组合的假设蕴涵了我们知道的所有的部分表达式的内容，再没有其他新的表达式的涵义隐藏其中了。

黑尔认为，没有很好的理由让我们固守涵义的强组合的假设。关于涵义，我们可以采用弱的组合原则。涵义的弱组合原则：任何复合的表达式的涵义就是其子表达式涵义的“函数”。这一点和指称很相似，一个复合的表达式的指称是其子表达式指称的函数。我们理解一个复合表达式的涵义，重要的是要知道子表达式的结合方式。我们一旦知道复合表达式如何通过某种方式和其子表达式的涵义建立联系，并且也知道复合表达式的涵义，那么我们就像解函数方程一样，知道子表达式的涵义。这正是新弗雷格主义者所需的路径！

摆在新弗雷格主义者面前的路就是弃涵义的强组合假设，采用涵义的弱组合原则。

或许会有人批评说，弗雷格的“涵义与指称”理论就有这样的强组合预设，如果放弃这个预设还能称之为“弗雷格式的逻辑主义”吗？我想新弗雷格主义者会提醒我们：弗雷格的逻辑主义的一个重要目标在于给出“数”的涵义的解释。如果这个目标因为他的理论的限制而无法实现，我们应该是为实现目标而改变理论，还是为理论而弃目标？即使弗雷格坚持强组合的预设，但是这个预设已经阻碍了用抽象原则解释某种概念，我们选择澄清我们的理论，让“切分”内容变得可行，这是理论的进步。推动理论的进步需要历史的考量，在这个意义上，从文献上考量弗雷格是否真的坚守强组合预设是有历史意义的；但是理论的进步可能更多的是要实现我们的理论目标。弗雷格是否真的坚守强组合预设还有待商榷，但是这并不是我们这里主要讨论的话题。弗雷格确实说过以下的话，但是从以下的话得出他就持强组合原则未免过于牵强。

> 名字，无论它是简单的还是其本身是复合的，组成真值的名字，为表达思想尽着一份力，这份单独的（合成的）贡献就是其涵义。如果名字是真值名字的一部分[①]，那么前者的涵义也是用后者名字所表达的思想的一部分。(《算术的基本规律》，第 32 节，郝兆宽译)

这段话并不能说明弗雷格对于涵义是持强组合原则的。通过达米特的工作，我们知道强组合预设使得拆分不可能，我们必须舍弃这个原则。新弗雷格主义者有待解决的问题包括：如果句子的内容是涵义，何以拆分出新的概念？不同的句子在什么意义上，享有相同的涵义？

[①] 这段引文中的“名字”指的是单称词项。名字组成真值名字的意思是一个单称词项是一个陈述句的部分。弗雷格把具有真值的陈述句看作是真值的名字。所以“真”可以用不同的句子所指称，它在这个意义上，具有不同的名字。单称词项是句子的部分，说的是表达式之间的关系，这和我们前面所说的对象不可分是两回事。

10.3 拆分内容的序幕:《概念文字》第 9 节

黑尔与达米特都注意到了：在《概念文字》第 9 节，弗雷格用“分析”（analyzing）或者“分离”（decomposing）[①] 的方式把一个句子拆分成不同的概念，但是这个句子的内容仍保持不变。在黑尔看来，这种做法对于我们理解《算术基础》第 64 节所提出的“拆分内容”会有启示。

在《概念文字》第 9 节，弗雷格注意到“Cato killed Cato”可以以不同的方式得到不同的函数，这些函数分别是“Cato killed x”“x killed Cato”“x killed x”，它们也是三个概念。“Cato killed Cato”由于可以拆分成三个概念，所以在拆分上就有三种方式来理解这个句子的内容。在弗雷格的概念理论中，概念的表达式是带有空位的，他用数学的术语“函数”来解释概念。从函数的角度说，自变量就是概念的空位，这个空位需要用单称词项去填补。“Cato killed x”“x killed Cato”“x killed x”是三个不同的函数表达式，或者说是三个概念的表达式。这个自然句子的逻辑形式可以有这三个形式，这三个形式都是这个自然语句的形式。

在这种拆分内容的模型下，我们理解句子“Cato killed Cato”似乎要求我们理解三种拆分所得到的三个概念。这就是强组合预设。但是我们也可以不预设强组合。如果我们用一种方式理解了“Cato killed Cato”，那么一旦我们用一种方式再次拆分这个句子，使得它有不同的句子形式，同时我们知道所拆分的方式并不影响句子的整个内容，那么我们就会得到一个新的概念，从而提供了理解新概念的可能性。

《概念文字》第 9 节确实是拆分内容的一个典范，但是这种解释模型却不适合《算术基础》第 64 节关于“方向”的拆分。

首先，上述的模型是对同一个自然语句所做的分离，但是抽象原则却涉及两个句子。如何解释这两个句子具有相同的内容？

[①] 达米特认为分析和分离应该是不同的。比如你可以把一个桌子分离出不同的部分，比如桌面、桌腿等部分。分析却不一样。分析类似于化学中的分解。比如可以把水分解为氢气和氧气。拆分内容的比喻究竟是分析还是分离，怎样称呼其实并不重要，重要的是句子的内容通过什么方式来进行拆分。

“直线 a 的方向 = 直线 b 的方向”是我们需要理解的句子。“直线 a 与直线 b 平行”是我们已经理解的句子。这两个句子有相同的内容，简单说是这两个句子表达了相同的涵义。但是以什么根据可以判定两个不同形式的句子表达的是同一个涵义，仍是我们有待解决的问题。

其次，《概念文字》所提供的模型仅仅适用于概念，它提供了不同概念的获得方式，却没有给出如何获得单称词项的方式。《概念文字》所给出的模型是用消去单称词项来获得概念。但是“直线 a 的方向 = 直线 b 的方向”中所需要把握的是单称词项“直线 a 的方向”以及“直线 b 的方向”。所以我们无法从《概念文字》的模型中直接给出答案。

虽然《概念文字》的模型不能直接应用于抽象原则“拆分内容”的问题，却给我们一些启示。这些启示如下：

1. 抽象原则两边的句子具有相同的内容，虽然我们对相同的内容还需要进一步探索，但是一定不具有强组合性质，但是有弱组合的性质。

“x killed Cato”与“Cato killed x”具有不同的涵义，它们表达的是不同的概念，但是在这两个谓词的空位上填上“Cato”，却是同一个句子，当然表达的是同一种思想。希望“直线 a 的方向 = 直线 b 的方向”与“直线 a 与直线 b 平行”是两个有不同形式的句子，但是有相同的涵义。

2. 因为抽象原则两边的句子有相同的内容，所以一旦我们理解了右边句子的内容，我们就掌握了左边句子的内容，即使我们先前并不理解左边句子中所出现的新概念“方向”。这个新概念并没有“隐藏于”右边句子的内容中。

3. 理解左边句子的内容是基于对右边句子内容的理解。再根据左边句子的逻辑形式，我们理解了左边句子的真正谓词是“=”，因为“=”的形式特征，它连接的是两个单称词项。当左边句子的语义值是真的时，这些单称词项所指称的对象就一定存在，这些对象是一种新对象，我们从而就理解了这个种类概念“方向”。

10.4　句子的内容是真值条件

句子的涵义是思想，这是弗雷格的话。但是对于我们理解句子的涵义似乎没有太多的帮助。弗雷格认为句子的涵义是句子的真值条件。这句话似乎会给我们操作指导。但是两个句子有相同的真值条件是什么意思？

10.4.1　弱版的真值条件的同一

如果两个句子在所有的可能世界中享有相同的真值，则它们的真值条件相同。但是这样解释太弱了，不足以解释抽象原则的左边和右边即使表达式不同，以及表达式的组合方式的不同也会具有相同的真值条件。比如有些逻辑真理享有弱版的真值条件的同一性，但是实际上它们所概念化的是不同的事态。以“张三是男生或张三不是男生”“张三在上课或者张三不在上课”这两个句子为例。如果“张三”所指称的对象存在的话，那么这两个句子在所有的可能世界上都真，但是直观上，这两个句子并不表达相同的内容。我们不能从它们在所有的可能世界上享有相同的真值来断定它们有相同的真值条件。所以这条路行不通。

10.4.2　探索强版的真值条件同一性的标准

新弗雷格主义者需要一种强版的真值条件的同一来说明内容的同一。他们希望抽象原则两边的句子有共同的内容。这相同的内容如果是“强版的真值条件”的话，根据涵义的弱组合预设，不同形式的句子也可以共享相同的内容。当然，这里要求两个句子有相同的真值条件不仅在“现实世界”中如此，而且在所有的“可能世界”中也如此。或者换句话说，如果两个句子有相同内容，那么它们有相同的内容具有“必然性”，这种“必然性”和这些句子所涉及的概念相关，并且这些概念间的联系是逻辑的必然性。我们以下面的句子为例：

句子 1: 丈夫是存在的。

句子 2: 妻子是存在的。

真正的解释难题在于：从表面看这两个句子应有不同的涵义，因为“丈夫”“妻子”是不同的概念，所以这两个句子有不同的涵义。怎么解决这个难题呢？让我们用逻辑语句 3、4 来分别表达句子 1 和句子 2。

句子 3：$\exists x \exists y$(x 是男的且 y 是女的且 x 与 y 有婚姻关系）

句子 4：$\exists y \exists x$(x 是男的且 y 是女的且 x 与 y 有婚姻关系）

“x 是丈夫”这个谓词可以分析为：$\exists y$(x 是男的且 y 是女的且 x 与 y 有婚姻关系)。

“y 是妻子”这个谓词可以分析为：$\exists x$(x 是男的且 y 是女的且 x 与 y 有婚姻关系)。

句子 3 和句子 4 是逻辑等值的。所以句子 1 和句子 2 是逻辑等值的。“妻子”和“丈夫”这两个概念间的关系在形式语言中有这样的“必然关系”。这两个语句可以有相同的内容，即相同的真值条件，有相同的涵义。

但是正如我们在前面论述戴维森的“事态相同”的两个原则那样，如果把逻辑等值看作是句子的真值条件相同，就会导致无法拆分。考虑 $(p \wedge q) \vee (p \wedge \neg q)$ 和 p。这两个句子逻辑等值。如果这两个句子具有相同的内容的话，那么我们不可能从 p 中再切分成更多的东西，我们不能切分出 q。

从上面的例子，也许会对“真值条件的同一性”给出尝试性的回答：如果不需要借助推理就能判定两个句子有相同的真值，那么这两个句子具有相同的真值条件。之所以要求不需要借助推理是想排除上述 $(p \wedge q) \vee (p \wedge \neg q)$ 和 p 等值的反例。

但是这个尝试性的回答也有困难。首先，句子 3 和句子 4 也是逻辑等值的，它们也需要一定的推理才能得出逻辑等值。其次，这种尝试可能还会包含一些干扰元。比如：P 和 Q 分别是两个不同的句子，它们分别都有真值，即它们都表达的是弗雷格所说的真思想。我们会发现 $P \vee \neg P$ 和 $Q \vee \neg Q$ 是逻辑等值的。按照这个尝试性的回答，它们的逻辑等值假设不需要借助任何推理，那么它们应该有相同的真值条件。

但是从 $P\vee\neg P$ 的真值条件无论怎样也不会拆分出 $Q\vee\neg Q$。

我们为什么不把这样的逻辑真理看作是有相同的内容呢？如果它们有相同的内容，那么就可以从任何 $P\vee P$ 切分出 Q 的内容。而 Q 可以是任意的句子。这显然太宽泛了，我们的原则如果允许切分出任何东西来，那么实际上在解释力上就弱了。我们需要的并不是所有的概念都可以切分出来，而是和这个句子有某种联系的东西能切分出来。但是我们现在需要耐心地把这些条件找出来。为了要把这种情况排除出去，黑尔的做法是增加限制条件，使得“具有相同内容”不包含上述的情况。

排除 $(p\wedge q)\vee(p\wedge\neg q)$ 和 p 享有共同的真值条件，是因为从 p 不会分离出 q 的内容。而上述的反例 $Q\vee\neg Q$ 和 $P\vee\neg P$ 也有相同的真值，同样也不是我们想要的结果。这两个逻辑等值的反例都是实质蕴涵意义下的等值。是否可以这样做：如果两个句子是实质蕴涵意义上的等值，就排除它们？但是这样一刀下去，也把我们直观上所承认的有共同真值条件关系的句子排除在外了。比如：$P\vee Q$ 与 $Q\vee P$ 就是实质蕴涵意义上的等值，但是直观上它们有相同的真值条件。

10.5　千呼万唤始出来

10.5.1　真值条件的同一性

黑尔关于强版的真值条件同一标准的背后思想是：希望用强版的真值条件来解释两个句子有相同的内容，即两个句子有相同的内容当且仅当这两个句子有相同的真值条件。两个句子有相同的真值条件不必是分别知道它们的真值后才知道它们真值相同，而是一旦理解了这两个句子的涵义，即使不知道它们的真值，也可以断定它们具有相同的真值。两个句子有相同的真值可以解释为从一个句子的真可以知道另一句子的真，反之亦然。从一个句子的真可以得到另一个句子的真，在黑尔看来，这是一个推出关系。他认为如果两个句子有相同的内容的话，那么这两个句子的所有表达式都为各自句子的真值作出了贡献。

所以两个内容上相同的句子间的推出关系是一种紧致性的推出关系，即作为前提的句子中的每一个表达式都为这个推出关系作出贡献。

定义 1 *A 紧致推出 B 当且仅当*

1. A 推出 B；并且

2. 任给 A 中的每一个非逻辑的表达式 E，都有一个表达式 E'，使得用 E' 统一替换 E，所得的公式 A（E'/E）不能推出 B。

定义 2 *两个句子有相同的真值条件当且仅当一旦理解了这两个句子，无须确定它们的真值，仅通过涉及紧致推出的推理就可以断言这两个句子有相同的真值。*

至此，黑尔第一次给出了强版的真值条件。两个句子有相同的内容在于它们共享一个（强版的）真值条件，即它们可以紧致地相互推出。

紧致推出的两个条件的说明

关于“紧致推出”这个概念首先由莱特提出[①]，但是他提出这个概念并不是要给出“相同的真值条件”的刻画，而是为了解决其他问题。黑尔认为莱特的“紧致推出”的刻画有益于刻画“相同的真值条件”。两个句子如果具有相同的真值条件，那么从一个句子的真就可以推出另一个句子的真。所以条件 1 应该是紧致推出的必要条件。紧致推出的第二个条件在于每一个非逻辑的表达式都为这个句子所表达的真值条件作出了贡献。这里的逻辑表达式指的是逻辑联结词、量词、等词等逻辑符号。逻辑符号决定了句子的逻辑结构，当然为句子的真值条件作出了贡献。黑尔认为紧致推出的条件 2 就可以排除 $(p \wedge q) \vee (p \wedge \neg q)$ 紧致推出 p”的情况。因为前者中的 q 替换为其他的公式都仍会蕴涵 p，所以 $(p \wedge q) \vee (p \wedge \neg q)$ 并不紧致蕴涵 p。条件 2 同样也可以排除 $p \vee \neg p$ 紧致蕴涵 $q \vee \neg q$。因为前者中的非逻辑表达式无论做怎样的替

[①] Wright, C., “The Verification Principle: Another Puncture–Another Patch”, *Mind*, Vol.98, 1989, pp.611–622.

换，都会蕴涵后者，因为后者是一个逻辑真理。因为逻辑真理 $q \vee \neg q$ 被一切句子所蕴涵，这也会引发一个问题：逻辑真理不能被任何语句所紧致推出，甚至逻辑真理不能紧致推出它自身！

黑尔认为休谟原则可以解释新概念“数”。之所以可以解释新概念是因为休谟原则两边的句子具有相同的内容，或者说具有相同的真值条件。如果采用这样的方式来解释左边句子中新的概念，那一定会面对一个问题：我们在什么意义上说两个不同的句子具有相同的真值条件？黑尔认为弗雷格的“切分内容”是一个很好的想法，但是语焉不详。他实际上深深地同情把真值条件看作是事态，但是事态也是一个很模糊的概念。于是他在分析了弗雷格的《概念文字》第 9 节关于同一个句子如何切分出不同的概念后，最终想到两个句子有相同的内容在于这两个句子中的所有表达式都可以紧致地推出彼此。如果这种紧致相互推出可以解释两个句子有相同的内容，那么新弗雷格主义在如何解释数上就迈出了关键的一步。

在黑尔看来，两个句子享有“相同的内容”就是这两个句子为真的条件是完全一样的。让我们考虑：$P \vee \neg P$。这个句子的真值条件是 P，或者 $\neg P$。但是和 P 没有相同内容的 Q 却不能成为这个句子的真值条件。黑尔的分析提醒我们注意，两个句子如果是实质蕴涵意义上的等值，并不是两个句子具有相同的内容。我们应该区分“实质蕴涵”和“紧致蕴涵”。黑尔认为两个句子享有共同的“真值条件”是两个句子是相互紧致蕴涵的。

直观上看，两个句子具有相同的内容应该是一个等价关系，即：(1) 任何句子和其自身有相同的内容；(2) 如果 A 和 B 有相同的内容，则 B 和 A 有相同的内容；(3) 任给句子 A、B、C，如果 A 和 B 有相同的内容，B 和 C 有相同的内容，则 A 和 C 有相同的内容。既然黑尔把相互的紧致推出视为具有相同的句子内容，那么相互的紧致推出，或者称紧致等价也应该是等价关系。但是从黑尔对紧致推出的定义，可以得到紧致推出并不具有自返性和传递性。他的紧致蕴涵因此遭到了批评。

任何逻辑真理都不能紧致推出其自身，说明了紧致推出不具有自返性。下面的例子说明了紧致推出不具有传递性（⇒ 是紧致推出）。

维多利亚是雌性的并且维多利亚是狐狸 ⇒ 维多利亚是雌狐。

维多利亚是雌狐 ⇒ 维多利亚是狐狸。

但是维多利亚是雌性的并且是狐狸并不紧致推出维多利亚是狐狸。因为我们把维多利亚是雌性的子句子换成另一个句子 Q，所得的“Q 并且维多利亚是狐狸”都会推出维多利亚是狐狸。所以不满足紧致推出的第二个条件。因此“维多利亚是雌性的并且维多利亚是狐狸”并不能紧致推出“维多利亚是狐狸”。

这两个批评都来自迈克 · 波特（Michael Potter），从黑尔的陈述[①]可以看出，波特和黑尔在这方面的交流局限于公开发表的论文。黑尔一度想修改紧致推出，想使它具有“自返性”和“传递性”。但是黑尔很快就意识到，他无须修改“紧致推出”的定义。

黑尔对自返性批评的回应

黑尔认为，把两个句子有相同的真值条件界定为它们“紧致等值”，这是一个致命的错误。因为从表面上看，两个句子具有相同真值条件是一个等值关系，当然“两个句子具有相同真值条件”应该有自返性，即所有的句子与其自身有相同的真值条件。但是紧致推出却没有自返性，所以“紧致等值”实际上不是一个等价关系。但是“紧致等值”并不刻画两个句子具有相同的真值条件。黑尔同时也指出，他的方案思想上正确的，只是措辞以及细节上还有待修改。黑尔认为，他原有的紧致推出需要自返性，只有这样才能把那些必然为真的句子的真值条件刻画出来。因此他确实需要修改原来的方案，使它不致遭到误解和诟病，他需要紧致蕴涵具有自返性。针对自返性的批评，黑尔认为，可以在给出两个句子具有相同的真值条件的方案中，加入：如果两个句子不依赖任何推理，就能得出它们是有相同的真值，那么这两个句子就具有相同的真值条件。那么这个论断就可以把任何句子和其自身具有相同的真值条件包含进来，而不必诉诸紧致推出的推理。一

[①]Hale B., Wright C., *The Reason's Proper Study Essays towards A Neo-Fregean Philosophy of Mathematics*, Oxford: Clarendon Press, 2001, p.107.

个句子和其自身具有相同的真值条件并不需要推出的概念，当然也不需要紧致蕴涵的概念。所以针对这个反例，紧致推出的定义不必修改，而只需要修改一下“两个句子具有相同的真值条件”。

修正后的定义如下：

定义 3 两个句子 S 和句子 T 有相同的真值条件当且仅当它们满足以下条件之一：

1. $S = T$;
2. $S \Leftrightarrow T$。

黑尔对传递性批评的回应

黑尔认为紧致推出违反传递性这并不能构成对其理论的威胁，针对紧致推出没有传递性的批评和没有自返性能的批评都是基于对他的“紧致等值”的误解。他认为他所给出的紧致推出，确实没有传递性。但是，黑尔的“紧致推出”具有开放的“传递性”。这种传递性是：如果 A 紧致推出 B，并且 B 和 C 在紧致推出意义上等值，那么 A 也紧致推出 C。（注意：第二个前提，并不是 B 紧致推出，而是紧致推出意义上的等值）。

下面是“紧致推出具有开放的传递性”的简单的证明：

证明 假设 A 不紧致推出 C。那么有 A 中的非逻辑的表达式 E，用任意句法一样的表达式，统一替换 A 中的 E，所得的公式A（E'/E）实质蕴涵 C。因为 C 和 B 是紧致推出上的等值，所以 C 也实质蕴涵 B。因此 A（E'/E）实质蕴涵 B。这与 A 紧致推出 B 矛盾。因此 A 紧致推出 C。

根据上面的证明，我们会得到，紧致推出更为开放的“传递性”。那么由这种开放的传递性，我们容易知道，紧致推出的等值也具有这种开放的传递性，并且具有对称性。那么这种开放意义上的紧致推出的等值，就是一种等价关系。至此，黑尔为自己的真值条件的相同可以解释为一种等价关系做了辩护。

10.5.2　进一步的修正方案

不可能真的句子作为子句对句子的真值条件没有贡献

我们知道在经典逻辑中，矛盾（不可能真）蕴涵一切。所以任何一个矛盾语句都会实质蕴涵一切句子。黑尔认为紧致推出不同于实质蕴涵，他的紧致蕴涵的定义条件 2 可以排除这样的实质蕴涵。让我们以 $(p \wedge \neg p) \vee q$ 和 q 为例来说明这一点。我们知道，$(p \wedge \neg p) \vee q$ 和 q 在实质蕴涵意义上的等值。但是这两个形式语句并不具有相同的真值条件。因为前者中的非逻辑表达式 p 无论做怎样的替换，都会使得替换后的公式仍然实质蕴涵 q。所以不满足“紧致推出”的定义条件 2。实际上，从这个例子，我们不难看出如果一个析取式的一个析取支是不可能真的语句，那么它作为一个析取式的析取支并不能为整个析取式的真值条件作出任何的贡献。但是这个思想却无法对非形式的不可能真的语句奏效。请考虑如下反例：

“2 是一个奇数或伦敦是一个城市”能够推出“伦敦是一个城市”。

“2 是一个奇数”是一个不可能真的语句。它对句子“2 是一个奇数或伦敦是一个城市”的真值条件并未作贡献。我们希望“2 是一个奇数或伦敦是一个城市”并不紧致推出“伦敦是一个城市”。但是按照“紧致推出”的定义，我们无法排除它是一个紧致推出。“2 是一个奇数或伦敦是一个城市”与“伦敦是一个城市”是逻辑等值的。直观上说，前者并不紧致蕴涵后者，因为前者有一些不相干的句子。但是按照黑尔的“紧致推出”的定义条件，我们会发现把“2”换成“3”，或者把“奇数”换成“偶数”，都会导致替换后的句子推不出“伦敦是一个城市”。所以“2 是一个奇数或伦敦是一个城市”紧致推出“伦敦是一个城市”。

为了排除这样的反例，黑尔提出了修正方案，即在原有的“紧致推出”的定义上增加一个条件。修正后的“紧致推出”的定义如下：

定义 4 *A* 紧致性推出 *B* 当且仅当

1. *A* 推出 *B*；并且

2. 任给 *A* 中的每一个非逻辑的表达式 *E*，都有一个表达式 *E′*，使得用 *E′* 统一替换 *E*，所得的公式 *A*（*E′* /*E*）不能推出 *B*。

3. 对于 *A* 中的每一个子句子 *S*，存在一个和 *S* 具有相同模态地位的句子 *S′*，使得 *S′* 替换 *A* 中的 *S*，所得的公式 *A*(*S′* /*S*) 推不出 *B*。

条件 3 中的“具有相同模态地位的句子”指的是替换语句与被替换语句或者都是可真的，或者都是不可能真的，或者都是必然真的。条件 3 可以阻挡上面的反例。“2 是一个奇数”是“2 是一个奇数或伦敦是一个城市”的子句，并且“2 是一个奇数”还是一个不可能为真的句子。那么用任何不可能真的语句去替换“2 是一个奇数”仍然可以推出“伦敦是一个城市”。比如我们用“$\exists x(x \neq x)$”或者“水不是 H_2O”替换“2 是一个奇数”，所得的语句“$\exists x(x \neq x)$ 或伦敦是一个城市”“水不是 H_2O 或伦敦是一个城市”都能够推出“伦敦是一个城市”。所以“2 是一个奇数或伦敦是一个城市”并不紧致蕴涵“伦敦是一个城市”。

或许读者会想到，这个条件 3 同样会把“必然真的语句紧致蕴涵自身”排除在外，也会把“不可能真的语句紧致蕴涵自身”排除在外，因为必然为真的语句被一切语句所蕴涵，所以这个语句如果替换为另一个必然为真的语句仍然可以推出原来的必然为真的语句。不可能真的语句能够推出任何语句。如果把不可能为真的语句替换为另一个不可能为真的语句，仍然可以推出原来的不可能为真的语句，它们都不满足条件 3。确实如此。但是别忘了，黑尔并不打算让紧致蕴涵具有自返性。一个语句和其自身具有相同的真值条件是由“两个语句具有相同真值条件”的定义就可以保证。

进一步的修正方案

这样所给出的紧致等价仍然不是自返的，但却是对称和传递的。黑尔回应关于自返性的批评时曾说，他并不打算修改“紧致推出的定义”来满足自返性。因为自返性可以根据“两个语句具有相同的真值条件”来保证，也就是说，按照“两个语句具有相同的真值条件”的定义，每一个语句都和自身有相同的真值条件。从这个定义，我们知道 S_1 和 S_2 有共同的内容当且仅当 $S_1 = S_2$ 或 $S_1 \Leftrightarrow S_2$（表示 S_1 和 S_2 紧致等值）。但是这样的条件不是足够的。因为按照“紧致推出的定义”，我们会发现任何必然为真的语句都不能被某个语句紧致推出。再根据“两个语句具有相同的真值条件”，我们会知道，任何必然为真的语句只能和其自身有相同的真值条件！如此，我们就无法解释一些不同的句子，它们是必然真或必然假的，却可以有相同的内容。对于两个必然为真的句子，它们之间一定是逻辑等值的，但是这种等值是实质蕴涵意义下的等值。如果它们不相同，我们很难解释它们为何内容上相同。这对于新弗雷格主义是灾难性的打击。因为新弗雷格主义者正是要通过休谟原则定义出不同的自然数，而新弗雷格主义者正是要通过这两个必然为真的语句具有相同的真值条件来解释定义出的不同的数。然而现有的“两个语句具有相同的真值条件”的定义却无法实现这个诉求！我们下面对此进行说明。

休谟原则的一般形式如下：

$$Nx : Fx = Nx : Gx \leftrightarrow Fx \approx Gx$$

按照新弗雷格主义者的观点，休谟原则的等值式的两边应该具有相同的内容。所以，在新弗雷格主义者看来，休谟原则就像定义一样，规定了等值式的两边具有相同的真值条件。新弗雷格主义者认为，用具体的概念替换休谟原则两边的“F”和“G”，就会得到具体的数。如：

$$Nx : x \neq x = Nx : x \neq x \leftrightarrow x \neq x \approx x \neq x$$

新弗雷格主义者认为，如果承认休谟原则规定了等值式的两边的句子具有相同的真值条件，上述公式是休谟原则的一个实例，它也规定了等值式两边的句子具有相同的真值。这个休谟原则的实例可以定义自然数“0”。因为矛盾概念 $x \neq x$ 下的对象和其自身有一一映射，所以由右边的真可以得到左边的真，$Nx : x \neq x = Nx : x \neq x$ 是真的。因为这个语句是一个形式为单称词项相等的语句，所以 $Nx : x \neq x$ 有指称。因为 $Nx : x \neq x$ 是数，所以数存在。新弗雷格主义者从休谟原则可以推出数的存在，这是他们捍卫柏拉图主义算术观的路径。

另一方面，新弗雷格主义者还认为休谟原则也为我们理解数提供了认识论的依据。我们还以上述休谟原则的实例为例。当我们从休谟原则的实例：$Nx : x \neq x = Nx : x \neq x \leftrightarrow x \neq x \approx x \neq x$，理解了“$Nx : x \neq x = Nx : x \neq x$”的真值条件与“$x \neq x \approx x \neq x$”的真值条件相同，那么从已知的“$x \neq x \approx x \neq x$”的真值条件我们理解了“$Nx : x \neq x = Nx : x \neq x$”的真值条件。因为我们理解“$Nx : x \neq x = Nx : x \neq x$”这个语句是单称词项相同的语句，所以 $Nx : x \neq x$ 有指称。新弗雷格主义者认为这个单称词项的指称可以被定义为“0”。

每一个具体的自然数的定义也都是通过休谟原则的代入实例来定义的。为何“两个语句具有相同的真值条件”的定义无法实现这个诉求？

如果休谟原则的一般形式 $Nx : Fx = Nx : Gx \leftrightarrow Fx \approx Gx$ 规定了属于概念 F 的数和属于概念 G 的数相等的真值条件就是 F 和 G 对象之间有一一对应的关系，那么我们如何知道属于 F 的数和属于 F 的数相等的真值条件就是 F 和 F 之间有一一对应的关系？也许你会说，“非常简单，把‘F’对休谟原则中的‘G’做代入就可以了”。也就是，经过代入后我们会知道：

$$Nx : Fx = Nx : Fx \leftrightarrow Fx \approx Fx$$

我们知道代入规则是二阶逻辑所承认的规则，从休谟原则的一般形式的真可以保证 $Nx : Fx = Nx : Fx \leftrightarrow Fx \approx Fx$ 的真。这不错。问题是：我们经过逻辑推理所得到的 $Nx : Fx = Nx : Fx \leftrightarrow Fx \approx Fx$ 只能保证这个等值式是成立的，而无法解释这个等值式叙述的就是 $Nx : Fx = Nx : Fx$ 的真值条件和 $Fx \approx Fx$ 的真值条件相同！要知道我们的逻辑推理所得到的等值式只是“实质蕴涵”意义上的等值，而不是我们所谓的“紧致推出”意义上的等值。

同样地，我们也可以从休谟原则的一般形式，经过逻辑推理得到：

$$Nx : x \neq x = Nx : x \neq x \leftrightarrow x \neq x \approx x \neq x$$

这个休谟原则的实例的真也无法说明其中的“实质蕴涵”意义上的等值，就是我们所谓的“紧致推出”意义上的等值。

休谟原则的实例实在太多了，从“紧致推出”的现有定义，我们无法说明这些实例中的“实质蕴涵”意义上的等值，就是我们所谓的“紧致推出”意义上的等值。从现有的“两个语句具有相同的真值条件”，我们知道必然真的语句和其自身具有相同的真值条件。即使休谟原则的一般形式规定我们两个语句的真值条件相同，但是我们也无法解释必然真的语句 $Nx : x \neq x = Nx : x \neq x$ 如何和 $x \neq x \approx x \neq x$ 具有相同的真值条件。这对于新弗雷格主义的算术哲学构成了真正的威胁。这就要求新弗雷格主义者必须重新审视“两个语句具有相同的真值条件”的定义，以消除这个威胁。

为了消除这个威胁，黑尔近一步修正了“两个语句具有相同的真值条件”的定义，这个修正的定义是在现有定义的基础上增加条件。修正后的定义如下：

定义 5 *句子 S 和句子 T 有相同的真值条件当且仅当它们满足以下条件之一：*

1. *$S = T$;*

2. *$S \Leftrightarrow T$;*

3. *S 和 T 是由 $C \Leftrightarrow D$ 通过用 E' 统一替换 C、D 同时出现的表达式 E（E' 和 E 是句法相同的表达式）分别得到的表达式。*

不难看出，这个定义中的条件 3 正是为了应对上述休谟原则的代入实例难题而提出的。从这个条件，我们很容易解释休谟原则的实例中的等值式的两边的句子具有相同的真值条件。

我们从休谟原则的一般形式：$Nx:Fx=Nx:Gx\leftrightarrow Fx\approx Gx$，规定：$Nx:Fx=Nx:Gx$ 的真值条件和 $Fx\approx Gx$ 相同，即 $Nx:Fx=Nx:Gx\Leftrightarrow Fx\approx Gx$。根据条件 3，我们就会得到：

$$Nx:Fx=Nx:Fx\Leftrightarrow Fx\approx Fx;$$

$$Nx:x\neq x=Nx:x\neq x\Leftrightarrow x\neq x\approx x\neq x$$

$$\cdots$$

不同的休谟原则的实例都表达了两个语句的真值条件相同。

新的担忧

我们如此定义的“两个语句具有相同的真值条件”不再是一个等价关系。

A. 木星的卫星数是偶数。

B. 木星的卫星数可以被 2 整除。

C. 6 比火星的卫星数大。

D. 5 的后继比火星的卫星数大。

因为偶数被定义为可以被 2 整除，即“x 是偶数”和“x 可以被 2 整除”具有相同的涵义。因此“x 是偶数”和“x 可以被 2 整除”具有相同的真值条件。所以根据“两个语句具有相同的真值条件”的条件 3，用“木星的卫星数”替换“x”，可以得出 $A\Leftrightarrow B$。

同样，“6”被定义为“5 的后继”，这两个表达式的涵义相同，所以“P6”和“P5 的后继”具有相同的真值条件。用“比火星的卫星数大”替换 P，得到“6 比火星的卫星数大”和“5 的后继比火星的卫星数大”具有相同的真值条件。因此 $C\Leftrightarrow D$。

让我们考虑下面的三个句子：

S_1. 6 是偶数。

S_2. 6 能够被 2 整除

S_3. 5 的后继能被 2 整除。

我们可以从 $A\Leftrightarrow B$，用“6”替换 A，B 中的“木星的卫星数”，根据“两个句子具有相同的真值条件”的条件 3，得到 $S_1\Leftrightarrow S_2$。可

以从 $C \Leftrightarrow D$ 用“能被 2 整除”替换“比木星的卫星数大”，得到 $S_2 \Leftrightarrow S_3$。但是我们没有两个相同内容的句子具有共同的表达式，使得替换后 S_1 与 S_3 不等值。所以，这会导致紧致等值不满足传递性。[①]

黑尔想的对策是如果两个句子的前驱变化关系能组成一个链，那么两个句子具有相同的内容。具体来说，如果 $S_1 \Leftrightarrow S_2$，$S_2 \Leftrightarrow S_3$，那么 S_1 和 S_3 之间可以通过 S_2 建立通达的路径。如果有这样的通达路径，我们就可以说 S_1 和 S_3 也是具有相同内容的句子。黑尔认为这个方案或许看起来过于简单，因为这样的变化，可以让所有只具有自返且对称的关系都变成等价的关系。黑尔认为，这种简单处理是合理的。除了这么做以外，我们还有什么理由来认为不同的句子经过这样的系列替换也能够有共同的内容呢？

或许这个简单的方案会让人想到在认识论上的一个悖论，即关于颜色等同的序列悖论。你在某种正常环境下如果分辨不出 a 和 b 的颜色差别，则认为 a 的颜色和 b 的颜色相同。在正常的环境下，你分辨不出 a 和 b 的颜色，分辨不出 b 和 c 的颜色，但是你可以分辨出 a 和 c 的颜色的差别。所以颜色的同一性的标准不满足传递性，因此颜色的同一性不是一个等价关系。但是我们又认为颜色的同一性是一个等价关系。这个例子也可以和黑尔这里的序列替换做一个类比：如此序列的等同，是否也会导致 1 和 3 实际上内容并不相同呢？

黑尔认为这样做的类比是不合适的。因为，严格的颜色的同一性标准不应该以不可分辨性作为依据，严格的定义应该建立在精确的基础上，而颜色的不可分辨性的每一步都不精确，从而导致这种微小误差不断积累，直到步数 n 足够大，让这种误差大到你足以分辨出第一个对象的颜色和第 n 个对象的颜色不再相同。这种积累式的差别是颜色同一性定义的不精确所导致的。而这里关于句子内容的相同的每一步替换，并不具有这种误差式的特征。每一次替换都能保证具有相同内容的两个句子还具有相同的内容。这和这种积累误差的同一性标准

[①] 上文中，我们讨论过“紧致蕴涵”没有传递性，但是我们证明了“紧致蕴涵”具有开放的传递性。但是“紧致蕴涵”的开放的传递性也无法挽救这个反例。因为我们证明“紧致蕴涵”具有开放的传递性所用的“紧致等值”不包含条件 3。所以那个证明不能用在这里。正是改变了“紧致等值”的含义，才会出现“紧致等值”不满足传递性的反例。

完全不同。

最终方案

综合上述，黑尔把两个句子 S 和 T 具有相同内容的最终方案阐述如下。

定义 6 *如果语句 S 和语句 T 满足下列条件之一，则 S 和 T 具有相同的真值条件：*

1. $S = T$;

2. $S \Leftrightarrow T$;

3. S 和 T 是由 $C \Leftrightarrow D$ 通过用 E' 统一替换 C、D 同时出现的表达式 E（E' 和 E 是句法相同的表达式）分别得到的表达式;

4. S 和 T 之间有一个具有相同真值条件的通达路径。

定义中的“$S \Leftrightarrow T$”意思是 S 紧致推出 T，并且 T 紧致推出 S。

定义 7 *A 紧致蕴涵 B，当且仅当下述条件同时满足：*

1. A 推出 B;

2. A 中的每一个非逻辑的表达式 E，都有一个表达式 E'，使得用 E' 统一替换 E，所得的公式 A（E' /E）不能推出 B;

3. 对于 A 中的每一个子句子 S，存在一个和其自身具有相同模态地位的句子 S'，使得 S' 替换 A 中的 S，所得的公式 $A(E'/S)$ 不蕴涵 B。

10.6 抽象原则作为隐定义的理论基础

定义作为一种界定语词意义的逻辑方法，备受逻辑学家的重视。人们一般认为显定义的形式为“a 是 b”，其中“a”和“b”是词项，“a”

是被定义项，“b”是定义项。显定义是以直接的方式给出被定义项的涵义。比如“单身汉是未婚的成年男子”就是一个显定义。在显定义中，如果“定义项”和被“定义项”相互替换并不会改变语句的内容。新弗雷格主义者认为，抽象原则是一种隐定义，给出了新概念的涵义。这就提出了一个问题：何以抽象原则可以解释新的概念？它的理论基础是什么？

弗雷格认为，抽象原则的两边具有相同的内容，但是什么是相同的内容，我们怎样判定两个语句具有相同的内容？弗雷格自己并未对这个问题深究，或许他放弃这个问题的根本原因在于“凯撒问题”。如果新弗雷格主义者要以抽象原则作为解释我们如何理解抽象对象的路径，他们必须要回答的是，抽象原则怎样才能切分出新的内容。两个语句具有相同的内容究竟是什么意思。

黑尔排除了句子的内容不能是真值或者带有某种结构的真值。虽然把句子的内容看作事态是很有吸引力的，但是我们很难说清楚两个事态如何是相同的。戴维森给出的两个句子表达相同事态的原则本身有不和谐的地方，更为重要的是，这样的原则不能解释抽象原则的两边为何会表达相同的事态。这样的方案只能放弃。黑尔认为句子的内容最合适的选项应该是句子的涵义。但是达米特认为把句子的内容作为句子的涵义来解释抽象原则可以作为隐定义注定是失败的。黑尔在分析了达米特否定性的论证的基础上得出，达米特的反对论证以强涵义组合原则为预设，即理解一个句子的涵义必须理解这个句子的所有子表达式的涵义为基础。黑尔认为句子的涵义和句子的指称都是以弱原则为基础，即句子的结构就像是一个函数，子表达式的涵义在这个函数下形成新的涵义。在弱原则的基础上，如果我们理解了一个句子的涵义，并且还理解了这个句子的结构特征，那么就像解方程一样，我们可以解出子表达式的涵义。消除了达米特的质疑后，摆在新弗雷格主义者面前的就只剩下如何界定两个句子具有相同的内容（或涵义，或真值条件）。

受弗雷格《算术的基本规律》第 9 节的启发，黑尔认为一个句子可以切分出不同的内容在于这个句子可以有不同的谓词形式。所以，如果两个句子有不同的句子形式，并且具有相同的真值条件，那么就可以切分出新的概念。**因此，抽象原则作为隐定义的理论基础在于这个隐定义规定了两个不同形式的句子具有相同的真值条件。**

但是两个句子具有相同的真值条件的标准是什么呢？两个句子有相同的真值条件，在黑尔看来应该是和推出相关的，即两个句子 A 和 B 知道了其涵义，而无须知道它们的真值，就可以知道它们的真值相等，即两个句子可以相互推出。但是它们又不能简单规约为逻辑等值，因为两个逻辑有效式可以有不同的内容。黑尔认为两个句子具有相同的内容的理论解释应该诉诸紧致推出的概念。所以，刻画两个语句具有相同的真值条件是抽象原则作为隐定义的理论需要。

当莱特 1983 年的博士学位论文开启了新弗雷格主义的研究时，摆在新弗雷格主义者面前的重要任务就是解释休谟原则何以能够切分出新的概念。但是正如我们所看到的，这项工作并不简单。在达米特看来这根本行不通。但是黑尔发现达米特之所以如此悲观是因为他的结论基于对涵义的强组合假设。如果放弃这个假设，从休谟原则解释数是行得通的。抛弃了涵义的强组合假设，黑尔着手分析“两个语句具有相同的真值条件”。黑尔从紧致推出的角度考虑两个语句具有相同的真值条件。我们不难看出要解释“紧致推出”也需要一些初始的概念。黑尔所采纳的初始概念是“真”、“推出”以及“语言的表达式”，这个思想在黑尔的单称词项检测中也是如此。

理论一定开始于一个地方。我认为黑尔之所以选择这些概念作为初始概念，是因为这些概念实际上构成了逻辑的基础。黑尔和今天很多研究哲学逻辑的学者采用了不同的研究方式，他把“推出”作为一个基础的概念，而很多研究哲学逻辑的学者选择的是给出一种代数的模型，解释某种“推出”。究竟“推出”是比“真值条件”更清楚的概念，还是它本身也是一个需要解释的概念？黑尔强调逻辑是哲学的家园。弗雷格、罗素、达米特，甚至亚里士多德都会认为逻辑是哲学的基础。黑尔也正是在这样的西方哲学的传统上，把逻辑作为他的哲学基础。他的哲学同样继承了弗雷格的语言学的转向，他把数学对象的认识论问题转化为我们对于数学对象的表达式涵义如何理解的问题。在解决这个哲学问题的过程中，他把逻辑作为他的研究基础，认为“推出”概念是一个已经被理解的概念。他当然也不反对逻辑学家把“推出”当作研究对象去研究它们的形式结构。

10.7　不诉诸直观的探索方式

当人们说“直观上两个句子表达了相同的内容”时，似乎会觉得这是足够清楚的概念。但是真的要说清楚两个句子表达了相同的内容的标准并不简单。黑尔的这个工作堪称分析哲学工作的代表，力求细致清楚准确。当达米特断言新弗雷格主义者用休谟原则解释数注定会失败，而黑尔分析出达米特论证所需要的预设，并论证了这个预设的不合理性，就在根本上解决了达米特质疑的问题。真正的难点还是要说明两个句子怎样才具有相同的涵义，他的方案经过一系列的修正。最初的方案是他在谢菲尔德大学的一次哲学讨论班上给出的。而最终的方案出现于黑尔（2001）的附录中，可见也是几易其稿。这一章或许给我们留下很深印象的是黑尔在理论上对两个句子有相同的内容的刻画。这个概念原本是一个比较直观的概念，但是黑尔的理论却不诉诸直观。他曾经告诉我，能够在哲学理论中讲清楚的事情尽量讲清楚，直观是一个模糊的哲学术语。

黑尔采用的策略是探索性的，他设计的 A 紧致推出 B 的条件 1 和条件 2 表示的是 A 中的每一个子表达式都为推出 B 作出了贡献，这就排除了具有不同内容却可以 A 实质蕴涵 B 的情况。条件 3 是为了排除不可能真的句子作为 A 的一个子句子但是对 A 的真值条件作出任何贡献的情况。虽然有些不可能真的句子作为 A 的子句子可以是逻辑矛盾式，这种情况可以由条件 2 排除，但是还有一些不可能为真的句子，它们的形式并不是一个逻辑矛盾式，比如“2 是奇数”这样的自然语句。条件 3 正是为了排除这样的情况而设立的。

紧致等值并不是一个等价关系，所以不能把 A 紧致等值 B 等同于 A 和 B 有相同的内容，因为后者是一个等价关系。A 紧致等值 B 不具有自返性。所以黑尔修改了“两个语句具有相同的真值条件”的定义：

每个句子和其自身有相同的内容。A 和 B 有相同内容的第二种情况是 A 和 B 紧致等值。但是紧致等值无法解释相同的代入如何保持真值条件的同一。为了弥补这一缺陷，黑尔修改了定义，增加了“两个语句具有相同的真值条件”的定义条件 3。第三种情况加进来，就会导致紧致等值失去传递性，为了弥补这一不足，增加了定义条件 4。至此，黑尔完成了两个句子具有相同内容的条件刻画。

第11章　隐定义的先天性

显定义直接给出被定义项涵义，比如“人是有理性的动物”。和显定义不同的是，隐定义不是直接给出被定义项的涵义，而是通过对包含被定义项句子的有条件使用，从而赋予被定义项涵义。传统的关于隐定义的观念是：我们可以自由地规定某个句子或某些句子是真的，而被定义项嵌入在这个句子或这些句子中；首先理解这个或这些规定为真的句子，并且也理解了除被定义项之外的其他表达式的涵义，从而就理解了被定义项的涵义。关于隐定义，人们关心的问题是：隐定义是否真的可以构成被定义项的涵义？如果可以，成功的隐定义的条件是什么？隐定义常常被认为是一种约定真理，即我们首先约定某个句子或某些句子为真，然后获得被定义项的涵义。经验科学的理论定义也是这样的约定真理。数学或逻辑中的隐定义和经验科学理论中的隐定义有区别吗？如果有，能否就这种区别来解释数学或者逻辑真理的先天性？在弗雷格看来，算术真理的先天性并不是因为算术真理的内容，而在于算术真理的证成方式。如果一个句子的证成只依赖逻辑和定义，那么这个句子就是分析的、先天的。如果一个句子的证成还需要诉诸经验，那么这样的句子就是后天的、综合的。在弗雷格看来，定义并不是一种推理的先天知识。关于隐定义，新弗雷格主义者继承了弗雷格的观点，他们认为，至少有一些先天知识是基于隐定义的，这个观点被称为和传统相联系的观点。

对数学或逻辑学的隐定义持肯定的观点流行于分析哲学发展的20世纪。比如甘岑（Gentzen）在推理语境中，把逻辑符号的引入和消去的使用规则作为隐定义来解释逻辑符号的涵义，从而解释逻辑常项的涵义。新弗雷格主义者采用类似的路径，休谟原则虽然不是显定义，但是可以作为隐定义给出“数”的涵义，从而解决我们如何理解抽象数学对象的认识论问题。

但是隐定义作为一种抽象数学对象的认识论的解释也遭到哲学界的批评。蒯因是 20 世纪分析哲学界最有影响力的哲学家之一。他的《论经验主义的两个教条》以及更早的《规定真理》不仅播下了怀疑分析真理、必然真理的种子，甚至怀疑意义的客观性，从而怀疑定义的先天性。本章并不把蒯因的质疑作为研究的主题，而是从正面解决问题，即隐定义如何成功地确定被定义项的涵义并讨论作为数的隐定义的休谟原则和经验科学的理论定义的区别。新弗雷格主义者希望从隐定义给出某些非推理性的先天知识的解释。新弗雷格主义者并没有断言所有的非推理的先天知识都依赖于定义。比如“所有的事情都有原因”也是一个先天真理，这个命题的先天性并不依赖于逻辑的演绎推理，也不依赖于定义。新弗雷格主义者希望解释的是，至少有一些非推理的先天知识可以从隐定义来解释。

新弗雷格主义者关于隐定义的传统联系的观点被霍里奇（Horwich）所质疑[①]。霍里奇并不像蒯因那样否定意义的客观性，他也不反对隐定义的作用，即隐定义可以规定被定义项的涵义。他和新弗雷格主义者关于隐定义观点的对立在于，霍里奇并不认为隐定义是一种先天知识，他要切断隐定义的传统联系的观点，即认为隐定义不能是一种先天真理。他认为一个句子如果是隐定义，那是因为我们接受了这个句子为真，继而这个被接受为真的句子可以规定出被定义项的使用模式。新弗雷格主义者如果要捍卫隐定义是先天知识，必须对霍里奇的质疑作出回应。

这一章的内容分为八个部分：第一部分考察霍里奇对传统联系观点的批评。这部分着重分析的是霍里奇切断隐定义的先天性的论证是基于一种错误的意义模型。第二部分介绍新弗雷格主义者如何捍卫传统联系的观点。和霍里奇的模型不同，新弗雷格主义者认为成功的隐定义需要满足一些条件，只有满足这些条件的隐定义才可能在实际使

[①] Horwich, P., *Meaning*, Oxford: Clarendon Press, 1998, p.132.

用中起到定义的作用。第三部分论述成功定义应满足的条件。第四部分论述科学理论中的隐定义何以是先天的。经验科学与数学和逻辑学不同，它会经受经验的修正。这部分讨论面对经验修正，经验科学的理论定义是否同样面临修正。第五部分论述一般的公理系统是否是隐定义。希尔伯特认为一个公理系统的所有公理同样也是隐定义。这一部分讨论公理系统是否能起到隐定义的作用。第六部分论述休谟原则作为定义的先天性。第七部分回应菲尔德的算术对象的唯名论的观点。第八部分回应良莠不齐问题。

11.1　霍里奇切断定义与先天性的传统联系

霍里奇认为隐定义的传统联系观点是不对的。虽然他并不像蒯因那样，反对意义的客观性，但是他不同意隐含定义可以作为先天知识。如果是知识，那么这个隐定义首先必须是个真句子。但是隐定义并不像其他真理那样需要证成，而是我们接受它们为真。通过接受某个句子或某些句子的真，我们理解新词项的意义。在经验科学中也有理论定义，但是霍里奇认为这些理论定义本身并不是先天知识。经验科学的基本预设给出了经验科学的理论定义，但是经验科学中的预设并不是绝对的真理，它们需要接受经验的考验。由这些经验科学预设所定义的理论词项的意义是基于我们接受这些理论预设为真，它们并不是先天真理。霍里奇的观点有其优势，这种观点认为经验科学的理论定义不是先天的，这和我们通常认为经验科学的后天性相融合。霍里奇认为所有的隐定义都是我们接受为真，它们都不具有先天性的地位，包括数学中的隐定义。

霍里奇批评隐定义作为先天知识的依据来自他给出的定义模型。在新弗雷格主义者看来，基于这种模型，霍里奇所提出的批评论证只能说明他所批评的意义模型是错误的，而不是隐定义作为先天知识的论点是错误的。那么霍里奇的这个模型是什么呢？

霍里奇的意义模型就如同指称模型一般，所有表达式的意义组成了一个特殊的意义域，需要注意的是，这个模型的表达式的意义是预先就在那里，是先于定义的。基于这个模型的观点是：一个隐定义恰好提供了被定义项的意义，而这个意义正是这个被定义项唯一的意义。也就是说，一旦我们接受了某个隐定义是真的，那么意义域中就有一个意义恰好和这个被定义项的涵义相匹配。霍里奇列出四个问题，想说明隐定义不能是先天知识。简单说，如果“$\sharp f$”是一个隐定义，“f”是被定义项，称“$\sharp$–”是这个隐定义的母式，它的意义已经被我们所理解。霍里奇提出的前两个问题如下。

1. 如何保证有一个意义恰好可以对应被定义“$\sharp f$”的意义？

霍里奇认为，我们只是接受定义的句子为真，至于这个句子是否真，并不是定义能决定的。一旦这个定义后来被证明不可能为真，那么被定义的意义就不能由这个定义来确定了。因为这个定义是被接受为真之后，才有了被定义项的语义，如果这个定义是假的，那么就没有一个意义可以赋予被定义项，使得这个定义语句为真。比如公理 V。我们知道公理 V 加上二阶逻辑，这个定义将会导致罗素悖论。也就是说，这个定义不能是真的。简单说，“$\sharp f$”是一个隐定义，如果“$\sharp f$”不能为真，那么被定义项“f”就没有意义。也就是说，我们在那个意义模型中抓不出一个意义，将它赋予“f”，会使得“$\sharp f$”是真的。这种对隐定义的解释实际上是先预设了一个先于定义的意义，并且把定义的真作为“抵押条件”，如果存在一个意义可以赋予被定义项，使得这个隐定义为真，那么这个意义可以是被定义项的意义。霍里奇的这个模型所解释的定义首先是意义先于定义，而定义的真可以保证被定义项能够获得意义。如果是一个不能为真的隐定义，其被定义项就没有意义。而隐定义都是被接受为真的，实际上这样的定义是否是真的，在霍里奇看来超越了定义。所以定义并不是真理，很有可能一个定义后来被证明为假。既然如此，隐定义就不是先天真理。

2. 即使一个隐定义可以是真的，我们又如何保证意义的唯一性？

霍里奇认为，隐定义是我们接受为真的句子，很有可能赋予被定义项两个不同的意义，都会使定义的句子为真。我们如何保证被定义项的意义是唯一的呢？既然没有任何理由认为只有一个意义可以赋予被定义项，那么隐定义在什么意义上是先天的呢？

霍里奇的第一个问题是关于隐定义的被定义项意义的存在性问题，第二个问题是唯一性问题。霍里奇反对隐定义可以作为先天知识的后两个问题是“获得问题（Possession Problem）”和“解释问题（Explanation Problem）”。

3. 即使有且只有一个意义赋予 f 可以使得 $\sharp f$ 为真，我们能确定 f 可以获得这个意义吗？

4. 假设它获得了这个意义，该怎么解释它如何获得了这个意义？

这两个问题是关于意义的认识论的问题，即一个隐定义如何获得被定义项的意义，如何解释这个意义被赋予被定义？这两个问题同样是基于霍里奇的模型。在霍里奇看来，假设意义域中恰好有一个意义可以使得被定义项获得这个意义后定义的句子是真的，但是很难说清楚隐定义如何获得了这个唯一的意义，也很难解释清楚那个神秘的唯一的意义怎样恰好可以被这个隐定义所获得。

基于这样的意义模型来解释隐定义，霍里奇所提出的这些问题确实是很难回答的。如果这四个问题确实提出了挑战，那么在新弗雷格主义者看来，这个挑战应该是基于这样的模型来解释定义是行不通的，而不是隐定义的先天性是错误的观念。这使我想到了康德的哥白尼式认识论的革命。霍里奇模型的问题在于把意义当作一个先于使用、先于定义的固定的东西，然后问被定义的项如何恰好就是那个在模型中所匹配的意义。如果我们转化思路，认为定义所赋予的意义就是被定义项的意义，而不是先于定义就有一个意义，这样会使定义的认识论问题得到解决。至于存在性和唯一性也同样如此，如果一个隐定义能够确定被定义项的意义，那么就要求这个被定义项的意义是确定的。所以，新弗雷格主义者的定义理论并不是基于霍里奇所给出的这样的模型，而是从隐定义的实际使用上来给出成功的隐定义应该满足什么条件。我把这样的定义理论称之为意义的哥白尼式的革命，它是我们从隐定义的使用上找出合适的隐定义的规范条件，这才是关于定义理论的合适的问题。

11.2 隐定义与先天性的传统联系

新弗雷格主义的定义理论并不是基于霍里奇所批评的模型。但是霍里奇所批评的模型常常是人们对隐定义的误解。人们总是幻想着预先有一个表达式的意义域，从而隐定义是确定意义域中哪一个意义适合被定义项。新弗雷格主义者认为霍里奇的批评正是对这样的定义观的批评。这样的定义观一定不适合解释隐定义的先天性。然而要捍卫隐定义的先天性的地位，所需要的隐定义的理论应该如何和传统联系的定义观相融合呢？

新弗雷格主义者认为，定义无论是显定义还是隐定义都是先天知识。这种先天知识不是一种推理知识，其特点在于通过接受定义的真或规定定义的真，可以获得被定义项的意义。定义的真是自由的，它并不会受到经验的否证，这是定义和先天性联系的结点。霍里奇认为一个被定义项的意义必须是能够让定义为真的，正是先预设意义再探寻定义的真假才隔断了定义与先天知识的联系。但是这样的观点并不正确。定义传达了被定义项的意义。为何能被传达？并不是从意义域中找到一个意义和被定义项相匹配，使得定义的句子是真的；而是定义的真要求被定义项有意义。这是新弗雷格主义者与霍里奇关于定义的对立看法。新弗雷格主义认为定义和先天知识有传统的联系，主要基于定义的两个特征。第一个特征是定义创造了被定义项的意义，我把这个特征称之为定义理论的哥白尼式的革命；第二个特征是定义不会被经验所否证。这个特征被新弗雷格主义者描述为定义的不自大性(Non-Arrogance)。

11.2.1 隐定义理论的哥白尼式的革命

霍里奇的模型实际上切断了隐定义和先天性的关系。新弗雷格主义的定义理论要在隐定义和先天知识之间建立联系。从霍里奇对错误模型所提出的问题来看，后两个是意义的获得和解释的问题。但是这样的问题之所以提出来是因为这样的模型预先设定了所有表达式意义。但是在新弗雷格主义者看来，这是一种错误的定义观。他们对于定义的基本观点，可以概括为，如果一个定义是合适的定义，那么这个定义就会“创造”出被定义项的涵义。我这里用“创造”，只是一种比喻。在前一章，我们讨论了黑尔对抽象原则是如何定义新概念的。我们已经了解了新弗雷格主义者实际上认为句子的涵义满足一种弱的组合原则，即一个句子的涵义如果确定了，并且也理解了被定义项的表达式的类型和其他表达式的涵义，那么被定义项的涵义就能被确定。这种确定性就如同解方程式一般。定义实际上是让原来不理解被定义项涵义的人通过定义理解了一个新的词项的意义。这种理解并不是要从他原来就知道的意义中去抓取一个，而是通过他的理解，产生了一个词的意义。我把新弗雷格主义者这样的定义观称为“隐定义理论的哥白尼式的革命”。这种哥白尼式的革命是新弗雷格主义使定义和先天性建立联系的第一个特征。

我用“哥白尼式的革命”这一说法，主要是强调定义并不是要从预先设定的意义域中找一个意义，而是定义产生意义，在这点上类似于康德的认识论。康德不问我们的认识是否符合对象，而是认为我们的认知结构就是如此认识了对象。定义的功能就是产生被定义项的意义，不是定义使得被定义项符合了某个意义。这里要求定义是合适的定义。新弗雷格主义的定义理论的核心就是要给出合适定义应该满足的条件。隐定义理论的问题不是是否存在唯一的意义使之赋予被定义项，从而使定义的句子为真，而是一个成功的隐定义应该具有什么条件。

11.2.2　不自大的定义

不自大定义和先天性的联系

霍里奇提出的第一个和第二个问题是关于被定义项的意义是否存在，意义是否唯一。这个问题对于新弗雷格主义的定义理论而言是不存在的。因为如果一个定义理论是给出成功定义的条件，那么一个成功的定义一定会产生一个意义，所以存在性和唯一性是由成功定义的条件获得解释。定义的先天性在新弗雷格主义者看来，就是定义是可以自由地被规定为真，其真值不会被经验所否定。这是新弗雷格主义定义理论使定义和先天性建立联系的第二个特征。

然而有些定义似乎并不具有第二个特征。我们举例说明，这个例子来源于克里普克的《命名与必然性》。

维多利亚时代，发生了一系列谋杀案。警察因分析案情之需，说“让我们称这个系列谋杀案的凶手为 Jack the Ripper”。警察所采用的定义是“这个系列谋杀案的凶手是 Jack the Ripper”。假设后来发现这些凶杀案并非一人所为，那么这个定义就不是真的，因为这个定义如果是真的，那么有且只有一个人是这些凶杀案的凶手。那么既然这个定义的句子是一个假句子，那么“Jack the Ripper”就没有指称，那么这个定义还能确定这个被定义项的意义吗？

人们通常认为定义不能自由地被规定其真值，因为它可能需要经验核证。新弗雷格主义者的先天定义理论要求所有的成功先天定义都应该免于经验的修正，从而为定义奠定其先天性的地位。这如何做到呢？

新弗雷格主义者认为要避免自大的（Arrogant）定义，因为自大的定义的真还需要后天的条件。

> 如果隐定义“$\sharp f$”中的母式，以及“f”的句法类型并不能自身就能决定句子的真值，还需要其他的后天的条件，那么就称定义“$\sharp f$”是自大的。（黑尔和莱特，2001，p.128）

定义和先天性的联系所需要的定义一定是不自大的。按照自大定义的界定，我们会发现“这个系列谋杀案的凶手是 Jack the Ripper”是自大的，因为这个句子的真值还需要后天的条件。但是仅此还远不够说明定义如何可以不自大。警察确实需要为“Jack the Ripper”下一个定义，虽然这个定义按照新弗雷格主义的理论，它是自大定义，问题是：新弗雷格主义者该如何解决自大定义的问题。如果说“Jack the Ripper”无法定义，那么这样的结论一定会让人失望，因为“Jack the Ripper”确实是一个新词，而且它的意义也被传达出来了。

“Jack the Ripper”的定义被规定为真。这个句子的真要求这些案件有一个唯一的凶手。“Jack the Ripper”在这个规定为真的句子中，应该有指称。假设后来的事实是这些案件实际上不是一个凶手作案，而是团伙作案；或者这些案件并不是系列谋杀，那么定义就不是真的，那么“Jack the Ripper”似乎也没有指称了。这个定义的真需要后天的条件，所以这样的定义就不是先天知识。这就是为什么新弗雷格主义者要求定义是不自大的原因。

反思自大定义的机制

自大定义的真需要后天条件。一旦经验否定了自大定义是真的，那么被定义项的指称就不能使定义是真的。这里有一个冲突：我们规定定义是真的，从而理解被定义项；后来的经验证明这个定义是假的，但是我们仍然理解被定义项的涵义。该如何解决这个冲突呢？一种尝试性的做法是，定义只是赋予被定义项涵义而不赋予它指称。“Jack the Ripper”的定义是一个专名的定义。支持这种尝试性做法的理由在于，某个专名的定义只是给出这个专名的涵义，即使定义是假的，那么被定义项只是没有指称而已，涵义仍然是确定的。对于性质或者关系的定义，支持者或许认为这样的方案就更没有问题了。某个性质或关系似乎总是有涵义的，即使指称不存在也无妨。但是这样的指称与涵义的观点离弗雷格的观点的距离实在是太过遥远。有些哲学家提出专名只有指称没有涵义，甚至指称就是专名的涵义；而谓词只有涵义没有指称。罗素曾经提出过专名的涵义就是专名指称的观点，但是弗雷格明确对罗素的这一观点提出了批评。在弗雷格的理论中，专名的指称是对象，谓词的指称是概念。而表达式的涵义是这个表达式指向其指称的方式。在弗雷格的理论中，任何表达式其“指称”和“涵义”必成对出现，表达式不可能只有指称而无涵义，也不可能只有涵义而无指称。

一个隐定义，其涵义是这个隐定义的真值条件，其指称是这个隐定义的真值。如果被定义项没有指称，那么这个隐定义就不会有指称。句子没有指称并不是说这个句子的真值是假的，“假”也是句子的指称。当然也许有人会说，有些语词确实只有意义而无指称，比如“孙悟空”。弗雷格曾经把涉及空名的句子称之为虚假思想，这样的句子没有真值。比如“孙悟空有七十二变”就是一个虚假思想，它既不是真的，也不是假的。弗雷格曾把虚假的思想比喻为舞台上的“雷电”，那不是真正的雷电，而是对雷电的模拟。虚假思想是思想的模拟，而非真正的思想。如果“Jack the Ripper”没有指称，那么“这个系列谋杀案的凶手是 Jack the Ripper”就是一个虚假思想，虚假思想如何确定被定义项的涵义将是一个理论难题。最为重要的是，新弗雷格主义者对数学抽象对象持柏拉图主义的立场，他们的目标在于给出算术真理的先天性的解释，而这样的定义对于他们的哲学理论显然也是无用的。

还需要注意的是自大性并不仅仅针对单称词项的定义。“这个系列谋杀案的凶手是 Jack the Ripper”是一个自大的定义，因为这个定义的真需要后天条件。一旦这个自大的定义是真的，“Jack the Ripper”就有指称。对于其他类型的表达式的定义，比如谓词，如果定义的真要求有对象满足这个概念，而这个要求也需要后天的条件，那么这样的定义也是自大的。所以要区分自大定义和不自大定义不能仅考虑单称词项的定义。

自大定义之所以被认为赋予被表达式的涵义，那是因为它规定了被定义项的指称应具备的条件。还以“Jack the Ripper”为例，这个自大定义实际上传递的是：

> 如果这个系列谋杀案有唯一的凶手，那么这个凶手是 Jack the Ripper。

这是我们所接受的规定。在这个规定下，我们理解了“Jack the Ripper”的指称是这个系列谋杀案唯一的凶手。克里普克认为专名和摹状词（descriptions）是不同的。专名是严格指示词，即无论在任何可能世界中，一个专名的指称都是相同的。但是摹状词却不同，在不同的可能世界中，摹状词的指称可以不同。比如“哥德尔”是专名，它在任何可能世界中都指称哥德尔；“第一个给出不完全性定理的人”在现实世界中指称哥德尔，但是在另一个可能世界中，它可能指称的是另一个人，而不是哥德尔。罗素认为专名实际上是伪专名，每一个专名实际上都是一个摹状词。新弗雷格主义者在专名的定义上所采用的观点和两者都不同。他们认为专名的定义是规定了专名指称的条件，这种观点结合了摹状词和专名的特点。一方面，这个定义要求专名必须满足定义的描述。“Jack the Ripper”一定指称这个系列谋杀案有唯一的凶手，在任何可能世界都是如此。另一方面，“Jack the Ripper”是一个严格指示词，它的指称在任何可能世界上都相同。这就是专名定义的规定。

反思这种规定条件，我们会发现定义实际上陈述的是被定义项的指称条件。自大定义如果直接陈述其规定的被定义项的指称条件，就会被避免自大。因为条件的规定并不需要经验性的核证。但是这个条件该如何陈述呢？

> 如果这些案件为一个凶手所为，那么让我们称这个凶手为 Jack the Ripper。

这个定义是不自大的定义，因为它仅仅陈述的是被定义项有指称的条件，无需后天来验证这个表达式是否有指称。因为定义并不是要求被定义项有指称，而是给出指称的条件。

但是“Jack the Ripper”的不自大的定义也可以是如下的句子：

> 如果这个系列谋杀案有唯一的凶手，那么这个凶手是 Jack the Ripper。

新弗雷格主义者或许并不认为不自大的定义有唯一的形式，只要它们是一种规定条件，能够陈述出被定义项的指称条件就可以。这两个定义都是条件句。如果经验告诉我们这些案件并不是一个人所为，那么我们上述的定义的前件不成立。但是作为一个条件句，它仍然可以是真的，因为前件假。

显定义虽然不是以条件句的形式给出，但是实际上陈述的也是被定义项指称的条件。比如“单身汉是未婚成年男子”是一个显定义，其定义项是“单身汉”。这个显定义规定了“单身汉”的指称和“未婚成年男子”的指称相同。所以无论是显定义，还是隐定义，都应该是一种规定，而规定只有合乎规范，无关经验的核证，这正是定义和先天知识的联系结点。隐定义和显定义都是先天知识。

霍里奇的模型告诉我们，自大的定义是不能作为先天知识的，因为它的真需要被定义项必须有指称。从上文“Jack the Ripper”的例子可以看出：可以用条件句的形式来保证获得的定义不是自大的。只有自大的定义才会使定义句子可能被证伪，所以不自大的定义是建立隐定义和传统联系观的必要条件。不自大的定义实际上陈述的是被定义项指称的条件，但是并不承诺被定义项一定有指称。定义是规定被定义项指称的条件，但是规定条件并不是一定以条件句的形式给出，比如显定义就不是一个条件句的形式。隐定义常常是以条件句的形式给出，但是这并不意味着隐定义有统一的形式。

一般说来，隐定义的被定义项的意义是和某个句子或某些句子之间建立一种条件句的关系。比如 $S(f)$ 是一个句子，其中被定义项 f 嵌入在这个句子之中。隐定义要求：有一个或一些句子 S_I 可以推出 $S(f)$，S_I 和 $S(f)$ 所起的作用是引入 f 的作用；还需要另一个或另一些句子 S_E，从 $S(f)$ 可以推出 S_E，$S(f)$ S_E 所起的作用是消去 f。直观上说，这两个推出关系提供了 $S(f)$ 的真值条件究竟是什么。这里的推出关系应该理解为黑尔的紧致推出关系，有关紧致推出关系见上一章。我们举例来说明不自大的隐定义。

例 1 引入规则：A，B 可以推出 $A \wedge B$；

消去规则：$A \wedge B$ 可以推出 A；$A \wedge B$ 可以推出 B。

这两个规则共同定义了 $\wedge$ 的意义。

例 2 直线 a 的方向 $=$ 直线 b 的方向，当且仅当直线 a 平行于直线 b。

这是一个等值式，而右边推出左边实际上就是如何引入“方向”表达式；左边推出右边实际上就是如何消去“方向”表达式。两个推出共同定义了“方向”的意义。

这个例子中的 S_I 和 S_E 恰好相同。

11.2.3　小结

定义和先天性知识之间的联系体现为定义是一种规定条件，它的真不受制于后天条件。定义并不是从预先给出的指称或涵义中挑选出选项赋予被定义项，而是定义的真自动要求被定义项的涵义或指称满足某些条件。

理性主义的哲学传统认为定义和先天真理之间有密切的联系。比如笛卡儿认为从三角形的定义就可以推出三角形的内角和是两个直角和，他认为从定义所推出的命题都是必然真理。这种必然性并不在定理的内容，而是在于证明的方式。笛卡儿甚至还从“上帝”的定义来给出上帝存在的本体论的证明。莱布尼兹同样如此。笛卡儿、莱布尼兹以及弗雷格都是用命题的证成方式来区分先天命题和后天命题。早期分析哲学家，比如卡尔纳普会将先天命题和定义之间的联系建立得更为紧密，认为定义也是先天命题，虽然它不是一个诉诸逻辑推理的知识。新弗雷格主义者持有相同的观点。定义规定了所引入词项的指称条件，这种规范性使得一旦我们接受了定义，这些被定义项的使用就要遵从语言的制约，被定义项的涵义就会在语言的规范中被定义传达。这种规范性就是一种先天性。虽然我们学习语言的规范诉诸经验，但是语言规范一旦建立，通过语言规范获得被定义项的涵义就不产自经验了，而是源自概念间的客观性。

11.3　成功的隐定义

成功的定义应该是非自大的。通过定义和被定义项的类型就可以理解定义项的涵义，并且定义的真无需诉诸后天的经验。这是成功定义的特征。但是并不是所有包含被定义项的句子都可以称为隐定义。成功的隐定义也受制于规律。弗雷格把涵义受制于规律称为涵义的客观性。

11.3.1　涵义的客观性

弗雷格虽然说过，涵义属于第三域，但是对如何理解这个第三域却没有详细的解释。人们常常觉得弗雷格的第三域带有神秘主义的色彩。在《涵义与指称》中，弗雷格告诉我们涵义与指称不同。通过达米特的阐释性的工作，我们知道涵义在弗雷格的理论中是一个认识论的概念。新弗雷格主义者认为，可以用"表达式的使用"来理解"表达式的意义"。我们需要注意的是，涵义是一个认识论的概念，以及新弗雷格主义从语言的使用来理解语言的涵义都和弗雷格关于涵义的客观性是一致的。弗雷格在《算术基础》中所说的客观性，并不是神秘的客观性，或者说并不是不能被理性的认知主体所理解的客观性。这种客观性在弗雷格看来是遵从规律的，可以用语言表达。所以弗雷格的涵义的客观性理解为遵从规律的客观性。当然世界上有不同的语言，而且它们具有不同的语法。但是一旦一门语言的使用规则定下来，那么这个语言就不是随使用者的喜好而任意使用，如果使用这门语言的人要交流，那么他们对于这门语言的使用就受制于这门语言的规则。也正是在这个意义上，新弗雷格主义者给出了成功的隐定义应该遵从某些条件，只有满足这些条件，被定义项才能有确定的意义。

11.3.2　知道表达式的用法与理解表达式的涵义

维特根斯坦有句名言"意义在于使用"。知道一个表达式的用法也就是理解这个表达式的涵义。一个定义如果成功地定义了被定义项的涵义，那么从定义就可以知道被定义项如何使用。定义可以说是制定了被定义项的使用模式。

这和霍里奇所批评的模型有重要的区别：这个定义观是以规则为出发点，而不是先预设意义。满足规则的定义才是成功的定义，这样的定义从约定为真的句子，就可以理解被定义项的涵义。这个涵义是通过定义所确定的。所以，它不存在霍里奇模型中的四个问题。这种定义理论并不预设被定义项的意义，继而解释定义如何赋予被定义项这个意义。相反，我们按照语言的使用规则理解被定义项的意义。这个新词项的意义被解释为一种类型的用法。即我们创建了一个新词项的使用模式，这种使用模式甚至与以往所有表达式的使用都不一样，而知道了这种新的使用模式即理解了新语词的涵义。

新弗雷格主义者和他们先前的一些分析哲学家，比如罗素、卡尔纳普、刘易斯一样，为了维护定义的先天性地位，需要建立一套理论来说明定义的先天性。上文已经分析了新弗雷格主义者认为定义和先天知识之间有传统的联系，这种联系要求定义一定是非自大的，并且定义是产生被定义项的意义。但是我们现在还不知道，什么样的句子才可以称为隐定义。比如“月亮是圆的”是一个陈述句，它是“圆的”的隐定义吗？隐定义需要满足什么条件？这是新弗雷格主义定义理论应该回答的重要问题。新弗雷格主义者回答隐定义需要满足的条件所采用的策略是划出定义陷阱范围，也就是说如果一个陈述句不满足某些条件，那么它就不是定义。这种策略下的方法是零碎的，需要一个个地罗列定义需要的条件。我们不能保证所罗列的陷阱是完备的，也就是说，可能还有别的陷阱，即使定义满足了新弗雷格主义者所给出的条件，但是可能还会找到反例，发现新的陷阱。即使新弗雷格主义对隐定义需要满足的条件罗列得不完备，也不会对他们的定义观造成伤害，因为理论可以进一步发展而不是彻底否定。

找隐定义的条件，有点像事后诸葛亮，但是这种反思的做法不也是我们理解自身或者世界的方式吗？我们或许无意识地在使用一些隐定义，从而理解了新词项的涵义。但是我们并不知道这种成功理解新词项涵义的机制，现在我们需要反思，看看哪些句子可以作为隐定义，让我们理解新词项的涵义，并且找到这些成功案例背后之所以成功的因素。这就是新弗雷格主义者的定义理论的思路。这种理论不是霍里奇批评的模型，需要先预设意义，然后解释这个意义域中如何有唯一的一个意义是这个被定义项的意义。新弗雷格主义的理论是要找到成功隐定义的条件，只有具有这些条件的定义才会给被定义项赋予确定的意义。他们的模型要把理解表达式的意义解释为知道表达式的使用。他们和弗雷格一样，认为意义的理解是服从于逻辑规律的。这种逻辑规律并不是今天我们常说的符号逻辑，而是一种意义理论。

什么样的定义才能确定被定义项的意义或者确定被定义项的使用模式呢？

11.3.3　成功隐定义的条件

一致性

第一个条件是一致性。即定义不能导致矛盾。

让我们考虑弗雷格的公理 V。如果我们同时以二阶经典逻辑作为推理的基础，那么从公理 V 就会推出罗素悖论。在这样的逻辑下，我们就不会接受公理 V 作为隐定义成功地定义了概念的外延。这个反例告诉我们，一个不一致的定义不能给予我们一种协调的表达式的用法，这样的定义是不可接受的。所以，一个有效的定义首先需要满足一致性。

保守性

第二个条件是新弗雷格主义的定义理论的要求，定义要和先天性有传统的联系，它必须避免自大性。我们会在后文详细讨论作为科学理论中的定义怎样为经验的否证提供余地。现在我们需要说明的是新弗雷格主义的新模型如何给出隐定义所需要的条件来规避自大的定义。从"Jack the Ripper"的例子看，要规避自大的定义，就是定义可以自由规定定义为真，而无须额外的认识论的任务，即我们规定定义为真，无须其他经验来进一步证成定义的真值。一个好的隐定义应该可以自由约定定义的真，而无须增加额外的认识论的任务，新弗雷格主义者把这样的定义条件称为保守性条件。这种保守性体现为：

> 定义不仅满足一致性，还要满足保守性：它不能引入新的承诺，（1）这些承诺可以在引入被定义项之前的语言中表达，并且（2）这些承诺关注先前所认识到的本体，诸如概念、对象、函数等，不管这些承诺的细节如何。因为如果作出这样的承诺，那么接受定义就必须等那些承诺得到批准，这就不能是纯粹的规定性

的定义。[①]

保守性要求定义不能引入新的承诺。如果定义引入的新承诺同时满足两个条件，那么它就是不保守的。其中条件（1）是说，如果在原有语言中可以表达定义的新承诺，那么这个新承诺是否得到满足会对这个定义的理解添加额外的认识论的任务。这就会导致定义的自大。比如"这个系列凶杀案的凶手是 Jack the Ripper"就破坏了条件（1），因为这个句子承诺了系列凶杀案的唯一凶手，而这些承诺都可以在原有的语言中表达，那么这个句子的真就需要这些承诺都被兑现，而是否兑现需要经验的核证，这就增加了额外的认识论的任务，所以这样的句子一定自大，切断了与先天知识的联系。

为什么需要条件（2）？在定义之前，我们会认识一些概念、对象、函数等，条件（2）要求定义对先前所认识的本体不能有新的承诺。也就是说，可以保留先前认为的东西，但是定义不要对旧的本体承诺新的内容。新弗雷格主义者认为如果没有条件（2），那么休谟原则就不具有保守性了。因为休谟原则只能在无穷的模型上真，以休谟原则为前提，能够推出论域是无穷的。这个结论被休谟原则所蕴涵。这就是说，休谟原则承诺了论域的无穷，而这个承诺可以用逻辑词汇来表达，所以休谟原则作出的新承诺可以被原来的语言表达，所以休谟原则就不是保守的。休谟原则的结论是关于论域的承诺，并不是对原来认识的本体的承诺，所以这个新承诺不满足第（2）个条件，所以休谟原则是保守的。

定义的保守性是为了定义和先天性之间的传统联系不被割裂。如果定义不具有保守性，那么定义的真值就需要额外的认知任务来说明这些承诺的合理性。霍里奇给出一个例子来质疑被定义项意义的存在性："雪是白的，月亮是 f。"[②]在新弗雷格主义者看来，这个句子不能是定义，因为它违背了"保守性"。"月亮是 f"的真承诺了月亮存在。这个承诺可以用原来的语言（定义前的词汇）来表达，并且这个承诺还

[①] Hale B., Wright C., *The Reason's Proper Study Essays towards A Neo–Fregean Philosophy of Mathematics*, Oxford: Clarendon Press, 2001, p.133.

[②] Horwich, P., *Meaning*, Oxford: Clarendon Press, 1998, p.133.

是对已认识的月亮所做的承诺。当然，可以用一个条件句来修改这个句子，使之满足保守性。“如果月亮存在，那么月亮是 f”，但是这个句子仍然不能给出“f”的涵义。所以修改过的句子仍不能称为定义。但是这个句子不满足定义的条件是什么呢？

新弗雷格主义者并不认为不具有保守性是定义本身的一个重大缺陷。因为不保守的定义，我们从“Jack the Ripper”例子知道，总是有办法使之具有保守性的。“如果月亮存在，那么月亮是 f”即使具有保守性，但是仍不是定义。新弗雷格主义者提醒我们注意，要小心对这个错误定义的诊断。你或许认为“月亮是 f”中的“f”可以是“围绕地球转的”，可以是“某个行星的卫星”，可以是“基本上是球形的”等，因此在这个句子中的“f”有多重选择，“f”不能有确定的意义。如果你认为这个定义的缺陷在于“f”不能排除有其他的解释，那么就会面临蒯因及其追随者所设置的圈套。蒯因和其追随者反对意义的确定性，他们大量论证了自然语言中存在表达式意义不确定的例子。如果把“意义不确定”作为反对这个定义的理由，蒯因和其追随者会回应说，这恰好就是意义的不确定的一个实例，请不要再指望“意义的确定性”，定义不是先天的。要避免蒯因提出的意义不确定性的批判，我们需要给出这个定义的新诊断说明。

普遍性限制（Generality Constraint）

通过“隐定义的理论基础”那一章的分析，我们知道黑尔认为一个定义之所以能够提供给被定义项涵义在于这个定义给出了含义一个“被定义项”语句的真值条件。被定义项的涵义在这个句子的内容之中。通过理解其他表达式的涵义以及被定义项的表达式的类型，就能够理解被定义项的涵义。“月亮是 f”未给出这个句子的真值条件。所以这个诊断说明，即使我们规定“月亮是 f”这个句子为真，我们也无法理解这个句子的真值条件。因为“f”的意义是从它所出现的隐定义的真值条件理解的，所以这个隐定义无法给出“f”的意义。

现在需要把这个诊断说明一般化，从而给出定义需要满足的条件。“月亮是 f”未表达其真值条件，如果是我们给这个句子开出其不是定义的诊断说明，那么我们就需要给出一个句子表达了真值条件的标准。新弗雷格主义者的研究工作深受埃文斯思想的启发，我们会在这一章看到他们的工作与埃文斯的联系，实际上在“凯撒问题”等章节就已经和埃文斯相遇了。

新弗雷格主义者认为“月亮是 f”的缺陷和埃文斯提出的“普遍性限制”原则密切相关。

这个原则阐述的是何谓一个主体理解一种思想，它采用的是“局部整体主义”的主张，它要求：一个主体理解一种思想，需要在他所理解的范围内理解和这种思想相关的所有内容。我们举例来说明这个原则。如果一个主体理解了思想“a 是 F”，那么他就必须理解所有“b 是 F”的思想，其中 b 是他已经理解的单称词项，他知道 b 指称某个东西并且“F”是对 b 的有意义的谓述；他还必须理解“a 是 G”的思想，其中 G 是对于所有 a 这种对象有意义的谓述。一个主体理解“a 是 F”的思想，需要理解很多相关的思想，这就是“普遍性限制”原则对于一个主体理解一种思想的解释。

虽然埃文斯的“普遍性限制”原则是思想层面上的原则，但是新弗雷格主义者认为这个原则可以用到语言层面上来理解句子。这个原则用在语言层面上，是一个非常平凡的原则：理解任何一个句子就是理解这个句子的组成部分的表达式的意义并且理解这些表达式的组合方式。而理解句子中表达式的组合方式就是要理解句子的表达式的类型，理解不同类型的表达式如何连接成句子。

这个原则可以用在理解隐定义上。如果“$\sharp f$”确实可以确定“f”的意义，那么这个隐定义就成功地解释了这个被定义项的使用模式，这种使用模式受制于“普遍性限制”原则。也就是说，如果一个人通过定义理解了“f”的意义，那么他会理解所有这样合适的句子“$\cdots f \cdots$”，其中这个句子去掉“f”的母式是他所理解的。当然并不是所有这样的合适的句子都是有意义的，比如“f”只能用于某一类的对象。而“普遍性限制”原则作用于定义上就是通过理解定义中的母式以及母式与被定义项的连接方式来理解哪些表达式可以和被定义项组成一个有意义的句子。“如果月亮存在，那么它是 f。”因为“普遍性限制”原则，我们无法理解这个句子的涵义。

和谐性（Harmony）

新弗雷格主义者认为隐定义还需要满足和谐性。在定义中还有其他表达式也由它们的定义来确定其涵义。这就让定义形成了一个定义网络，每个定义之间需要和谐。这种和谐性的意思是，定义不应该出现这样的局面：在网络理解中，一个隐定义变得神秘莫测，令我们无法确定被定义项的意义。比如我们可以用某个逻辑联结词“引入规则”和“消去规则”作为这个联结词的隐定义。这两个原则应该相互和谐，也应该和其他表达式的涵义相互和谐。这种和谐当然包括两者不能冲突，更重要的是，这种和谐性是一个定义的理解不会使得其他定义的理解变得神秘。举一个例子来说明不和谐的错误定义。定义联结词 $*$ 如下：

例 3 *引入规则：从 A 可以得到 $A*B$；从 B 可以得到 $A*B$。*

消去规则：从 $A*B$ 可以得到 A；从 $A*B$ 可以得到 B（条件是 A 和 B 都是原子公式）

从 $*$ 的引入规则看，从前提 A 或者从前提 B 都可以得到 $A*B$。如果 $*$ 的消去规则是无条件的，那么这个规则将会导致矛盾：由引入规则，从 A 可以得到 $A*A$。再由消去规则可以得到 B。所以从 A 可以推出 B。这有可能不满足一致性的要求，因为当 B 可以取 $\neg A$ 时，从 A 可以推出 $\neg A$。但是因为这个定义的消去规则只允许推出原子公式，所以，对于形式语句这样的定义应该满足一致性。但是这个定义却不满足和谐性。从引入规则看，我们对 $*$ 的理解类似于“或”的理解，但是我们无法理解消去规则和它的引入规则的和谐，这个消去规则让我们觉得这个联结词有种神秘感，因为很难理解为何它的消去规则只适用于原子公式。而且从“p 或 q”，我们也不能得出 p，也不能得出 q，它和我们所理解的“或”有区别。因为它与“或”的定义的引入规则相同，但是和“或”的消去规则不和谐，这个定义即使满足一致性，我们也无法理解所定义项的涵义。

新弗雷格主义者还给出另一个例子来说明定义间的不和谐。这个例子是关于算术理论中的一个量词 %。

例 4 % 的引入规则和全称量词一样。

但是 % 的消去规则是仅推出关于偶数词项的结论。

在新弗雷格主义者看来，这两个规则并不协调。从所有的数都有 A 所叙述的性质，可以得到 $\%A$。但是从 $\%A$，我们只能得出偶数才有 A 所叙述的性质。这个消去规则看起来就很怪，这种奇怪的地方在于它和引入规则的不和谐。我们无法理解为什么所有的数有某个性质 A，我们可以得到 $\%A$，但是我们从 $\%A$ 却只能得出偶数才有性质 A。在新弗雷格主义者看来，不能让认知者通过这些不和谐的定义来理解被定义项的涵义。

新弗雷格主义者认为，我们从定义理解被定义项的涵义的解释不能诉诸霍里奇所提出的模型。新弗雷格主义者提出，理解被定义项的涵义实际上是理解被定义项的使用模式。他们对于定义模型的解释诉诸成功定义的条件。他们通过反思，得出好的定义应该满足一致性、保守性、普遍性、和谐性。他们并不认为这些条件是完备的。很有可能我们还会发现成功的定义的新条件。他们对于定义的解释采用的是一种方法论式的解释，一个好的定义需要确定被定义项的涵义。他们的中心任务在于解释好的定义需要满足什么条件。正是这些条件保证了我们可以通过好的定义，理解被定义项的涵义。我们对于涵义的理解可以不断地深入，我们可以对某个词项有进一步的隐定义。同一词项的这些隐定义需要满足和谐性的条件。

11.4　科学理论中的隐定义

经验科学理论有其理论预设，而且每一个经验科学理论都有其特有的理论术语，这些理论术语常常出现于理论预设之中。所以，经验科学的理论预设常常也被视作其理论术语的隐定义。按照上文的分析，隐定义应该满足保守性的条件，这个条件保证定义的先天性。这就使得经验科学理论与作为先天知识的经验理论定义之间形成了张力。一方面，隐定义的保守性恰恰不给经验否证隐定义的机会；另一方面，我们对于科学理论同时还抱着开放的态度，科学理论中的预设需要经受经验的证伪，科学理论要留给后天经验证伪的空间。

问题是：一旦科学理论中的预设被证伪了，需要诉诸理论预设的理论定义还是有效的定义吗？它们会随着理论预设而被抛弃吗？还是理论定义仍然具有赋予被定义项意义的功能，它们不会随着理论预设的抛弃而被抛弃？我想如果把理论的隐定义和对科学理论的预设区分开，或许这个问题就会有清晰的答案。我们知道理论的定义是要给理论术语确定意义，即使科学理论中的某些预设，甚至全部的预设被推翻了，定义仍然起到了这样的功能：我们通过定义理解了被定义项的意义。所以说，被规定为真的定义应该和科学理论的预设不同，它们不应该随着科学理论的变迁而被抛弃。经验科学理论的隐定义一定不是人们通常认为的那样，是经验科学的理论预设，否则这些预设一旦证伪，定义和先天性之间的传统联系就断了。如果我们这个理解没有错的话，等待我们的下一个问题就是，经验科学的理论定义有什么特殊的形式吗？什么样的形式可以保证这种规定式的定义能够保留，而不被经验证否？

逻辑经验主义者认为，嵌入了新词项的科学理论包括两部分内容：一部分是并未调动科学理论的新词项却包含经受经验所考察的内容；另一部分是用来确定科学理论所引入的新词项的意义。这种传统做法背后的思想是，能被经验所证否的科学理论的那部分内容应该可以不用理论的新词项去描述，而理论中用来确定新词项的意义的部分可以保留。这样的观点会保留定义与先天知识的传统联系。假如经验科学理论的预设我们用 T 来表示，那么经验科学的理论定义和 T 之间的关系是什么？T 不能是理论定义，但是它是间接的理论定义。就如同“这个系列谋杀案的凶手是 Jack the Ripper”是“Jack the Ripper”是间接定义一样。一般说来，一门经验科学理论的预设提供了理论框架的研究对象及其性质或关系。而可以被经验否定的理论内容是：对象具有某种性质或关系。作为理论的隐定义 $\Phi(T)$ 应该是一种规定，陈述理论对象表达式具有其指称的条件。假设 f 是理论的被定义项，和 f 有关的理论预设一定是有穷个句子，不妨把这些预设合取起来，我们称这个合取式为 $\sharp f$。科学理论的隐定义的形式可以简单表述为 $\exists x(\sharp x) \to \sharp f$。简单说，就是用一个自由变元去替换理论中含有新词项的句子 $\sharp f$，并加上存在量词，形成一个新的句子 $\exists x(\sharp x)$。然后将这个句子作为条件句的前件，而 $\sharp f$ 作为后件，从而形成一个理论的隐定义 $\exists x(\sharp x) \to \sharp f$。这个理论中的句子 $\exists x(\sharp x)$ 是理论中要经受经验考验的内容。如果经验证明，不存在这样的对象，那么 $\exists x(\sharp x)$ 就是假的。然而为理论新词项确定其意义的隐定义 $\exists x(\sharp x) \to \sharp f$ 却仍然可以自由规定是真的。这样的隐定义形式，被称之为拉姆塞—卡尔纳普（Ramsy–Carnap）条件句。

黑尔和莱特继承了分析哲学的这一传统，认为定义是一种逻辑方法，而逻辑是先天的，因而不管是科学理论的隐定义，还是算术或逻辑学的隐定义，它们只要是正确的定义，都应该具有先天性。这里的正确性在于满足定义的要求，比如满足一致性、保守性、普遍性限制等。虽然新逻辑主义者并没有说他们所给出的这些定义条件是完备的，但是他们认为，原则上我们可以发现正确定义的条件。他们认为并无好的理由来否定拉姆塞—卡尔纳普条件句作为科学理论新词项的隐定义形式。很容易看出，规定定义“Jack the Ripper”和拉姆塞—卡尔纳普条件句如出一辙。

为了保持科学理论中定义的先天性的地位，需要消除自大的理论定义。这种方法可以按照“Jack the Ripper”的方式去修改为一个保守性的定义。比如拉姆塞—卡尔纳普条件句就是一种方案，$\exists x(\sharp x) \to \sharp f$，不再把“$\sharp f$”直接作为理论的隐定义。比如“$\sharp f$”陈述电子如何，其中“$f$”是“电子”。如果物理学的经验告诉我们并不存在电子，那么理论定义就不能作为先天知识了。但是拉姆塞—卡尔纳普条件句却不会受到经验的证伪，所以可以作为解释定义的先天性的条件。

黑尔和莱特也提到了另一种可以作为科学理论新词项的隐定义形式，$\forall x(x = f \to \sharp f)$，这个形式被称为逆—卡尔纳普定义形式。这个定义形式反映了科学家这样的思想：我并不想说有科学理论的实体，但是我可以说，如果有东西是这样的实体的话，那么它如何如何。比如，一个科学家会说，我不知道是否有电子“存在”，但是如果有这样的对象，它是电子，那么物理理论会告诉你，它会如何。这样的定义和拉姆塞—卡尔纳普条件句究竟哪个更好，黑尔和莱特并没有评论。然而我们确实会发现，逆—卡尔纳普也不是自大的定义，同时它也为科学理论被经验修正提供了余地。

虽然黑尔和莱特并未评论拉姆塞—卡尔纳普条件句和逆—卡尔纳普定义形式究竟哪个更合适，但是他们认为拉姆塞—卡尔纳普条件句并不是经验科学理论的隐定义的唯一形式。霍里奇提出了科学理论的隐定义的传统观会陷入困境。他认为传统的定义观是规定一个隐定义为真，从而在这个规定为真的隐定义中确定被定义项的意义。[①]但是与霍里奇不同的是，黑尔和莱特认为并不是被定义项有如此这般的意义，才使得我们规定的语句为真，而是我们规定为真的语句需要被定义项有如此这般的意义。这正是新弗雷格主义定义理论的哥白尼式的革命。也许有人提出质疑：科学理论 T 中预设是由有穷个语句组成的，其中不乏逻辑词项或数学的实体。如果我们把 T 中的有穷预设合取组成一个句子，这个句子不妨设为 $\sharp f$，问题是：这个句子的真，是否也确定了逻辑常项的意义，或者数的意义？新弗雷格主义者或许会这样回应：首先，作为理论非直接定义的经验科学理论的预设，如果有过多的词汇都是有待理解的，那么这些预设就不能成为理论的非直接的定义。我们只能在一个定义中理解其他表达式的涵义才能理解被定义项的涵义；或者说知道其他表达式的用法才能知道被定义项的用法。如果我们不理解其他表达式的用法或涵义，我们就无法理解定义项的用法或涵义。其次，科学理论的证成并不证明数学的正确或者逻辑的正确。所以接受经验验证的理论预设 $\sharp f$ 虽然可能包含数学或逻辑表达式，经验科学理论也需要数学真理和逻辑真理，但是经验不会证伪关于数学或逻辑的真理。最后，经验理论预设并不能作为数学或逻辑表达式的隐定义。比如可能它会用到逻辑联结词“合取”，但是理论预设并未给出这个联结词的用法，所以称不上是这个联结词的定义。

[①]Horwich，P., *Meaning*, Oxford: Clarendon Press, 1998, pp.133–137.

我们通过科学理论预设"♮f"的真值条件获得新词项"f"的意义。但是"♮f"本身并不是一个好的定义，因为正如我们前面所说的那样，它承诺了很多有待经验验证的东西，一旦科学理论变迁，这些词项的意义该如何保留其意义，是我们这篇文章所讨论的重点。于是我们引入了不自大的定义条件，要求定义必须是保守的。这个保守性就是要保留通过定义所赋予语词的意义不会被经验所抛弃；同时还要给科学理论 T 留下被经验否证的空间。这两方面，使得黑尔和莱特 (2001) 认为理论的预设"♮f"可以被经验所否证，因而定义不能是"♮f"。我们需要寻找合适的理论隐定义"Φ♮f"。无论怎样，拉姆塞—卡尔纳普条件句形式和逆—卡尔纳普定义形式都是备选方案，它们都可以确定被定义项的意义，并且不会被将来的经验所证伪。

11.5　公理系统的公理是否可以作为隐定义？

人们有时会认为公理系统的公理也可以是隐定义。但是按照上文所阐述的定义条件，并不是所有规定为真的句子都能被称为定义。当然，定义也不应该是涉及被定义项的所有句子组成的类。一般来说，定义是一个句子构成。如果公理系统的公理是有穷个，可以把这些公理合取起来组成一个句子。我们不妨以戴德金—皮阿诺的算术系统为例，把它的公理系统合取起来组成一个句子。问题是，它里面涉及了很多的新词项，它定义的是什么呢？或许你会说，它定义的是自然数。我们对于自然数的理解，就是那些由 0，以及不断通过后继运算所得到的数。你会认为这些公理组成的二阶公理系统恰好刻画了自然数。这些公理表明存在无穷多的自然数。定义应该是一种逻辑方法，它能让不理解被定义项涵义的人通过定义理解被定义项的涵义。如果二阶逻辑公理定义的是自然数，那么这个定义就已经预设接受定义的人已经理解了自然数 0。如果理解了某个对象，实际上就是理解了这个对象所属的种类。比如说，如果你知道凯撒被刺杀，那么你就知道凯撒是一个人。如果你知道 0 有后继，你就知道 0 是一个数。更为重要的是，要想保留定义和先天性的联系，定义需要满足不自大的要求。这个要求迫使我们放弃这些公理作为隐定义的观点，因为这些公理并不是保守的，它们承诺了过多的东西。

这让我想起弗雷格和希尔伯特的书信，讨论公理是否是定义的问题。在希尔伯特看来，公理系统中的公理本身就是隐定义，它们定义了新引入的概念及其关系。弗雷格却持相反的观点。他认为这些公理本身不是定义。定义的目的在于给出语词的涵义。但是我们是先知道了定义项的涵义之后，才承认这些公理是真的。如果不知道被定义项的涵义，我们又如何知道这些公理是真的呢？弗雷格反对用直观去解释我们如何认识抽象对象。一些哲学家会认为我们对于抽象对象的认识有直观的能力，比如康德、罗素、哥德尔都持这样的观点。这就使得抽象对象多多少少带有神秘的色彩。弗雷格希望从他的逻辑，或者说一种意义理论来解释抽象对象。

黑尔和莱特认为戴德金—皮阿诺的算术公理系统中的公理并不是定义，他们给出的主要理由在于这些公理应该是由自然数的定义所推出的结论，而这些结论本身并不是自然数定义本身。这和弗雷格的观点是契合的。当然通过前面的章节，我们已经知道，新弗雷格主义者把休谟原则作为“基数”的解释。

达米特反对把休谟原则作为数的定义，诉诸语言就把数的客观性的地位降低了，这种客观性通常认为数的存在不依赖于我们的语言和心智。新弗雷格主义者提醒对手注意，数的定义难道比戴德金—皮阿诺的算术公理的客观性更弱吗？我们需要解释的是我们如何理解数的本质。戴德金—皮阿诺的算术公理的真是如何被认识的？虽然它们是我们对数的最基本性质的理解，但是它们是被推出的，它们是被我们所理解的数的本质的定义推出的。

关于达米特对客观性的质疑，我还想多做一些回应。弗雷格从未把客观性界定为独立于我们的语言和心智之外。他在《算术基础》中认为客观性是受制于规律、受制于我们的语言的。定义作为传统的逻辑方法，并不是任意的句子都能被称为定义，它要遵从定义的使用规则，这不由我们的喜好来决定。我们通过语言理解定义中的被定义项的意义，这是定义的客观规律。定义是规定为真的句子，但是这种规定性和客观性并不冲突。

11.6　休谟原则

弗雷格定理告诉我们用二阶逻辑从休谟原则可以推出戴德金—皮阿诺算术公理。这给了我们一个很自然的想法，休谟原则是否可以作为“数”的定义？弗雷格因为“凯撒问题”而否定了休谟原则的定义地位。我们前面已经介绍过“凯撒问题”，这里不再赘述。在“凯撒问题”的章节，我们也注意到了休谟原则实际上满足“普遍性限制”原则的条件。布鲁斯证明了弗雷格算术系统的一致性和二阶算术系统的一致性等价。这就意味着，如果你承认二阶算术系统是无矛盾的，那么休谟原则就不会像公理 V 那样导致矛盾。那么现在，我们需要从上文的定义观来解释休谟原则是否是不自大的，即它是否是保守的。

$$\forall F\forall G(NxFx = Nx(Gx) \leftrightarrow F \approx G)$$

休谟原则是一个纯逻辑符号的公式。在新弗雷格主义者看来，休谟原则是一个自由规定为真的句子。首先，就像拉姆塞—卡尔纳普条件句本身并不断言具有性质“$\sharp$”这样的对象存在，但是这个定义的前件确实断言了这样的对象的存在。这样的条件句可以免于经验的修正，即使条件句的前件是假的，这个定义本身却可以是真的。其次，这个定义本身并没有附加“数”的存在。休谟原则中 $NxFx = Nx(Gx) \leftrightarrow F \approx G$ 规定的是两个公式的等值，也就是这两个公式具有相同的真值条件。或者简单说它决定左边为真的事态和决定右边为真的事态是一样的。但是休谟原则本身并没有断言右边所描述的事态为真，因此休谟原则本身并没有断言数的存在。但是一旦你接受了概念 F 和概念 G 之间有一一对应关系，那么按照定义你就应该接受属于概念 F 的数和属于概念 G 的数相等。因为属于“概念 $x \neq x$ 的数”与其自身一一对应，所以按照休谟原则，左边的句子就是真的。因为等词连接的是单称词项，并且左边句子是真的，所以这个单称词项的指称就存在。注意：数的存在是从休谟原则的一个实例的右边句子的真推出的，休谟原则本身并未承诺数的存在。因此休谟原则是保守的。

有些哲学家，比如夏皮罗（Shapiro）认为休谟原则在认识论上并不是无负担的。他认为肯定等值式的左边，我们并不能知道属于 F 的数，或者属于 G 的数，因为我们无法确定休谟原则的真值。休谟原则本身的真该如何保证？我想新弗雷格主义者会回应说，这个定义是我们为了解释数规定为真的句子。如果它能起到解释被定义项的作用，也就是它能够满足新模型的用法规定，我们就认为这个定义是有效的定义。正是因为休谟原则是一个保守的定义，所以它在认识论上并没有作出更多的承诺。

需要注意的是，休谟原则与“Jack the Ripper”的定义不同。“如果有唯一的一个人是这个系列谋杀案的凶手，那么 Jack the Ripper 是这个系列谋杀案的凶手”这个定义的前件和后件所承诺的本体是一样的。但是在休谟原则中等值式的两边所承诺的本体并不同。左边承诺了数的存在，而右边没有。但是这个等值式恰恰说明的是两边具有相同的真值条件。如果承认了一边的真值条件，就应该允许这个真值条件作为不同语句的内容，有不同的切分方式。这是新弗雷格主义对于休谟原则作为定义的基本观点。他们并不认为某个句子的真仅仅承诺了这个句子中的实体。只要这个句子和另一个句子具有相同的真值条件，那么另一个句子所承诺的实体也应被承认。休谟原则的左边并不是给右边“添加”更多的实体，而是它们本身就在那里。新弗雷格主义者对算术持坚定的柏拉图主义观。他们认为如果你承认了 F 和 G 之间有一一对应关系，那么你就应该接受数是存在的。他们对于算术的认识论是基于逻辑的，这种逻辑既包括我们今天所理解的形式化的逻辑，也包括他们的语义理论。正如我们前面介绍的“抽象原则作为隐定义的理论基础”那样，休谟原则的左边和右边具有相同的“内容”，这是我们的规定，我们可以从右边的“内容”中切分出“数”的内容。

11.7 数是虚构的吗？

逻辑加上休谟原则可以推出戴德金—皮阿诺算术公理系统，但是这个系统只有在无穷模型上才真。因此哈特里・菲尔德认为，对于数的解释一定是先承认了数的存在，所以休谟原则并不是一个观念真理[①]。哈特里·菲尔德认为数是一种虚构，我们先假设这些数是存在的，然后我们规定了数如何。所以他提出对于数的解释应该如下：

如果数是存在的，那么 $\forall F\forall G(NxFx = Nx(Gx) \leftrightarrow F \approx G)$。

我们不妨把这个句子称为 HP*。黑尔和莱特 (2001) 认为 HP* 对于新弗雷格主义没有任何用。他指出 HP* 不能作为数的解释。如果 HP* 可以作为数的解释，那么我们该如何理解 HP* 的前件呢？这就是说，我们要理解“数”的定义，首先要知道“数”的意义，这是很荒谬的。为了使菲尔德的论证置于更难的困境，黑尔和莱特提出，如果弗雷格算术系统也像科学理论一样，我们可以把休谟原则修正为逆—卡尔纳普的形式：

$$\forall F\forall G\forall u\forall v(u = NxFx \wedge v = NxGx) \rightarrow (u = v \leftrightarrow F \approx G)$$

我们不妨把这个句子称之为 HP**。HP** 就如同科学理论中的理论定义一样具有逆—卡尔纳普的定义形式。如果你承认了算术理论是真的，那么就应该像承认科学理论的理论实体一样，承认数的存在。

但是休谟原则不必非要改变成 HP**。我们知道，逆—卡尔纳普的定义形式有一个目的，就是为经验证伪科学理论留有余地。但是 HP** 中，这个空间就是经验或许可以证伪算子 Nx 并不存在。实际上，范恩持有类似的观点。他认为休谟原则并没有解释数，而是解释了一个作用于二阶变元上的算子。如果把休谟原则换成 HP**，实际上算术就和科学理论没有什么区别。黑尔和莱特 (2001) 的回应是，如果 HP** 确实和科学理论中的隐定义一样，那么在什么情况下可以证伪算子 Nx 的存在呢？如果有很好的理由认为存在这样的可能情况，那么 HP** 去替代 HP 固然很好，但是我们看不到这样的可能情况。所以，HP** 虽然在形式上和科学理论的隐定义有相同的形式，但是它并不像科学理论那样有可能被经验证伪的内容。实际上，HP** 与 HP 一样，都没有被经验修正的余地。

[①]Field, H., “Platonism for Cheap? Crispin Wright on Frege’s Context Principle”, *Canadian Journal of Philosophy*, Vol.14, 1984, pp.637–662.

新弗雷格主义者沿袭了弗雷格对于定义的先天性的观点。实际上弗雷格和新弗雷格主义者都未对先天性有过多的解释。这种先天性，可以粗浅地解释为不被经验所证成。他们都认为，一个命题是先天的，并不在于这个命题的内容，而是在于命题的证成方式。如果一个命题的证成只需要通过定义和逻辑就可完成，那么这个命题就是先天的。如果它的证成还需要感知经验，那么它就是后天的。所以，在弗雷格和新弗雷格主义者看来，定义也是先天的。既然它是先天知识，所以它不仅行使了定义的功能，即确定被定义项的涵义，而且定义本身还是真的，不会被经验所否证。除了算术之外，科学理论也有理论定义。科学理论的定义如果不受经验的否证，那么它的先天性就可以挽救。但是经验科学的经验性又体现在哪里呢？

假如说 T 是一个科学理论，那么关于 T 中的理论定义我们可以用 $\Phi(T)$ 来表示，它可以是拉姆塞—卡尔纳普条件句形式，也可以是逆—卡尔纳普的定义形式。不管是哪一种，定义本身的真不会被经验所修正。但是定义中有经验的内容，这些经验的内容是科学理论的预设，它们会接受经验的校正。将定义的地位先天化是弗雷格主义者对经验科学理论的隐定义所持的基本观点，而定义的先天性是新弗雷格主义者对定义所持的核心观点。

11.8 再论良莠不齐的问题

最近马蒂·埃克隆（Matti Eklund）对新弗雷格主义者关于定义的认识论提出了质疑。他认为新弗雷格主义者并没有清晰阐释他们所提出的新模型的条件是为了做什么。他的问题是：这样的模型条件是为了“成功的定义”，还是为了保全定义的先天性？埃克隆给出的答案是两者都有。

他继而提出与休谟原则具有相同定义形式的其他原则，但是这些抽象原则是新弗雷格主义者所不接受的，即良莠不齐的抽象原则问题如何纳入到黑尔和莱特所提出的定义先天性的计划中来。

埃克隆的问题是：不好的抽象原则是否是定义？它们具有先天性

的地位吗？如果这些原则也是定义，它们就是先天真的，那么它们所定义的种类对象就存在，但是这些原则有的和 HP 相矛盾。这就是说，如果休谟原则是先天真的，与之相悖的原则就应该是假的，那么相悖的这些原则就不能是先天为真的。但是黑尔和莱特所给出的先天性的条件该如何回答这种良莠不齐的问题呢？

首先，黑尔和莱特给出新模型确实是为了解释“成功定义”应该满足的条件。他们的这个模型是为了回应霍里奇对传统定义的批评。在新弗雷格主义者看来，定义并不是要从一个预先所给出的意义域中选出一个意义，继而说明这个意义就是被定义项的意义。

其次，新模型从定义的使用实践来给出成功定义需要满足的条件。黑尔和莱特承认他们所给出的条件并不是一定是完备的，或许还需要再添加其他的条件才是成功定义的充分条件。但是他们所给出的条件最起码是成功定义的必要条件。而且我们也没有任何理由排斥我们能够找到成功定义的充分条件。

最后，合适的定义需要不是“自大的”。这种不自大体现为定义的先天性。即我们对于定义的理解仅仅是语词意义的理解，它们并不做额外的承诺。

但对这一点，埃克隆并不满意。他认为新弗雷格主义者认为定义是“不自大”的，只是一个标签，他们并未解决定义如何不自大的问题。

> 这或许暗示着 HP 被认为是先天的在于它不是自大的。而谈论自大性仅仅是给我们的问题贴上了一个标签，但是并没有解决它。一个规定是自大的仅仅是它不得不依靠随附的（后天的）认识来确证，决定一个规定是不自大的不能仅仅是先天化。[①]

我想埃克隆或许并未真正理解新弗雷格主义者所做的工作。确实，不自大性，甚至他们所给出的新模型并不是定义本身，而是成功定义的要求。这些要求是我们对于定义的规范，这是超出定义的东西，是定

[①]Eklund, M., “Bad Company and neo–Fregean Philosohphy”, *Synthese*, Vol.170, Number 3, 2009, pp.393–414.

义之所以是先天的理由。没有任何定义本身告诉我们它们是否是“成功的定义”，而是我们需要条件和规则。我们依据这些规则去判断定义是否是好的定义。这些规则当然诉诸哲学家的反思工作，也需要他们对成功或不成功定义的归纳、总结，这涉及哲学家的工作经验。正如同我们也需要在经验中去探寻逻辑的演绎真理。这些真理本身的先天性并不在于我们发现这些真理的自然过程，而是在于我们理解这些逻辑真理的方式。

黑尔和莱特解释了休谟原则作为数的定义的先天性在于它给出了数相等的真值条件。属于概念 F 的数 = 属于概念 G 的数的真值条件是 F 和 G 之间有一一映射。但是休谟原则本身并没有断言存在数，除非你承认了 F 和 G 之间有一一映射。这个等值条件本身并未断言等值式左边的真值，从这个意义上讲，休谟原则是不自大的。但是埃克隆认为这样的论证并未考虑坏的抽象原则。比如妨害原则就只能在有穷模型上真，但是休谟原则需要在无穷模型上真。这两个原则是不协调的，我们只能选择其一。埃克隆认为，妨害原则同样也是抽象原则，它也是一个等值式，新弗雷格主义者的这个论证无法说明妨害原则不是先天的。

> 黑尔和莱特所断言的只是以休谟原则为代表的抽象原则的每个实例的左边与右边都具有相同的真值条件。他们不能说，所有的抽象原则都是这样。因为如果所有的抽象原则的每一个实例都是左边与右边具有相同的真值条件，那么所有的抽象原则都是真的。[①]

埃克隆确实提出了一个好问题。他质疑新弗雷格主义的论证无法说明一些抽象原则是错误的。我想为新弗雷格主义者做一些辩护来回应埃克隆的问题。

首先，定义确实是我们规定为真的。我们要保住定义的先天性的地位，在于这些定义不能被后天的经验所否定，也不需要后天的经验

[①] Eklund, M. “Bad Company and neo–Fregean Philosohphy”, *Synthese*, Vol.170, Number 3, 2009, p.401.

所证成。所有的抽象原则正是在这个意义上可以确定它们定义项的涵义。如果我们不规定妨害原则定义项的真值条件，就无法理解被定义项的涵义。从这个意义上讲，坏的抽象原则仍然可以尝试规定它为真，只不过通过这个定义，我们发现它会对论域的上界有所限制。因此它是自大的。所以我们不会采纳这个定义。妨害原则也可以说是先天为假的。

其次，新弗雷格主义者认为先天性是不诉诸其他的后天的认知工作。休谟原则和妨害原则都具有先天性，这种先天性仅仅在于我们对被定义项的理解依赖于语言的理解上。不自大性本身不能决定我们是否接受某个定义。就如同那个极端的例子"Jack the Ripper"。我们理解这个词项的涵义在于定义提供了一个句子的真值条件，但是至于这个真值条件是否被满足就是另一回事了。如果经验证明这个系列凶杀案并不是一个凶手所为，即我们所给出定义的条件句的前件为假，也不会妨碍我们认为这个定义是真，因为它是一个条件句。但是经验一旦证伪了是唯一凶手所为，实际上保留着"Jack the Ripper"的定义就没有什么价值了。定义只是给出了表达式有指称的条件，但是并不意味着它一定有指称。

回到坏的抽象原则上。每个抽象原则的每一个实例都是一个等值式，它隐含地解释了抽象对象相等的真值条件。这本身并不会因为右边的真值条件无法满足而认为这个抽象原则是假的。即使如此，我们仍然可以放弃坏的抽象原则。至于放弃坏的抽象原则的理由，也正是莱特给出的，定义不需要对我们的论域有所限制。这个规定也是"保守性"的一种表现。有些坏的抽象原则仍然是先天的定义，比如妨害原则，我们不接受它，在于它不满足莱特所给出的"保守性"，即它的结论会导致对论域的限制。不导致矛盾的坏的抽象原则并未破坏定义与先天性的传统联系，而是这些坏的抽象原则是没有理论价值的定义，就如同被证伪的经验科学的理论定义。妨害原则作为隐定义确实可以让我们理解被定义项的涵义。但是我们通过逻辑的推理，间接地认识到它和休谟原则是不相容的，发现妨害原则对于我们的论域做了过强的限制，这就使得这个定义不再有好的理论价值，因此我们不采纳这个抽象原则。不自大定义以及其他定义要求作为一个整体规定着可接受的定义的条件。这些条件是先于任何经验，它们也是先天的。

第12章 定义：通达认识必然真理之路

康德有句名言：从经验我们可以习得什么是实然的，但是不能习得什么是必然的。因为必然性和可能性是对偶概念，所以康德应该也认为感知、内省以及推理并不能让我们知道什么是可能的。经验可以让我们知道一个实然命题 P。也许你会说，实然的都是可能的，所以我们也会知道可能 P。康德这里所谓的可能性是一种未实现的可能性。比如“哥德尔证明了算术的不完全性定理”是一个实然的命题，“哥德尔未证出算术的不完全性定理是可能的”是一个没有实现的可能性命题。在康德看来，从经验，我们不能获得可能性的知识或者必然性的知识。这就使得必然真理或者可能真理带有一种认知的神秘性。既然经验不是必然真理或可能真理的认识之路，我们该怎样解释我们如何拥有必然真理或可能真理呢？

经验主义者往往采用的是怀疑主义的路线，即否定必然真理或可能真理，这样经验主义者就不会有关于必然真理或可能真理的认识论的难题。否定必然真理或可能真理所采用的策略大致说来包括：(1) 还原论策略，即带有模态词的陈述句可以还原为不带模态词的陈述句；(2) 随附论策略，即带有模态算子的陈述的真依附于不带模态算子的陈述的真；(3) 投射主义策略，带有模态算子的陈述句的真值和外部世界没有关系，而是投射出我们认知能力的“极限”。这三种策略都遭到了批评。本章并不对这三种策略的论证进行评述。在“消除分歧之路”那一章，我们讨论过还原论实际上并不和实在论的基本观点冲突，我们也讨论过表达主义包括投射主义论证的问题。黑尔在《必然之物》的第三章对这三种观点和论证提出了反驳。新弗雷格主义者承认模态陈述句的客观性，他们认为算术真理不仅是真的，而且是必然真的。如果模态陈述句的真是客观的，我们如何解释模态？必然性和可能性的根源是什么？当这些问题澄清后，我们进一步追问我们如何获得必然性或可能性真理。

12.1 黑尔对一类先天必然真理的解释策略

12.1.1 必然性和实体——必然性的根源

黑尔认为形而上学的两个领域模态理论和本体论是紧密相关的。两个领域中的任意一个的基本问题的探寻都不可避免地会涉及另一个领域的基本问题的回答。他在《必然之物》的导论中说：

> 本书关注的是形而上学的两个中心领域：模态——关于必然性和可能性以及相关概念的理论；本体——关于什么实体存在的一般性的研究。总的目标是发展和捍卫两个相当普遍的论点——如果不考虑可能性和必然性，关于什么种类的对象存在的问题就不能真正地理解或者不能充分地回答；反过来，如果不运用本体论的方法，特别地，如果不考虑不同种类实体存在的条件，就无法满意解决关于本质、必然性和可能性的基础的问题。将这两个论点放在一起，它们断言的是本体模态相互依赖，没有哪一个比另一个更为基本。[①]

弗雷格在《算术基础》中区分了对象和概念，在弗雷格看来，对象和概念是不同类型的本体。存在不同种类的对象和不同种类的概念。弗雷格不仅承认抽象的对象的存在，而且也认为概念也是客观存在的。新弗雷格主义者继承了弗雷格的这一观念。黑尔认为，不同的实体有不同的本质，实体的本质决定了这个实体之所以是这个实体。而实体的本质可以用必然性来解释，因此本体论的问题一定会不可避免地引入模态问题。同时，黑尔认为一个命题之所以是必然的在于一些事物

[①]Hale, B., *Necessary Beings*, Oxford: Oxford University Press, 2013, p.1.

的本质，实体的本质是必然性的原因。让我们先以逻辑必然性和逻辑本体为例来说明这一思想。

例 1 *P 是一个逻辑真理。在本质主义者看来 P 是必然真的是因为一些逻辑实体的本质。这一思想可以表述为：$\Box P$，因为 $\Box_{X_1,\cdots,X_n}P$，其中 $X_1,\cdots,X_n$ 是相关的逻辑实体的列表。这个形式表达可以读作：P 是必然的，因为逻辑实体 $X_1,\cdots,X_n$ 的本质。$\Box P$ 中的 $\Box$ 表达的是"必然性"，而 $\Box_{X_1,\cdots,X_n}P$ 中的 $\Box_{X_1,\cdots,X_n}$ 是 P 中相关实体的本质。*

所以不难看出，黑尔使用从言模态语句来表达模态。逻辑真理是必然的在于逻辑实体的本质。什么是逻辑实体呢？逻辑实体是逻辑联结词、量词等表达式所指称的实体。比如 $\wedge$ 指称的是一个真值函数，这个真值函数的本质是 $A\wedge B$ 真，当且仅当 A 真并且 B 真。这个真值函数就是一个逻辑实体。

例 2 *$\Box(p\to(p\vee q))$ 因为 $\vee$ 以及 $\to$ 的本质。*

所以，我们从上述的例子也可以看出，决定一个逻辑真理是必然的，可以由多个逻辑实体而不是一个逻辑实体的本质决定。

我们可以把这个思想推广：任何一个陈述句是必然真的，是因为相关的一些实体的本质。除了逻辑必然性，还有一些概念性的真理（Conceptual Truths）或分析性真理[①]也是必然真理。比如下面的句子:

1. 任何红色的东西都是有颜色的。

2. 任何东西，如果它比埃菲尔铁塔高，那么它比埃菲尔铁塔低的东西高。

这两个必然真理并不能写成两个逻辑真理的形式，其必然真并不是因为逻辑实体的本质。所以从这两个例子也可以看出，有些概念性的真理并不是逻辑真理。如果按照黑尔的本质主义对必然真理的解释，这两个句子的必然性都是因为相关的实体本质。在概念实在论或者本

[①]概念性的真理通常被认为是和意义相关的真理，它们是必然真理，这种必然性并不依赖任何偶然之物的存在。

质主义者看来，这两个陈述句是必然真的是因为相关概念的本质。简单说，第一个句子是必然真的是因为“红色”和“颜色”这两个概念的本质；第二个句子是必然真的是因为“高”这个概念的本质。我们可以把这两个句子的必然性解释如下：

1. □(任何红色的东西都是有颜色的)，因为红色概念和颜色概念的本质，红色是一种颜色。

2. □ (比埃菲尔铁塔高的东西比比埃菲尔铁塔低的东西高)，因为“比 x 高”是一个关系，它的本质包括这个关系是一个传递关系，还包括它和“比 y 低”是一个互逆的关系。

从概念性真理的分析，我们不难看出黑尔认为这种真理的必然性同样根源于语言之外的事物的本质，而非语词的意义。这种对于分析真理的必然性的分析不同于逻辑经验主义。逻辑经验主义把分析真理的必然性解释为语词的意义，也就是语言的必然性，但是概念实在论的本质主义者用语言之外的事物的本质来解释分析真理的必然性。这种柏拉图主义的概念真理观和概念实在论紧密相关。没有概念实在论就无法解释分析真理的必然性。

同样，算术真理的必然性也是非逻辑的必然性。按照本质主义的观点，算术真理的必然性根源于自然数的本质、自然数的关系、自然数上的函数等这些实体的本质。

概念性真理、算术真理、逻辑真理，还有后天的必然真理，在黑尔看来，它们都源自事物的本质。我们已经理解了黑尔的实在论式的本质主义对于必然性根源的阐释，现在面对的问题是：我们如何获得必然真理？按照本质主义对于必然性的解释，这个问题也是在问：我们如何获得事物本质的真理？

12.1.2 本质知识何以可能？

按照本质主义的理论，形而上学的必然性来源于事物的本质，形而上学的可能性也是因事物本质带来的开放性。尽管理论本身

> 并没有说我们如何知道形而上学的必然性或可能性，在我看来，这似乎强烈地暗示了获得模态知识的特殊方法。首先，如果形而上学的可能性仅仅是事物本质开放的可能性，形而上学的可能性由形而上学的必然性决定，那么人们就会期待本质主义者遵从必然性第一的方法，至少把某些必然性的知识处理为先于任何可能性的知识。其次，如果认为形而上学的必然性源自或者根基于事物的本质，人们就会期待，我们怎样拥有事物本质知识的解释构成解释必然性知识的基本且关键的部分。我试图让带有这两个特征的方法可行，即它把解释我们如何获得必然性的知识作为首要任务；在某些基本情况下，它用我们如何获得事物的本质知识的解释来解释我们的必然性知识。这个方法由一个显然的划分进一步发展。如果我们的确有必然性的知识，那么假设它们有些是先天的，有些是后天的，既自然，又可行。如果解释必然性的知识的任务基本上是解释本质的知识，我们的问题可以分成两个部分：一个解释本质的先天知识如何是可能的，另一个解释何时以及如何知道后天的本质。[①]

必然性和可能性是对偶的概念，两者可以相互定义。$\Box A =_{df} \neg\Diamond\neg A$；$\Diamond A =_{df} \neg\Box\neg A$。所以，从两者可以相互定义，我们会认为可能性和必然性处于相同的地位，没有哪一个比另一个在解释上更具优先性。一个句子是必然的是由某个或某些事物的本质属性决定的；一个句子是可能的也是因为某个或某些事物的本质属性对这个句子的真保持开放。当本质主义者面对如何认识必然性真理这一认识论的难题时，有两个方法可供选择。一个是先解释如何接受可能性的真理，然后依据可能性来解释我们如何接受必然性的真理。这可以称为可能性第一的方法。另一个方法称为必然性第一的方法，这个方法是先解释我们如何接受一些必然性真理。在黑尔看来，必然性第一的方法更加自然和可行。因为本质主义者认为一些命题是必然真理在于事物的本质，而一些命题是可能真理也是在于事物的本质对于这样的可能性是

[①] Hale, B., *Necessary Beings*, Oxford: Oxford University Press, 2013, pp.253–254.

开放的。所以事物的本质成为了解释可能性和必然性的关键。他认为，如果我们解释了我们如何认识事物的本质，实际上就解释了我们如何接受某个关于事物本质的命题，因而必然性第一的方法更加自然和可行。既然必然性是用事物的本质来解释，那么在认识论上的问题——我们如何知道先天的必然知识或者我们如何知道后天的必然知识，就成为认识论上的问题——本质的先天知识何以是可能的；后天本质知识何以是可能的。

12.1.3　定义是认识事物本质的途径

在黑尔看来，定义是认识事物本质的方式或途径。他认为所有的定义的目的或功能在于揭示事物的本质。这是黑尔的定义观。为了让读者更好地理解黑尔的定义观，我们先来了解一些不同的定义观。

关于定义的哲学讨论可以追溯到古希腊哲学。公元前 399 年前后，柏拉图早期的一篇对话《尤西弗罗》记录了苏格拉底和尤西弗罗之间的对话。在这篇对话中，苏格拉底用辩证法追问尤西弗罗关于他控告其父亲一案，从而带出“虔敬”的定义。

亚里士多德认为定义是对事物的本质定义，这种定义观对哲学家的影响很大。康德把定义分为名义定义和实在定义。康德的定义观继承了亚里士多德的定义观。亚里士多德并不认为个体有本质属性，对于殊相或个体的定义只能是名义上的解释。但是对于共相的定义是一种本质定义。

> 纯然名义上的解释或者名义定义可以理解为这样的定义，它们包含着人们随意地想给予某个名称的意义，因而仅仅标出其对象的逻辑本质，或者仅仅用做把该对象与其他客体区分开来。与此相反，实际的解释或者实在定义是这样的定义，它们足以按照客体的内在规定来认识它，因为它们是从内在特征来阐述对象的可能性的。①

①[德] 康德：《康德著作全集》第 9 卷《逻辑学、自然地理学、教育学》，李秋零译，中国人民大学出版社 2010 年版，第 142 页。

康德认为经验对象只允许名义解释。对被给予的知性概念的名义定义取自一个属性，而这个属性不必是事物的本质，比如“默默就是这只狗”就是对“默默”的名义定义。对被给予的知性概念的实在定义取自事物的本质，比如“水是 H_2O”。

后来的哲学家把名义定义也称为语词定义。语词定义的目的在于给出语词的意义，而不关乎语言外的事物。这和康德的名义定义是有区别的。不可否认的是，无论是名义定义，还是实在定义，都是用语言表达的，所以一个被定义项一定是用表达式来表达的，那么定义究竟是来界定语词的意义还是事物的本质并不是完全割裂的。然而康德所强调的名义定义实际上是一种非本质的定义，是定义事物的。康德继承了亚里士多德的逻辑学，认为个体没有本质。对于经验个体而言，康德认为我们对其定义就不能是本质定义而是名义定义。我们把定义的功能是解释语言之外的事物的本质这种定义观称为亚里士多德式的定义观，简称亚式定义观。黑尔的定义观是亚里士多德的定义观。和亚里士多德或康德不同的是，黑尔认为对象也有本质。对象的定义解释的是对象的本质。

所以语词定义和事物定义是从定义的功能上所做的区分。亚里士多德式的定义观认为所有的定义是解释事物的本质。语词定义的目的在于给出被定义项的语词的意义。虽然亚式定义观认为定义的目的在于解释事物的本质，但是不可否认的是对定义的理解依赖于语词的理解，因为定义是用语言表达。范恩的定义观和亚氏定义观相反，他认为所有的定义都是语词定义，即每一个定义实际上都是确立被定义项的词意。亚式定义观并不否认有些事物定义本身也是被定义项的语词定义，但是并不是所有的定义都是语词定义。比如“金是原子量为 79 的化学元素”是一个事物定义，它解释的是金的本质。这个定义并不是语词“金”的意义。因为在日常语言的使用中“金”的意义并非如此。“水是 H_2O”同样也是事物定义而非语词定义，因为“水”作为一个语词，其意义并非是“H_2O”。事物的定义和语词的定义有时是重合的。比如“圆是与一个定点等距离的所有点组成的平面图形”既是“圆”的语词定义，也是圆作为一种几何图形的定义。再比如，“哺乳动物是可以呼吸空气并有脊柱和乳腺的动物”既是语词定义，又是事物定义。

我们确实需要依赖语言的理解来理解事物的定义。这里的事物既包括对象，也包括性质和关系。然而并非我们所有的定义都是为了给出语词的意义，物理理论定义、数学定义甚至我们的法律使用定义的目的并不是像词典编纂者那样，仅仅是给出被定义项的词意，而是为了界定或者解释我们所关注的事物的本质。亚式定义观认为，我们定义的是非语言的实体，一个正确的定义是陈述事物的真命题。按照弗雷格式的观点，真、假是句子的指称，所以从这个意义上，我们说句子是真值的承载者。表达式的指称和涵义是不同的，一般来说，我们通过表达式的涵义来理解表达式的指称。“水是 H_2O”表达的是水的本质，纯水的本质是其分子结构，即两个氢原子和一个氧原子组成的化学结构。按照黑尔的观点这个句子解释的是水的本质而非“水”的词意。这个句子也是一个定义。一般说来，定义是一个规定为真的句子，但是这个句子并非是规定为真的句子，而是化学家的发现。“水是 H_2O”，“金是原子量为 79 的化学元素”是否是定义仍有待澄清。一方面，如果按照亚氏定义的理解，定义就是为了揭示事物本质，那么这两个句子确实可以称得上定义；另一方面，定义是否仅仅要求的是规定语句为真？这两个句子我们是能用上一章所讨论的拉姆塞—卡尔纳普句子形式或者逆—卡尔纳普的语句形式来理解被定义项的词意的。这两个定义之前，我们已经知道被定义项的词意，但是我们并不知道定义项指称的本质。上一章我们的定义，是理解被定义词项的涵义的角度理解被定义项的本质。所以这两个定义并不是按照我们上一章的方式来理解被定义项的本质。

黑尔认为，并不是所有的定义都是先天的，只有那些既是语词定义又是事物定义的定义才是先天的定义。这是他对于先天定义的界定。所以，我们上一章所阐述的定义的先天性指的是那些既是语词定义又是事物定义的定义方式。

“水是 H_2O”，“金是原子量为 79 的化学元素”这两个例子出现于克里普克的《命名与必然性》。克里普克并未说断言同一性的句子都是定义。如果这两个句子是命名，即纯化学结构为 H_2O 的物质被称为水；原子量为 79 的元素被称为金，那么这样的句子是定义，它们定义了新词“水”和“金”。这看起来有点奇怪，因为为何这些名称和现实中的“纯水”和“纯金”恰好一致？因此“水是 H_2O”，“金是原子量为 79 的化学元素”并非是给事物来命名，它们只是揭示了事物的本质。克里普克对于定义也是持语词定义的观点，所以他认为这些同一性的陈述句并非是定义，而是科学家的理论发现。

在上一章，我们介绍了黑尔和莱特认为隐定义是先天的。通过隐定义，我们理解了被定义项的涵义，从而理解了被定义项指称。克里普克也认为定义是先天的。他在《命名与必然性》中反对哲学传统对先天性和必然性、后天性与偶然性的错误观念。哲学家认为一个命题是先天的，那么它就是必然的。一个命题是后天的，那么它就是偶然的。这就意味着，不存在先天偶然命题或后天必然命题。但是克里普克认为先天与后天是认识论上的区分，而必然与可能是形而上学上的区分。我们不能把这两对概念混淆。他认为定义是先天的，即我们通过对一个名称的定义来获得这个名称的意义。比如“在时刻 t_0 巴黎的那根米尺的长度是一米”是对“一米”的定义，所以它是先天的。但是克里普克认为这个句子表达的是偶然性真理而非必然性的真理。他是本质主义者，他承认事物的本质属性。而且和黑尔相同的是，他们都认为一个语句如果表达的是必然真理，这一必然真理依据的是事物的本质。他们的不同点在于，克里普克在语言上强调严格指示词和摹状词的区分。他认为严格指示词的指称是唯一的，这种唯一性体现为在任何可能情况下，这个严格指示词都是指称同一个对象。对于通名，也是如此。只要是名称，那么这个名称在任何情况下指称相同的东西。但是摹状词却没有严格指示词的性质。比如“第一个证明了算术不完全性定理的人”是一个摹状词，它在可能的情况下，指称会发生变化。但是“哥德尔”是一个专名，它的指称就是哥德尔这个人，无论在哪个可能世界，这个专名都所指这个人。他的这个思想就使得他认为对于名称之间的同一性是一种必然的语句。比如“哥德尔是库尔特”就是一个必然的语句，它断言的是对象的同一。“晨星是昏星”、“水是 H_2O”都是同一性的语句，它们都是必然为真的。但是这些同一性的语句并不是先天的，因为它们是依赖于我们后天的认识，所以存在后天必然命题。

黑尔（2013）并不反对后天必然命题的断言，但是他的论证方式和克里普克不同。虽然他认为必然真理源自事物的本质，而定义是揭示本质的方式。他并不认为所有的定义都是先天的，这样的观点并不和上一章的观点（抽象原则的先天性）冲突。黑尔（2013）的主要观点在于定义都是对语言外事物本质的揭示，而非语词意义的规定。黑尔认为一些定义实际上也是语词定义，但是并非所有的定义都是语词定义。他认为从这一观点可以提供另一种途径来解释克里普克的后天必然命题；同时也可以解释某些语句为何是先天必然为真的。在黑尔看来，那些既是事物定义又是语词定义的定义是先天必然命题，而那些不是语词定义的事物定义实际上是后天必然命题。关于这个断言的论证我们在后文会有详述。需要注意的是黑尔和莱特针对的是先天的隐定义，他们认为隐定义是先天真理。黑尔（2013）所给出的不是语词定义的事物定义都是显定义。所以这两篇文章并不构成真正的矛盾。

要恰当评论黑尔（2013），似乎需要面对一个问题：定义的目的是什么？如果定义是为了给受众先前不理解的语词作出解释，以达到传达词意，那么定义就应该是语词定义。但是黑尔认为定义的目的在于揭示事物的本质，所以定义是事物定义。黑尔认为在理解定义之前，或许对被定义项的语词意义也有所了解，比如“水”。我们理解水是无色、无味的可以饮用的液体。这些是“水”的词意，但是并不是水的本质。“水是 H_2O”表达的水的本质，是定义。这是两种不同的定义观。但是究竟哪种定义观是合理的，这个问题留待后文讨论。让我们考虑：事物的定义观会给哲学带来什么益处？

如果按照黑尔的观点，所有的定义都是事物的定义，那么“在时刻 t_0 巴黎的那根米尺的长度是一米”就不能是一个定义，因为它并不是一米的本质，科学家不会把这个标尺作为一米的长度的本质。所以黑尔不会赞同有先天偶然命题。这种分歧产生于不同的定义观。如果黑尔是正确的，那么他的观点为哲学带来了一股清风，让我们对于带有某种神秘色彩的先天知识有了更深刻的理解。我们不必诉诸我们的心灵结构，不必诉诸我们的心灵直观，而是透过语言去理解某种先天知识。或许他的这种哲学思路同样受到克里普克的影响。因为在克里普克的哲学中，定义就是先天知识，并且事物的同一性是必然知识。黑尔（2013）发展了克里普克的哲学观，他认为关于显定义实际上揭示事物本质，揭示的是一个事物之所以是其本身的本质。比如数的同一性表达的就是数的本质，方向的同一性表达的是方向的本质，等等。黑尔认为有些先天必然知识可以通过语词的意义的理解来解释其认识论的来源。但是这会不会重蹈约定论失败的覆辙？约定论已经被蒯因（1936）宣布失败了，黑尔的路径和约定论有何不同？

12.2　约定论的失败

弗雷格认为算术真理是分析真理，这种分析真理在于其证成仅依赖于逻辑和定义。新弗雷格主义者对于“分析性”的使用非常谨慎，因为“分析性”在约定论者那里有不同的界定。约定论者认为分析命题是那些仅仅依赖于语词的意义就可以确定为真的命题。他们认为“单身汉”的意思是“未婚成年男子”。“单身汉是未婚成年男子”就是一个语词定义。这个定义是我们约定为真的，它确定了“单身汉”的词意。分析命题的真是仅依赖于语词意义就可判定为真，而不需要看看世界如何，所以分析命题都是先天命题；而且无论世界如何，一旦词意确定了，这些命题就必然为真。所以，在约定论者看来，分析真理的必然性仅仅因为词意。

这种观点在经验主义内部受到了挑战。蒯因（1936）认为[①]，语词定义是在语词尺度（word-size）上的约定，这种约定实际上是表达式的一种缩写，即长表达式“未婚成年男子”缩写为“单身汉”，这样的约定只能让我们从一个句子的真，通过语词的变形规则，得到另一个句子的真。从句子“没有单身汉是已婚的”是真的，得到句

[①]Quine, W. V. O., “Truth by Convention”, in O. H. Lee ed. *Philosophical Essays for A. N. Whitehead*, New York: Longmans,1936; reprinted in Feigl,H & Sellars, W., *Readings in Philosophical Analysis*, Newyork: Appleton Century Crofts, Inc. 1949, pp.250–273(pages references are to this reprint).

子"没有未婚成年男子是已婚的"是真的。但是我们怎么知道第一个句子的真？约定论者认为它是必然真理，这个必然真理是由单身汉的词意决定的。在蒯因看来，语词定义只能从一个句子的真得到另一个句子的真，但是它不能保证一个句子本身是真的。如果"没有未婚成年男子是已婚的"是真的，通过变形可以得到"没有单身汉是已婚的"。问题仍然在，"没有未婚成年男子是已婚的"为何是必然真理？第二个长句子是一个广义上的逻辑真理，这个逻辑真理的必然性如何由语词意义保证其必然为真？如果逻辑真理是由词意决定的，那么同样，它也是只能从句子的真得到另一个句子的真，而不能解释缩写前的句子为何是真的。仅从词意上，如何解释 $p \to p$ 是必然真理呢？在蒯因的论证中，同义词只能是从一个句子的真，经过同义词的替换，得到另一个句子的真，但是无法在句子的尺度（sentence–size）上给出句子为何是必然真的解释。要给出句子必然为真的解释，按照蒯因的解释，就必须给出句子尺度上的约定性而非语词尺度上的约定性。然而达米特认为句子尺度上的约定性也不足以解释逻辑的必然真理。

达米特[①]认为句子尺度上的约定性无法充分解释逻辑真理的必然性，因为它不能解释前提与结论之间的逻辑后承关系。如果在句子尺度上的约定要充分解释逻辑真理的必然性一定会陷入无穷倒退。用 U 表示所约定的逻辑真理集，这个集合可以是无穷集（它们可以是有穷种逻辑形式的无穷实例），它包含已经约定为真的某种逻辑形式的真理。因为约定的逻辑形式是有穷的，所以一定有某个逻辑真理 P 不在 U 中。如何解释 P 的逻辑必然性呢？约定论者回答 P 是 U 中一些逻辑真理的逻辑后承，即从 U 的必然真可以得到 P 的必然真。那么这个回答实际上也承认了另一个逻辑真理U→P（为了表述方便，我们把 U 中的一些逻辑真理直接用 U 表示了），但是这个逻辑真理不一定就在 U 中。所以逻辑真理 U→P 的必然性也需要解释。这就是说如果只承认有限种类的逻辑必

[①]Dummett, M., "Wittgenstein's Philosophy of Mathematics", *Philosophical Review*, Vol.68, 1959, pp. 324–348.

然真理 U，总有一些逻辑真理的形式不在 U 之中。更为困难的是，从一些约定为真的句子，我们无法仅仅从这些句子的真得到其逻辑后承也是真的。

达米特的论证告诉我们：假设 P 在 U 中，P→Q 也在 U 中，但是 Q 不在 U 中。Q 的必然为真无法从一些约定为必然真理的集合中得到。约定论者会解释说，因为 Q 是 P 和 P→Q 的逻辑后承，所以 Q 也是逻辑必然的。但是约定论者的这个解释又依赖于 P→((P→Q) →Q) 是一个逻辑真理，但是它的逻辑必然性却未被约定论者所约定。或许约定论者可以试图从推理的约定来阻止这样的问题。但是很快就会发现，当我们约定某个推理规则时，实际上需要基于另一些推理规则，所以同样会陷入无穷倒退。比如约定论证约定分离规则：如果 A 真并且 A→B 也真，那么 B 真。如果要使用这个分离规则，约定论者需要做合适代入。他需要知道：如果 P 真，并且 P→Q 真，那么可以使用分离规则的代入例：即把 Q 代入 B，把 P 代入 A，得到 Q。也就是说，约定论者要使用某个分离规则代入例，他首先要知道另一个规则：如果 P 真，并且 P→Q 真，那么从 P 真，P→Q 真可以得到 Q 真。这就会陷入倒退。

达米特和蒯因的论证告诉我们：从句子的尺度无法解释逻辑真理的必然性。蒯因的批评告诉我们，约定论者把必然真理归因为语词意义注定失败。但是约定论的失败是否就意味着不存在概念性的真理（conceptual truth）？概念性的真理在于我们思考的概念间的固有联系决定了某些句子的必然真。通常我们认为，逻辑真理和算术真理是一种概念性的真理，这种真理是必然真理，同时也是先天真理。那么既然约定论失败了，那么概念性真理的必然性就不是由语词意义决定的。从约定论的失败，我们也不能仓促地下断言：没有概念性的真理。但是先天的概念性真理的必然性该如何解释呢？

12.3　逃脱约定论的魔咒

12.3.1　语词意义与真值条件

在上一章我们探析了新弗雷格主义者从隐定义解释被定义项的涵义，并且通过隐定义的句法来确定被定义项的本质。他们认为休谟原则定义了“数”，从这个词的意义的知识，我们可以获得对数的本质的理解。他们也认为算术真理是一种观念真理，这种观念真理也可以说是从意义就可以确定为真的，是一种必然真理。新弗雷格主义者的观念真理是否也是约定论呢？如果是，这样的计划会因为达米特或蒯因的批评注定失败吗？

这部分解析新弗雷格主义所采纳的仍是约定论的立场，但是这种约定论和前面的约定论有本质的区别。

前面的约定论体系为两种约定论：一种约定论是语词尺度上的约定论，约定语词的相互替换保持语句的真；另一种是约定一些句子的真。这两种约定论都失败了。新弗雷格主义者所提出的约定论和被批评的约定论的不同在于：被批评的约定论是先约定语词的意义，继而给出一些句子的真依赖于所约定的语词的意义。新弗雷格主义者的约定论承认当约定一个句子为真时，同时约定了一个出现于句子中的表达式的涵义。正如我们在前面章节讨论的霍里奇否定的定义与先天性之间的传统联系基于一种错误的模型，这种模型先预设了表达式的意义，然后从这个意义论域中找出一个意义给被定义项，使得定义为真。然后断言这个意义就是被定义项的意义。这是一种错误的定义观。在新弗雷格主义者看来，约定一个定义为真，那么这个句子的真“要求”被定义项有意义。对于隐定义而言，约定了隐定义的句子为真，实际上约定了包含被定义项的一个子句子的真值条件。例如直线 a 的方向 = 直线 b 的方向，当且仅当直线 a 平行于直线 b。这是一个隐定义，我们约定它为真。这个隐定义确定了左边句子的真值条件和右边句子的真值条件相同，这就是说一旦我们知道右边句子的真值条件，我们就知道了左边句子的真值条件。知道了左边句子的真值条件后，我们可以通过左边句子“=”理解这是对象的同一关系。因此我们理解了“直线 a 的方向”是一个对象。“直线 x 的方向”是一个函数，它作用于方向，函数值是一个对象。这类对象是“方向”。这就确定了“方向”的涵义。在新弗雷格主义者看来，隐定义约定为真的同时确定了被定义项的涵义。

蒯因和达米特所批评的约定论是预先设定语词的意义，继而说明语词的意义无法决定句子的真。一般说来：

句子 S 真当且仅当存在某个 p，S 说的是 p，并且 p。

这就是说，句子的真取决于两个方面，一个是句子的涵义，另一个是外部世界使得这个句子所表达的是真的。

蒯因和达米特的批评的实质在于：真的承担者是句子的涵义（或者简单说，就是命题），而非句子。语词的意义只能服务于确定句子的意义，但是它不能决定句子的真假。从这种观点不难看出，他们所批评的那种约定论是把语词的意义和真值条件隔离开了。而新弗雷格主义作为隐定义的抽象原则和这种约定论不同，其隐定义通过句子的真值条件来确定被定义项的意义。以方向的抽象原则为例，当约定方向的抽象原则是真的，此时我们并没有断定直线 a 平行于直线 b，当然也未断定直线 a 的方向 = 直线 b 的方向。但是这个定义约定了直线 a 的方向 = 直线 b 的方向的真值条件是什么。通过上一章的分析，我们也知道表达式的意义在于使用，我们理解一个表达式的意义，也就是知道如何使用这个表达式。从蒯因和达米特对约定论者的批评，我们可以得到两个结论：（1）从语词意义的明确约定不能得出句子的真；（2）语词的意义实际上是语词的用法，但是这种语词用法的约定无法明确约定，它是语言使用者的合约，但是这种合约条款不在这个明确的定义之内。比如明确约定“单身汉”的词意是“未婚成年男子”。这样的明确约定实际上在语言的应用中是很少见的。比如，我们可以说：“未婚成年男子—单身汉，是邋遢的。”或者以其他的方式，来显示这两个词的同义。这是一种约定词义的方式，虽然并不是以一种明确的方式给出。

我们需要从约定论失败的问题上汲取教训。教训之一：语词的意义如果和句子的真值条件割裂，那么无法解释必然真理。

我们得出的第二个教训是：被定义项的使用被约定论限制为替换，这样的限制一定不能解释未曾做过替换的逻辑真理。我们需要知道：明确语词意义的背后是约定这个词如何使用，而且这种约定被定义的词如何使用的机制并不在定义中，而是我们语言的使用规范。如果我们从这个角度来理解定义，那就能逃脱蒯因和达米特对约定论的批评。当一个语词以定义的方式给出时，有这个词出现的句子就和其真值条件建立起了联系。真值条件是和世界如何相关的，所以由此建立起的语词意义就为我们开启了通达概念性真理之路。

12.3.2　概念性真理的必然性的根源并不仅仅是语言的本质

概念性真理既包括狭义上的逻辑真理，比如 $p \to p$，也包括广义上的逻辑真理“单身汉是未婚的”。概念性真理是必然真理，这种必然性按照本质主义的观点在于事物的本质。关于语词的定义，蒯因怀疑我们是否能够区分仅凭语词的意义就断定为真的句子以及仅凭非语义事实而断定为真的句子。这种怀疑对于黑尔所倡导的事物定义观，即语词定义也是事物定义，并不构成威胁。蒯因反对仅凭语词意义就可断定为真的命题（分析命题）与凭借非语言事实断定为真的命题间有严格的界限。这一点并没有什么问题，他如此论证的要点在于对事物定义的一种平行论证。他认为我们也无法给出这样的界限，即按照事物的本质就可以确定为真的命题和那些不是凭借事物的本质为真的句子的界限。但是对这样的论证，蒯因诉诸的是对本质主义怀疑的论证。他质疑有这样的真陈述，仅凭语词的意义，即仅凭这些语词的语义本质就可以断定它们为真。这种对于本质主义的怀疑立场的价值在于，它恰恰提醒我们：在语义本质之外还有其他非语义的本质。

实质蕴涵的本质是一个二元的真值函数，这种本质决定了 $p \to q$ 是真的当且仅当 p 是假的或者 q 是真的。按照本质主义的观点“$p \to q$ 是真的当且仅当 p 是假的或者 q 是真的”就是必然真的，这个句子的真是因为蕴涵的本质。按照蕴涵的本质，我们可以知道“$p \to p$”是必然真的。同样其他的逻辑常项，比如合取、析取、量词等都有其本质。按照这些本质，我们可以知道一些句子是必然真的。有些句子不仅仅依赖一种逻辑常项的本质，可能还依赖多个逻辑常项的本质。比如“$((A \wedge B) \rightarrow (A \vee B))$”就是必然真的，它的必然性同时依赖合取、析取、蕴涵的本质。这是黑尔的本质主义解释为何狭义的逻辑真理是必然的。黑尔认为有一类陈述句的真是依据某个事物 X 的本质，或者一些事物的本质的。在这一类的陈述句中，我们可以进一步划分直接的必然真理和非直接的必然真理。直接为真就是那些按照事物的定义就可以确定为真，而非直接的是这些事物定义的逻辑后承。比如合取是一个二元命题的真值函项。$A \wedge B$ 真当且仅当 A 真且 B 真。这是合取的定义。那么根据这个定义，我们直接得出，如果 $A \wedge B$ 真，那么 A 真。这就是一个直接根据事物的本质确定为真的例子。再比如我们根据哺乳动物的定义“哺乳动物是可以呼吸空气并有脊柱和乳腺的动物”，但是不能直接得出哺乳动物是有脊柱的，因为从定义到结论，我们还需要用到逻辑的推理。对于广义上的逻辑真理，比如“单身汉是未婚的”也是必然的，但是这种必然性的真理并不是仅仅通过“单身汉”的定义而来的。“单身汉是未婚的”是通过一些推理得到的。

从单身汉的定义，可得任何对象，如果他是单身汉，那么他是未婚的成年男子。

按照量词、合取的本质，可得任何对象，如果他是未婚的且是成年的且是男性，那么他是未婚的。

所以上述的推理是从定义变形为一个狭义的逻辑真理。这些变形根据定义和逻辑常项的本质保证每一个变形句子都是真的。所以“单身汉是未婚的”是必然真理的根据是逻辑常项和单身汉的本质。

比如“任何比埃菲尔铁塔高的事物都比埃菲尔铁塔低的事物高”这个句子的真依赖于“x 比 y 高”和“x 比 y 低”的定义，但是它并不是直接从这些关系定义直接得出的，而是从定义经过逻辑推理得出的。这种依赖定义所推出的真句子是间接的。

“x 比 y 高”的定义包括下面的内容：

任给 x，y，z，如果 x 比 y 高，y 比 z 高，则 x 比 z 高。

“x 比 y 低”的定义包括下面的内容：

任给 x，y，x 比 y 低，当且仅当 y 比 x 高。

所以按照这两个定义的部分内容，我们可以推出任何 x，z，如果 x 比埃菲尔铁塔高，并且 z 比埃菲尔铁塔低，则 x 比 z 高。

既然我们根据事物定义可以直接推出一些句子的真，而有些句子并不仅仅依赖事物的定义，而是根据定义从逻辑推出的，那么我们就不能说，所有的根据事物本质所得的句子的真仅仅只是依赖语义本质，还有一些是超出语义本质的，即这些语义本质与逻辑的结合。因此，蒯因认为一些句子的真超出语词意义，或者说超出了语义本质，并不构成对本质主义的威胁。在本质主义者看来，还有一些除语义本质之外的事物本质，我们可以根据这些事物的定义（刻画事物本质的句子）和逻辑推出某些句子的真。

需要注意的是：黑尔认为概念性真理的根源在于事物的本质，这种本质并不是语言的属性。所以黑尔关于概念性真理的界定和逻辑经验主义不同。黑尔把概念性真理界定为逻辑真理或者从定义经过逻辑推理推出的真理。这个观点和弗雷格在算术继承中的分析真理是一致的。黑尔认为一个陈述句是必然真的，其根源在于事物的本质，而非语词的意义。逻辑经验主义的一个教条在于语词的意义决定了分析真理的必然性。蒯因批评分析与综合的区分也是建立在这样的预设上，即必然性是因为语言的特性，或者语词的意义。但是蒯因的这种对分析真理的批评却不适用于本质主义的必然性。

12.4　必然的概念性真理何以是先天的

黑尔认为定义是解释事物本质的方式。但是和克里普克不同的是，黑尔并不认为所有的定义都是语词定义。比如“在时刻 t_0 巴黎的那根米尺的长度是一米”在克里普克看来就是一个定义，但是在黑尔看来就不能是一个定义，因为它不是长度一米的本质。克里普克认为“水是 H_2O”是后天必然的，黑尔也认为如此。克里普克并不认为这个句子是一个定义，但是黑尔认为这个句子是定义。克里普克认为定义是一种先天认识方式，但是黑尔认为定义并非都是先天的，只有那些通过语言就能理解事物本质的定义才是先天的。概念性真理的必然性是因为相关的事物本质。在黑尔看来，如果这些本质的定义都是先天的，那么我们就解决了概念性真理的必然性何以是先天的问题。

按照黑尔对于定义的理解，并不是所有的事物定义都是语词定义，但是有一些实在定义是语词定义，而事物的本质可以由定义给出。如果事物的定义恰好也是语词定义，那么我们对于事物的本质的理解就可以通过语词的意义来理解。这样，通过理解语词意义就能知道事物本质。黑尔就是采用这样的方式来解释某些关于事物本质的知识是先天知识。黑尔坦率地承认，他的这种解释并不能解释所有的先天知识，但是可以解释一部分先天知识。

黑尔认为“水是 H_2O”是一个事物定义，而不是语词定义。因为“水”这个语词的意义并不是水的分子结构，水的分子结构却是水的本质。所以，这个定义是关于水的本质的定义，而且不是“水”的语词定义。因此按照黑尔的划分，这个定义是后天的定义。我们对于水的本质理解并不是诉诸“水”这个语词的语义性质来理解，需要诉诸后天经验。“雌狐是雌性的狐狸”既是一个语词定义，又是一个事物定义。所以从这个显定义，我们知道“雌狐”的意义，即知道这个词的用法。从这个语词的用法，我们理解了：是一只雌狐就在于是一只雌性的狐狸，即雌狐的本质。同样通过语词的定义“单身汉是成年未婚男子”使我们理解了单身汉的本质：是单身汉就在于是成年未婚男子。这是比较简单的例子。

较为复杂的语词定义，如“正方形是由四条边相等且四个角都是直角的四边形”也是一个事物的定义。在黑尔看来，知道正方形的本质恰恰就是通过理解这个被定义的词意得到的。同时“正方形”这个语词的意义是由这个定义给出的。如果我们理解了这个语词的意义，那么我们就理解了正方形的本质。在黑尔看来，这给我们开启了解释某些本质知识为何是先天的道路。“正方形”语词意义的知识是把握正方形本质知识的基础。经过语词意义这个中介，所理解的正方形的本质，不多不少，恰好就是“正方形”语词的意义。我们关于正方形的本质知识是诉诸“正方形”语词意义的知识。而在黑尔看来，如果一个关于某物的本质的知识 P 是基于语词意义的知识，那么这个关于本质的知识 P 就是先天的。这样的解释，似乎和我们通常所理解的先天性有些距离。我们通常所说的命题 A 是先天的，是我们对 A 的认识不诉诸我们的感知经验。实际上两者并不冲突。黑尔这里强调的是关于事物本质的知识是仅诉诸语词意义就能理解的知识，那么这个关于事物本质的知识就是先天的。但是这里会存在质疑：对于语词的理解也会诉诸感知经验，也就是说，我们关于语词的知识并不是先天的。对于这个质疑，黑尔的回答是：我们关于语词的意义的知识会诉诸经验，从这个意义上说，我们关于这个语词或者那个语词的意义的知识本身并不是先天的。但是仅诉诸语词意义的知识可以被看作是先天的。

> 要合理解释如何知道先天知识 P，就得允许掌握命题 P 所涉及的概念需要经验。我们会认识到任何对概念掌握的合理解释通常需要借助于相关概念的语词意义知识。[①]

像许多理性主义者一样，黑尔认为所有的知识都由经验开始。我们对于语词的知识一定会借助感官的刺激，比如声音或者墨迹的感官刺激。毫无疑问，语词意义的知识需要感知经验。但是并不是所有的知识都产自感知经验。基于语词意义的知识，在黑尔看来就不是来自感知经验，它们是先天的。这些知识是不能由感知经验证成或者证伪的。我们不妨把这样的关于本质的先天知识规约为先天定义，即既是语词定义，又是实在定义。所有显定义都是语词定义。

> 显定义，在我看来是一个陈述句，它给出语词能够被一个词或词组应用替换的充分和必要的分析条件。[②]

犊就是小牛。“双百方针”就是中国共产党提出的“百花齐放，百家争鸣”的方针。正方形是四条边相等且四个角都是直角的四边形。

这些例子都是语词定义，也是显定义，因为它们的定义项和被定义项可以在任何句子中做替换，所得到的仍然是句子并且意义保持不

[①] Hale, B., *Necessary Beings*, Oxford: Oxford University Press, 2013, p.255.

[②] Hale, B., *Necessary Beings*, Oxford: Oxford University Press, 2013, p.255.

变。一般来说，语词定义是以显定义的方式给出，而显定义的一个特点就是在句子中定义项和被定义项可以相互替换，而替换后仍然是句子并且保持意义不变。当我们从一个语词定义理解了一个语词的意义，就有了这个语词意义的知识。诉诸这个语词意义的知识，如果理解了其相对应的某物的本质的知识，那么后者就是一个先天的知识。

按照黑尔对显定义的界定，我们会知道显定义一定是先天定义，它从语词的意义理解事物的本质。“水是 H_2O”就不是显定义，因为从这个定义，我们不知道“水”和“H_2O”在什么语境下可以相互替换。比如“这里曾经有湖水”，我们不能把这个句子中的“水”替换为“H_2O”。所以，这个句子并不是显定义。但是“单身汉是未婚成年男子”在黑尔看来是一个显定义。这个定义可以用形式表达为：$\forall x$(x 是单身汉 $\leftrightarrow$ x 是未婚成年男子)。这个定义实际上给出了被定义项和定义项相互替换的语境。但是“水是 H_2O”并不能写成量化的形式句子，这是因为“水”以及“H_2O”指称的是物质，我们不能说某个对象 x 是水。从这个定义，我们无法获得在什么语境下定义项和被定义项可以相互替换。

蒯因在《经验主义的两个教条》中批评语词之间具有相同意义是一个模糊概念，他认为即使用相互替换原则并且替换后保真也无法说明两个语词具有相同的意义。比如“单身汉”的意义如果和“未婚男子”相同，那么这两个语词之间可以相互替换，并且保持真值。他举了反例：“bachelor of arts”这个短语中的“bachelor”如果换成“unmarried man”得到的不是一个合适的表达式。这就说明这两个表达式并不是在所有的地方都可以互换。我想黑尔并不反对这一点。需要注意的是，黑尔认为两个表达式的意义相同，并不是在所有语境中都可以互换。对被定义项的理解恰恰是知道这个词的用法，如果是显定义，那么从显定义所理解的被定义项的意义恰恰是定义项和被定义项可以被替换的充分必要条件。虽然互换的条件本身并未在定义中被明确表达，但是通过语言机制，我们理解显定义的作用恰恰是定义项和被定义项有相互替换的条件。比如“单身汉”的词意是“X 是未婚男子”，那么“X 是单身汉”和“X 是未婚男子”可以相互替换的。理解一个语词意义恰恰就是理解这个词的用法。蒯因的这个反例恰恰说明了显定义并不是无条件的替换规则。

当然并不是所有的语词都会有语词定义。在我们的语言中，一些基本的词汇，比如“且”“非”等词汇我们无法给出不循环的语词定义。但是语词定义和事物定义的目的或者功能不同。语词定义的被定义项是一个“语词”，其目的在于给出语词的意义。也就是说，其被定义项还是语言之中的事物。但是实在定义的功能在于给出语言之外事物的本质属性。正如我们前面所讨论的，语词定义和实在定义有时会有重合。这种重合并不是说，我们对于定义都可以采用语词定义观，即每一个定义的目的在于说明语词的意义。范恩（1994）采用的就是语词定义观，即把所有定义的功能和目的视为对被定义项的词义解释。但是新逻辑主义者黑尔采用的是亚里士多德式的定义观，他认为，定义就是揭示事物的本质属性的逻辑方法。黑尔虽然也认为“语词定义”是揭示这个语词意义，但是语词意义的目的并不在于解释语词的意义，而是认识事物的本质。或者换句话说，语词定义是实在定义，只不过对事物本质的理解是基于某个语词的意义的理解。所以在这个意义上，所有的定义都是揭示事物本质的逻辑方法。因此，在黑尔看来，语词定义也是实在定义，其特别之处在于，某物的本质的涵义恰好就是表达这个本质的词汇的意义。语词定义和实在定义的重合并不是说被定义项既是语言中的实体，又是语言之外的实体，这显然是矛盾的。我们这里用“重合”只是一种方便的叫法。实际上，我们是经过语词意义的中介，理解了事物的本质。事物的本质，并不是神秘不可理解的，有些事物的本质，正是通过语词定义的方式来理解它。

也许这样的观点有点激进。你可能会问，“水”作为语词的定义是什么？并不是所有的词都有语词定义。但是词典似乎把我们现今所用的词汇编纂进来。那么词典所给出的是语词定义吗？如果你是一个英国人，你要知道汉语中“水”的意义，你可能要查阅英汉词典来知道这个词的意义，也就是说你需要把这个词和英文的词作一个翻译。翻译或许在宽泛的意义上也可以称之为语词的定义，因为它使你理解了这个词的用法。如果是汉语词典，那么词典记录的是这个词在汉语中的使用方式。这也许也是某种宽泛意义上的语词定义。但是无论哪种词典，你理解的“水”的意义，都不是我们所说的显定义。因为显定义的定义项是基本的词项，并且被定义项的意义和定义项的意义是相同的。也许词典中会给出某个词 A 的同义词 B，但是在同义词 B 中，又给出其同义词 A。你不能把这两个同义词看作是相互定义，否则就会陷入循环。因为词典无法告诉我们所理解的基本词汇究竟是什么，所以，词典所给出的同义词的词条本身并不是显定义。

这就是说，我们理解的词的意义并不都是依赖显定义给出的。这似乎让黑尔解释本质的先天性范围过于狭窄。因为我们所能给出的语词定义实在太有限了。黑尔注意到了这个问题，他进而解释，即使有些实在定义并不是语词定义，但是这个本质的知识却是可以建立在语词意义的知识上的，即使这个语词不能在语言中定义。

12.5　逻辑常项的先天性解释

并不是所有的事物定义都可以用这种显定义的语词定义方式来定义。在逻辑学中，我们会用如下定义来定义一些逻辑联结词或量词。比如：

$$A \vee B =_{df} \neg(\neg A \wedge \neg B)$$
$$\forall x A(x) =_{df} \neg\exists\neg A(x)$$

这两个定义是用元语言定义对象语言的表达式模式。它告诉我们左边的表达式是右边表达式的“缩写”方式。如果把对象语言做了扩充，增加了左边的新逻辑符号，那么左边的公式和右边的公式在任何公式中进行相互替换，仍然是公式，并且保持意义不变。所以这样的定义可以称为语词定义，它们也是显定义。在这两个定义中，“¬”、“∧”以及“∃”都是定义项中的逻辑常项，它们在原来的对象语言中可以被视为基本的逻辑词汇。这些逻辑的基本词汇的意义又是怎样给出呢？我们以合取为例。

$A \wedge B$ 真当且仅当 A 真且 B 真。

这个定义也是用元语言来定义的。它告诉我们，对象语言 $A \wedge B$ 是真的，其充分必要条件是 A 真且 B 真。这种定义是一种用元语言描述对象语言的真值条件。这仍然可以看作是语词定义，只不过它不再是一种显定义，因为左边定义项不能在对象语言中替换被定义项，而使得替换后的仍是对象语言的合法公式。它之所以是语词定义，在于它解释了对象语言 $A \wedge B$ 的合取联结词的意义。如果认知者理解了元语言中的“且”有一种意义是作为二元真值联结词，那么他就会理解 $A \wedge B$ 的意思是“A 且 B”。但是元语言中的“且”，我们不能再用元语言进一步进行语词定义，否则就会陷入循环。虽然“且”的意义无法定义，但是在元语言中，二元真值函数 f，作为合取的本质却是可以定义的。

如果“A 且 B 真当且仅当 A 真且 B 真”是语词“且”的定义的话，那么就是循环定义。但是这个定义实际上定义的是一个二元真值函数 f，它是一个从公式集的笛卡尔积到 {真，假} 的函数，并且满足两个公式都真的时候，其函数值才是真的，其余情况都是假的。这就是一个真值函数 f 的定义。真值函数 f 的定义并不是一个循环定义，对于真值函数本质的理解是以元语言“且”的语词意义为前提的。一旦我们理解了“且”的语词意义，我们就理解了作为一种真值函数“且”的本质。所以，作为真值函数的“且”是以语词意义的知识而得到的本质知识。“A 且 B 真当且仅当 A 真且 B 真”作为真值函数的实在定义，它并没有循环。

同样，“非”作为语词，也是不可定义的。但是作为“非”的本质，一元真值函数的否定，是可以定义的。对于这个真值函数的理解本身依赖于对“非”的意义的理解，而这个理解也恰恰是对“否定”的真值函数的本质的理解。这里确实有令人苦恼的循环。我们要理解逻辑联结词的本质是一个真值函数，需要对语言中的对应语词的意义的理解。我们知道 A 真且 B 真的真值条件，因为这个真值条件和 $A \wedge B$ 的真值条件相同。正如我们在前面章节所介绍的“切分内容”，因为我们知道 $A \wedge B$ 的真值条件，并且我们也知道 A 和 B 是两个句子，其指称是真值，因此我们就会理解 $\wedge$ 的涵义，由此理解 $\wedge$ 的本质是一个真值函数。这个本质的知识建立在语言意义的知识之上，这就从隐定义的角度对语言之外的实体本质的知识给予先天性的解释。

基本的逻辑常项不可作为语词定义，它们是事物的本质定义。就如同“水是 H_2O”并不是“水”这个语词的定义，而是水的本质定义。但是逻辑常项的定义和“水是 H_2O”也有不同之处。对于水的本质的理解，我们并不能仅仅诉诸对语词意义的理解，它还需要科学的实践。但是对于逻辑常项的本质理解却可以仅仅诉诸语言的理解。这个逻辑常项“且”的本质就是某个真值函数，而对于这个本质的理解需要我们诉诸对语词中“且”作为真值函数的理解。正是这点，黑尔认为这是我们理解某些事物本质的先天性途径。如果我们理解某物的本质基于语言的理解，那么我们就可以说此物的本质的知识是先天的。

黑尔作为新弗雷格主义者，当然也关心休谟原则的先天性的解释。

12.6　休谟原则的先天性

我们不难发现，黑尔把显定义的定义方式看作既是语词定义，也是事物定义，而且它有一般的形式：属 + 限制的定义方式。比如我们定义“犊”可以用更大的种类，“牛”来定义。我们定义“正方形”可以用更大的种类“四边形”来定义。基数是可以用来数某类对象或者某种对象有多少的数。而自然数是有穷的基数。要理解自然数这个定义，一定需要理解“基数”概念。但是基数，我们不能再由显定义的方式给出，因为我们找不到比“基数”更大的种类。或许你会说，我们可以用“数”作为比基数更大的种类，因为数可以分为基数和序数。比如，我们可以定义基数为“用来数数的数”，序数为“用来排序的数”，但是这样的定义实际上并未用到“数”这个概念。因为“基数用来数数”和“基数是用来数数的数”没有什么区别；“序数用来排序”和“序数是用来排序的数”也没有什么区别。所以这样的定义并不是“数”这个概念加上限制得到的。

虽然基数无法用显定义来定义，但是并不意味着基数不能定义。我们怎样解释基数的本质呢？对于“基数”这一概念基本把握，正如弗雷格认为的那样，是两个概念间等势。而两个概念的等势，即两个概念下的对象之间数相等，可以用纯逻辑的语言来解释。我们用自然语言来描述的话，就是：任给两个概念 F，G，属于 F 的数 = 属于 G 的数当且仅当 F 和 G 之间有一一对应关系。这个解释被称作休谟原则。如果我们用稍微形式化的语言来描述的话，可表示如下:

$$\forall F \forall G(NF = NG \leftrightarrow F \approx G)$$

其中 F $\approx G$ 表示 F 下的对象和 G 下的对象之间有一一映射。我们可以定义基数如下：

$$\forall x(Cx \leftrightarrow \exists F(x = N_x(Fx)))$$

其中 Cx 表示 x 是基数。

正如我们在前面的章节介绍的那样，黑尔用语义的方式解释了基于休谟原则，我们可以理解“基数”这一概念。而这种对“基数”本质的理解是基于对“数”这个语词意义的理解上。虽然休谟原则和基数的定义并不是显定义。但是对基数的本质理解正如显定义基于对语词意义的理解一样，这种本质的知识仅诉诸语词意义。正是在这个意义上，黑尔认为“基数”的本质知识是先天的。

12.7 必要的说明

12.7.1 先天性与必然性

克里普克的先天偶然知识和后天必然知识

康德和弗雷格都认为先天性真理和必然性真理具有相同的外延。但是克里普克打破了这个教条。他认为存在后天的必然真理。先天和后天是认识论的概念，而必然性和偶然性是形而上学的概念。这些概念并不显然具有相同的外延。在克里普克看来，通过定义理解表达式的指称的方式是一种先天认识方式。

> 假设我们决定把“希特勒”的指称选定为历史上没有比他杀过更多的犹太人的那个人。这就是我们选定名称的指称的方式，然而在另一个可能有其他某个人得到这个坏名声的非真实的情形中，我们就不会说，在这种情况下，另外的那个人本来会是希特勒。如果希特勒从未掌过权，那么希特勒就不会具有我此处假设用以确定他的名称指称的那些特性。同样地，即使我们参照标准米尺来确定一米的长度，那么要说那根特定的尺子是一米，也只是一条偶然真理，而不是一条必然真理。如果这根尺子被延伸了，它的长度就会大于一米。这是因为我们使用了“一米”这个术语来严格地指示某个长度。[①]

克里普克认为我们可以通过摹状词或一簇摹状词来对某个人命名，从而理解这个人名的指称。虽然这种命名的方式是偶然的，并未诉诸这个人的本质，但是一旦命名确立了，这个名称就是一个严格指示词，它不会因任何可能的情况而改变。他认为“在时刻 t_0 巴黎的那根米尺的长度是一米”是一个定义，它命名了“一米”的指称，虽然这个命名的方式是一种偶然的方式，并未诉诸“一米”的本质，但是我们通过它理解这个语词的指称。名称“一米”的指称不会改变，它在所有的可能世界都指称相同的长度。这种命名的方式就是一种先天的认识方式。所以在克里普克的哲学中会出现“先天的偶然真理”。

克里普克认为也存在后天的必然真理。比如“金是原子量为 79 的化学元素”。在克里普克看来，这个陈述句并不是为“金”下了一个定义，以此来区分我们在获得这个真理前所使用的“金”。

> 另一方面，元素周期表却根据金属的化合价特性对金属这类元素作了描述。这可能使某人立刻认为，实际上可能有两种金属概念在这里起作用，一个是现象学的概念，另一个是代替了前者的科学概念。我反对这种看法……[②]
>
> 假设黄金确实具有原子序数 79，那么不具有原子序数 79 的

[①] [美] 克里普克：《命名与必然性》，梅文译，上海译文出版社 1988 年版，第 77–78 页。
[②] [美] 克里普克：《命名与必然性》，梅文译，上海译文出版社 1988 年版，第 119 页。

某种东西有可能是黄金吗？让我们假设科学家们研究了黄金的性质并且已经发现，不妨这么说，黄金具有原子序数 79 是这种物质本性的一部分。假设我们现在发现了另外某种黄色金属，或者某种别的黄色东西带有我们最早识别黄金的那些特殊性和我们后来发现的许多特性。另外那种具有许多最初特性的黄色东西的例子就是黄铁矿，或“假金”。[①]

克里普克认为，在发现“金是原子量为 79 的化学元素”之前，我们就在使用“金”指称某种特定的金属。化学发现并不会改变这个语词的指称，而是发现了这种物质的一些固有的性质。理论发现前，我们对于这个物质的指称方式或许并不是依据其固有的性质来命名它，但是一旦名称建立了，这个名称就是一个严格指示词。即使在某个可能世界中，我们发现黄色金属并不是金，而是黄铁矿；而在这个可能世界中黄金不再是金属的，而是蓝色的，“黄金”的指称却还是黄金，不会发生改变。但是科学理论确实可以发现物质的本性，从这个意义上说，科学理论的这些发现是后天的，但是因为这些后天的陈述是关于事物的本质，因此是后天必然的。

因此，如果这种看法是正确的，它就倾向表明，这些描述了关于这种东西本质究竟是什么的科学发现的陈述在尽可能严格的意义上不是偶然真理而是必然真理。这不仅在于它是一条科学的定律，不过我们当然可以设想一个这条定律在其中会失效的世界。我们设想的任何一个有一种不具备这些特性的物质世界也就是我们设想其中有一种不是黄金的物质的世界，只要这些特性形成了这种物质是什么的基础……就这种性质是从黄金的原子结构中得出的而言，它们是黄金的必然性质，即使它们毫无疑问地不是“黄金”这个词的意义的组成部分，而且也不是以先天的确定性来被人认识的。[②]

[①][美] 克里普克：《命名与必然性》，梅文译，上海译文出版社 1988 年版，第 125 页。
[②][美] 克里普克：《命名与必然性》，梅文译，上海译文出版社 1988 年版，第 126 页。

逻辑经验主义者把分析性和必然性混淆了。他们认为一些陈述句是必然的在于其意义。但是克里普克等本质主义者认为必然性源于事物的本质，而不是源于语言的特性。所以，我们不是通过语词的意义认为“金是原子量为 79 的化学元素”是必然真理，而是依据“金”的本性或者本质认为这个陈述句是必然真理。然而蒯因和卡尔纳普认为本质实际上是一种相对的分析性。在后文我们会评述这一观点。现在让我们来比较一下黑尔和克里普克的定义观。

黑尔和克里普克的定义观

虽然克里普克和黑尔都是本质主义者，二人都认同必然真理是源自事物的本质，但是二人对于定义持不同的态度，因此导致在一些陈述句的性质上产生分歧。正如我们上文所述，黑尔认为定义的目的在于解释事物的本质或本性，而不是给出语词的意义。克里普克认为专名的定义在于命名，而非给出语词的意义。虽然二者都否定了目的在于给出语词的意义，但是二者的分歧点非常明确，那就是克里普克并不认为定义的目的在于给出事物的本质。所以他认为存在命名的陈述句，它们是先天真理，却不是必然真理。在黑尔看来，如果定义的目的是解释事物的本质，那么就不存在先天的偶然真理。

黑尔和克里普克都认为存在后天的必然真理，但是黑尔把解释事物本质的陈述句，比如“水是 H_2O”，“金是原子量为 79 的化学元素”等也视为定义。克里普克并不认为这些陈述句是定义，因为它们的目的并不是命名。克里普克的定义观使他认为所有定义的命名功能会使得专名或同名是严格指示词。这样的语义功能使得定义具有先天性。黑尔也从语言的角度来给出一类必然真理是先天真理的解释。与克里普克不同的是，黑尔认为并不是所有的定义都是先天的知识。只有那些既是语词意义又是事物本质的定义才是先天的定义。在黑尔看来，虽然所有的定义都是解释事物的本质，但是其中有些定义却同时也解释了被定义项的涵义。正是因为二者的定义观不同，二人才会对一些陈述句是否是先天的产生分歧。然而二人对于必然真理的根源以及何为必然真理的看法却是一致的。

二人的定义观谁的更为合理呢？黑尔的定义观是一种亚氏定义观，从这个意义上说，这种定义观继承了古典哲学的定义传统。定义的目的在于解释事物的本质而非命名或给出语词的意义。克里普克认为定义的功能在于命名，命名的实际功效在于确定指称。

如果克里普克是对的，那么定义确定了指称。实际上我们从定义的描述也不能挑选出所指称的对象来。我们只能说定义确定了一个指称，即使我们无法指出它。在克里普克看来，专名的涵义就是其指称，这种观点或许受到罗素的影响。但是在一个句子中，一个表达式的涵义和指称应该相区分。黑尔的观点是弗雷格式的，他认为如果一个句子有真值，那么这个句子中的表达式就会有指称，并且也有涵义。我想克里普克和黑尔的定义观或许应该从涵义与指称的角度去评价，如果罗素对于专名的涵义的理解是错误的，那么克里普克的定义观或许需要修正。定义在确定名称的指称的同时一定会确定语词的涵义。我们命名的方式为何就是先天的呢？每一个有真值的句子都能确定句子的指称，这并非命名性的定义独有的。比如“圆圆的小狗默默非常聪明”这个句子并不是定义，但是也起到了命名“默默”的作用。

12.7.2 本质不是相对的分析性

传统的本质主义者认为，一个对象如果失去其本质属性，那么它就不再存在。蒯因 (1953，p.155)[①]并不是质疑存在本质属性，他质疑的是我们可以去掉事物某些属性而保留一些属性的做法的基础。他认为量化的模态逻辑不合适，因为在这种逻辑中，你可以认为对象必然具有某些性质，或对象可能不具有某些性质。一般说来，对象可能不具有现实中所具有的性质是对象的非本质的属性，而对象必然具有的性质就是事物的本质属性。我们无法不诉诸本质属性来解释必然性。为了说明蒯因的例证，让我们考虑下面的例子。

“9 是奇数”是必然真理吗？9 在任何可能的情况下都不能是偶数，

[①]“Reference and Modality”, in Quine, *From a Logical Point of View:Nine Logico–Philosophical Essays*, 2nd edn, Cambridge, MA: Harvard University Press, pp.139–159.

所以“9 是奇数”是必然真的。对这个陈述句的必然性的解释需要奇数性是对象 9 的本质属性。9 是行星数。但是行星数是奇数却不是必然的。这是因为 9 并不是这些行星的本质属性。如果没有本质属性，我们就无法说明为何“9 = 行星数”，“9 是奇数”必然真，但是“行星数必然是奇数”不必然真。

蒯因（1960，p.199）[1]给出了一个论证来说明事物的本质实际上是和陈述的方式有关的，而和事物固有的属性无关。这个论证如下：

> 数学家被认为是必然理性的，但是并不必然有两条腿。骑自行车的人被认为必然有两条腿，但是并不必然是理性的。如果一个数学家 c，他同时是一个骑自行车的人。那么 c 必然是理性的并且必然有两条腿吗？

或许本质主义者会说，是数学家并不是 c 的本质属性，是骑自行车的人也不是 c 的本质属性。因而 c 是理性的并不是必然真理，c 有两条腿也不是必然真理。蒯因的论证实际上是要追问本质主义者，对于一个对象，究竟以什么理由认为哪些属性是其本质属性，哪些是非本质属性？这个论证是一种卡尔纳普式的论证。卡尔纳普诉诸相对分析性来解释事物的本质。考虑：c 是一个拥有土地的父亲。因为那个拥有土地的父亲不可能不拥有土地，因此拥有土地就是 c 的本质属性。但是 c 可能不拥有土地。所以拥有土地就不是 c 的本质属性。所以拥有土地既是 c 的本质属性，又不是 c 的本质属性。矛盾！卡尔纳普认为本质属性是一种相对的分析性，和对事物的描述的方式有关。如果把 c 描述为那个拥有土地的父亲，那么拥有土地就是这个摹状词所指称对象的本质属性。如果用专名来指称这个对象，那么拥有土地就不是这个对象的本质属性。卡尔纳普式的本质主义同样也不被传统的本质主义所接受。传统的本质主义者认为事物的本质和如何描述事物是无关的。

蒯因实际上是把必然性规约为卡尔纳普式的相对分析性上，即一个必然真的陈述句实际上是和陈述的方式有关，所谓事物的本质是陈

[1] Quine,W.V., “Word and Object”, Cambridge, MA: MIT Press, 1960, pp.196–200.

述方式决定的，而不是事物固有的本质决定的。为了反对蒯因的这个观点，马库斯（Marcus）[①]提出了关于事物的同一性的陈述是一个必然真理，这种必然性并不能还原为分析性。马库斯论证同一性的必然真理是关乎事物而和意义没有关系，但是她的论证并不能对蒯因的论点构成威胁。马库斯的论证如下。

如果 a，b 是两个不同的表达式，并且 $a=b$ 陈述的是一个真句子，那么 a，b 就指称相同的对象。$a=b$ 陈述的内容和 $a=a$ 相同。既然和 $a=a$ 是一个逻辑真理，那么 $a=b$ 也是一个逻辑真理，也是一个必然真理。马库斯认为用等号连接单称词项实际上就如同对对象贴标签一样。这种贴标签是对单称词项的指称的理想模型。我们对一个对象贴上了一个标签 a，然后我们又贴上了另一个标签 b，这两个标签贴在同一个对象上，因此这两个标签仅仅是与指称相关的，而和意义无关。$a=b$ 和 $a=a$ 描述的是一个事态，即 a 所指称的对象和自身同一。因为标签没有任何意义，所以 $a=b$ 并不是因为语词意义相同而是真的。马库斯认为真正的同一性的必然性并不是建立在分析性上。

蒯因（1961，p.327）[②]对此回应道，按照马库斯的说法，我们可以对金星贴标签“晨星”和“昏星”。我们在早上的时候给它贴的是“晨星”，在傍晚的时候给它贴的是“昏星”。有一天我们发现我们是对同一个星体贴了两次标签，于是我们知道了它们是同一的。蒯因的批评在于，按照马库斯的解释，事物的同一性需要依赖经验来确证, 这就把必然性和先天性的联系隔断了。

但是正如上文所述，必然性的真理和先天性的真理并不具有相同的外延。如果我们承认这一点，我们就会发现蒯因对马库斯的批评是无力的。但是蒯因的批评却提出了一个重要的问题：必然性的真理如何被经验所认识。

蒯因的数学家和骑自行车的人的例子该如何破解呢？

我们用黑尔的本质主义的观点来回答这个问题。在黑尔看来，必

[①] Marcus, R.B., “Modalities and Intensional Language”, *Synthese*, Vol.13, No.4, 1961, pp. 303–322.

[②] Quine, W.V., “Reply to Professor Marcus’s ‘Modalites and Intensinal Languages’ ”, *Synthese* Vol.13, 1961, pp.323–330.

然性和本质是一对相互解释的概念。任何一个必然真的陈述都是因为事物的本质。“x 是数学家”是一个概念，“x 有理性”是一个概念。

$\forall x(x$是数学家$) \to (x$有理性$)$。由概念“x 是数学家”和“x 有理性”的本质可知，这个陈述句是必然真的。就如同我们上文的“所有红色的东西都是有颜色的”一样，这些概念性的真理的必然性在于概念的本质。虽然 $\forall x(x$是数学家$) \to (x$有理性$)$ 并不是一个逻辑真理，但是它仍然是必然的。同样地，“骑自行车的人是两条腿的”也是一个概念性的真理，这个真理的必然性也是因为概念“骑自行车的人”和“有两条腿”的本质。

上述两个陈述句的必然真是因为概念的本质，它们不同于对象的本质。图灵是一个数学家，他也是一个骑自行车的人。但是图灵的个体本质并不是数学家，也不是骑自行车的人，所以“图灵是数学家”并不是必然真的；“图灵是骑自行车的人”也不是必然真的。因此，“图灵有理性”和“图灵有两条腿”都不是必然真的。

黑尔意义上的本质不是规约为卡尔纳普式的分析性，即语词的意义在于本质是客观事物的属性，而非语言的属性。“c 是一个拥有土地的父亲”并不是必然真理。“拥有土地的人都是拥有土地的人”是一个逻辑真理，是必然的。这个必然真理可以表达为 $\forall x(x$拥有土地$) \to (x$拥有土地$)$，这个真理是必然的在于量词和蕴涵的本质。拥有土地并不是 c 的本质。$(c$拥有土地$) \to (c$拥有土地$)$ 的必然真是因为蕴涵的本质，但不是因为 c 的本质。

马库斯的标签论证实际上也有问题。马库斯认为单称词项是没有意义的，那么单称词项不是构成语句 $a = b$ 的意义的一部分？另外，$a = b$ 的必然性并不是我们贴标签所致，或者查字典发现两个单称词项所指相同，因为如此就把必然性的原因归于经验会让必然真理成为一种偶然真理。蒯因的问题是有价值的，那就是经验是否可以让我们认识事物的本质？

克里普克和黑尔都认为我们需要区分必然性的认识论问题和必然性的形而上学的问题。事物的本质并不是都是先天知识。克里普克认为“黄金是黄色的金属”似乎是一个分析真理，因为“黄金”和“黄色金属”是同义的。但是这个句子并不是一个必然真理，黄金也可能是蓝色的。“黄金”所指的物质有其特有的本质，但是黄色却不是它的本质。克里普克认为，“黄金是原子量为 79 的元素”是必然真理，但是这个必然真理并不是先天的，而是后天科学家的发现。所以必然真理是可以由经验获得的。正如黑尔所述，关于本质的知识有先天的也有后天的。如何从经验知道一个后天必然真理？克里普克 (1971)[①]的论证可以简述如下：

> 如果这个讲坛不是用冰做的，那么人们会通过先天的哲学分析知道这样一个条件句“如果 P，那么 P 是必然的”。如果这个桌子不是用冰做的，那么它不是用冰做的就是必然的。我们通过经验知道 P 真，即这个先天知识的前件是真的，所以我们会知道后件，即一个必然真理。

这个推理过程如下：

1. P
2. $P \to \Box P$
3. $\Box P$

依据经验，我们可以知道 P 真。第 2 个是一个先天知识。只有那些涉及本质的知识 P 才会蕴涵 P 的必然性。由 1 和 2，我们可以知道 P 是必然真的。但是第 2 个语句为何是一个先天知识？第 2 个句子的先天性是基于哲学的分析。克里普克认为，事物有本质属性，这些本质属性决定了一事物是其自身，并区分于其他事物。在克里普克看来，物理对象的本质在于其起源，比如一个人的个体本质在于其起源，比如哥德尔的本质就在于其起源于某个特定的受精卵。物质的特性以及自然类的同一性陈述常常是本质属性，比如黄金是原子序数为 79 的那种元素，水是 H_2O，光是光子流等。黑尔赞同克里普克的这种推理方式[②]。他认为除了克里普克所说的这些本质属性，还有其他的一些先

[①] Kripke, S., “Identity and Necessity”, in Milton K. Munitz ed., *Identity and Individuation*, Newyork University Press, 1971; Reprinted in A. W. Moore ed., *Meaning and Reference*, Oxford: Oxford University Press, 1993, pp.162–191(Page Refernces to This Reprint).

[②] 除了对象同一性，黑尔不认同克里普克的观点。具体参看黑尔（2013）pp.356–360。

天性的句子。比如任何一个对象都属于某个种类是一个本质属性。“柏拉图是哲学家蕴涵着柏拉图是人是必然的。”这个句子就是一个先天真理，它具有句子 2 的形式。

我们以下面的例子来论述何以后天的必然真理是可能的。

“这枚戒指是由金构成的”是一个偶然命题，因为这枚戒指很可能是由其他物质构成。但是因为“金”的本质，如果这枚戒指是由金构成的，那么“这枚戒指是由原子量为 79 的元素构成”就是一个必然真命题。第 1 个句子依赖于我们的经验所得，这枚戒指是由 Au 构成的。第 1 个句子必然真是因为这个句子断言的是关于一个对象由某种物质构成，而这个物质是什么是一个关于事物的本质断言。Au 是一种物质，它的本质属性就是原子量为 79 的元素，所以如果这枚戒指是由 Au 构成的，那么这枚戒指就是由原子量为 79 的元素构成的。所以第 2 个句子成立。从第 1 个句子和第 2 个句子，经过分离规则，就可以得到“这枚戒指是由原子量为 79 的元素构成的”就是必然真的。这个推理过程说明的是，我们如何从经验的偶然真的句子知道必然真的句子。

12.7.3 黑尔的概念性真理（分析真理）与一类先天性真理

先天定义

黑尔认为定义就是解释或揭露事物本质的逻辑方法。他认为有些定义同时也是语词定义，这就为我们提供了解释我们如何先天认识事物本质的一种途径，即通过语词的意义理解事物的本质。这样的基于语词意义上的本质知识被黑尔称为先天的本质知识。通过语词意义理解的定义有两种，一种是显定义，另一种是隐定义。在黑尔看来显定义的语词定义是一种属 + 限制的定义。这种定义本身也被定义项的语词定义。并不是所有的隐定义都被定义项的词义定义，但是通过被定义项的词义我们理解了被定义项指称的事物的本质。如果将基本的逻辑联结词作为语词定义，就会不可避免地会陷入循环。但是我们可以通过所理解的语词意义来理解逻辑联结词的本质。这就避免了循环定义，而且也为我们理解这些先天本质提供了认识论的解释。如果对黑尔的观点的解释是对的话，那么黑尔的语词显定义的形式是属 + 限制的形式。通常人们所理解的显定义是直接给出被定义项的本质。所以，在通常所理解的显定义下，“金是原子量为 79 的元素”是一个显定义。黑尔的显定义却非如此。他认为这个定义并不是“金”这个词的意义解释。如果这个定义是一个词的显定义的话，那么这个被定义项和定义项在句子中的替换仍是一个句子并且意义不变。

> 显定义，在我看来是一个陈述句，它给出语词能够被一个词或词组应用替换的充分和必要的分析条件。[①]

诸如“金是原子量为 79 的元素”这样的定义虽然给出了金这种物质的本质，但是仅从语言的角度，我们无法刻画出这个定义的定义项和被定义项替换的充分必要条件。在黑尔看来，“单身汉是未婚成年男子”是一个显定义。这是因为这个显定义给出了定义项和被定义项之间替换的充分必要条件。虽然在中文的句法形式上，二者并无区别，但是二者的区别正是体现在它们的逻辑形式上。“单身汉是未婚成年男子”的逻辑形式是：$\forall x$(x 是单身汉 $\leftrightarrow$ x 是未婚成年男子)，或者用英文表示为：$\forall x$(x is a bachlor $\leftrightarrow$ x is an unmarried adult man)。这个定义的逻辑形式让我们理解了“单身汉”和“未婚成年男子”只有在上述的逻辑形式中可以发生替换。所以我们不会把“bachlor degree”中的“bachlor”替换为“unmarried adult man”。让我们再考虑“金是原子量为 79 的元素”，这个定义并不具有上述逻辑形式。“金”是一种物质，我们不能说一个对象是金，只能说一些东西的聚合物是金。这就导致这个句子并不具有上述的逻辑形式。同时，我们也无法从语言的使用角度，刻画出这两个语词相互替换的充分必要条件。因此，“金是原子量为 79 的元素”并不是一个语词定义。

虽然逻辑联结词并不是语词定义，但是这些联结词的引入与消去规则告诉我们所定义的联结词的使用规则。从这些使用规则，我们理解了所定义联结词的意义是真值函数，当然理解真值函数首先需要我们理解元语言中“且”“或”“并非”等的意义，但是这些语词的意义仅

[①] Hale, B., *Necessary Beings*, Oxford: Oxford University Press, 2013, p.255.

有一部分可以和对象语言中的联结词相互替换，只有它们都指称真值函数时才能发生替换。这就是说，隐定义同样告诉我们对象语言联结词的意义，但是它并不是元语言的语词定义。类似地，休谟原则也是隐定义，它定义了“基数”，并且这个定义同时给出这个语词的使用规则。

在“隐定义的先天性”那一章，我们阐释了科学理论中有些定义是先天定义。这一章，我们发现有些科学理论中的定义并不是先天定义。二者并不冲突。“金是原子量为 79 的元素”不是语词定义而是事物的本质定义。理解这个定义需要借助语言知识之外的后天知识。黑尔和莱特认为科学理论的先天定义可以通过语词意义来理解被定义项的本质。它的核心观点在于，这样的隐定义所给出语词是有意义的，其意义并不会随科学理论的变迁而发生变化。再按照本文所介绍的黑尔的亚里士多德式的定义观，所有的定义都是事物本质的定义，黑尔和莱特所给出的科学理论的隐定义实际上也是对事物本质的定义。按照黑尔的观点，“金是原子量为 79 的元素”是一个本质定义，但是这个本质知识并不仅仅依赖于语词的知识。因为“金”的意义我们先前就有，并且这个本质定义并不是对这一语词的解释。按照这样的观点，我们思考经验科学的理论的先天的隐定义，比如“电子”等。电子和金是不同的，“电子”是一个种类概念，它的实例是对象；“水”“金”不是一个种类概念，它的实例并不是对象，而是带有量的对象。比如你可以说“这杯水”“这块金子”，但是你不能说“这个水”“这个金子”，等等。也就是说，无论是拉姆塞—卡尔纳普条件句的定义形式，还是逆—卡尔纳普的定义形式都不适合这里关于“水”“金”的本质定义。

分析性和必然性

黑尔并未对概念性真理或者分析真理给出界定。他所理解的分析真理应该是一种广义上的逻辑真理，即我们基于表达式的意义的理解就能确定为真的语句，但是同时是本质主义的黑尔并不认为分析真理的必然性是因为表达式的意义，他认为分析真理的必然性同样源自事物的本质。然而分析真理提供给我们认识这种必然真理的先天方式：我们通过理解表达式的意义理解事物的本质，从而理解分析真理的必然性。分析真理实际上是从语言的意义来理解事物本质的真理。黑尔的这种哲学解释再次建构起分析性和必然性的联系。

和逻辑经验主义者不同，黑尔认为一个陈述句的必然性并不是因为表达式的意义，而是在于语言之外的事物本质。这就让分析性在形而上学上不能规约为表达式的意义。存在一些必然真理，它们的必然性并不能从表达式的意义上理解。从认识论的角度看，黑尔认为理解一类必然真理实际上可以从表达式的意义来理解事物的本质。所以分析性和必然性在认识论上建立起来联系，从分析性来理解必然性是一种先天的认识，是基于语词意义的理解的先天知识。

蒯因认为约定论失败了。但是这种约定论的失败是把必然性源于表达式的意义，从而忽略了表达式指称的本质。从约定论失败我们可以得出，必然真理的“必然性”并非源自语词的意义，而是语言之外事物的本质。如果我们承认有些定义既是语词定义，又是事物定义，或者说有些事物的定义的理解是基于语词意义的知识，这就提供了一种解释我们如何知道先天必然真理的途径。这是黑尔关于先天必然真理的核心观点。黑尔并未陷入蒯因和达米特所批评的约定论的错误旋涡。他逃脱这个旋涡的策略在于，定义在约定语词定义时，同时约定了定义的真值条件。这就使得语词的意义和真值条件建立起了联系。当我们约定一个定义句是真的，同时这个定义的语词意义和指称都被确定了。人们通常认为语词定义是约定了语词的意义，但是忽略了语词的意义实际上就是语词的用法，虽然语词用法的实际规则并不能在定义中明确表达。一个（黑尔意义上的）显定义，隐含地表达了这个词的用法规则，使我们理解了定义项和被定义项保持真值替换的充分必要条件。从而就从语词使用上理解了一些陈述句的必然真，继而理解了事物的本质。

第13章　二阶逻辑

弗雷格的《算术的基本规律》《概念文字》所给出的逻辑系统是二阶的逻辑系统，这就意味着弗雷格承认二阶逻辑是逻辑。把二阶逻辑作为逻辑的观点不乏批评之声，其中蒯因的批评最有影响力。蒯因认为，二阶逻辑实际上不是“逻辑”，而是集合论。在蒯因看来，真正的逻辑应该是一阶逻辑，而不是二阶逻辑。在数学哲学上关于二阶逻辑和一阶逻辑的争论是 20 世纪数学哲学的一个重要议题。达米特等其他哲学家认为二阶逻辑因为违背了直谓的原则，从而反对完整的二阶逻辑。新弗雷格主义者像弗雷格一样，他们的逻辑主义计划是建立在二阶逻辑的基础上，因此为二阶逻辑的逻辑地位辩护成为其计划实施的一个必要步骤。我们这一章就来讨论二阶逻辑的“逻辑”地位。

13.1　一阶逻辑系统的完全性吹响了成功的号角？

一阶逻辑系统和二阶逻辑系统都是形式系统，但是它们的形式语言不同。一阶逻辑的语言的变元仅仅是一阶的变元，其取值范围是对象域。二阶逻辑的形式语言的变元不仅包含一阶变元，而且包含二阶变元，二阶变元的取值是对象的性质或关系，但是很多的逻辑学家把二阶变元的取值范围定为一阶论域的所有“子类”。二阶逻辑的语义学有很多种，但是在众多的语义学中，有一种语义学被称为“标准的二阶语义学”。相对这种语义学，二阶逻辑系统没有完全性。或许人们认为，恰恰是因为二阶逻辑系统相对其标准的语义学没有完全性，而一阶逻辑系统有完全性，所以一阶逻辑系统要优于二阶逻辑系统。在夏皮罗（Shapiro，1989，1991）看来，一阶逻辑系统并不优于二阶逻辑。他的主要观点在于，一阶逻辑理论没有范畴性，它们不能刻画数学家心目中的数学结构。比如一阶算术理论存在非标准的模型，所以一阶算术并不能刻画数学家心目中预想的自然数的标准结构。布鲁斯和夏皮罗还从数学实践中找到一些证据，认为数学家的推理实际上需要二阶推理规则，如果仅仅用一阶规则，会使推理变得异常复杂，以至于在数学实践上变得不可行。

我认同二阶逻辑的推理规则对于数学实践的必要性。一阶理论没有范畴性，这个结论是基于集合模型论，这种语义理论是把二阶变元解释为类，而非概念才得出的结论。从这点看，我并不认为二阶逻辑具有范畴性是二阶逻辑的一个优势。如果并不认同二阶变元的取值是类，我们就无须将范畴性作为评价某个逻辑系统优劣的标准。如果基于集合—模型的语义学，一阶逻辑的语言的表达力也存在其他的局限性，比如它不能表达“有穷”“良基性”等概念。没有人会否认这些元数学的结论。我同意夏皮罗的观点，一阶逻辑系统的完全性并未吹响成功的号角。我这里想给出的理由主要是：一阶逻辑的有效式的局限性。

夏皮罗的数学哲学的立场是反对基础主义的，他反对基础主义的立场基于这样的观点：没有任何数学基础是绝对安全的。他认为弗雷格的基础主义并不能提供绝对的安全性，弗雷格所构建的算术基础中的公理 V 在二阶逻辑的基础上会推出罗素悖论。希尔伯特希望数学大厦建立在有穷算术的基础上，一方面哥德尔的不完全性定理使得希尔伯特的计划破产，另一方面我们也没有任何认识论上的理由相信有穷算术是绝对安全的。夏皮罗认为，我们的信念系统是整体性的，没有什么基础是绝对安全的。这个立场和蒯因的观点类似，夏皮罗更进一步，认为数学和逻辑之间也没有严格的区分界限。

和夏皮罗的观点不同，新弗雷格主义者首先认为逻辑和数学是不同的；逻辑是所有数学分支都应遵循的规律。高阶逻辑真理的必然性和数学真理的必然性不同，前者基于逻辑对象的本质，后者除了基于逻辑对象的本质，还基于数学对象的本质。逻辑对象包含真值函数，量词的本质等。这些对象并不是数学对象。其次，新弗雷格主义者认为逻辑作为数学的基础，并不接受经验的检验，因为它本身的先天性的特征，并不会由经验观察来获得证明。

二阶逻辑系统关于二阶量词的规律和一阶量词的规律完全类似，如果承认概念的本体论地位，那么就没有任何理由否定这些规则。二阶逻辑还有一些特有的公理，其中最为重要的是概括公理。概括公理的直观意思是任何带有自由变元的公式都决定了一个概念。这是弗雷格理论所承认的公理。在弗雷格看来，一个基础谓词（第一层次的谓词）就是一个原子句子去掉单称词项后所剩余的部分，谓词可以通过命题联结词以及量词进行复合生成更为复杂的谓词，这样的观点与概括公理一致。一个二阶的公式可以决定一个谓词。这个理由是基于逻辑语言的规律。

二阶逻辑的这些特殊公理是否是有效的？如果把“有效性”给定为一个形式的概念，即基于某种形式语义学来定义，那么这种有效性需要元数学的证明。弗雷格和新弗雷格主义者对演绎推理的逻辑持普遍的逻辑观。新弗雷格主义者认为，逻辑的有效性不应该基于某种数学理论来获得解释，它们的有效性应该是基于逻辑概念的本质。还以概括公理为例，这个公理是逻辑有效的，是因为谓词的本质就在于其谓述性，而每一个谓词的指称都是一个概念，这也是谓词或概念的固有性质。所以，我们无法否定概括公理的有效性。

一阶逻辑的强完全性的证明依赖于林登鲍姆（Lindenbaum）引理：每一个一致集都可以扩张为极大一致集。这个引理的证明实际上依赖选择公理，而选择公理实际上可以用一个二阶的公式表达。如果选择公理是一个二阶有效式，那么就说明一阶逻辑的强完全性的元理论依据来自二阶的有效式，而非一阶的有效式。所以一阶逻辑的完全性的证明超出了一阶纯逻辑的资源，因此一阶逻辑有完全性并不能说明一阶逻辑比二阶逻辑优越。

关于选择公理是否是逻辑有效的，在历史上也很有争议。现在数学家们普遍接受选择公理，因为它在数学中有很好的应用，摩尔（Moore，1982）对此有精彩的详述。新弗雷格主义者并不依据任何元数学来断定一个公式是否是逻辑有效的，所以他们不会把选择公理相对于 ZF 是一致的，作为接受选择公理是逻辑公理的理由。他们也不会仅仅因为二阶逻辑的公理在数学实践中的应用而接受它是逻辑有效的。新弗雷格主义式的回答是：如果选择公理是任何关系的本质属性，那么选择公理就应该是一个逻辑有效式。但是如何知道它是否是任何关系的本质属性呢？回答这个问题似乎会陷入僵局。我们承认真正的思想是有真值的。那么相似的问题是：你如何知道任何真正的思想都是有真值的呢？我们只能说，这是我们对于逻辑的最为基本的认识。或者我们的理性要求我们如此，除此之外，我们还能说什么呢？

今天的逻辑学家通常认为，一阶逻辑的有效性是一个形式的概念，它是基于一阶语言的模型类。首先定义“一个模型满足一个原子公式”的条件，然后递归地给出一个模型满足更为复杂公式的条件。但是这种语义条件本身并不是一阶逻辑之所以是逻辑真理的合理说明，因为相对形式语义的可靠性实际上需要数学归纳法等元数学的知识。同样，二阶逻辑的有效性也是如此，其元数学的理论同样也需要逻辑，我们无法脱离逻辑来说明逻辑的合理性。

一阶逻辑的语义学和证明系统是以两种方式来描述一阶逻辑真理的。一阶逻辑的语义学是从语义模型的角度，固定逻辑常项的语义值，并且对任何语句的真值采用二值的解释。一阶逻辑的证明系统是选择有穷个公理或公理模式以及有穷个推理规则来刻画逻辑真理。这两种方式对一阶逻辑的刻画不存在哪一个更优越，因此从形式语义上所给出的“逻辑后承”的概念并不比“推出”的概念更优。如果认为相对于某种形式语义而言，某个证明系统具有“完全性”是一个好的特征，实际上就是把形式语义的“逻辑后承”关系凌驾于证明系统的“推出”关系之上。经典的命题逻辑系统，甚至直觉主义命题逻辑系统都具有完全性，但是对于新弗雷格主义者而言，他们对算术的解释并不会以这样的逻辑系统为基础。一方面，经典的命题逻辑系统太弱，有些逻辑真理并不能被命题逻辑系统证出；另一方面直觉主义逻辑的数学哲学立场和柏拉图的数学哲学立场不同，二者对于数学命题的真值是否独立于“可证”有不同的观点。所以采用哪种逻辑一方面和这种逻辑是否足够强有关，另一方面也和这种逻辑观的哲学立场有很大的关系。

总之，一个逻辑系统的完全性并不能作为接受这个逻辑的理由。即使如此，在哲学界，围绕究竟二阶逻辑是否是逻辑仍有很多的争论，其中蒯因对二阶逻辑的批评最具影响力。我们在第二节会详细介绍这一观点。

13.2　蒯因对二阶逻辑的逻辑地位的质疑

因为蒯因反对二阶逻辑在哲学界有着广泛深远的影响，我们非常有必要对蒯因的观点作出评述。蒯因质疑二阶逻辑的逻辑地位主要基于三个核心的论点：(1) 纯逻辑不应该对什么对象存在做任何的承诺，但是二阶逻辑会承诺类的存在。(2) 二阶逻辑实际上是集合论，而集合论不是逻辑，它是数学的一部分。逻辑和数学是有严格界限的。(3) 二阶逻辑的量词取值范围是性质或关系。这就意味着承认了性质或关系的本体地位。对于蒯因而言，任何本体都有同一性的标准，但是我们找不到性质（或关系）的同一性的标准。这就意味着，性质或关系和对象不同，它们不应该具有本体论的地位，因此我们没有理由在性质或关系上进行量化（即使用量词）。

针对蒯因对这两个观点，我们逐一分析。

13.2.1　一阶逻辑没有承诺任何对象吗？

夏皮罗 (1989) 认为，如果采取彻底的整体论的立场，逻辑学和数学也不应有严格的区分。正如我们在上文中所述，逻辑学和数学应有严格的界限。按照弗雷格的观点，逻辑学关注的是关于“真”的规律，它是所有求真的科学都应遵循的规律。而数学规律是关于数学对象的规律，二者不应混为一谈。蒯因认为一阶逻辑是逻辑在于这种逻辑规律在所有的模型上都真，并且一阶逻辑没有对任何对象做本体论的承诺。我并不认同这个观点。

蒯因为何认为一阶逻辑没有承诺任何对象的存在？理由似乎是，一阶逻辑在所有的模型中都真。但是一般来说，一阶逻辑语义模型要求论域非空。或许这是一个方便讨论的技术条件，我们可以约定论域可以为空，那么我们的逻辑公理和逻辑规则就要做相应的调整，但是调整后的一阶逻辑就没有承诺任何对象的存在吗？按照弗雷格的指称理论，句子的真值也是对象，因此在弗雷格的语义理论中，我们就已经承诺了“真”“假”语义值的存在。更进一步，当我们给出一阶逻辑的语义理论时，我们甚至要求一个真值指派函数的存在。对于命题联结词，我们把它们的语义值解释为真值函数，这些无不是对某种对象的承诺。如果没有这些对象，一阶逻辑的语义模型就是无根之木。所以仅仅从模型的论域就得出一阶逻辑没有承诺任何对象的存在是没有根据的，因为它否定了逻辑对象的存在。

13.2.2　二阶逻辑是集合论吗？

蒯因认为，二阶逻辑是集合论。

> 这些（二阶）变元的值实际上是集合；这种表现集合论的方式使它和逻辑的相似带有欺骗性 …… 为了理解这是如何欺骗的，不妨考虑假设“$(\exists y)(x)(x \in y. \equiv Fx)$”，它预设了集合 $\{x : Fx\}$ 由一个开句子所决定。这是集合论的中心假设，它必须以这样或那样的限制方式来避免悖论。这个假设在所谓的高阶谓词演算中看不见了。它变成了“$(\exists G)(Gx \equiv Fx)$”，而且很显然可以从真正的平凡的逻辑真理“$(x)(Fx \equiv Fx)$”，经过初等的逻辑推出。集合论数量惊人的存在性的假设现在被狡猾地隐藏了，它从模式的谓词字符默认地转变成可量化的集合变元。[①]

蒯因把高阶逻辑的变元的语义值解释为集合，这是他论证的核心要点，也是不同于弗雷格逻辑的语义解释的观点。新弗雷格主义者采用的是弗雷格的语义观，但是蒯因所采纳的是基于集合论的模型的语义学，这种语义学以概念的外延来解释概念。一个谓词或者谓词变元指称的是概念的外延。但是“谓词”以及“谓词变元”的指称是集合吗？从弗雷格的观点看，集合或者类实际上是对象而非概念，谓词的指

[①] Quine, W.V., *Philosohy of Logic*, Second edition, Cambridge, MA: Harvard University Press, 1970, p.68.

称应该是概念而非对象。概念和对象在弗雷格的理论中是两种不同的实体，它们之间没有任何的交集，即决不会有实体既是对象又是概念，所以，弗雷格的理论不会把“谓词”解释为集合或者类。

弗雷格或新弗雷格主义者认为概念是可以用谓词来指称的。让我们考虑一个有穷集合 $\{1,2,3\}$。我们尝试对这个集合的特征用一个谓词来表达，它所表达的概念的外延恰好是这个集合。这个谓词可以是“大于 0 且小于 4 的数”。让我们再考虑一个随机的有穷集合，我们无法找到这个有穷集合元素的共同特征，因此很难用一个简单的谓词来综合这些元素，但是我们仍然会有一个谓词来综合这个集合的元素，那就是用罗列的方式去表达：“$x = a_1 \vee \cdots \vee x = a_n$”。这仍然是一个谓词。现在我们考虑一个无穷集合，这个集合的元素仍是随机的，我们无法找到这个集合元素的共同特征。但是和有穷的随机集合不同的是，我们无法用罗列的方式给出一个谓词，它所指称的概念的外延恰好就是这个无穷集，因为无论是何种语言，都要求表达式是有穷长的符号串。这个现象让我们知道，概念和集合是不同的；有些集合我们是无法用语言的表达式来表达的。

如果解放思想，不固守以集合论为基础的模型论来解释“谓词”或“高阶变元”，并且承认集合或者类与概念有本质的区别，那么蒯因的上述论证就不成立。当然这是一个“否定性的”建议，即告诉我们不能用外延的方式去理解谓词或高阶变元。对于哲学家而言，或许更期待一个“肯定性的”方案。黑尔建议采用类似亨金（Henkin）的“多种类模型”，但是黑尔所提出的二阶逻辑的模型并不是一般的“多种类模型”，关于这部分内容我们会在本章第三节论述。

布鲁斯认为，一元的二阶逻辑并没有在本体上承认集合、类或者概念的存在。他的主要论证是基于“复数量词”的逻辑。在布鲁斯看来，复数量词中的变元仍然是一阶变元，所以这个逻辑下的变元既然和一阶逻辑的变元都取值于论域中的对象，所以并未在本体上有额外的承诺。复数量词逻辑与一元的二阶逻辑等价，因此就没有理由认为一元的二阶逻辑是集合论。

布鲁斯的论证首先基于一阶逻辑没有在本体论上有任何承诺，其次认为二阶的一元变元实际上可以还原为复数量词的公式。然后以二阶复数量词的变元仍然取值为一阶的论域，从而得出二阶逻辑并不承诺“类”、“集合”或“概念”存在的结论。[①]新弗雷格主义者并不认同布鲁斯的论证。如我们在上文中所述，一阶逻辑的元理论模型实际上也是承诺了逻辑对象的存在，它承诺了“真”、“假”以及“真值函数”等逻辑对象的存在。所以新弗雷格主义者应该不会认同布鲁斯的这一观点。其次，布鲁斯的复数量词逻辑是要消去二阶一元的变元，从而认为复数量词逻辑与一阶逻辑一样都未承诺概念的存在。但是按照弗雷格的语义理论，概念和对象是不同的实体。如果一个句子表达了一种思想，这个句子中的谓词就指称一个概念。实际上，无论是一阶逻辑，还是二阶逻辑，它们都应该承认概念的存在。如果这是正确的，那么为了反对二阶逻辑是集合论的观点，只需要说明，二阶逻辑中的谓词变元的指称不是集合而是概念就可以了，无须再诉诸复数量词来论证。

13.2.3　任何实体都有同一性的标准

对象的同一性

在弗雷格的指称理论中，同一性（用“=”表示）是谓述对象之间的关系，而不是概念间的关系。如果同一性只是对象的属性，那么我们是不可能给出概念（性质或关系）的同一性的标准的。蒯因关于本体论有两个很有名的口号，其中一个就是“任何实体都有同一性的标准”（蒯因 1970，第 1 章）[②]。或许蒯因的口号受到弗雷格这一观点的影响，认为同一性仅限于对象间的同一性。蒯因认为两个谓词指称同一个性质在于这两个谓词有相同的意义，但是因为“意义”的不确定

[①]关于复数量词的逻辑和一元二阶逻辑可以参看 Boolos, G., “To be is to be the value of a variable (or some values of some variables)”, *Journal of Philosophy*, Vol.81, 1984, pp.430–450; Boolos, G.,“Nominalist Platonism”, *Philosophical Review*, Vol.94, 1985, pp. 327–344; Boolos, G., “Reading the Begriffsschrift”, *Mind*, Vol.94, 1985, pp. 331–344.

[②]另一个口号是“存在即约束变元的取值”。上文已经阐述了这个口号是错误的。因为一阶逻辑实际承诺了真值等逻辑对象的存在，但是这些逻辑对象并不是论域中的对象。

性，蒯因认为应该抵制意义的同一性的说法[1]。

如果我们认真看待蒯因“任何实体都有同一性的标准”这个观点的话，似乎还有许多问题有待回答。首先，蒯因认为某种对象如果有同一性，那么这种对象是实在的。但是什么标准才可以称为同一性的标准呢？其次，如果我们接受蒯因的观点，即承认“任何实体都有同一性的标准”，但是同时又坚持概念的实在论，那么我们就应该给出概念的同一性的标准。但是概念的同一性的标准又应该是什么呢？

蒯因认为物理对象的同一性的标准是：同一物理对象占据相同的时空位置。[2]即使这个标准就是物理对象的同一性的标准，这个标准却不适合抽象的对象。在蒯因看来，如果他反对将性质作为实体，那么他就应该给出对象的更具一般性的同一性的标准，或者需要论证：所有实在的对象都有同一性的标准。物理对象的同一性如果就是实在对象的同一性的标准，这显然过于狭窄了。或许人们会把莱布尼兹的不可分辨率作为对象的同一性的标准，不可分辨的标准可以用形式语言表达为：$x = y \leftrightarrow \forall F(Fx \leftrightarrow Fy)$。然而蒯因应该不会认同将莱布尼兹律作为对象的同一性标准。首先，不可分辨律中涉及二阶的量词，这会遭到蒯因的反对，除非我们可以说服蒯因，二阶的量词是合法的，它并未增添新的实体承诺[3]。其次，不可分辨律作为同一律的标准并不充分，也就是说，不同的两个对象 a 和 b 也可能具有相同的纯粹普遍的性质。如果你认为莱布尼兹律对于说明同一性是足够的，那么你就会说“x=a”是一个性质，a 具有这个性质，因为 a 和 b 有相同的纯粹普遍的性质，所以 b 也具有这个性质，即“b = a”。这样的回答会陷入循环，因为你的回答用到了所定义的同一性。如果 $a \neq b$，那么 $x = a$ 和 $x = b$ 就不是相同的性质，所以会有这样的可能性：不同的对象可以具有相同的纯粹普遍的性质。

简单说，当我们要问 x 和 y 是否相同？如果按照不可分辨律，回

[1]虽然弗雷格认为同一性仅限于对象间的同一性，但是他仍然认为概念是实在的，表达式的涵义是客观的。新弗雷格主义者黑尔认为，概念间也有同一性的关系，这一点和弗雷格的理论不同，我们下文会详述这个观点。

[2]Quine, W. V. O., *Word and Object*, Cambridge, MA: MIT Press, 1960, p.4.

[3]黑尔认为概念也是实在的，他给出了概念的同一性的标准来说明概念的实在性。

答应该是所有的性质无法区分 x 和 y，但是在我们所考虑的性质中应该就有“和 x 相同”这样的性质，所以我们在论证 x 和 y 相同时，就已经知道了“和 x 相同”这样的性质。如果我们把“和 x 相同”这样的性质排除在外，就会导致不同的对象也可能具有相同的性质。因此莱布尼兹律不应该作为对象同一性的标准。

黑尔支持实体应该具有同一性的标准这个观点，但是他不同意将莱布尼兹律作为对象同一性标准，我认为这里有需要澄清的地方。如果我们认为任何可以作为实体的对象有同一性的标准，那么这种同一性的标准是否可以用一种普遍性的条件来刻画？比如我们用时空位置作为物理对象的同一性的标准，用休谟原则作为数的同一性的标准，但是二者之间的同一性的标准的共同性在哪里？我们能否有更一般的对任何实在对象的同一性标准的描述？

新弗雷格主义者认为，虽然不同种类的对象的同一性的标准不同，但是我们仍然在哲学上可以描述实在对象同一性的普遍性的条件。黑尔的建议是：任何实在的对象都与自身同一，这是任何实在对象的本质属性。黑尔采用的是一种本质主义的观点，当然这是蒯因所反对的哲学立场。因为在蒯因看来，既然性质不具有本体论的地位，何谈本质属性？然而黑尔并不认为本质是一个神秘的东西。本质和必然性相互联系。当我们说对象 a 的本质属性是 F，实际上就等同于按照 a 的本质属性，Fa 是必然的。有些必然命题可以涉及不同事物的本质，比如从逻辑推出的某些必然命题可能涉及了逻辑的必然性、物理对象的必然性等。按照黑尔的本质主义的观点，对象的同一性的标准可以用形式的语言表达为：$x = y \leftrightarrow \Box\forall F(Fx \leftrightarrow Fy)$。

这个普遍性的条件与莱布尼兹律相比，为什么就会有充分性？充分性指的是：$\Box\forall F(Fx \leftrightarrow Fy) \rightarrow x = y$。现在假设 $x \neq y$，我们来说明 $\Box\forall F(Fx \leftrightarrow Fy)$ 不成立。如果 x, y 中有具体的物理对象，因为物理对象的存在都是偶然存在，所以会有一个不依赖于另一个而存在。如此就会使得两个对象享有相同的性质不具有必然性。如果 x, y 都是抽象对象，那么抽象对象的不同一定会有某个纯粹普遍的性质使得一个具有，而另一个不具有。所以左边也不成立。

黑尔（2013）认为对象的同一性是实在性对象的必然属性。和克里普克在《命名与必然性》中的观点不同，黑尔认为 a 和 b 如果是单称词项，其中 a 和 b 可以是以限定性摹状词的形式出现，只要两个单称词项所指称的对象具有相同的本质属性，那么这两个对象就具有必然的同一性。而克里普克认为，只有专名间的同一性才有必然性。如果黑尔的上述观点是正确的，那么黑尔认为概念（性质或关系）也是实体，他还需要给出概念的同一性的条件。这样的论证才算完整。

概念的同一性

黑尔认为两个谓词如果表达了相同的性质在于这两个谓词具有相同的意义。和蒯因不同的是，黑尔认为概念也有同一性的标准。在黑尔看来，谓词的意义在于它提供了适合这个谓词的对象所构成的句子的真值条件。谓词的指称是概念，它的涵义是为对象提供满足这个性质的真值条件。所以，黑尔关于谓词的涵义的观点仍然是弗雷格式的。每一个谓词在一个有真值的语句中，既有指称，也有涵义，或者说意义。和弗雷格一样，黑尔并不从谓词的外延来断言谓词的指称相同。他认为，即使两个谓词的特征函数相同，也就是它们所指称的概念的外延相同，这两个性质仍可能是不同的。

黑尔强调两个概念的外延即使相同，它们也可能是不同的概念。如果放在语言层面上，两个谓词的指称相同，就在于这两个谓词的涵义相同。“等边三角形”和“等角三角形”表达了两个不同的概念，因为这两个语词的涵义不同，即“图形 A 是等边三角形”和“图形 A 是等角三角形”的真值条件是不同的。即使我们通过几何学和逻辑的推理知道，二者在实质蕴涵的意义上等价，但是这并不意味着这两个句子的真值条件相同。我还想再给出一个例子，来帮助读者理解黑尔的观点。我们知道“P 或者非 P”的真值条件是 P 真或者 P 假。“Q 或者非 Q”的真值条件是 Q 真或者 Q 假。这两个句子的真值条件是不同的，虽然这两个句子是相互（实质蕴含意义上）等值的。我们还可以举出很多外延相同但是概念不同的例子，比如“图灵可计算的函数”和

“递归函数”等。总的来说，黑尔并不认为谓词的意义是神秘的，是一种我们无法言说的东西；他认为谓词的意义就是提供某种真值条件的东西，它不是概念的外延。

关于概念，黑尔和弗雷格不同的观点主要体现如下：

弗雷格认为只有对象才可能谈论同一性，但是黑尔认为我们可以用不同的逻辑词汇来区分对象的同一性和概念的同一性。我们有理由来谈论性质的同一性。

我想首先简单解释一下弗雷格关于概念和对象的一些观点。弗雷格认为概念（即我们今天所说的性质或关系）和对象是不同类型的实体。他认为概念是以谓词来指称的东西；而对象是以单称词项来指称的东西。由于谓词和单称词项是两种不同逻辑类型的表达式，所以概念和对象也应该是两种不同的实体。弗雷格的论证受到“马概念悖论”的挑战，关于这部分的内容见本书的“论概念与对象”的章节。因为弗雷格认为概念只能由谓词来指称，而谓词只能起着谓述的作用，所以我们就不能合法地谈论概念，因为一旦谈论概念，概念就要用单称词项来表达，这和他的理论相冲突。和弗雷格不同的是，新弗雷格主义者并不认为“马概念悖论”是语言所固有的不可克服的障碍，他们认为我们完全可以修改弗雷格理论的不足，在保证概念和对象的区分下，仍然可以用单称词项谈论概念。如果新弗雷格主义是正确的，那么我们就有理由来谈论概念的同一性。

黑尔认为概念的同一性的一般性的条件不应该是外延的相同。也就是说 $I(F,G) \leftrightarrow \forall x(Fx \leftrightarrow Gx)$ 不是概念的同一性的一般性条件。他认为概念的同一性标准可形式化表达为：$I(F,G) \leftrightarrow \Box\forall x(Fx \leftrightarrow Gx)$，其中 I 是比 F，G 更高层次的谓词。如果 F 和 G 是第一层次的谓词，那么 I 就是第二层次的谓词。第一层次的谓词就是以对象作为其空位的概念。比如“是哲学家”就是第一层次的谓词。“罗素是 F 的实例”就是一个第二层次的谓词。这个同一性的条件在于说明 F 和 G 指称的是本质相同的概念，而概念的本质相同就在于意义相同，或者说所表达的对象这种概念真值条件相同。

黑尔排除了两个谓词表达的意义相同的一般性的条件：$I(F,G) \leftrightarrow$

$\forall x(Fx \leftrightarrow Fy)$[①]。为何这个条件不妥？在黑尔看来，这样的条件陈述的是：两个概念相同在于两个概念的外延相同。正如我们在上文中所解释的那样，有些概念不同，但是它们的外延仍然可以相同。特别地，对于某些矛盾的概念，比如“圆的方”，“大于 2 的偶数的素数”的外延都是空集，所以这两个概念的外延相同。但是这些语词的意义不同。

为何 $I(F, G) \leftrightarrow \Box\forall x(Fx \leftrightarrow Gx)$ 仅仅比 $I(F, G) \leftrightarrow \forall x(Fx \leftrightarrow Fy)$ 多出一个“必然性”就是正确的同一性的标准？黑尔认为，概念的同一性和对象的同一性都与本质属性相关，概念的同一或对象的同一是一种形而上学的本质属性，因为这种本质属性才有 $\Box\forall x(Fx \leftrightarrow Gx)$ 或 $\Box\forall F(Fx \leftrightarrow Fy)$。按照黑尔的观点，“a 是圆的方”与“a 不等于 a”虽然是逻辑等值的，但是这两个语句并不是必然等值的。这里的必然等值应该理解为这两个语句的真值条件相同。如何说明两个语句的真值条件相同，并不是一件容易的事情。我们可以用本书第 10 章所提供的紧致推出的条件，来判定两个句子是否有相同的真值条件。如果我们确实有办法来解释两个不同的语句的真值条件相同或不同，那么黑尔的关于概念或对象的同一性的形而上学的标准应该可以被接受。

同一性的标准

黑尔实际上认同蒯因的“任何实体都有同一性的标准”口号，并且提出了对象的同一性的标准。莱布尼兹的不可分辨律作为对象的同一性的标准的严重缺陷在于会陷入循环。为了说明概念同样也是实体，黑尔需要给出概念的同一性的标准，这个标准和对象的同一性的标准类似，在黑尔看来概念间的同一性也是源于概念的本质属性。如果黑尔关于概念的本质属性观点是对的，那么我们就没有理由排斥概念实在论。

在我看来，这里黑尔给出的概念的同一性的标准和对象的同一性标准都是一个形而上学的同一性的普遍标准形式。这个标准应该和认识论的同一性的标准以及语义学的同一性的标准区分开来。这里我们

[①] 为了区分对象同一性，概念的同一性用 I 表示，而不是用等词“=”表示。

仅就对象的同一性来讨论这三个同一性标准的关系。

关于对象的形而上学的同一性标准的问题是：是什么决定了两个对象相同？

关于对象的认识论的同一性标准的问题是：我们如何知道两个对象相同？

关于对象的语义学的同一性标准的问题是：我们如何知道 a 和 b 指称的是同一个对象？

关于对象的形而上学的同一性标准一直备受争议。有些哲学家，比如刘易斯，认为对象的同一在形而上学上是无条件的，同一性是最为基本的形而上学的概念，我们不能在形而上学上给出同一性的标准。有些哲学家，比如，范恩认为对象的同一性仍然有待形而上学的解释。黑尔也属于这一类的哲学家，他们认为如果没有同一性的标准，对象和概念就失去了实在性。黑尔的同一性标准是想给出对象或概念同一的普遍形式，这种普遍形式的背后思想就是“必然性”和“本质属性”，它们都属于形而上学领域；对象与其自身同一是所有实在对象的本质属性。如果任给一个概念 F，都有 Fa 和 Fb 必然等值，那么 a 和 b 同一，因为这种必然性只能由同一性提供。所以“对象的同一性”和“任给一个概念 F，都有 Fa 和 Fb 必然等值”是一回事。概念的同一性类似。形而上学的同一性标准并不是认识论的同一性标准，也不是语义学的同一性的标准，因为这个普遍的形而上学的标准不能告诉我们数相等的同一性的认识论的标准，也不能告诉我们关于两个专名，它们是否指称同一个对象等这样的问题。

众所周知，弗雷格作为分析哲学之父，开启了认识论的语言学的转向。他通过其指称、涵义理论解释了我们如何理解抽象对象。所以，在这个意义上，同一性标准的认识论问题和语义问题密切相关：单称词项 a, b 指称相同，当且仅当它们指称的对象同一。理解两个表达式的指称相同就是理解两个表达式所指称的对象相同。如果我们在语义上给出了两个表达式指称同一的标准，也就给出了这类对象的同一性的认识论标准。以“方向”的抽象原则为例。直线 a 的方向 = 直线 b 的方向，当且仅当直线 a 平行于直线 b。这个句子的左边是两个单称词项用等号相连，左边的句子如果是真的，则“直线 a 的方向”和“直线 b 的方向”指称相同。左边句子的真值条件和右边句子的真值条件相同，所以直线 a 平行于直线 b 就可以作为“直线 a 的方向”和“直线 b 的方向”指称相同的标准，也是方向同一性的认识论的标准，即我们如何知道方向是否同一的标准。弗雷格和新弗雷格主义者所走的路线就是使认识论的同一性和语义的同一性合二为一：如果我们在语义上解释了两个表达式的指称的同一，也就在某种程度上回答了认识论的同一性。

形而上学的标准和认识论的标准的关系是什么呢？贝纳塞拉夫（Benacerraf，1970）认为数学实在论面临的难题在于给出数学对象的认识论的解释，而数学唯名论所面临的难题在于给出数学何以被广泛应用的解释。在数学哲学中，“数”的本体论的问题常常和认识论的问题纠缠在一起。哲学家要求，如果你认为数是实存的，那么你应该回答我们如何认识数。弗雷格想要给出数的定义，通过这个定义指出我们如何理解数。新弗雷格主义者认为，弗雷格的路线是正确的，但是他试图从概念的外延来寻求数的定义是失败的。数的认识论的同一性是否就是它的形而上学的同一性标准呢？这个问题等同于我们所知的对象是否就是对象其本身。弗雷格和新弗雷格主义者并未像康德那样，引入“物自体”的概念，从而以主体性的认识论来解释形而上学的问题。他们的理性主义是以逻辑为基础，这里的“逻辑”还包含指称和涵义理论。弗雷格反心理主义的立场使他选择了从语义的客观性到指称实在性的路线[①]。在《涵义与指称》中，弗雷格认为如果一个原子句子是真的，那么这个句子中所出现的单称词项的指称就是存在的，这是语义要求。弗雷格在《算术基础》中认为，“要获得数的概念，我们必须确定数同一式的涵义”。蒯因或许也是受到了弗雷格的本体论的影响，他和弗雷格关注的都是本体论的元哲学的问题。对于某种对象存在究竟是什么意思这个问题，弗雷格通过指称理论给出了对象存在的意思；蒯因则提出了本体论承诺。弗雷格认为，我们认识一类对象，需要给出

[①]Coffa, J. A., *The Semantic Tradition from Kant to Carnap*, Cambridge: Cambridge University Press, 1991, pp.62–82.

这类对象的同一性的标准；蒯因则提出“没有同一性则没有实体”的主张。弗雷格认为，作为抽象对象的数是客观存在的。我们对于数的理解可以通过数的同一式的涵义来获得。数的同一式的涵义就是我们所理解的数相等的标准。弗雷格认为，这种语义的标准是一种客观的标准，这种客观性在于主体间性，即不同的理性主体都遵循的规则，是可以用语言表达的，可以被不同理性主体共同理解。所以，弗雷格的哲学并不问“我是否存在？外部世界是否存在？”他的问题是：“我们如何理解概念，如何理解对象？”而这些问题的回答依赖于他的指称、涵义理论。一旦指称和涵义的理解是客观的，那么我们通过指称和涵义所把握的抽象对象或概念就是实在的。因此认识论的标准和形而上学的标准也合二为一。

既然这些问题都合二为一，那么为何还要区分这些问题呢？这三个问题是从不同的角度提出的问题，因此区分是必要的。但是我们同时也注意到这三个问题是紧密相关的。给出了一个问题的回答，按照认识论、语义理论以及本体论的关系可以给出另外两个问题的回答。正如我们在本小结中所指出的那样，黑尔的关于对象的同一性标准：$\forall x\forall y((x = y) \leftrightarrow \Box\forall F(Fx \leftrightarrow Fy))$ 实际上是对象同一性的一种普遍的形式。它要求对象相同当且仅当对象的本质属性相同。在新弗雷格主义者看来，不同范畴的对象其同一性的认识论标准一定不同。比如数的同一性的认识论的标准和动物的同一性的认识论的标准一定不同。每一个范畴的同一性的认识论的标准实际上就是给出了这种范畴下的对象的本质属性，所以特定范畴对象的同一性标准既是形而上学的同一性的标准，也是认识论的同一性的标准。而 $\forall x\forall y((x = y) \leftrightarrow \Box\forall F(Fx \leftrightarrow Fy))$ 陈述的仅仅是实在的对象的同一性是一种本质属性，这是一个形而上学上的关于所有对象同一性的标准，其本身并不是某个具体范畴下对象同一性的标准。

类似地，黑尔给出的概念的同一性的标准 $\forall X\forall Y(I(X,Y) \leftrightarrow \Box\forall F(FX \leftrightarrow FY))$ 陈述的仅仅是实在的概念的同一性是其本质属性，这是一个形而上学上的关于所有实在概念同一性的标准，其本身并不是具体概念同一性的标准。黑尔的论证的观点在于概念也有同一性的标准。如果对象的同一性是对象实在性的依据，那么概念的同一性的标准也是实在概念的依据。

13.3　黑尔的非标准模型

13.3.1　非标准模型的哲学依据

黑尔的非标准模型类似于亨金的非标准模型，其特点在于二阶变元的取值范围是由二阶语言可定义的集合组成的，而不是任意的子集构成的幂集。

之所以用“非标准”这个词，是为了区别通常人们所理解的二阶逻辑的“标准模型”。在“标准模型”下，二阶逻辑的 n 元谓词的取值范围是 $P(d^n)$。如果论域的对象数是可数无穷的，那么这个论域的子集数目就是 $2^{\aleph_0}$。这样，一元谓词的取值范围的数量就是 $2^{\aleph_0}$。假设我们取定一个可数语言，那么这个语言中的句子的数目不会超过可数无穷。这就是说，这个语言中的可能的谓词数目不会超过可数无穷。那么在这个语言中，可表达的概念是可数无穷多的。然而标准的二阶逻辑的语义模型中的论域的子集数超越了可数无穷多，黑尔认为概念解释为集合是不合理的。

一个模型应该是某个语言的模型。在黑尔看来，这个模型对于谓词或者高阶变元的解释应该是可定义的子集，这是黑尔的非标准模型的核心思想。我想这里黑尔需要给出解释，既然弗雷格和新弗雷格主义者都不认为概念是集合或类，黑尔的语义模型却把谓词或者高阶变元解释为可定义集合，这仍是一种把概念解释为集合的做法，这是否和他们的观点相悖？关于这一点，黑尔并没有给出明确的解释。

如果谓词或高阶变元的解释是概念，而概念确实不是集合，那么这样的“非标准模型”对于批驳蒯因认为高阶逻辑是集合论并没有什么益处。黑尔的“非标准模型”的建设性的意义在哪里？非标准模型建立的动机是什么？

我想通过对黑尔文本的解读来回答这两个问题。

1. 语义模型的解释仍具有“表征”性

正如我们在新弗雷格主义的本体论研究的进路中所了解的那样，新弗雷格主义者继承了弗雷格的哲学精神，从语言的逻辑分析来研究本体论的基本问题。对于他们而言，谓词的指称是概念。按照弗雷格的指称理论，概念实际上就是一个函数，当对这个函数输入一个自变量，那么它就会产生一个函数值，这个函数值就是真值。从这个意义上说，一个概念是一个集合的特征函数[①]。黑尔这里的非标准模型的处理方式虽然是把谓词解释成了概念的外延，但是我认为这种语义解释只起一个“表征”的作用，并不是真正的指称。就如同“柏拉图”的指称是柏拉图这个人，而我们在语义模型中会把“柏拉图”解释为柏拉图，这是一个去引号的表征，仍是用符号的表征。我们在模型中把谓词解释为某个集合，这个集合也是起着一个表征的作用，因为这个集合的特征函数和那个谓词的指称可以视为等同，但是这并不意味着概念就是集合。

2. 黑尔的非标准模型建立的动机

集合或类并不是概念，但是我们可以用集合或类来表征概念。然而并不是所有的论域的子集都有机会在某种语言中成为一个谓词的外延，我认为这是黑尔建立这种模型的核心思想。他认为一旦我们语言中的基本谓词的意义确定下来，这个语言所可能表达的谓词就确定下来了。这当然是一种静态考虑语言的做法。也就是说，我们的语言的基本词汇是固定的，并且语言是可数的，那么我们可以用来表达的谓词的可能的数量不会超越可数无穷多。所以在这种静态的语言观下，我们的语义模型把谓词或者高阶的变元解释为可定义的论域子集。然而我们通常的自然语言是动态的。这种动态性表现为可以引入一些新的基本的词汇，它们可以是专名，来表达我们所新认识的对象；也可以是谓词，来表达我们新认识的性质，我想新弗雷格主义者会认同这样的观点。比如黑尔和莱特就从隐定义的角度分析我们如何认识经验科学的理论定义，等等。

[①]比如一元概念 M，就是一个函数，其定义域可以是所有对象。值域是真值组成的集合。令 $M' = \{x : M(x) = T\}$。集合或类 M' 实际上就是概念 M 的外延。这个类的特征函数和 M 从函数的角度看是相同的。

静态的语义模型并不是要否定新弗雷格主义的动态语言观念，它的建立是要说明：在某个静态的语言中，我们的谓词的外延性的语义应该怎样。

在静态的语言下，我们要表达的对象和概念都是基于这个静态的语言的基本表达式。我们通过现有的语言表达式来理解新的谓词或对象。在弗雷格或新弗雷格主义者看来，对象可以用单称词项指称，而概念可以用谓词指称。这种描述是一种可能性的描述。也就是说，对象是那些可能语言中的可能单称词项的指称；而概念是可能语言中的可能谓词的指称。一旦我们给定了某种语言，在这个语言的静态观下，它的可能的概念就是那些可以定义的谓词的指称，这里没有实质性的冲突。黑尔的非标准的模型的基本动机是为了要区别概念不是集合。他的做法是把谓词或高阶变元在模型下的语义值定位为可定义的集合。在这种表征方式下，体现概念和语言的关系，即概念是可以用语言表达的，并且概念的外延与论域的子集有本质的不同。

黑尔的非标准模型把谓词解释为可定义集，这样的外延性的语义模型和新弗雷格主义者的哲学观并不产生实质的冲突，但是在我看来，这样的语义模型实际上对新弗雷格主义的算术哲学也没有增加新的内容。这种非标准的语义模型把谓词解释为可定义集也是从外延的角度理解谓词，并且“可定义集”也是模型论的做法，这一点在我看来还有削弱新弗雷格主义算术哲学的危险。休谟原则定义的是一个算子“N”，每一个概念都有属于它的数，因此继而定义有穷数。但是休谟原则所构成的定义，并不是一个模型论的定义。在弗雷格算术系统中，它只是作为一个非逻辑的公理出现，而这样的公理也不是黑尔的非标准模型的一个可定义集。当然黑尔的非标准模型仅仅限于谈论高阶的逻辑而非理论，黑尔的非标准模型或许只是想展示，如果仅从外延的角度来给出语义模型，那么这样的非标准模型是最为接近新弗雷格主义思想的语义模型。

13.3.2 基于黑尔的非标准的理论没有范畴性

二阶逻辑系统相对于黑尔的非标准语义模型有完全性，并且 Löwenheim–Skolem 定理也成立。因为标准的二阶逻辑模型的高阶变元取值范围是论域中的所有子集，这就使得一些不可定义的论域子集也可以是高阶变元的值，正是这一点才使得二阶逻辑没有“完全性”。在非标准的二阶模型下系统具有完全性，但是这种模型使得二阶理论没有范畴性。也就是说，即使两个模型都是二阶算术的模型，它们也可能不同构。

失去范畴性，可能会遭到支持二阶逻辑的哲学家的反对。人们普遍认为自然数的结构是唯一的。这种观念是我们形式化算术理论的前理论。我们现在以一种形式化的理论来解释一部分非形式化的数学。一阶算术因为存在非标准的算术，因而一阶语言的表达力被认为存在局限性。在黑尔的非标准二阶模型下，二阶算术的模型也可以不唯一，这是否可以视为这种模型本身的缺陷？黑尔的回答非常有启发性。他认为自然数的结构唯一性的前理论观念并没有错，我们常常认为对于非形式化的数学概念的理解是确定的，对于形式化的理论，我们希望公理化的系统具有范畴性，它恰好刻画了我们形式化理论前的数学结构。这样的图景在黑尔看来大致也是对的。那么一个形式化的理论缺乏范畴性是否是不足的呢？有范畴性的形式化的理论比无范畴性的理论更优越吗？

> 但是认为有范畴性的公理化比无范畴性的公理化更优越的论证，在我看来似乎依赖于并未明说却有问题的假设。范畴性是一个集合论的性质。如果本质上公理系统只有一个模型，那么这个公理系统就是范畴的。说得更准确些，这些公理的任何两个模型是同构的。满足这些公理的任意两个模型就是任意两套选择，每一套选择都包括选择实体的集合，以及给使得所有的定理都真的理论的语言表达式赋予合适实体的方式。所以，只有非形式理论意向的解释就是在集合论意义上把这个非形式的理论和唯一的模型（或一类模型）相连接，一个理论的一套公理的非范畴性才显

> 示了那些公理不足以刻画其所想要的解释的非形式的理论。然而，对于通常的算术，我们在某种程度上，或者在我看来，有确定的理解（至少是唯一所意向的解释）是不会引起争议的，但是这根本不足以说这种确定的解释在于，或者需要我们完全理解集合论式的结构，我们应该用它来刻画同构。我挑战的论证前提正是依赖这个没有明说的前提。[①]

黑尔认为，我们通常的语义模型都是以集合论为基础的模型。也正是在这种集合论式的解释下来理解同构。但是数学的概念和集合本身就是两回事。用集合论的方式所定义的同构（范畴性）来作为我们对自然数理解的唯一性是否合适是一个有争议的问题。至少在黑尔看来，范畴性是集合论式的模型同构的概念。我们对于理论的语义模型也可以建立在非集合论式的模型上。此时用集合论的范畴所定义的同构或许就不适合评价形式系统的优劣。如果语义的解释本身就不是集合论式的模型，那么用集合论式的模型去断言它不具有范畴性只能是一个元数学结果。在有些哲学家看来，在这样的模型下解释公理系统即使没有范畴性，也不算什么缺点，因为它的语义模型本身就不是按照集合论的方式去解释的。

黑尔之所以抛弃二阶逻辑的标准模型主要在于黑尔认为性质或关系不是集合或者类。特别地，如果一阶论域的基数是可数无穷多，那么这个论域的幂集的基数就超越了可数无穷，但是我们语言的表达式是可数无穷多，这就意味着有些集合在特定语言下无法表达，所以这样的模型并不合适。黑尔进一步指出，一个集合的幂集是这个集合的所有子集；但是有些子集，因为其是无穷的，并且又带有随机性，我们根本无法把握这样的集合。莱特（1987）提供了支持反对标准二阶逻辑模型的证据。莱特认为，幂集是一个并不清楚的概念。在集合论中，由康托定理，我们知道任何集合的基数都小于其幂集的基数。莱特认为，当集合的基数是可数无穷时，证明这个集合的幂集不是可数无穷多的方法是对角线的方法。我们不妨把这

[①] Hale, B.，*Necessary Beings*, Oxford: Oxford University Press, 2013, p.197.

个证明简单解释一下：

X 是可数无穷集合。P(X) 是 X 的幂集。从 X 到 P(X) 之间有单射，所以 X 的基数小于等于 P(X) 的基数。

可以采用对角线的方法，证明从 X 到 P(X) 之间没有双射。因为 X 的基数不等于 P(X) 的基数，并且 X 的基数小于等于 P(X) 的基数，所以 X 的基数小于 P(X) 的基数。

莱特认为这个证明的最后一步是有问题的。假设我们把 P(X) 定义为 X 的所有可判定的子集。X 是可数无穷集，并且 P(X) 也是可数无穷集。所以上述的证明可以不解读为关于集合和其幂集之间的基数大小关系，而是解读为所有递归子集构成的集合不是递归可枚举集。莱特的这个例子向我们提出一个很关键的问题：我们该如何理解幂集？或许你认为这很简单，集合 X 的幂集就是由所有 X 的子集构成的集合。问题恰恰就是该如何理解这里的量词“所有的”。正如我们在前面所说的，当我们面对一个无穷集合 X 的子集时，这个集合中的元素让我们找不到它们的共性，在我们看来它们完全是随机的。我们如何把握这样的集合？我们找不到一个性质来描述它。这种超出我们认识能力范围的集合也会是我们关注的对象吗？当原则上我们没有认识某种对象的能力时，或许它们就不可能成为我们的研究对象。正是在这种意义上，幂集是一个不清楚的术语。

综上，黑尔反对二阶逻辑的标准模型的理由主要有两点：第一，幂集是一个不清楚的术语，我们应尽量避免把这样的术语放在我们的模型中。第二，当我们的对象域是可数无穷时，如果我们坚持把所有的论域的子集（即论域的幂集）当作一元谓词的取值范围，那么我们的语言可能并不能表达某些子集。而概念是可以用语言表达的。这就说明，即使我们把概念的外延当作概念的一种表征，一元的概念外延和论域的子集之间也有不同。所有一元概念的外延组成的集合是论域的幂集的真子集，概念的取值范围不能是论域的幂集。

13.4　非直谓的逻辑和非直谓的休谟原则

当新弗雷格主义者高举经典的二阶逻辑旗帜在其新逻辑主义道路上前行之时，对于经典逻辑的非直谓的批评也一直不绝于耳。如果非直谓性的原则是有缺陷的，这无疑是对新弗雷格主义计划的致命打击。所以非直谓的原则是否合理将是接受新弗雷格主义计划的重要考量。新弗雷格主义计划所涉及的非直谓的因素现概括如下：

> 人们通常认为这项计划的非直谓的定义体现为两种不同的方式。首先，关键的抽象原则必须被理解为涉及非直谓的一阶量化；其次，二阶逻辑下的概括公理必须允许非直谓的二阶量化。[①]

这里所涉及的非直谓的原则都是和量词相关的。首先，弗雷格算术系统需要休谟原则，这个原则的右边需要一阶量词，而这个量词的取值范围包括被定义的数。其次，二阶逻辑的概括公理所涉及的公式模式也涉及二阶量词，这个量词的取值范围包括它所定义的性质。第二点直接涉及二阶逻辑是否合理。弗雷格算术系统的这两点都违背了直谓的原则，直谓原则要求定义项如果涉及某个全体，这个全体不能包括被定义项。

我们对这两点进行逐一评述。

13.4.1　休谟原则的非直谓性

一阶量词与论域的确定性

第一个要求直谓原则的数学家或许可以追溯到庞加莱。但是真正严肃思考直谓原则的逻辑学家是罗素。当罗素发现了弗雷格算术系统的矛盾时，他用一个简单明了的悖论来揭示弗雷格的错误，这个悖论就是人们所熟知的罗素悖论。弗雷格的系统中的公理 V 是概念外延的隐定义，它具有抽象原则的形式特征：概念 F 的外延 = 概念 G 的外延 $\leftrightarrow \forall x(Fx \leftrightarrow Gx)$。这个等值式的右边涉及一阶的全称量词，它的取

[①] Hale, B.，*Necessary Beings*, Oxford: Oxford University Press, 2013, pp.199–200.

值范围是所有的对象，其中就包括概念 F 的外延或概念 G 的外延。弗雷格认为所有的概念都有外延。罗素设计了一个谓词“$x \notin x$”，我们不妨把这个谓词所表达的概念的外延叫作 r。从 r 的条件，我们得出：$x \in r$ 当且仅当 $x \notin x$。矛盾！

罗素认为，之所以导致罗素悖论在于我们对概念外延的定义，即公理 V 使用了非直谓的定义原则，也就是我们要定义的对象预先就已包含在定义项的量词中，这就陷入了循环。罗素还进一步指出，某些全体的外延如果不是确定的，那么这样的全体就不是真正可以看作全体的东西，比如，所有集合组成的全体。这个全体的外延是不确定的，因此不能把所有集合的全体看作是真正的全体。对于概念的外延也是如此，某些概念的外延并不确定，所以概念的外延也不能作为真正的全体。这是罗素给弗雷格系统不一致所作出的诊断，在这一诊断下，罗素提出了他的直谓定义的原则，发展出他的分支类型论。

这样的观点也影响了后来的哲学家对非直谓定义的否定，其中就包括达米特。达米特认为新弗雷格主义者所使用的休谟原则和公理 V 具有相同的形式，它的等式的右边也涉及一阶的全称量词，这就破坏了直谓原则。即使现在我们并没有发现弗雷格系统的矛盾，也并不意味着我们将来不会发现这个系统有矛盾，非直谓的定义本身就有不合理性。达米特的担忧在于，在定义某种对象前，我们对这种对象是不知的，我们在不知这种对象之前的论域应该不包含这样的新对象，所以定义新对象应该采用非直谓的原则。如果采用的是非直谓原则的定义方式，你就预先知道了你的论域的范围中包括要定义的对象，这是不合理的[①]。

在达米特看来，一个涉及量词的陈述有确定的涵义必须之前就确定了量词的取值范围，所以只有完全理解了休谟原则左边关于数的每一个实例，你才能理解休谟原则右边一阶量词的取值范围。这就是说，理解休谟原则左边的等式是先于右边的公式的。所以，休谟原则如果是正确的，它也不够资格作为隐定义来定义数，因为理解数是先于右边的公式。如果要为不知道自然数的人解释自然数的概念，在达米特

[①] Dummett, M., *Frege: Philosophy of Mathematics*, London: Duckworth, 1991, p.236.

看来，必须要遵循直谓的原则，因为不知道自然数的人的论域中是没有一个个的自然数的。

和弗雷格一样，新弗雷格主义者也是坚定的柏拉图主义者，他们相信数是实存的。黑尔就休谟原则如何“切分”出新的内容做过详细的解释。其核心思想在于，两个句子可以分享相同的真值条件，它们可能叙述的内容完全不一样。直线 a 的方向 = 直线 b 的方向当且仅当直线 a 平行于直线 b。等值式的左边涉及新概念“方向”，右边却没有。两边的句子分享了相同的真值条件，这就是说，即使右边的句子没有涉及“方向”，一旦这个真值条件被满足，那么决定这个句子为真的事态中就有抽象对象“a 的方向”或“b 的方向”，我把这种论证称为弗雷格式的柏拉图主义的论证。这个论证强调抽象对象的实在性。即使先前不理解数或方向这样的新概念，这些概念下的对象仍然在那里。

同时，新弗雷格主义者认为休谟原则提供了一种如何理解新种类概念“数”的解释。其方法是一种意义理论，从理解一个包含表达这个概念的语词的句子的真值条件达到对这个新语词意义的理解，这是一种语境解释。在这种语境解释中，所涉及的量词是否一定要有确定的范围呢？下面就莱特对这个问题的回答做简单的介绍，他的这个观点正好就是对于休谟原则的非直谓定义的辩护。

莱特指出，弗雷格在定义概念的外延（公理 V）时并没有意识到这个定义会导致矛盾，但是导致矛盾并不是因为弗雷格在定义概念的外延时，诉诸了论域的全体，或者说破坏了直谓原则。弗雷格并不是如此理解他所发现的量词的。当他定义概念的外延时，他是要给出概念外延的普遍性的解释。在弗雷格看来，一个概念的外延是一个类，而每一个类都是一个对象。概念外延的定义并不要求弗雷格知道一阶量词的取值范围。在理解概念的外延时，并不需要知道论域范围中的每一个对象。或许我们对于实体的范围永远不可能知道，比如我们不知道 200 年后我们是否会发现新的病毒，但是这并不会影响我们对于一阶量词的理解。公理 V 确实出了问题，这是因为在经典逻辑下，它会推出矛盾，这就意味着这个定义不合适，而非我们的逻辑不合适[①]。新弗雷格主义者并不把这个矛盾归因于非直谓的定义，因为我们完全可以按照非直谓的定义理解其他的概念而不导致矛盾。他们对于定义持有一种实用的风格，他们会把一致性作为定义的要求。新弗雷格主义并不分析导致矛盾的根由是什么，只要有矛盾就不能作为定义，这是他们对于公理 V 的基本观点。

莱特进一步指出，我们对于量词的理解常常是从一般性的，或者从普遍性的角度来理解量词，而不是从论域的“所有对象”的总体去理解。他以一阶逻辑的有效式为例，来说明我们并不要求对论域的所有对象都要知道很多的细节才能理解量词，特别是对其范围的理解。我们知道，一阶逻辑有效式在非空的论域上都真。也就是说，一旦我们知道某个论域是非空的，我们就知道一阶逻辑的有效式是真的，其量词可以适用于所有非空的论域。至于这些论域具体包括什么对象并不重要。所以，达米特认为对带有量词的断言的理解需要先对论域的范围有预先的理解是不恰当的。

达米特对于一阶量词的解读不仅是不恰当的，而且在莱特看来还是一种不协调的观点。莱特认为，带有量词的陈述句的内容是否是确定的，并不依赖于论域的确定性，因为论域的确定性，又是一个带有量词的陈述句去约定这个论域如何如何，这样就需要另一个量词的论域的确定性。这样的无穷倒退是有害的，这就意味着，任何带有量词的陈述句都没有确定的内容。

算子的作用范围

达米特对休谟原则作为非直谓的定义的担忧还在于：休谟原则左边的算子 N 可以作用于任何概念，当然也包括使用休谟原则定义出的数这个概念。这就是说，这个算子的定义也涉及二阶的非直谓性。达米特对新弗雷格主义的休谟原则能够解释数的计划持悲观的态度。关于这个表达数的算子，达米特提出了两难的论证。他认为，如果还未理解

[①] Hale B., Wright C., *The Reason's Proper Study Essays towards A Neo-Fregean Philosophy of Mathematics*, Oxford: Clarendon Press, 2001, pp.229–255.

自然数这个概念，怎么会知道对于任意概念，都有属于这个概念的数？如果我们对于算子的作用范围是确定的，这就意味着我们知道了数的概念，那么休谟原则可以解释先前所知的概念就没什么价值。和前面对于量词的论域的确定性相似，二阶算子的作用范围确定与否，在达米特看来，决定了一个包含这个算子的陈述句的涵义的确定性。

莱特认为在日常语言中，我们常常使用指示词。比如“我昨天在这儿”，涉及了很多的指示词：人称代词、时间指示词、地点指示词。说话者在一个语境下说出这句话有确定的意思，即这些指示词在特定的语境中有确定的所指，这是没有任何问题的。莱特提醒我们需要注意的是，这个语句在特定语境中的确定意义应该和这句话本身的真值条件区分开来。

> 描述语句“我昨天在这儿”的真值条件随着这句话出自不同的说话者之口而不同，这并无妨。清楚的是，它的意义并未有太大的变化并且这种意义与说话的语境一起来决定说出的这句话是否是真的。对于量化的陈述句也是如此。“在人头税下，所有住户的情况更糟了”不应该被视为因语境量化范围的变化，其意义也发生变化；而应该把这句话的意义看作是设定了统一的条件，即这句话在量化范围中可满足的条件。[①]

莱特认为，当语境变化，一个句子的指示词的所指会发生改变。但是这句话的意义并未像我们所设想的那样发生了太大的变化。有指示词的语句的意义和相关语境一起决定了它的真值条件，这是一个恒定的语义规律。同样，对于带有量词的语句也是类似的。虽然量词的取值范围根据说话者的论域会有所不同，但是这样的语句的意义并未发生大的改变，其意义和语境的论域一起决定了语句的真值条件。这也是一条恒定的语义规律。这些恒定的语义规律应该是理解语句真值条件的内在部分。

回到休谟原则。休谟原则中的算子可以作用于所有的概念，这是休谟原则字面上的意义。达米特认为，我们在某个特定的语境中确实

[①]Hale B., Wright C., *The Reason's Proper Study Essays towards A Neo-Fregean Philosophy of Mathematics*, Oxford: Clarendon Press, 2001, p.244.

只掌握一部分的概念，这并没有任何问题。休谟原则的算子所作用的范围并不是我们现有的概念范围，而是所有可能的概念范围。我们理解这样的算子，就如同理解带有指示词的语句或者量词的语句一样，虽然指示词的所指随语境会发生改变，但是量词也因论域的范围的不同而使得它的所指发生变化。语句的意义正是在于和这些语境发生关联，而关联的关系是不变的，正是在这种意义上，我们可以说语句的意义并不发生变化。N 算子的作用范围是所有概念，即使在某种语境中，所有概念的范围会发生变化，但是 N 算子的意义并不发生变化。莱特把这样的理解算子 N 意义的方式称为范围不确定性的理解。这种理解方式适用于带有量词的普遍性的理解，比如逻辑规律和算术规律。

这里我想就量词的普遍性的理解和非普遍性的理解做一些解释说明。量词的普遍性的解释是一种弗雷格式的解释。弗雷格关于一阶量词的取值范围是所有的对象，他的量词解释和今天以集合论为基础的模型论的解释是不同的。后者的模型的论域可以取不同的集合，但是前者的论域就是一个，它由所有对象组成。弗雷格的论域当然会带有达米特所谓的范围不确定性，比如以现有的知识，我们不知道“外星人”是否在我们的论域中。这样的论域的信息不够完全。但是弗雷格认为逻辑的普遍性和算术的普遍性在于它适合于所有的对象，这些对象不仅可以是现实存在的，而且还可以是可想的，其论域是最广的。量词的非普遍性的解释是一种依赖于特定论域的解释。今天基于集合论基础的模型论对于一阶量词的解释就是一种非普遍的解释。

莱特的上述观点对于量词的普遍性的理解应该是超越特定论域的，即我们在特定语境中对论域有所限定。然而带有量词的陈述句的真值条件是由这个语句的意义和语境一起决定的，对于逻辑规律以及休谟原则中的算子 N 的理解应该采用范围不确定性的理解。即使一阶的论域的范围不确定，即使所有可能的概念的范围不确定，但是量词和算子 N 的意义并不因此变得不确定。正是因为逻辑和算术规律的普遍性，我们对于这种范围的不确定性的理解才是合适的，否则我们如何解释逻辑和算术的普遍应用性呢？

弗雷格曾说：

> 算术的基础似乎比任何经验科学，甚至比几何学都来得更为深刻。算术真理掌控所有可以计数的东西。这是对广大的论域；属于它的不仅仅是现实的，不仅仅是可直观的，而是所有可思想的事物。数的规律因此不应该与思想的规律非常紧密地联系在一起吗？（《算术基础》第 14 节，郝兆宽译）

因为数的概念和运算可以应用于所有种类的对象，所以关于算术概念和运算的解释就必须包含这种普遍性。关于算术的量化的陈述句其量词的值域就应该包括数本身，这是无法避免的，否则就会和数的应用的普遍性相矛盾。如果认为数的规律具有普遍性，那么数的规律本身也可以用于数，这是很自然的。因此，关于数的解释就不能排除非直谓性，这是数的普遍性对这种解释所需的完备性和必要性的要求。如果有人认为这样的解释会陷入循环，那是因为他们没有理解数的普遍性。

对于量词或算子 N 的范围不确定性的解释，实际上也可以正面回应对循环解释的质疑。

当我们说概念 F 和概念 G 之间有一一对应关系，即使 F 和 G 之下有数的对象，也无妨，因为“一一对应”概念的理解并不诉诸数的概念，所以在认识论的解释上，并没有陷入循环。黑尔和莱特特别以埃文斯（1980）中的一个假想人物英雄（Hero）来说明休谟原则作为非直谓的解释为何没有问题。假设这个英雄掌握了规定 $N^{=}$ 所使用的高阶逻辑，以及没有问题的具体种类概念和这些种类概念下的对象，但是他目前还没有关于算术的词汇，那么我们的任务就是要说明，我们的英雄怎样得到数的概念。

休谟原则的每一个实例是：属于 F 的数 = 属于 G 的数当且仅当 F 和 G 之间有一一对应关系。英雄认识休谟原则的每一个实例右边公式的真值条件在于 F 和 G 之间有一一映射。英雄同时也理解这个实例的左边的语法结构，它表达对象的同一。这个对象的同一性的真值条件和右边的真值条件是相同的。一旦右边为真，那么左边的公式就为真，这样“属于 F 的数”这个单称词项的指称就是存在的。

莱特问：在什么意义上，我们说英雄认识了一个对象？莱特认为，认识一个对象，首先要知道这个对象是什么种类的对象；其次，什么样的对象才是这种种类的对象。这里新弗雷格主义者沿用了埃文斯的普遍限制原则。如果认识一个对象 a，需要知道：(1) a 是什么种类的对象，(2) 对于此种类也有认识，能够区分什么对象在这个种类中。

莱特认为，英雄正是通过休谟原则认识了具体的数，而且英雄知道只有通过概念间的一一对应关系被认识的对象才是数。这种思想正是解决“凯撒问题”的关键（可参看本书的“凯撒问题”章节）。我们可以定义数词 0，1，2，等等如下：

- $0 = Nx : (x \neq x)$
- $1 = Nx : (x = 0)$
- $2 = Nx : (x = 0 \vee x = 1)$
- $3 = Nx : (x = 0 \vee x = 1 \vee x = 2)$
- $\cdots$

英雄理解没有任何对象在概念“$x \neq x$”之下。他理解任何没有对象的概念之间有一一映射。现在他知道了“0”是空概念的数。这时他理解了对象“0”，并且他还理解了“基数”。因为“0”这个对象是一个基数，基数是这个对象所属的种类。如果他不理解基数，他就不理解“0”。有了数字“0”，英雄的语言扩大了。他会有谓词“x =0”，他理解了属于这个概念的数“1”。这样语言进一步扩大，依此类推。

通过莱特的这种分析，不难看出英雄对于数的认识是分层的。令 S 是一个形如“Nx: Ax = Nx: Bx”或含有数字的等式。

- 如果 Ax 和 Bx 是没有问题的（不含有任何被定义数字的）公式，那么 S 的秩是 0；
- 如果 Ax 和（或）Bx 的数字项的最高秩是 n，那么 S 的秩是 n+1。

“$x \neq x$”不含数字，它是一个没有问题的公式。那么“$Nx : x \neq x = Nx : x \neq x$”的秩就是 1，“$x \neq x$”的秩是 0。

“x =0”的秩是 1。“$1 = Nx(x = 0)$”的秩是 2。“$2 = Nx(x = 0 \vee x = 1)$”的秩是 2。“$Nx(x = 0 \vee x = 1)$”的秩是 3。简单说，公式的秩就是从没有问题的公式开始，其所出现的项使用 N 算子的次数。

英雄认识到每一步可以不诉诸先前所未理解的数字。问题是：假设英雄理解了所有秩为 0 的等式，假设他也理解了所有秩为 n 的等式，那么他也会理解秩为 n+1 的数字等式吗？

莱特认为答案是肯定的。因为理解了秩为 n 的陈述句，就会保证理解休谟原则右边秩为 n 的句子的真值条件，这就会使英雄理解左边秩为 n+1 的等式。按照休谟原则，使用 N 算子的项的等式的真值条件总是和不使用 N 算子的公式的真值条件相同。这是不陷入循环的关键。

莱特进一步指出，英雄会认识到他所认识数 n 的定义有了一种共有的模式：定义项的谓词总是一种析取式，其中每一个析取支包含先前以这种模式所定义的数；并且每一步都是增加一个析取支。当他认识到了这样的认识模式，他就有了有穷数的概念。即可以用这样的方式所认识的数就是自然数，这个概念也会有属于它的数。于是英雄从有穷走向了无穷，认识到了可数无穷。实际上英雄之所以能够认识自然数的概念关键在于英雄有二阶逻辑作为其认识概念的框架，其中用到的正是二阶逻辑的概括公理。

但是概括公理显然也会面临批评。新弗雷格主义者要想作出完整的回应，还需要解释概括公理的非直谓性也是无害的。

13.4.2　概括公理的非直谓性

非直谓的概括公理是一个公理模式：$\exists X \forall y (Xy \leftrightarrow \phi y)$ ，其中 X 在 ϕ 不自由。简单说，就是一个开公式可以定义一个谓词。

概括公理作为引入新谓词的手段，其非直谓性在于 ϕ 中可以有二阶量词，而二阶量词的取值范围是所有的概念，这就包含了要定义的概念 X，这一点破坏了直谓性。坚持直谓性定义原则的观点的核心在于量词的理解是确定范围的理解。在范围确定的意义下理解量词，不管是一阶的还是二阶的，都会视所定义的对象或者概念已被预先理解。所以要么这样的定义实际上变得没有意义，因为在定义之前已经理解了被定义项；要么定义无效，因为这就意味着定义项中的量词未被理解，这就是达米特的两难论证。关于一阶量词的非直谓定义，我们在休谟原则中已经有过解释。对于量词的理解可以采用论域非确定性的方式，这种方式适用于对全称量词作普遍性的理解。即使我们的论域不确定，我们也知道全称量词的意义。

最近林内伯对非直谓概括公理提出了一个新的质疑。

> 由非直谓概括公理所作的定义的极小条件是我们对二阶变元的可能取值的确定范围有明确的了解。当二阶变元被认为是在一阶论域的所有子类上变化，这个要求才清楚地被满足。而且，既然这个范围是由一阶论域的任意子类所构成，它就应该对在这个范围的二阶量化定义（或者以任意其他方式的定义）封闭。另一方面，如果二阶变元的取值范围不包含所有的一阶论域的子类，我们就不能保证这个论域对在这个论域上的量化定义封闭。我们承认，从亨金的完全性证明，我们知道有完全的非直谓的二阶逻辑，其变元的取值并不是所有一阶论域的任意子类。但是这样的模型太人工化，并且也提供不了别样的关于二阶变元取值范围的一般性的观念。[①]

从这段论述看，林内伯认为，二阶变元的取值范围是由一阶变元的所有子类组成，这是一种从概念的外延来把握概念的做法。这和新弗雷格主义者的概念观有冲突。在新弗雷格主义者看来，对象的类并非都是概念的外延，并且对概念的把握并不需要认识概念下的所有对象。林内伯反对非直谓的概括公理在于，如果我们无法清楚理解一阶论域的所有子类，我们就没有理由使用非直谓的概括公理。另一方面，林内伯认为二阶逻辑的亨金模型过于人工化，不自然。其理由是：在亨金模型中，二阶变元的取值范围是可定义集，而非所有一阶论域的

[①] Linnebo, Ø., "Predicative Fragment of Frege Arithmetic", *Bulletin of Symbolic Logic*, 10(2), 2004, p.169.

子集。林内伯知道，如果采用亨金模型，在某种意义上，可以说二阶变元的取值范围就是我们可以把握的子集。这就意味着非直谓的概括公理可以被接受。所以林内伯反对非直谓概括公理的理由在于，我们不能采用不自然的亨金模型，只能采用标准的二阶逻辑的语义模型。但是若采用二阶逻辑的语义模型，我们就不应该接受非直谓的概括公理，因为这个公理的二阶量词的取值范围我们并不清楚。

黑尔对林内伯的反驳基于两点。[①]

首先，林内伯认为非直谓的二阶概括公理的使用条件对二阶取值的范围有清楚的了解。在林内伯看来，这种清楚的了解只能是认识一阶论域的所有子类。这就又回到了前面关于量词的理解的问题上。我们使用量词是基于对变元的取值范围有清楚的了解，但是这种清楚的了解究竟是什么意思呢？对于一阶变元，在林内伯看来，就是对论域的清楚了解。但是对论域的清楚了解包含对论域的每一个对象的了解吗？如果是，这显然是荒谬的。当你说“所有的人都要死”，你需要了解每一个电子，或者你没有见过的某个动物吗？当然不是。一阶变元的取值就是论域中的任意个体，这就是我们对一阶论域的清楚了解，它并不意味着我们对论域的每一个对象的把握，而是一阶变元可以取自一阶论域的任何对象。对于二阶变元也是如此，我们并不需要知道所有性质的细节，但是我们需要知道二阶变元的取值范围应该是任意的性质。

其次，当某个一阶论域给定了，我们的二阶一元变元应该是一阶论域对象的性质，而非所有的子类，因为性质和类是不同的。当然，我们可以退一步，从集合的模型论，我们可以把可定义的集合看作是一阶对象的性质。然而林内伯会认为这样的亨金模型太不自然。除了不自然，林内伯并不反对在亨金模型上的非直谓的概括公理。

黑尔认为如果二阶对象语言的表达式是可数的，那么这个语言可以表达的概念的个数是可数的。对于新弗雷格主义者而言，概念就是可以用谓词所指称的东西，而谓词是含有自由变元的开公式。如果语言是可数的，那么这样的开句子一定也是可数的。假设一阶对象的论域的基数是可数无穷的，那么这个论域的幂集的基数是不可数的。这

---

①Hale, B., *Necessary Beings*, Oxford: Oxford University Press, 2013, pp.201–202.

就意味着可用语言表达的子集和任意子集之间存在差别。弗雷格和新弗雷格主义者都认为概念不能等同于对象的类。如果一个对象的类不能用语言表达，那么我们就没有理由认为这个类是某个概念的外延。林内伯认为亨金模型太过人工化是因为他把任意对象的类看作是二阶变元的取值范围，而这样的观念或许才是不自然的概念观。

帕森斯怀疑二阶逻辑会增加更多的实体。这种“更多”如果是以基数来理解数量的话，大概理由也无法成立。假如我们的一阶论域的基数是可数无穷的，我们的语言也是可数的，那么这个论域上的概念也不会超越可数无穷。如果帕森斯认为二阶的变元的取值是概念，而不是任意论域的子类，那么二阶论域的基数并未增加，仍然是我们可以表达的概念，其数量仍然是可数无穷多。[①]

13.4.3 小结

在新弗雷格主义者看来，二阶逻辑的推演系统是推出弗雷格定理的逻辑系统。这个逻辑系统的语义解释完全不需要把二阶变元的取值范围规定为一阶论域的所有子类。因为二阶变元的取值是概念而非类。另一方面，并不是所有的子类都可以用概念来把握。只有那些可以用语言来把握的子类才有资格成为概念的外延。当我们始终区分概念和一阶论域的子类，我们就可以不必把标准的二阶逻辑的语义学看作是一个解释二阶逻辑的范式。在一种非标准的语义学中，二阶算术可以没有范畴性。这并不是一个缺陷，因为范畴性并不是我们对算术的前理论的概念，它是以集合论为基础所规定的模型上的同构关系。既然概念不是集合，我们也就不必固守范畴性作为好坏模型的标准了。

黑尔对二阶逻辑的概括公理的辩护基于两个重要的观点。第一，二阶量词的理解应该是一种非确定性论域意义上的理解。这种非确定性在于我们不必知道所有的性质，只要我们必须知道二阶变元的取值是任意性质就足够了。第二，概念一定是可以用语言表达的，并非所有的论域子类都可以用语言来表达。正是在这一点上，黑尔认为二阶论

[①] Parsons, C., “Frege’s Theory of Number”, in Max Black ed. Philosophy in America, London: George Allen & Unwin, 1965.

域不应该是所有一阶论域的子类，而是我们可以用语言来表达的子类，只有这样的子类才可以作为概念的外延。

莱特为了应对达米特的非直谓的批评，从认识论的角度，给出自然数的递归定义可以从无问题的概念出发，分层定义，这不会陷入达米特所提出的循环问题。休谟原则是一个普遍性的原则，它的量词的理解不必是达米特所认为的范围确定性的方式的理解，无论是一阶的量词，还是二阶的量词，都是如此。

蒯因认为二阶逻辑实际上是集合论，那是他把二阶逻辑的标准模型看作是二阶逻辑唯一合理的语义模型，实际上，二阶逻辑完全可以有其他的非标准的模型。另外，蒯因反对将性质或关系作为实体，是因为他认为性质或关系没有同一性的标准。如果我们放弃弗雷格的同一性限制，并且能够找到性质或关系的同一性的标准的话，蒯因的论证就会失去效力。这就意味着，本体论的承诺不应该仅仅是一阶变元的取值范围，还应该是高阶变元的取值范围。布鲁斯所给出的复数量词的逻辑是在承认蒯因观点下的妥协的逻辑。这在新弗雷格主义者看来或许大可不必。

参考文献

英文文献

Anscombe, G.E.M. & Geach, P. T. (1961), *Three Philosophers*, Oxford: Basil Balckwell.

Anscombe,G. E. M. and Rhees,R.(1958), *Philosophical Investigations*, ed. , Oxford : Blackwell.

Ayer, AJ. (1936), *Language, Truth and Logic*, London: Victor Gollancz.

Beaney M. (1997), eds, *The Frege Reader*, Oxford: Blackwell.

Beany, M and Heck，E.H.(2005), eds, *Gottlob Frege Critical Assesments of Leading Philosophers*, Vol.II, Routledge, London and Newyork.

Benacerraf, P. (1965), "What Numbers Could Not Be", *Philosophical Review* 74: 47–73.

Benacerraf, P. (1973), "Mathematical Truth", *Journal of Philosophy* 70 (1973): 661–680.

Blackburn, S. (1984), *Spreading the Word*, Oxford: Clarendon Press.

Blackburn, S. (1986), "Morals and Modals", in Macdondald, G., and Wright, C. eds (1986), *Fact, Science and Morality: Essays on A. J. Ayer's Language Truth and Logic*, Oxford: Basil Blackwell.

Boolos, G. (1975), "On Second–Order Logic", in *Journal of Philosophy* 72 (1975: 509–527); repr. in Boolos (1998: 37–54).

Boolos, G. (1984), "To be is to be the value of a variable (or some values of some variables)", *Journal of Philosophy* 81 (1984):430–450; repr. in Boolos (1998: 54–72).

Boolos, G. (1985a), "Nominalist Platonism", *Philosophical Review* 94 (1985): 327–344; repr. in Boolos (1998: 73–88).

Boolos, G. (1985b), "Reading the Begriffsschrift", in *Mind* 94 (1985): 331–344.

Boolos, G. (1987a), "Saving Frege from Contradiction", *Proceedings of the Aristotelian Society* 87 (1987): 137–151; repr. in Boolos (1998: 171–182).

Boolos, G. (1987b), "The Consistency of Frege's Foundations of Arithmetic", repr. in Boolos(1998: 183–201).

Boolos, G. (1990), "The Standard of Equality of Numbers", repr. in Boolos (1998: 202–219) .

Boolos, G. (1993), "Whence the Contradiction?", Proceedings of the Aristotelian Society (Suppl. vol.) 67 (1993): 213–233; repr. in Boolos (1998: 220–236).

Boolos, G. (1997), "Is Hume's Principle Analytic?", in Heck (1997: 245–262).

Boolos, G. (1998), *Logic, Logic and Logic*,Cambridge, Mass.: Harvard University Press.

Boolos, G. and Heck, R. Jnr. (1998), "Die Grundlagen der Arithmetik §§82–83", in Schirn (1998: 407–428); repr. in Boolos (1998:315–338).

Brandl, J., and Sullivan, P. (eds.) (1998), *New Essays on the Philosophy of Michael Dummett* ,Vienna: Rodopi.

Burgess, J. P. (1984), "Review of Crispin Wright's Frege's Conception pf Numbers as Objects", *Philosophical Review*, 93, pp.638–640.

Coffa, J. A. (1991), *The Semantic Tradition from Kant to Carnap: To the Vienna Station*, Cambridge: Cambridge University Press.

Davidson, D. (1969), "True to the Facts", *Journal of Philosophy* 66: 748–764.

Dedekind, R. (1963), Essays on the Theory of Numbers, New York: Dover Publications.

D. M. Gsbbay and J. Woods(eds) (2004), *Handbook of the History of Logic*, Vol. III(Amsterdam: North–Holland, 2004).

Dummett, M. (1959), "Wittgenstein's Philosophy of Mathematics", *Philosophical Review* 68, pp. 324–348; reprinted in Dummett 1978, pp. 166–185 (page references are to this reprint).

Dummett, M. (1973a), *Frege: Philosophy of Language*, London: Duckworth; 2nd edn. 1981.

Dummett, M. (1973b),"The Philosophical Basis of Intutionistic Logic", in H. Ross and H. Shepherdson (eds), *Logic Colloquium' 73*, Amsterdam, North–Holland, 1973; Reprinted in Benacerraf, P. and Putnam, H., *Philosophy of Mathematics: Selected Readings*2nd edn, Cambrgidge University Press, 1983.

Dummett, M. (1978), *Truth and Other Enigmas*, London: Duckworth.

Dummett, M. (1981), *The Interpretation of Frege's Philosophy*, London: Duckworth.

Dummett, M. (1991a), *Frege: Philosophy of Mathematics*, London: Duckworth.

Dummett, M. (1991b), *The Logical Basis of Metaphysics*, London: Duckworth.

Dummett, M. (1991c), *Frege and Other Philosophers*, Oxford: Clarendon Press.

Dummett, M. (1993), *The Seas of Language*, Oxford: Clarendon Press.

Dummett, M.(1996), "Neo–Fregeans: in bad company?", in Schrin, M. (ed.), *Frege: Importance and Legacy*, Berlin and New York: Walter de Gruyter Press ,1996, pp.369–387.

Dyke,H.(2007), *Metaphysical and the Representational Fallacy Newyork*, Routledge.

Eklund, M.(2009), "Bad Company and neo–Fregean Philosohphy", *Synthese*, Vol. 170, Number 3, pp.393–414.

Evans, G.(1982), *The Varieties of Reference*, Oxford: Oxford University Press.

Field, H. (1980), *Science without Numbers*, Oxford: Blackwell.

Field, H.(1984a), "Is Mathematical Knowledge just Logical Knowledge?", *Philosophical Review* 93, pp.509–520; repr. in Field (1989: 79–124).

Field, H. (1984b), "Platonism for Cheap? Crispin Wright on Frege's Context Principle', Canadian Journal of Philosophy 14: 637–662; repr. in Field (1989: 147–170).

Field, H. (1989), *Realism, Mathematics and Modality*, New York: Blackwell.

Fine, K. (1994), "Essence and modality ", in James Tomberlin ed., *Philosophical Perspectives* 8, pp. 1–16.

Fine, K. (1998), "The Limits of Abstraction", in Schirn, 1998, pp.503–629.

Fine, K. (2014), "Truth–Maker Semantics for Intuitionistic Logic", *Journal of Philosophical Logic* , April–June 2014, Vol. 43, No. 2/3, pp. 549–577.

Frege, G. (1953), *The Foundations of Arithmetic* , trans. J. L. Austin, 2nd edn , Oxford: Blackwell.

Frege, G. (1984), *Collected Papers on Mathemtaics, Logic and Philosophy*, ed. Brian McGuinness, Oxford: Blackwell.

Frege, G., *Philosophical and Mathematical Correspondence* , ed. Gottfried Gabriel et al., Oxford: Blackwell, 1980; English translation of his Wissenschaftlicher Briefwechsel , ed. Hans Hermes et al., Hamburg: Meiner, 1976.

Frege, G., *Posthumous Works* , ed. Hans Hermes et al ., Oxford: Blackwell,1979; English translation of his Nachgelassene Schriften, ed. Hans Hermes et al ., Hamburg: Meiner, 1969.

Geach, P. (1960), "Ascriptivism", *Philosophical Review* 69, pp. 221–225.

Geach & Black (1970), *Translation from the Philosophical Writings of Gottlob Frege*, Oxford: Basil Blackwell.

Geach, P. (1976), "Saying and showing in Frege and Wittgenstein", *Acta Philosophica Fennica*, 28: 54–70.

Haddock, G. E. R. (2006), *A Critical Introduction to the Philosophy of Gottlob Frege*, Ashgate Publishing Company, Hampshire, USA.

Hale, B. (1997), "Grundlagen §64", Proceedings of the Aristotelian Society 97: 243–261.

Hale, B. (eds.) (1997), *A Companion to the Philosophy of Language* , Oxford: Blackwell.

Hale B. (2010), "The Bearable Lightness of Being", *Axiomathes* 20, pp. 399–422.

Hale B. (2013), *Necessary Beings*, Oxford: Oxford University Press.

Hale, B. & Wright C. (2001), *The Reason's Proper Study Essays towards a Neo–Fregean Philosophy of Mathematics*, Oxford: Clarendon Press.

Hale, B. & Wright C. (2012), "Horse sense", *The Journal of Philosophy* 109,pp. 85–131.

Heck R.(2011), *Frege's Theorem*, Oxford: Clarendon Press.

Hintikka (1996), *The Principles of Mathematics Revisited*, Newyork: Cambridge University Press.

Hodges, H. (1984), "Logicism and Ontological Commitments of Arithmetic", *Journal of Philosophy*, 81, pp.123–149.

Horwich, P. (1998), *Meaning*, Oxford:Clarendon Press.

Kant, I. (1929), *Critique of Pure Reason*, translated into English by Norman Kemp Smith, New York: St. Martin's.

Kant, I. (1992), *Lectures on Logic*, translated into English and Edited by J. Michael Young, New York: Cambridge University Press.

Kripke, S. (1980), *Naming and Necessity*, Oxford : Basil Blackwell.

Linnebo, Ø. (2004), "Predicative fragment of Frege Arithmetic", *Bulletin of Symbolic Logic*, 2004, 10(2), pp.153–174.

Linnebo, Ø. (2014), "Impredicativity in the Neo–Fregean Programme", in Philip Ebert & Marcus Rossberg, eds., *Abstractionism in Mathematics*, Oxford : Oxford University Press.

MacFarlane, J. (2002), "Frege, Kant, and the Logic in Logicism", *The Philosophical Review* 111, No. 1, pp.25–45.

McGuinness B. (ed.) (1984), *Collected Papers on Mathematics, Logic and Philosophy*, Oxford: Blackwell.

Marcus, R.B. (1961), "Modalities and Intensional Language", *Synthese*, Vol. 13, No. 4 (Dec., 1961), pp. 303–322.

Moore, G.(1982), *Zermelo's Axioms of Choice: Its Origin, Developments, and Influence*, New Yourk:Springer–Verlag.

Noonan, H. W. (2006), "The Concept Horse", in P. F. Strawson and Arindarm Chakrabarti, eds., *Universals, Concepts and Qualities: New Essays on the Meaning of Predicates*, Burlington,VT: Ashgate, 2006, pp. 155–176.

Parsons, C. (1966), "Frege's Theory of Number", in Black (1964: 180–203).

Parsons, C.(2008), *Mathematical Thought and Its Objects*, New York: Cambrdge University Press.

Peacocke, C. (1992), *A Study of Concepts*, Cambridge, Mass.: MIT Press.

Poincáre, H. (1908), *Science et Méthode*, Paris: Flammarion. Trans. George Bruce Halsted in *The Foundations of Science*, Lancaster, PA: The Science Press, 1946.

Potter & Ricketts. (eds.) (2010), *The Cambridge Companion to Frege*, New York: Cambridge University Press.

Quine, W. V. (1936), "Truth by Convention", in Lee (1936); repr. in Quine (1976: 77–106).

Quine, W. V. (1951), "Two Dogmas of Empiricism", *The Philosophical Review* 60: 20–43; repr. in Quine (1953: 20–46).

Quine, W. V. (1953), *From a Logical Point of View*, Cambridge, Mass.: Harvard University Press.

Quine, W. V. (1960), *Word and Object*, Cambridge, MA: MIT Press.

Quine, W. V. (1961), "Reply to Professor Marcus's 'Modalites and Intensinal Languages'" , *Synthese* 13, pp.323–330.

Quine, W.V. (1970), *Philosohy of Logic*,Second edition, Cambridge, MA: Harvard University Press.

Ramsey, F. P. (1931), *The Foundations of Mathematics and Other Logical Essays*, London: Routledge & KeganPaul.

Russell(1919), *Introduction to Mathematical Philosophy*, London: Allen & Unwin.

Schirn, M. (ed.) (1996), *Frege: Importance and Legacy*, Berlin and New York: Walter de Gruyter.

Schirn, M. (ed.) (1998), *Philosophy of Mathematics Today*, Oxford: Clarendon Press.

Shapiro, S. (1989), "Logic, Ontology and Mathematical Practice", *Synthese* 79, pp.13–50.

Shapiro, S. (1991), *Foundations Without Foundationism*, Oxford: Clarendon Press.

Shapiro, S. and Weir, A. (1999), "New V, ZF and Abstraction", *Philosophia Mathematica* (3) 7, pp.293–321.

Shapiro, S. (2000), "Neo–logicist Logic is not Epistemically Innocent", *Philosophia Mathematica* (3) 8, No. 2.

Sullivan, P., and Potter, M. (1997), "Hale on Caesar", *Philosophia Mathematica* (3) 5, pp.135–53.

Wittgenstein , L.(1922), *Tractatus Logico–Philosophicus*, London: Routledge and Kegan Paul.

Weir, A.(2003), "Neo–Freageanism: An Embarrassment of Riches", *Notre Dame Journal of Formal Logic*, 2003, 44(1): 13–48.

Wright, C. (1983), *Frege's Conception of Numbers as Objects*, Aberdeen: Aberdeen University Press.

Wright, C. (1997), "The Philosophical Significance of Frege's Theorem", in Heck (1997: 201–245).

Wright, C. (1998a), "On the Harmless Impredicativity of N= (Hume's Principle)", in Schirn (1998: 339–368).

Wright, C. (1998b), "Response to Dummett", in Schirn (1998: 389–406).

Wright C. (1998c), "Why Frege does not Deserve his Grain of Salt", In Hale & Wright 2001, pp.72–90.

Wright, C. (1999), "Is Hume's Principle Analytic?", *Notre Dame Journal of Formal Logic* 40: 1.

Wright, C.(2003), *Saving the Difference*,Cambridge: Harvard University Press.

中文文献

[英] 达米特:《形而上学的逻辑基础》，任晓明、李国山译，中国人民大学出版社 2004 年版。

[德] 弗雷格:《弗雷格哲学论著选辑》，王路译，商务印书馆 2006 年版。

[德] 弗雷格:《算术基础》，郝兆宽译，待出版。

[德] 康德:《纯粹理性批判》，李秋零译，中国人民大学出版社 2004 年版。

[德] 康德:《康德著作全集》第 9 卷《逻辑学、自然地理学、教育学》，李秋零译，中国人民大学出版社 2010 年版。

[苏] 库兹涅佐夫:《爱因斯坦传》，刘盛际译，商务印书馆 1992 年版。

[英] 罗素:《哲学问题》，何兆武译，商务印书馆 2007 年版。

[美] 贝纳塞拉夫、普特南编:《数学哲学》，朱水林等译，商务印书馆 2003 年版。

后记

我自 2014 年开始进行新弗雷格主义算术哲学的研究。促使我进行此项研究的是萦绕在脑海中的问题：如何挽救弗雷格的算术哲学？弗雷格的算术哲学有两个基本的要素：一个是柏拉图主义的算术哲学观，其基本的主张为数是独立持存的对象；另一个要素是逻辑主义算术观，其基本的主张为算术真理是可以从数的定义通过逻辑证明的。因为罗素悖论，人们一般认为弗雷格的逻辑主义失败了。那么，一个自然的问题是：如果弗雷格的逻辑主义失败了，弗雷格式的柏拉图主义算术观是否能幸免？二者之间的关系是什么？布鲁斯的工作告诉我们，在二阶逻辑的基础上增加休谟原则所得到的系统和二阶算术在一致性上是等价的。这就意味着，如果承认二阶算术是一致的，那么就应该承认二阶逻辑增加休谟原则所得到的系统也是一致的。如果承认这个系统是一致的，那么这个系统就不会导致矛盾。这是否可以挽救弗雷格的逻辑主义算术哲学？如果要回答这个问题，必须要说明休谟原则是否可以起着数的定义的功能。究竟定义需要满足什么条件呢？

开始尝试探索这些问题时，我尚未形成清晰的系统的认识。幸运的是，2014 年恰逢黑尔（Bob Hale）教授应王路教授之邀来清华讲学，我有缘结识黑尔教授，并和他就数学哲学问题进行了多次私下的交流。或许是这几次的谈话给黑尔教授留下了较好的印象，黑尔教授随即邀请我去英国访学。2015 年我得到了国家留学基金委和中国人民大学的出国资助，以访问学者的身份赴英做学术研究。2015—2016 年黑尔教授亲自指导我，对这些问题展开系统研究。他每周列出一些文章建议我阅读，鼓励我写出关于所读文章的评论，并就我写的评论和我讨论。

当我的观点不成熟或者不恰当时，黑尔教授从不直接给出他的观点，而是通过不断地提问，让我自己最终发现究竟为何我的论证是不完善的。

黑尔教授和我讨论的地方是他家的书房，每周一次，讨论时间往往开始于早上 9 点。讨论前，黑尔教授总是先带我到他家的厨房，为我们两人煮一些咖啡。喝完咖啡后，我们才来到他二楼的书房，开始工作。我们常常讨论到中午，有时我们会到附近的中餐馆吃个午餐，边吃边继续我们的讨论。有时午餐后，黑尔教授也会提议到附近的维多利亚公园散步，继续讨论。每周一次的讨论课几乎要花去他一个白天的时间，这还不算他阅读我写的评论的时间！在黑尔教授的悉心指导下，我对这些问题的认识越来越清晰，在英国的这一年所写的读书笔记也有近 10 万字。我非常感激黑尔教授对我的帮助，如果没有他的指导，我会走很多的弯路。

正是有了这些前期的研究准备，2017 年 6 月我的新弗雷格主义算术哲学的研究得到了国家社会科学基金的立项资助；2021 年 1 月我完成了项目研究任务，并顺利结项，研究成果得到评审专家的好评。此后我不断完善研究成果，最终完成了此书稿，还获得了中国人民大学的“双一流项目”的出版资助。

令我感到悲痛的是，黑尔教授 2017 年 12 月因病逝世了。我失去了一位令人尊敬、和蔼可亲的师长和真诚的朋友！

除了黑尔教授，还有许多老师和朋友给予我很多的帮助，在这里请允许我列出他们的名字，来表达我的感谢。我的师兄，复旦大学哲学院的郝兆宽教授把他翻译的但是还未出版的《算术基础》寄给我，这让我引文更为便捷。此外，和郝兆宽师兄的讨论常常给我新的启发。在写作的过程中，我也多次和首都师范大学的叶峰教授，新加坡国立大学的杨跃教授，北京大学的刘壮虎教授、邢滔滔教授讨论，受益匪浅。感谢意大利帕多瓦大学的克拉拉（Massimiliano Carrara）教授 2019 年邀请我去帕多瓦大学，让我有机会和那里的师生，以及朱薇博士讨论我的阶段性的研究成果，他们提出了很好的问题和建议。感谢清华大学的王路教授，北京大学的周北海教授、陈波教授、王彦晶教授，复旦大学杨睿之教授，山西大学的康仕慧教授、高坤老师，他们都曾为书稿提出过宝贵的建议。

感谢我在中国人民大学课堂上的许多学生——何清渝、陈垚、解宇楠、毛博涵、李浩、于思博、杨昊、陈心宇等为书稿提出的修改建议；也感谢中国人民大学哲学院的同事们给我一个和谐、愉快的工作环境。

感谢中国社会科学出版社的冯春凤女士，她认真负责的编辑工作才使书稿避免了许多文字疏漏。

特别地，我非常感谢我的丈夫和女儿，感谢他们一直以来对我的耐心、宽容和爱，他们不仅给我的生活增添了很多的乐趣，而且也常常助我获得工作灵感，并鼓励我积极探索。

许涤非

2021 年 11 月 20 日于时雨园